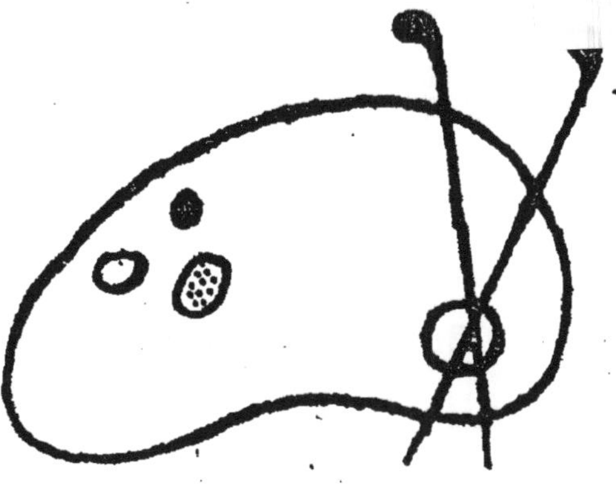

Début d'une série de documents
en couleur

L'ŒUVRE ÉCONOMIQUE

DE

CHARLES DUNOYER

PAR

EDMOND VILLEY

PROFESSEUR D'ÉCONOMIE POLITIQUE A L'UNIVERSITÉ DE CAEN
DOYEN DE LA FACULTÉ DE DROIT
CORRESPONDANT DE L'INSTITUT

(Ouvrage récompensé par l'Institut.)

PARIS

LIBRAIRIE DE LA SOCIÉTÉ DU RECUEIL GÉNÉRAL DES LOIS & DES ARRÊTS
FONDÉ PAR J.-B. SIREY, ET DU JOURNAL DU PALAIS

Ancienne Maison L. LAROSE et FORCEL
22, Rue Soufflot, 22

L. LAROSE, Directeur de la Librairie

1899

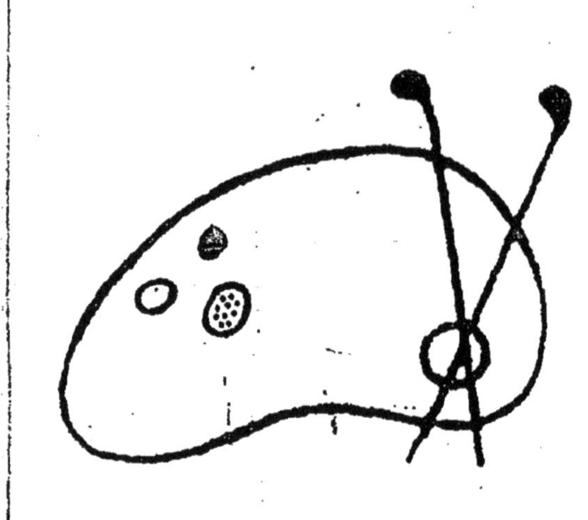

Fin d'une série de documents
en couleur

L'ŒUVRE ÉCONOMIQUE

DE

CHARLES DUNOYER

AUTRES OUVRAGES DU MÊME AUTEUR

Des Actes de l'interdit postérieurs au jugement d'interdiction (*Ouvrage couronné par l'Académie de législation de Toulouse*). 1873, librairie PEDONE-LAURIEL, 1 vol. in-8°......... **4 fr.**

Précis d'un Cours de droit criminel (*Ouvrage récompensé par l'Institut*). 5ᵉ édition, 1891, librairie PEDONE-LAURIEL, 1 volume in-8°...................... : .... **7 fr. 50**

Du Rôle de l'État dans l'ordre économique (*Ouvrage couronné par l'Institut*). 1882, librairies GUILLAUMIN et PEDONE-LAURIEL, 1 vol. in-8°........................... **8 fr.**

La Question sociale et l'Enquête sur la crise industrielle. Brochure (*Épuisé*).

Traité élémentaire d'économie politique et de législation économique. 2ᵉ édit., 1894, 1 vol. in-8°............ **10 fr.**

La Question des salaires ou la Question sociale (*Ouvrage récompensé par l'Institut*). 1887, librairie LAROSE, 1 vol. in-12. **3 fr. 50**

6ᵉ Édition de la Théorie du Code pénal de MM. Chauveau et Faustin-Hélie. 6 vol. in-8°, 1887-1889, librairie MARCHAL et BILLARD................................ **54 fr.**

13ᵉ Édition des Leçons de droit criminel de Boitard. 1 fort vol. in-8°, 1889, librairie MARCHAL et BILLARD........ **10 fr.**

Le Socialisme contemporain. Brochure, 1892, librairie LAROSE...................... **1 fr. 50**

Principes d'économie politique. 1894, librairies GUILLAUMIN, LAROSE et PEDONE-LAURIEL, 1 fort vol. in-8°............ **10 fr.**

Le Mouvement féministe contemporain. Brochure....   »

Le Socialisme contemporain (*Ouvrage couronné par l'Institut*). 1895, librairies GUILLAUMIN, LAROSE et PEDONE-LAURIEL, 1 vol. in-8°........................... **4 fr.**

Charles Fourier : l'homme et son œuvre. Brochure, 1898, librairie LAROSE...................... **1 fr. 50**

BAR-LE-DUC. — IMPRIMERIE CONTANT-LAGUERRE.

L'ŒUVRE ÉCONOMIQUE

DE

CHARLES DUNOYER

PAR

EDMOND VILLEY

PROFESSEUR D'ÉCONOMIE POLITIQUE A L'UNIVERSITÉ DE CAEN
DOYEN DE LA FACULTÉ DE DROIT
CORRESPONDANT DE L'INSTITUT

(Ouvrage récompensé par l'Institut.)

PARIS

LIBRAIRIE DE LA SOCIÉTÉ DU RECUEIL GÉNÉRAL DES LOIS & DES ARRÊTS
FONDÉ PAR J.-B. SIREY, ET DU JOURNAL DU PALAIS
Ancienne Maison L. LAROSE et FORCEL
22, Rue Soufflot, 22
L. LAROSE, Directeur de la Librairie
1899

L'ŒUVRE ÉCONOMIQUE

DE

CHARLES DUNOYER

CHAPITRE PREMIER

Définition de l'économie politique[1]

L'ouvrage que Charles Dunoyer a modestement intitulé : « *De la Liberté du Travail, ou simple exposé des conditions dans lesquelles les forces humaines s'exercent avec le plus de puissance* », produit de l'élaboration de toute une vie, forme définitive d'une pensée qui n'a fait que changer d'enveloppe, en se précisant et en se perfectionnant, sans jamais s'altérer, est un véritable traité d'économie politique et d'une économie politique aux larges frontières. L'auteur ne croit pas devoir s'enfermer, comme beaucoup de ses devanciers, dans l'étude des phénomènes de la richesse, de sa production, de sa circulation, de sa répartition et de sa consommation; et, après avoir traité des *arts qui agissent sur les choses*, il consacrera de longs dé-

[1] Cette question a été traitée à fond par Dunoyer dans une intéressante lecture faite devant l'Académie des sciences morales et politiques, à la suite d'une discussion qui s'était élevée entre M. Cousin et lui, devant l'Académie, à propos de son article sur le Gouvernement, inséré dans le Dictionnaire d'économie politique (*Journal des économistes*, décembre 1852 et février 1853; — *Œuvres complètes* de Dunoyer, t. III, p. 485 et suiv.).

E. V.

veloppements aux *arts qui agissent sur les hommes,* et il étudiera successivement et les arts qui ont pour objet la conservation et le perfectionnement de l'homme physique et les arts qui travaillent à la culture de l'imagination et des facultés intellectuelles, à la formation des habitudes morales : éducation domestique, sacerdoce, gouvernement.

Mais n'est-ce point-là, de la part de l'économiste, un empiètement[1]? Dunoyer s'est posé lui-même l'objection et voici sa réponse : « Il ne s'agit pas plus de faire ici des « traités de politique ou de morale que des traités d'agro- « nomie ou de technologie. Il s'agit, après avoir fait l'his- « toire de la société laborieuse, de traiter, non d'un art « quelconque en particulier, mais des conditions de puis- « sance qui sont communes à tous les arts. Il s'agit d'ex- « poser plus exactement et plus complètement qu'on ne « l'a fait encore quel est l'ensemble des travaux qui « entrent dans l'économie de la société, et quel est l'en- « semble des moyens sur lesquels la puissance de tout « travail repose. Or, non-seulement un tel exposé n'est pas « un traité *de omni re scibili,* un pêle-mêle de toutes les « sciences, mais c'est un travail très circonscrit, très déter- « miné, très spécial, et qui ne manque, on le reconnaîtra, « j'espère, ni de simplicité ni d'unité ».

« Et quel rapport, poursuit notre auteur, a cet objet « avec l'objet encore plus spécial que se propose l'écono- « mie politique, avec la production et la distribution des « richesses? Le rapport le plus direct et le plus évident, « même en admettant que la production et la distribution « des richesses soient le véritable et l'unique objet qu'on « doive assigner à la science qui s'occupe de l'économie « de la société[2]. »

---

[1] Il est fort intéressant de lire sur cette question toute la discussion ci-dessus rappelée, qui a eu lieu devant l'Académie des sciences morales et politiques entre MM. Cousin, Michel Chevalier et Dunoyer. — Voir dans le même sens un article sur la *Production,* écrit pour le Dictionnaire d'é-conomie politique (*Journal des économistes,* février 1853; *Œuvres complètes* de Dunoyer, t. III, p. 513 et suiv.).

[2] Observons ici que la science qui s'occupe de « l'économie de la société » est, à proprement parler, la science sociale, un tout, dont l'économie politique, telle que nous la comprenons, ne constitue qu'une partie, une des deux branches essentielles.

« Non-seulement, en effet, les arts qui agissent sur les
« choses ne peuvent se passer du concours de ceux qui
« agissent sur les hommes; mais ceux-ci versent directe-
« ment dans la société des richesses, des valeurs tout
« aussi réelles, tout aussi échangeables, tout aussi suscep-
« tibles de se louer et de se vendre que les plus précieuses
« de celles que peuvent y répandre ceux-là..... Il ne faut
« qu'ouvrir les yeux pour reconnaître qu'il se fait un com-
« merce aussi général et aussi actif de services personnels
« de toute espèce que de choses matérielles propres à
« servir..... »

« Mais est-il donc vrai que la richesse soit l'unique ou
« même le véritable objet qu'on doive assigner à l'éco-
« nomie politique?... . Quoi donc! *Économie politique,*
« *Économie de la société,* cela veut dire : *Production, Dis-*
« *tribution, Consommation des richesses?* Mais c'est se mo-
« quer!... Il ne faut qu'ouvrir le premier dictionnaire venu
« d'étymologie pour voir que les mots d'*Économie poli-*
« *tique* ne signifient point ou ne pourraient signifier que
« de très loin ce qu'on leur fait dire. Le mot *Économie*
« n'exprime foncièrement que des idées d'ordre, de loi,
« de règle. L'économie d'une chose, c'est son arrangement
« en vue d'une certaine fin. On doit dire l'économie de la
« société, comme on dit l'économie du corps humain; c'est
« la manière dont tout y est ordonné pour l'exercice et
« l'accroissement des forces humaines. Et l'économie de
« la société, qu'est-ce donc, sinon pareillement l'ordre
« suivant lequel tout y est arrangé pour l'exercice et le
« développement des forces sociales? Et qu'est-ce que la
« science de cette économie, sinon la connaissance de ces
« forces et de leurs moyens, c'est-à-dire la connaissance
« de tous les ordres de travaux qui entrent dans l'éco-
« nomie de la société et celle des diverses espèces de con-
« ditions auxquelles est subordonnée leur puissance?[1] »

J'ai tenu à transcrire cette page, qui résume toute la

---

[1] L'objet spécial de la science économique, dit encore Dunoyer (*Dictionnaire d'économie politique,* v° *Gouvernement*), « est de savoir précisément
« en quoi consiste l'économie de la société, comment tous les arts y entrent,
« quel rôle ils y remplissent, quelle influence ils y exercent les uns sur les
« autres, à quelles conditions leur puissance est liée ».

pensée de Charles Dunoyer sur la définition de la science économique, j'allais dire de la science sociale ; car notre auteur n'a peut-être pas vu assez nettement la ligne de démarcation.

« *L'Économie de la société* » est quelque chose de plus large que ce qu'on entend généralement par les mots d' « *économie politique* ». A coup sûr, cette appellation n'est pas heureuse ; mais si on l'accepte, il faut tâcher de bien s'entendre sur la chose définie et le nom serait plutôt de nature à nous induire en erreur. Dunoyer semble en avoir conclu que l'économie politique est pour la société ce que l'économie du corps humain est relativement à l'homme. Mais l'économie du corps humain embrasse, sans aucune exception, toutes les règles auxquelles il obéit : non-seulement celles qui gouvernent les phénomènes de nutrition et de respiration, mais encore les phénomènes de cohésion et de direction, les premiers correspondant au système circulo-respiratoire, les seconds, au système nervo-moteur. Mais si l'on veut embrasser l'ensemble de ces phénomènes relativement à la société, on ne fait plus seulement de l'économie politique, on fait de la science sociale. La vie sociale, comme toute vie, s'analyse en *un certain mouvement sous certaines règles;* la science sociale, dans son ensemble, a pour objet l'étude des lois naturelles qui président au *mouvement social,* c'est-à-dire de celles qui gouvernent le développement des activités individuelles et aussi de celles qui tracent les limites respectives de ces activités : les premières constituent le domaine de l'économie politique ; les secondes, le domaine du droit ; les premières correspondent aux phénomènes de nutrition et de respiration du corps humain ; les secondes, aux phénomènes de cohésion et de direction. L'économie politique n'est pas la même chose que l'économie de la société, qui est l'objet propre de la science sociale et qui comprend, dans son ensemble, l'économie politique et le droit.

Ces observations faites, il paraît évident que Dunoyer n'a voulu prendre comme objet de ses études que cette branche de la science sociale qu'on est convenu de désigner sous le nom d'économie politique et que la science juridique est restée en dehors de ses spéculations. Mais il a compris l'économie politique d'une manière très large, comme l'avait fait avant lui l'économiste russe Storch, pour lequel l'économie politique n'avait d'autre but que de procurer aux hommes les moyens de satisfaire leurs besoins moraux et physiques, et qui donnait pour titre à son grand ouvrage publié à Saint-Pétersbourg en 1815 : « *Cours d'économie politique*, ou *Exposé des principes qui déterminent la prospérité des nations* ».

Certes, cette définition diffère notablement de celle que J.-B. Say, l'annotateur de Storch, donnait de notre science : « *Simple exposition de la manière dont se forment, se distribuent et se consomment les richesses* » ; d'où Rossi devait ensuite tirer la formule : « *l'économie politique est la science des richesses* ».

Cette définition, qui donne à la science économique un objet purement matériel et qui, comme on l'a dit spirituellement, risque fort de faire perdre de vue que « les produits sont faits pour les hommes et non les hommes pour les produits », bien qu'elle ait été acceptée par beaucoup d'économistes, surtout dans la première moitié du siècle, est évidemment étroite et inexacte. Elle oublie que la richesse est chose purement subjective, purement relative à l'homme, qui en est le principe et la fin, et que, par conséquent, le véritable objet de la science, c'est l'homme, pour lequel la richesse n'est qu'un *moyen* et sans lequel la richesse n'existe pas ; et voilà pourquoi, très justement, l'économie politique a été classée parmi les sciences morales et politiques.

La richesse, disons-nous, n'est qu'un moyen : tendant à quelle fin? A la satisfaction des besoins de l'homme, c'est-à-dire à son bien-être, à son bonheur. Donc, puisque la richesse n'a de raison d'être et de signification que pour cela, la satisfaction des besoins de l'homme, son bien-être, n'est-ce pas cela qui doit être considéré comme l'objet ou, si l'on veut, comme le but véritable de la science?

Si ces données sont exactes, elles nous conduisent à une conception plus large de la science économique, qui se rapproche beaucoup de celle de Dunoyer, bien que, nous le disions nous-même, il ait parfois franchi les limites naturelles du domaine qu'il s'était assigné.

La richesse, quelque place qu'elle occupe dans les préoccupations humaines, n'est certainement pas le seul moyen qui puisse procurer la satisfaction des besoins de l'homme et son bien-être. Comment l'économiste pourrait-il se désintéresser des autres moyens qui concourent vers la fin que lui-même se propose? Ne peut-il pas y avoir en même temps accumulation de richesses et beaucoup de désordres et de misères sociales? Les uns diront que les misères et les désordres proviennent de l'inégale et injuste répartition de ces richesses. Peut-être bien; mais peut-être bien aussi le mal provient-il d'autres causes; car la richesse n'est pas tout et beaucoup d'autres causes influent sur le bonheur des hommes.

Mais alors, l'économie politique comprend tout, si tout ce qui intéresse le bonheur des hommes rentre dans son domaine, et le droit lui-même, qui tend au même but, en fera partie intégrante? — Non pas; mais avant de fixer les limites, qu'on veuille bien nous permettre encore de faire remarquer que, si le véritable objet de la science est l'homme, il n'est pas possible de considérer l'homme uniquement à la poursuite de la richesse, abstraction faite de ses sentiments, de ses affections, de ses passions; c'est le mutiler, c'est étudier un homme très différent de l'homme réel; et, de même, étudier une société uniquement au point de vue de la consommation de la richesse, en laissant de côté tous les autres mobiles qui l'agitent, en négligeant, par exemple, le principe sympathique et ses manifestations diverses, c'est concentrer ses investigations sur une société qui n'existe nulle part et qui ne pourrait pas fonctionner.

On paraît s'accorder assez généralement aujourd'hui, à peu près dans toutes les écoles, pour donner de l'économie politique une définition plus large que celle de J.-B. Say et de Rossi.

Le Play et son école se préoccupent uniquement du bonheur et de la paix sociale, et le bonheur, pour Le Play, consiste dans la vie morale et le pain quotidien[1]; aussi

---

1 « Je cherche depuis un demi-siècle les sociétés heureuses qui peuvent « être présentées comme modèle à mes concitoyens. Je me suis préoccupé « toujours, en cette matière délicate, de me soustraire à la pression des « idées préconçues; et cependant, après avoir écouté tous les novateurs con-

chacune des branches de l'école de Le Play se propose-
t-elle pour objet l'étude de la *science sociale* ou de la *réforme sociale;* mais, encore une fois, la *science sociale* est
plus large que l'*économie politique.*

Et, dans tous les économistes contemporains, dont je ne
veux pas énumérer ici et encore moins critiquer les définitions, je constate une tendance générale à élargir les
frontières, trop étroites, posées par les premiers économistes
(abstraction faite des Physiocrates) et à ne pas donner à
la science économique pour objet unique la richesse.

C'est le travail de la société, c'est l'effort humain qui est
considéré comme l'objet véritable de la science, et le bien-
être qui est assigné comme but.

Et c'est bien là, en effet, le véritable objet : l'*activité de
l'homme travaillant à la satisfaction de ses besoins,* voilà le
vaste champ d'investigations de la science économique.
Il n'est pas possible de la restreindre, de la limiter à l'u-
nique objet de la richesse sans s'exposer à faire fausse
route et à construire une science vaine. Le droit recherchera, de son côté, les limites respectives de toutes les
activités individuelles et la réunion de ces deux sciences
constituera la science sociale. Je dis que le véritable objet
de la science économique c'est l'activité de l'homme travaillant à la satisfaction de ses besoins : faut-il ajouter
matériels[1]? Je ne le crois pas plus que Dunoyer. Pourquoi
la satisfaction des besoins intellectuels et moraux, en tant
qu'elle réclame et suscite un *travail,* un effort de l'homme,
serait-elle étrangère aux spéculations de l'économiste?

« temporains, j'ai toujours été ramené à la vérité que j'avais reçue de ma
« mère dès l'âge de trois ans ; je reconnais de plus en plus, comme crite-
« rium du bonheur et de la prospérité, la vie morale et le pain quotidien,
« c'est-à-dire les deux premiers biens que les chrétiens demandent à Dieu
« dans leur prière » (*Les Ouvriers européens,* I, p. 81).

[1] L'économie politique, comme l'a très bien dit Dunoyer dans une lecture
précitée à l'Académie des sciences morales et politiques, n'est pas chargée
de l'enseignement spécial de certains travaux, mais de celui des lois générales qui gouvernent le travail. « Faut-il qu'elle s'occupe uniquement de ceux
« qui agissent sur le monde matériel?..... Je crois, moi, qu'elle n'a à traiter
« théoriquement ni technologiquement d'aucun et que sa tâche particulière,
« sa spécialité véritable est de montrer ce que tous ont de commun avec
« l'objet même que la société laborieuse se propose, la satisfaction des be-
« soins humains » (*Œuvres complètes,* t. III, p. 488, 489).

Notons d'abord que bien souvent nos besoins sont une combinaison, un amalgame, difficile à analyser, de besoins physiques, moraux ou intellectuels; ainsi, nous avons besoin de nous vêtir; c'est un besoin physique; mais nous voulons être vêtus avec élégance, avec art; nous recherchons la parure; et dès lors le besoin physique se complique du besoin moral; il en est de même pour le logement, etc. Ces besoins, en partie moraux, provoquent un travail qui rentre directement, nul ne le contestera, dans l'objet même de la science économique. Et qu'importe que le besoin qui suscite l'effort soit principalement ou même exclusivement d'ordre moral ou intellectuel? Est-ce que l'économie politique n'aurait pas le droit de s'occuper du travail de l'artiste peintre au même titre que de celui du peintre en bâtiment? Et qu'importe encore que le travail suscité par le besoin s'incorpore ou non dans un objet matériel? Pourquoi le travail du chanteur, du violoniste, de l'auteur, devrait-il rester plus étranger à l'économie politique que celui de l'artiste peintre ou du peintre en bâtiment?

Et point n'est besoin, pour arriver à ces conclusions, de se livrer à cette discussion byzantine, que Dunoyer a abordée[1], non sans quelque subtilité, et sur laquelle nous reviendrons, de savoir quels travaux sont productifs et s'il y a des produits immatériels. Il suffit de considérer que l'homme ne produit jamais que des services ; que tous les services sont objet d'échange et de rémunération; que tous les services sont utiles, économiquement parlant, puisqu'ils sont demandés et rémunérés ; que tous les services tendent à procurer la satisfaction de nos besoins et concourent à notre bien-être et que tous sont des manifestations diverses de l'activité humaine, qui est l'objet propre de la science économique!

Nous ne reprocherons donc pas à Dunoyer d'avoir empiété en s'occupant des arts qui agissent sur les hommes; mais il a plus d'une fois dépassé les limites du domaine économique en tombant dans la technologie, et nous allons, en le constatant, tracer plus nettement encore les frontières naturelles de l'économie politique.

---

[1] Tome 1, livre V, p. 426 et suiv.

Par exemple, l'économie politique a le droit de s'occuper des arts qui agissent sur le physique de l'homme, soit pour le conserver, soit pour l'améliorer; elle a le droit de s'en occuper, et au point de vue du travail de ceux qui les pratiquent et des phénomènes économiques qui s'y rattachent, et au point de vue de l'influence que ces arts peuvent exercer sur l'économie sociale; mais l'économiste sort manifestement de son rôle quand il recherche quels sont les moyens techniques les plus propres à conserver la santé ou à améliorer la race. Dunoyer cesse d'être économiste, pour se faire hygiéniste, quand il disserte sur les heureux effets du croisement des races et sur les avantages de la fusion d'une certaine quantité de sang indien ou africain avec le nôtre. Tous les développements que Dunoyer consacre à l'*inspiration*[1] sont d'un philosophe, non d'un économiste; toutes ses dissertations[2] sur le *réalisme* et l'*idéalisme* dans l'art, sur le *naturalisme* seraient mieux à leur place chez un critique d'art. Certes, j'applaudis à cette pensée que, si l'art oublie sa mission « quand il fait « choix d'une nature hideuse, il ne s'en souvient guère « mieux quand il ne s'attache qu'à ne nous montrer que « des réalités vulgaires »; seulement ce n'est plus de l'économie politique. C'est comme si l'économiste prétendait indiquer quelles sont les races d'animaux à acclimater de préférence ou quels sont les meilleurs, des engrais organiques ou des engrais chimiques.

On en peut dire autant de l'examen critique des méthodes adoptées pour la culture des facultés intellectuelles[3], des dissertations sur l'art pédagogique[4], et sur la nature du sacerdoce[5] et des développements donnés par notre auteur relativement à l'art du gouvernement[6]. A coup sûr, Dunoyer avait le droit de parler de toutes ces choses, et il en parle généralement d'une manière sage et instructive; mais nous avons le droit de constater que ces choses

---

[1] Tome II, p. 287.
[2] Tome II, p. 298 et suiv.
[3] Tome II, p. 357 et suiv.
[4] Tome II, p. 425 et suiv.
[5] Tome II, p. 466 et suiv.
[6] Tome II, p. 350 et suiv.

sont au point de vue technique, en dehors de l'économie
politique.

La science économique a devant elle tout le monde du
travail sans exception; elle a le droit de s'occuper de toutes les manifestations de l'activité humaine, mais seulement au point de vue des conditions générales dans lesquelles cette activité doit s'exercer et des effets qu'elle est
de nature à produire sur l'économie sociale, et en laissant
de côté tout ce qui rentre dans la technique de l'art. Elle
dira dans quelle mesure doit s'exercer l'action du gouvernement et les effets qu'elle peut produire sur le corps social suivant la mesure dans laquelle elle s'exerce; mais
elle n'a pas à rechercher les conditions qui constituent un
bon gouvernement, ni les règles pratiques de l'art de gouverner : tout cela est le domaine du droit constitutionnel et
administratif.

Dunoyer n'a pas seulement entendu l'économie politique
d'une manière plus large que la plupart de ses devanciers ;
il faut reconnaître qu'il en a parfois excédé même les limites les plus reculées.

CHAPITRE II

De la méthode.

La première question qui se pose au seuil de toute étude scientifique est celle de la méthode qu'il y convient de suivre. On a fait grand bruit dans ces derniers temps d'une science économique nouvelle, reconstruite de toutes pièces d'après la méthode d'observation, la seule qui soit, dit-on, une méthode scientifique. L'école historique ne saurait pourtant prétendre avoir découvert l'application de la méthode d'observation aux sciences sociales. Si des économistes comme Ricardo et Stuart Mill ont peut-être abusé de la méthode déductive, Adam Smith, avant eux, avait quelque peu observé les faits, et c'est après une laborieuse enquête en Danemark, en Suède, en Russie, en Suisse et en Savoie, que Malthus publiait sous son nom, en 1803, l'*Essai sur le principe de population*. Si ses conclusions sont aujourd'hui contestées et même rejetées par la plupart des penseurs, cela tendrait simplement à prouver que la méthode d'observation elle-même n'est pas toujours infaillible. N'est-ce pas aussi sur la méthode d'observation que Le Play tentait, dès 1829, de fonder la science sociale, par la raison que « cette science devrait, « comme nos sciences polytechniques, être fondée, non « sur une conception établie *a priori*, mais sur des faits « méthodiquement observés et sur les inductions d'un « raisonnement rigoureux[1] ». Et c'était vers la même

[1] *Les Ouvriers européens*, I, p. 13.

époque que Dunoyer, de son côté, prétendait fonder la
science sociale sur la seule observation des faits. « Non-
« seulement, nous dit-il dans son Introduction, cette mé-
« thode ne tend point à surprendre et à violenter les
« esprits, mais elle est la seule propre à les éclairer. C'est
« celle qu'on suit dans toutes les sciences positives; c'est
« par elle que, depuis environ un demi-siècle, ces sciences
« ont fait de si remarquables progrès ».

Ce n'est pas moi qui reprocherai à Charles Dunoyer
d'avoir fait largement appel à la méthode d'observation.
Il est tellement évident que la science économique a besoin
de l'observation et que l'économiste ne doit jamais se lasser
d'observer qu'on croit pouvoir se dispenser d'insister là-
dessus. Mais ce que je ne saurais admettre, c'est que l'observation seule, abstraction faite de tout principe moral, puisse
servir de fondement à la science économique. Toute la question est là. Pour peu qu'on réfléchisse, on reconnaît bien
vite que jamais on n'a pu, que jamais on ne pourra se passer
de l'observation et du raisonnement; les partisans les
plus déterminés de la méthode d'observation sont bien
obligés d'avoir recours au raisonnement pour déduire
les causes des effets et tirer de leurs recherches des conclusions logiques; et, d'autre part, on ne conçoit même
pas qu'un raisonnement économique puisse être construit
en dehors de toute observation! Ce qui divise les partisans
de la méthode déductive et de la méthode inductive ne
saurait être, à mon sens, qu'une question de mesure et de
dosage.

Mais la question capitale, selon moi, est de savoir si
l'économiste peut et doit faire abstraction de tout principe
moral, de toute idée de droit; et c'est ici que je me sépare
résolument de Dunoyer[1]. Écoutons-le : « Je ne dis pas
« sentencieusement : *Les hommes ont le droit d'être libres;*
« je me borne à demander : Comment arrive-t-il qu'ils le
« soient? à quelles conditions peuvent-ils l'être? par quelle
« réunion de connaissances et de bonnes habitudes morales
« parviennent-ils à exercer librement telle industrie pri-

---

[1] Il faut noter que le premier ouvrage de Dunoyer avait pour titre :
« L'industrie et la *morale* considérées dans leurs rapports avec la liberté ».

« vée?..... Je ne dis pas : il faut que telle chose soit, je
« montre comment elle est possible ». Et il ajoute : « On
« ne parle point en physique, en mathématique, de ce qui
« *doit* être; on cherche simplement ce qui *est*, ou comment
« il arrive qu'une chose *soit*. Le géomètre remarque dans
« quelles circonstances deux lignes forment un angle;
« mais il ne dit pas que deux lignes ont le *droit* de former
« un angle. Le physicien observe que l'eau soumise à l'ac-
« tion du feu passe à l'état de vapeur; mais il ne dit pas
« qu'un *des droits* de l'eau est de se transformer en gaz.
« Le publiciste peut observer de même dans quelles circon-
« stances l'homme parvient à la liberté; mais il ne doit pas
« dire, s'il veut parler scientifiquement, que l'homme a
« *droit* d'être libre »[1]. — La comparaison aurait quelque
valeur si l'homme avait une existence purement matérielle, comme l'eau, ou s'il était une figure géométrique;
elle est inconcluante si l'on admet que l'homme n'est pas
seulement un être matériel, mais un être moral et libre,
et elle étonne sous la plume d'un penseur qui a accordé
une si large place au principe moral. On dirait une chose
« tout à fait ridicule en avançant qu'un *des droits* de l'eau
« est de se transformer en gaz ». Mais il n'y a apparem-
ment rien de ridicule à dire que l'homme a *droit* d'être
libre. Cette formule toutefois choque Dunoyer. « *Les hom-*
« *mes ont le droit d'être libres!* Autant j'aimerais dire qu'ils
« ont le droit d'être intelligents, actifs, instruits, prudents,
« justes, fermes, en un mot qu'ils ont le droit de réunir
« toutes les conditions d'où l'on sait que dépend l'exercice
« plus ou moins libre de leurs facultés..... — Les hommes
« ont sûrement le droit d'être libres..... *s'ils peuvent;* mais
« l'essentiel est de savoir à quelles conditions cela leur est
« possible. L'abbé Raynal disait que « avant toutes les lois
« sociales, l'homme avait le droit de vivre ». « Il aurait
« pu, observe judicieusement Malthus, dire avec tout autant
« de vérité qu'avant l'établissement des lois sociales, tout
« homme avait le droit de vivre mille ans, *s'il peut*[2] ». —
Voilà beaucoup de confusions! Quand nous disons : l'homme

---

[1] Introduction, p. 28 et 29.
[2] Introduction, p. 30, note 1.

a le droit d'être libre, nous le plaçons en face de ses semblables ; nous constatons qu'il est, à leur égard, sur un pied d'égalité parfaite en droit, attendu que nul homme, ne pouvant être juge par lui-même de sa propre supériorité (sans quoi le monde ne serait autre chose que le règne de la force), n'a le droit d'imposer sa volonté aux autres hommes, de leur commander, de prétendre diriger leur activité ; d'où nous pouvons conclure avec certitude que tout homme est naturellement libre, a *le droit* d'être libre, au moins au regard des autres hommes considérés individuellement, et il ne restera plus qu'à démontrer que la société n'est pas autre chose qu'une manière d'être et une organisation des individus pour que le principe de la liberté individuelle soit établi, *comme un droit*, d'une manière inébranlable.

Mais, si nous disions : l'homme a le droit d'être intelligent, l'homme a le droit de vivre cent ans ou mille ans, nous dirions une chose absurde ; car nous plaçons ici l'homme vis-à-vis de son créateur et il ne saurait être question de droits de l'homme à l'encontre de la Providence. Et si nous disions : l'homme a le droit d'être prudent, d'être ferme, nous placerions l'homme vis-à-vis de lui-même et nous confondrions le *droit* avec le *devoir*.

Si j'insiste sur ce point, c'est que je suis profondément convaincu qu'on ne peut pas, en économie politique, faire abstraction de tout principe moral sans mutiler la science, sans la priver d'un criterium très précieux et sans s'exposer dans une foule de cas à des conclusions vaines et stériles. Le droit et l'économie politique sont frère et sœur et doivent se prêter un mutuel appui ; car, comme l'a si bien dit Proudhon : « L'utile est l'aspect pratique du juste ; le juste est l'aspect moral de l'utile » ; en d'autres termes, ce sont les mêmes choses, considérées à des points de vue différents. Or, il faut se bien persuader qu'il y a des principes de droit infiniment plus certains, plus évidents que beaucoup des conclusions auxquelles la seule observation peut conduire le plus perspicace observateur. Et, ici encore, je me sépare de Dunoyer, lorsqu'il dit : « Mais ce « sujet-ci est-il matière d'expérience, comme d'autres ? « Est-il de nature, par exemple, à être aussi clairement,

« aussi catégoriquement expliqué que ceux sur lesquels
« s'exercent les sciences d'observation ? Je n'en fais aucun
« doute. Il n'y a pas plus d'effets sans cause en politique
« qu'en physique ou en chimie. L'enchaînement des cau-
« ses aux effets n'est pas plus impossible à apercevoir dans
« la première de ces sciences que dans les autres ». — La
différence pourtant me semble grande ! A coup sûr, il n'y
a pas plus d'effets sans cause en politique qu'en physique
ou en chimie ; mais, tandis que le chimiste ou le physicien
n'ont à examiner que des éléments simples, obéissant à
des lois physiques inéluctables et qu'ils ont la faculté d'i-
soler ou de combiner à leur gré, de manière à connaître
avec une certitude parfaite leurs propriétés et les effets de
ces propriétés, l'économiste se trouve placé en face d'éléments autrement complexes ! Les phénomènes de la vie
économique sont influencés à la fois par une si grande variété de causes différentes, agissant en sens divers, qu'il
est bien difficile à l'esprit le plus perspicace de démêler
avec certitude les rapports de causalité et d'arriver à des
conclusions qui s'imposent, comme celles du chimiste ou
du physicien ! Et ce n'est pas seulement l'insuffisance actuelle de nos recherches, c'est la nature même des choses
qui ne permet pas, à mon sens, de s'en fier exclusivement
à la méthode d'observation, en laissant systématiquement
de côté les principes de la morale et du droit. Turgot a
fait, en faveur de la liberté du travail, un plaidoyer moins
long que celui de Dunoyer, mais qu'on aurait grand tort
de dédaigner, quand il a dit : « Dieu, en donnant à l'homme
« des besoins, en lui imposant la nécessité du travail, a
« fait du droit de travailler la propriété de tout homme et
« cette propriété est la première, la plus sacrée et la plus
« imprescriptible de toutes ». Est-ce que cela ne vaut pas
une masse d'observations, pour nous édifier sur le principe de la liberté du travail ? Ne sommes-nous pas assurés
par là que le principe est juste ? Ne sommes-nous pas, par
cela même, autorisés à proclamer qu'il est utile ? N'avons-
nous pas enfin un criterium excellent pour apprécier la
valeur économique et sociale de toutes les conséquences
qui en sortiront ? Et, par exemple, dans la grande question
des échanges internationaux, de la valeur respective du

libre-échange et de la protection douanière, n'est-ce pas prendre un solide terrain de discussion que de dire, *a priori* : l'homme a naturellement le droit de vendre le produit de son travail à qui bon lui semble et aux conditions qu'il lui plaît d'accepter ; car ce produit est sa propriété et il est maître d'en disposer à son gré ; l'homme a également le droit naturel d'acheter de qui bon lui semble et où il les trouve au meilleur compte toutes les choses dont il a besoin pour entretenir son existence ; car ce n'est encore que le droit de disposer comme il l'entend de sa propriété, de sa monnaie, et c'est aussi le droit de vivre : responsable de l'entretien de son existence, il doit être libre d'y pourvoir comme il l'entend, à la condition de ne pas léser le droit d'autrui. Si ces principes si simples et qui me semblent si incontestables sont acceptés, est-ce que la question n'aura pas fait un grand pas ? Certes, nous ne négligerons pas pour cela l'observation ! Nous observerons de notre mieux pour reconnaître dans quelle mesure ces principes, si certains qu'ils nous paraissent, peuvent recevoir leur application, le degré de résistance qu'ils peuvent rencontrer dans le milieu, les tempéraments et les transitions que les circonstances peuvent commander. Mais, du moins, nous aurons une boussole, un idéal, une orientation ? Et, en vérité, celui qui n'a pas cela, et qui prétend décider la question par la seule observation des faits, sera, je le crains, en ce point comme en beaucoup d'autres, bien embarrassé !

Voici deux hommes, deux grands esprits, qui ont cru pouvoir trouver les règles essentielles de la vie sociale dans la seule observation des faits : Le Play et Dunoyer ; et je les prends en contradiction manifeste sur leurs conclusions essentielles, sur les conditions du bonheur et sur l'idéal des sociétés humaines ! Leur contradiction vaut la peine qu'on s'y arrête.

Consultons Le Play. Il nous vantera le bonheur des pasteurs nomades dans les admirables steppes situées au midi des montagnes boisées de l'Altaï. « Les pasteurs no-
« mades de cette région continuent les traditions de sa-
« gesse d'Abraham. Ils président, dans un état complet
« de quiétude, à l'exploitation de nombreux troupeaux

« composés de chevaux, de bœufs, de chameaux et de
« moutons[1] ». Il nous montrera « le bonheur dérivant
« essentiellement de l'état de paix conservé, par des cou-
« tumes traditionnelles, entre les membres de chaque
« famille, entre les maîtres et les serviteurs attachés au
« même atelier et entre les familles constituant chaque
« voisinage; les coutumes de la paix sociale se perpétuant
« surtout *dans la simplicité et la frugalité* et s'altérant par
« *la complication des mœurs* ou *la possession du su-*
« *perflu*[2] ». Il appellera « prospères les sociétés où la
« paix règne sans un recours habituel à la force armée;
« où la stabilité des foyers domestiques, des ateliers de
« travail et des voisinages est assurée par la libre entente
« des pères de famille; où enfin la conservation de l'ordre
« traditionnel, fondé sur la loi morale, est le vœu commun
« des populations[3] ». Et il ne craindra pas de dire que
« les idées fausses désorganisent l'Occident *à la faveur*
« *des inventions matérielles de ce temps*[4]. Précisant davan-
« tage et partant de cette donnée que le but suprême du
« travail consiste, non à créer la richesse matérielle, mais
« à conserver une race d'hommes soumise à Dieu, assurée
« du pain quotidien, dévouée au roi et à la patrie »,
Le Play formulera ce jugement tranchant : « Partout le
« vice grandit avec la richesse; la stabilité se trouve sur-
« tout dans la pauvreté; la discorde désole les populations
« riches, devenues infidèles à Dieu et révoltées contre le
« souverain[5] ». Le Play nous dit encore que « le bien-être
« des familles constituant la fabrique collective reposait
« toujours, à l'origine, sur l'alliance intime de l'agricul-
« ture et du travail manufacturier » et que « plus tard,
« les ouvriers, à l'instigation des marchands, ont commis
« la faute d'abandonner la vie rurale; ils se sont agglo-
« mérés dans des villes manufacturières, et, dès la Renais-
« sance, ils ont introduit, en Italie et dans les Flandres,
« les premiers germes de la souffrance qui désorganise

---

[1] *Les Ouvriers européens,* I, p. 55.
[2] *Ibid.,* p. 62.
[3] *Ibid.,* p. 70.
[4] *Ibid.,* p. 92.
[5] *Ibid.,* p. 111.

E. V.

« aujourd'hui la majeure partie de l'Occident ». — Parlant des deux grandes inventions de Watt et d'Arkwright, la vapeur et la machine à filer, il dit : « Ces deux grandes « conquêtes ainsi faites sur la matière auraient pu ac-« croître le bonheur de la société où elles se produisaient; « au fond, elles furent pour la population ouvrière la « source de terribles calamités[1] ». Enfin, pour ne pas multiplier outre mesure les citations, après avoir encore vanté les races prospères à existence simple, dans les-quelles « le père de famille, soumis au Décalogue, est « l'unique agent de la paix sociale, le gardien des tradi-« tions séculaires qui ont donné à la race la prospérité dont « elle jouit »[2], Le Play nous enseigne que « on ne peut « citer, ni dans les temps passés, ni à l'époque actuelle, « aucune race qui ait conservé complètement l'état de « paix sociale quand la complication des idées, des mœurs « et des institutions a dépassé certaines limites »[3], et il affirme encore que « on n'a jamais vu, dans le passé, une « nation riche, lettrée et puissante qui se soit montrée « constamment fidèle aux règles » qui assurent la prospé-rité des nations. « Tôt ou tard, la corruption s'est dé-« veloppée chez les autorités de la vie publique; puis, « elle s'est communiquée, de proche en proche, dans la « vie privée, aux riches, aux lettrés et aux autres profes-« sions libérales »[4].

Voilà certes une opinion bien établie! Voilà une con-damnation en règle, basée sur une longue et patiente observation, du régime industriel et de la civilisation, telle du moins qu'elle s'est développée en Occident. L'un des disciples les plus distingués de Le Play, M. Claudio Jannet a résumé ainsi les idées générales de l'ouvrage du maître sur *La réforme sociale en France :* « Le but de l'ac-« tivité des sociétés humaines est moins le développement « de la richesse que l'obtention du bien-être. Le bien-être « suppose le pain quotidien; mais il n'existe pas en dehors « de la paix sociale. Le véritable criterium du bien-être

[1] *Les Ouvriers européens*, t. I, p. 123.
[2] *Ibid.*, p. 159.
[3] *Ibid.*, p. 162.
[4] *Ibid.*, p. 165.

« des sociétés, c'est le consentement, l'acceptation de leur
« sort par les hommes, la paix entre les classes, dans la
« famille, dans l'atelier et dans l'État... Les sociétés com-
« pliquées de l'Occident semblent malheureusement l'avoir
« perdue et l'instabilité, l'antagonisme qui en résultent
« causent tant de souffrances qu'elles contrebalancent
« presque les bienfaits résultant des grands progrès ma-
« tériels de notre temps. » — Combien l'idéal social de Du-
« noyer diffère de celui-là !

L'idéal de Dunoyer, c'est ce qu'il appelle le *régime industriel,* dont il développe complaisamment tous les
bienfaits [1]; et, par *régime industriel,* notre auteur entend
un état où figureraient à la fois, « à l'exclusion des arts
« nuisibles, tous les arts véritablement utiles, ceux qui
« donnent de la valeur aux hommes comme ceux qui en
« donnent aux choses, tous ceux qui, par le résultat d'un
« travail actuel ou par les fruits accumulés d'une industrie
« antérieure, contribuent de quelque façon que ce soit à
« accroître la masse des idées, des bons sentiments, des
« vertus comme celles des utilités matérielles de toute
« espèce dont se composent la richesse, la puissance,
« l'honneur, la gloire, la félicité du genre humain »; et
Dunoyer, précisant sa pensée, nous donne clairement à
entendre que l'état industriel qu'il rêve est un état de libre
concurrence absolue, s'exerçant dans la sphère des seuls
arts utiles; et c'est cet état, purement idéal, remarquons-
le, que Dunoyer s'attache à défendre contre toutes les accusations dont le développement de la vie industrielle a
été l'objet, au point de vue du sentiment et du goût du
beau, du progrès de la science, de l'amélioration des
mœurs privées et des mœurs sociales; et il conclut ainsi :
« La vie industrielle est de tous les modes d'existence
« celui où les hommes usent de leurs forces avec le plus
« de variété, d'élévation, de puissance, d'étendue; où ils
« s'en servent le mieux à l'égard d'eux-mêmes; où, dans
« leurs relations privées, publiques, nationales ou inter-
« nationales, ils se font réciproquement le moins de mal.
« D'où il faut conclure qu'il est celui où ils peuvent de-

____
[1] *La Liberté du travail,* t. I, p. 301 et suiv.

« venir le plus libres et même le seul où ils puissent ac-
« quérir une véritable liberté »[1].

Je m'empresse de reconnaître que, pour notre auteur, le
Régime industriel, c'est celui du travail « dégagé de tout
« alliage impur, par l'abandon de tous les mauvais moyens
« de s'enrichir », et, pour le dire en passant, c'est là une
signification particulière et personnelle ; car, dans le langage ordinaire, les mots « *Industrie* et *régime industriel* »
n'offrent pas à l'esprit ces idées morales; mais alors, il est
permis de penser que l'auteur a plutôt évoqué ce régime
dans ses spéculations de moraliste qu'il ne l'a constaté par
l'observation des faits. C'est lui-même qui dit : « On ne
« pourrait avec quelque apparence accuser l'industrie de
« diviser les hommes qu'autant que l'*esprit d'accaparement*
« *qui les anime* devrait être considéré comme une loi na-
« turelle et nécessaire de son développement. Mais, *encore*
« *bien que toutes les professions, tant dans l'intérieur de*
« *chaque pays que dans les relations de peuple à peuple, aient*.
« *plus ou moins commencé par manifester ce mauvais esprit,*
« on ne saurait raisonnablement prétendre que les mesures
« de restriction qu'il leur a inspirées aient été prises dans
« l'intérêt de l'industrie; cet intérêt a été le prétexte; mais
« *une avidité naïve et grossière, une cupidité inique et sor-*
« *dide ont été le mobile réel* ». — J'entends bien que l'industrie elle-même ne saurait être rendue responsable des
méfaits de ceux qui l'exercent; mais l'industrie sera toujours exercée par des hommes, et c'est précisément parce
que les hommes ont, d'après lui, mal usé de ses progrès
et du pouvoir qu'elle mettait à leur disposition, que
Le Play regrette le bonheur des races à existence simple et
dénonce la vapeur et les machines comme ayant été les sources de terribles calamités pour les populations de l'Occident!

Il est impossible de n'être pas frappé des différences essentielles dans les conclusions de ces deux penseurs, qui
ont voulu l'un et l'autre fonder l'économie sociale sur la
seule observation des faits[2]. En leur supposant une égale
pénétration d'esprit et une égale rectitude de jugement,

---

[1] Tome I, p. 339.
[2] Et ces divergences ne se manifestent pas seulement dans l'appréciation

on serait tenté d'acquiescer de préférence aux conclusions de Le Play, qui n'a écrit qu'après trente années d'observations personnelles et méthodiques et après une enquête minutieuse dans les différentes contrées de l'Europe, tandis que Dunoyer paraît s'être appuyé surtout sur les récits des voyageurs et les observations des historiens.

Mais Le Play lui-même, si consciencieuses qu'aient été ses observations, n'a-t-il pas vu les choses à un point de vue personnel et sous un angle particulier? Il nous raconte « *comment il avait été préparé, à son insu, avant 1829, à l'étude de la science sociale* »[1]; peut-être y avait-il été, toujours à son insu, préparé *d'une certaine manière* et les leçons du « maître bienveillant des mines du Hartz » avaient-elles laissé leur forte empreinte dans son esprit!

Je ne veux pas insister sur ce point, qui est en dehors de mon sujet; j'ai voulu seulement faire remarquer, avant de quitter ce chapitre, que l'observation ne saurait avoir, en matière de sciences sociales, le même caractère et la même certitude que dans les sciences naturelles. L'œil avec lequel on observe les phénomènes de la vie sociale n'est pas le même que celui qui reconnaît les phénomènes physiques ou chimiques; ceux-ci se *constatent;* ceux-là s'*apprécient,* et il n'est guère possible, quelque conscience qu'on y apporte, que les appréciations de chacun ne soient pas, dans une certaine mesure, influencées par sa manière de voir, par ses sentiments, en un mot par son individualité propre.

Tout ce qui vient d'être dit a pour unique objet de prouver que l'observation des faits, à laquelle l'économiste et le sociologue ne sauraient accorder une trop large place dans leurs études, ne saurait cependant, à elle seule, servir de fondement à la science économique et à la science sociale, lesquelles sont inséparables de la morale et du droit; et l'on ne tarde pas à reconnaître que Dunoyer lui-même, quoi qu'il en ait pensé, est loin de n'avoir jamais eu recours qu'à la seule méthode d'observation.

des phénomènes sociaux; elles remontent jusqu'aux causes les plus intimes; par exemple, tandis que Le Play fait de la liberté testamentaire le pivot même de la réforme sociale, Dunoyer est un défenseur des plus ardents du principe de l'égalité des partages.

[1] V. *Les Ouvriers européens,* t. I, p. 17 et suiv., p. 399 et suiv.

CHAPITRE III

De la notion de la Liberté.

Dunoyer écrivait un livre sur *La Liberté du travail*. La première question qui se posait à lui était évidemment celle-ci : Qu'est-ce que la liberté ? C'est aussi celle que nous devons tout d'abord élucider avec lui, si nous voulons le comprendre.

On peut, ce me semble, proposer de la *liberté* la définition suivante : L'homme est libre lorsqu'il n'est empêché par aucune impulsion intérieure et par aucune contrainte extérieure d'user de ses facultés et de développer son activité d'après les décisions de sa volonté propre, à la condition de ne pas porter atteinte à la liberté parallèle de ses semblables et de ne pas troubler l'ordre social, en dehors duquel il ne saurait vivre.

Cette définition n'est pas tout à fait celle de Dunoyer. Notre auteur s'est fait de la liberté une idée large, à certains égards peut-être trop large, quoique, par d'autres côtés, elle me semble incomplète, et qui diffère certainement de l'acception vulgaire. « Ce que j'appelle *Liberté* dans ce « livre, c'est le *pouvoir* que l'homme acquiert d'user de ses « forces plus facilement *à mesure qu'il s'affranchit* des « obstacles qui en gênaient originairement l'exercice. Je « dis qu'il est d'autant plus *libre* qu'il est plus *délivré* des « causes qui l'empêchaient de s'en servir, qu'il a plus éloi- « gné ces causes, qu'il a plus agrandi et désobstrué la « sphère de son action »[1].

[1] Tome I, p. 34. — Ainsi, pour Dunoyer, la question de la liberté du com-

Même en acceptant cette définition, je ne m'explique pas bien que Dunoyer ait cru pouvoir se désintéresser de la question du libre arbitre, qui me paraît être la condition première et *sine qua non* de toute liberté. « On a beaucoup « cherché, dit-il, si le mobile de ses facultés (de l'homme) « était en lui-même ou hors de lui, en sa puissance ou « hors de sa puissance; s'il donnait son attention, compa- « rait, jugeait, décidait, délibérait, se déterminait parce « qu'il le voulait et comme il le voulait; ou bien si ses « facultés étaient mises en jeu sans lui, malgré lui, par « l'influence de causes sur lesquelles il n'avait aucun em- « pire, et si le résultat de son activité était aussi indépen- « dant de sa volonté. Certains philosophes ont prétendu « qu'il était également maître de leur action et des résultats « de leur action[1]; le suprême ascendant qu'ils lui attri- « buaient sur elles, ils l'ont appelé libre arbitre, liberté « morale. D'autres, au contraire, ont nié qu'il eût sur elles « un tel pouvoir, et ils ont soutenu que, la première im- « pulsion leur étant donnée du dehors, tous leurs mouve- « ments, toutes leurs fonctions, tous leurs actes étaient « des conséquences naturelles et nécessaires de cet ébran- « lement extérieur. *Je n'ai point à m'occuper ici de ce* « *débat. Il y a une autre recherche à faire* »[2].

On pouvait ne pas poser la question, en la tenant pour non douteuse; mais, dès qu'on la posait, il n'était pas pos- sible de l'écarter comme indifférente, et rien n'est plus facile que de démontrer que la liberté, dans le sens même que lui donne notre auteur, ne saurait, non-seulement se développer, mais même exister si l'homme n'était pas maître de ses actions. C'est Dunoyer qui va nous dire que, pour que l'homme soit libre, pour qu'il puisse disposer

merce international ne se restreint pas à la légitimité et à l'opportunité des restrictions douanières : elle s'étend aux embarras qui naissent de la diver- sité des langues, ou des poids et mesures, ou qui proviennent des fraudes commerciales, en un mot de tous les obstacles, matériels ou moraux, qui en- travent le développement des échanges (*Journal des Économistes*, décem- bre 1847 et février 1848).

[1] Remarquons que si l'homme est maître de ses actions, il ne saurait évi- demment être maître *des résultats de ses actions;* cette maîtrise n'est nulle- ment comprise dans la notion du libre arbitre.

[2] Tome I, p. 33 et 34.

librement de ses forces, il faut : « 1° qu'il les ait déve-
« loppées ; 2° qu'il ait appris à s'en servir de manière à ne
« pas se nuire ; 3° qu'il ait contracté l'habitude d'en ren-
« fermer l'usage dans les bornes de ce qui ne peut pas
« nuire aux autres hommes »[1]. — Mais que signifie tout
cela, si l'homme n'est pas libre de ses déterminations, si
« la première impulsion étant donnée du dehors à ses fa-
« cultés, tous leurs mouvements, toutes leurs fonctions,
« tous leurs actes sont des conséquences naturelles et né-
« cessaires de cet ébranlement extérieur ? » — Il est bien
clair que, s'il en était ainsi, ce serait une pure dérision que
de conseiller à l'homme, comme le fait Dunoyer d'un
bout à l'autre de son livre, d'apprendre à user de ses facultés de manière à ne pas se nuire et à ne pas nuire à
autrui, puisqu'il n'aurait aucunement la *liberté* de suivre
ces conseils !

Je viens de rappeler les trois conditions de la liberté,
d'après Dunoyer : 1° que l'homme ait développé ses facultés ; 2° qu'il ait appris à s'en servir de manière à ne
pas se nuire ; 3° qu'il ait contracté l'habitude d'en renfermer l'usage dans les bornes de ce qui ne peut pas
nuire aux autres hommes. — Il est bien vrai que, quand
l'homme agit de manière à violer la liberté égale des autres
hommes ou à troubler l'ordre public, il agit en dehors des
limites de sa liberté naturelle et il la compromet ; il
tombe alors dans la licence. Bentham s'est trompé, quand
il a dit : « La liberté consiste à pouvoir faire ce qu'on
« veut, le mal comme le bien, et c'est pour cela même
« que les lois sont nécessaires pour la restreindre aux actes
« qui ne sont pas nuisibles ». Les lois sont nécessaires,
non pour restreindre la liberté, mais pour la garantir, et
elles ne font pas autre chose quand elles répriment celui
qui fait le mal et qui, par cela même, viole la liberté chez
autrui.

Quant à ce qui est de ne pas se nuire à soi-même et de
développer ses propres facultés, il est plus douteux que ce
soient là des conditions essentielles de la liberté, dans le
sens du moins qu'on attache généralement à ce mot. Sans

---

[1] Tome I, p. 86.

doute, on peut user mal de sa liberté et par là perdre sa fortune, ruiner sa santé, en un mot compromettre ses facultés physiques, intellectuelles ou morales et peut-être sa liberté même; cela prouve qu'il faut user sagement de la liberté pour la conserver; il est vrai de dire cependant que l'homme est libre d'en mal user, ce qui est la condition même de sa responsabilité : ne pas se nuire à soi-même, ce peut être une condition de la liberté *future,* ce n'est pas une condition de la liberté *actuelle.* D'autre part, quand l'homme développe sa capacité, son pouvoir d'action, Dunoyer, lui, dit qu'il développe sa *liberté;* parce que, pour lui, la liberté « c'est la puissance, c'est le pou-« voir que nous acquérons d'user de nos facultés », tandis que, dans le sens vulgaire, la liberté c'est *le droit de n'être pas empêché par une contrainte quelconque d'user de nos facultés.* J'accorde que l'homme ivre ou dément n'est pas libre, parce que ses actes sont déterminés par une impulsion inconsciente et irrésistible: mais quand Dunoyer nous dit : « Mettez le clavier d'un panio sous les doigts d'un homme qui, de sa vie, n'aura manié que la bêche ou la charrue : sera-t-il libre d'exécuter une sonate? » — Je réponds : la question est mal posée : il en est *libre,* mais il en est *incapable!* Il suffit de s'entendre. Pour nous, liberté signifie absence de contrainte; pour Dunoyer, cela signifie puissance d'action dans toute la force du terme. Il ne faut pas perdre cela de vue pour le comprendre, et il nous le dit lui-même, de ce ton un peu tranchant qui reflète assez bien son caractère. « Au reste, sans m'inquiéter davantage « de l'emploi que chacun peut faire de ce mot, je me « borne à redire ici comment je l'entends et quel sens il « faut consentir à y attacher si l'on a le désir de m'enten-« dre »[1].

On voit dès lors toute l'ampleur que prendra son traité de la Liberté du travail. Il n'étudiera pas seulement les contraintes diverses qui peuvent faire obstacle à l'exercice de la liberté; il recherchera les causes qui sont de nature à développer la puissance de l'homme et ses moyens d'action; et c'est ainsi qu'après avoir envisagé l'influence de

____
[1] Tome I, p. 35.

la race et du milieu, il consacrera de longs développements à l'influence de la culture, en passant en revue les
différentes phases de l'évolution sociale ; c'est ainsi encore
que sous ce titre « *Des conditions auxquelles toute industrie
peut être libre* », il examinera, d'abord d'une manière générale, puis relativement à chaque industrie, les causes qui
peuvent le mieux procurer le succès de l'industrie[1]. Répétons
encore que l'œuvre de Dunoyer est un véritable traité d'é-
conomie politique. Ce n'est pas tant l'histoire de la liberté
qu'il a faite que celle de la civilisation.

La lecture de son livre premier, sur la définition de la
liberté, suggère encore quelques réflexions. Voici, par
exemple, une pensée qui peint bien l'inflexible redresseur
de torts, le *censeur* intransigeant qu'était notre auteur :
« Si, pour être libre, il est nécessaire de s'abstenir du mal,
« il est tout aussi indispensable de ne le pas supporter ; car
« c'est par l'énergie qu'on met à ne le pas supporter qu'on
« intéresse les autres à ne pas le faire. Tant qu'on veut
« bien se plier à une injustice, on peut compter qu'elle se
« commettra. Rien de plus corrupteur que la faiblesse :
« en consentant à tout souffrir, on intéresse les autres à
« tout oser. Alceste fait un partage égal de sa haine entre
« les hommes *malfaisants* et les hommes *complaisants*. Je
« ne sais s'ils y ont un même droit. Le mal vient peut-être
« moins de la malice des hommes injustes que de la fai-
« blesse des hommes pusillanimes. Ce sont ceux-ci qui
« gâtent les autres. C'est le grand nombre qui déprave le
« petit, en se soumettant trop facilement à ses caprices…».
— La mesure est un peu dépassée ; mais quel trait de
caractère !

Voici une autre pensée qui mériterait bien d'être méditée
aujourd'hui : « On fait trop exclusivement consister le
« courage politique à résister au gouvernement. Ce cou-

---

[1] Voici encore un passage bien caractéristique : « Pour définir la liberté
« avec exactitude, il faudrait faire l'inventaire de tout ce que l'humanité
« possède de connaissances réelles et de véritables vertus. Elle est égale pour
« chaque peuple à ce qu'il a fait de progrès dans toutes les branches de la
« civilisation ; elle se compose de tout ce qu'il y a de savoir-faire et de savoir-
« vivre : voilà sa véritable définition » (T. I, p. 49). — Il est évident que ce
n'est pas là la définition vulgaire !

« rage, tout méritoire qu'il est quelquefois, n'est pas tou-
« jours le plus nécessaire, ni surtout le plus difficile. Il est
« des temps où les factions ont besoin d'être surveillées et
« contenues avec infiniment plus de soin encore que le
« pouvoir : si le pouvoir agit avec plus de suite, elles
« agissent avec plus d'emportement, et, quand elles ne
« sont pas réprimées à temps, leur fougue devient telle
« qu'il n'y a bientôt plus moyen de les arrêter et qu'elles
« se livrent aux plus hideux désordres... Il ne suffit donc
« pas que la société sache contenir et modérer le pouvoir
« qu'elle a établi ; il est pour le moins aussi essentiel
« qu'elle soit capable de réprimer à propos les factions
« qui l'attaquent... ».

À la fin de ce premier livre, Dunoyer signale comme
une erreur particulièrement fâcheuse l'opinion d'après
laquelle « la liberté résulte, non de l'état de la société,
« mais de la volonté du gouvernement. On dit qu'il y a
« liberté de faire une chose quand le gouvernement la
« permet ; on dit qu'il y a dans un pays tout juste autant
« de liberté que le gouvernement en accorde, et, par gou-
« vernement, on entend une chose distincte de la société et
« existant en quelque sorte en dehors d'elle ». Et Dunoyer
« critique fort cette manière d'envisager les choses. De
même que de la liberté, il a du gouvernement une conception particulière, qu'il faut connaître et apprécier. « Il n'y
« a pas moyen, dit-il, de distinguer de la société les pou-
« voirs publics qui la gouvernent. Le gouvernement est
« dans la société ; il en fait intrinsèquement partie ; il est
« la société même, considérée dans l'un de ses principaux
« modes d'action, savoir : l'administration de la justice,
« le jugement des contestations, la répression des vio-
« lences, le maintien de la paix, de l'ordre, de la sûreté.
« Les formes suivant lesquelles il exerce cette action et
« la manière plus ou moins éclairée et plus ou moins mo-
« rale dont il l'exerce dépendent essentiellement de la vo-
« lonté de la société. Il est, dans tous les temps, l'expression
« exacte des idées et des habitudes politiques qui prédo-
« minent au milieu d'elle..... Il n'est pas une institution
« défectueuse, il n'est pas un acte vicieux du pouvoir dont
« on ne puisse montrer avec détail toutes les causes dans

« l'état de la société.....»[1]. C'est ce que l'auteur nous
avait déjà dit dans son Introduction : il lui avait paru nécessaire « de détourner sa pensée du gouvernement et de
« la porter tout entière sur la population » ; il s'était demandé si les causes des souffrances sociales, « au lieu d'être
« tout entières dans le gouvernement n'existaient pas plu-
« tôt dans la population dont il sortait, au sein de laquelle
« il se recrutait et se renouvelait sans cesse, et, partant, si
« ce n'était pas dans cette population même, dans ses
« idées, dans ses affections, dans ses habitudes, dans toute
« sa manière de sentir, de penser et d'agir qu'il fallait
« surtout étudier la liberté et en rechercher les véritables
« causes »[2].

Ces idées sont, à mon sens, trop absolues. On a dit que
les peuples ont le gouvernement qu'ils méritent; c'est vrai,
en partie, mais en partie seulement : un peuple peut être
victime de l'ambition et de la violence sans qu'on puisse
dire qu'il en est responsable. Il n'est pas toujours vrai que
« le gouvernement sorte de la nation et s'y renouvelle sans
« cesse » ; et, en tout cas, il est difficile de soutenir qu'il
en soit jamais l'image parfaite. Et, enfin, le gouvernement,
même dans les pays les plus libres, ne serait jamais que
l'émanation et l'expression de la majorité!

Je ne crois donc pas qu'il convienne « de détourner sa
« pensée du gouvernement et de la porter tout entière sur
« la population ». Et l'on ne tarde pas à reconnaître, en
lisant Dunoyer, qu'il n'a pas commis cette faute. Lui-
même dit dans sa préface : « L'ouvrage est donc très ouver-
« tement dirigé contre les tendances prétendues organisa-
« trices de notre temps. Il n'admet pas que les pouvoirs
« publics aient mission d'assigner à la société une fin quel-
« conque, ni de l'organiser en vue de la fin qu'ils préten-
« draient lui assigner. Il ne leur reconnaît le droit d'in-

[1] Tome I, p. 47 et 48.
[2] Déjà, en 1818, Dunoyer disait dans le *Censeur européen* : « C'est donc
« une bien pauvre, ou du moins une bien insuffisante tactique que de s'at-
« taquer au gouvernement pour devenir libre..... Les gouvernements sont
« peu de chose par eux-mêmes. Les institutions n'ont de force que dans la
« masse des hommes qui servent de point d'appui à ceux qui veulent les
« faire respecter. Les mêmes lois peuvent, selon la différence des pays,
« servir à fonder la plus douce liberté ou le despotisme le plus intolérable ».

« tervenir dans les travaux et les transactions qui consti-
« tuent sa vie que pour réprimer ce qu'il peut s'y mêler
« d'actions punissables et..... il reste fidèle aux traditions
« libérales du passé et poursuit l'œuvre d'affranchissement
« commencée depuis tant de siècles et qui tend à dérober,
« de plus en plus, les existences individuelles à l'action il-
« légitime du corps social ou de ses délégués ». — Voilà,
semble-t-il, la question de la liberté du travail placée sur
son véritable terrain.

Dunoyer nous indique, dans son Introduction, le plan
suivant lequel il a étudié cette grande question, avec l'ampleur qu'il avait cru devoir lui donner. Après avoir défini,
comme il vient d'être dit, la liberté, il a recherché l'influence que peut avoir sur son développement la race d'a-
bord, puis le milieu et surtout la culture, examinée dans
les différents états de civilisation ; ensuite, il est entré dans
le détail de chaque industrie, en commençant par celles
qui agissent sur les choses et qu'il classe de la manière
suivante : industrie extractive, industrie voiturière, industrie manufacturière, industrie agricole, et en continuant
par les arts qui s'exercent sur les hommes : ceux qui ont
pour objet ou le perfectionnement de notre nature physique, ou la culture de notre imagination et de nos facultés
affectives, ou celle de notre intelligence, ou enfin celle de
nos habitudes morales ; son livre se termine par l'étude
de la liberté du commerce (qu'on est un peu étonné de ne
pas voir figurer dans la catégorie des industries) et par
celle de la liberté des transmissions héréditaires. Il nous
faut parcourir ce cycle avec lui avant de résumer et d'apprécier son œuvre.

CHAPITRE IV

Influence de la race et du milieu.

De prime abord, Dunoyer nous place en face d'une grande question ethnographique, qui intéresse manifestement la civilisation en général : quelle est l'influence de la *race* sur le développement des facultés humaines? Il se demandera ensuite quelle est l'influence du *milieu*, qui, suivant lui, vient en second ordre et a été exagérée par quelques écrivains. La question pourtant est de savoir si la race elle-même n'est pas un produit du milieu? La Providence a voulu que les origines de l'homme fussent enveloppées pour lui d'un mystère impénétrable ; il est certes permis à la science de rechercher ces origines, abstraction faite de la tradition biblique ; mais il est permis aussi de constater que, jusqu'à présent du moins, elle n'a abouti qu'à des solutions contradictoires, simples hypothèses, émises par des autorités scientifiques dont on ne conteste pas la sincérité, mais également dépourvues de toute certitude.

Dunoyer distingue, sur la foi des anthropologistes les plus autorisés[1] cinq races d'hommes différentes : la *Caucasienne*, au centre, la *Mongole* et l'*Ethiopienne*, aux deux extrémités opposées et à une égale distance de la première, l'*Américaine* et la *Malaie*, qui se trouvent comme intermédiaires, la première entre la Caucasienne et la Mongole et la

---

[1] Blumenbach, *De generis humani varietate nativa* ; W. Lawrence, *Lecture on physiology, zoology and the natural history of man.* Comp. Verneau, *Les Races humaines*, p. 118.

seconde entre la Mongole, la Caucasienne et l'Éthiopienne ;
et il en décrit les principaux caractères : ceux de la race
caucasienne ou blanche ; ceux de la race mongole ou
jaune ; et ceux de la race éthiopienne ou noire, les deux
autres n'étant que des variétés intermédiaires. Quelle que
soit la vraie division ethnologique, l'essentiel pour nous
est de savoir comment s'expliquent ces différences de races, et particulièrement si elles ne seraient pas exclusivement l'effet du *milieu* dans lequel ces races se sont développées. Dunoyer a peine à l'admettre ; il repousse les conclusions de Cabanis, et celles, pourtant plus modérées, de
Charles Comte sur l'influence prépondérante du milieu
physique.

La question est dominée par une autre question primordiale : Les différentes races humaines ont-elles, oui ou non,
comme l'a enseigné Buffon, le premier qui ait considéré
l'homme au point de vue ethnologique, une seule et même
origine? Si oui, leurs différences physiques ne se peuvent
guère expliquer que par l'influence du milieu.

L'anthropologie a fait de nos jours de remarquables
progrès, surtout depuis la fondation de la société anthro-
pologique de Paris, en 1857. Et, loin que l'hypothèse de
Buffon sur la communauté d'origine des groupes humains
ait été démontrée fausse, on peut dire qu'elle a pour elle
aujourd'hui les plus grandes autorités dans la science.

Certes, le débat reste ouvert entre *monogénistes* et *polygénistes,* et il est à croire qu'il le restera longtemps encore,
et qu'en dehors de la tradition biblique, à laquelle il demeure libre de donner son adhésion, l'homme en sera toujours réduit aux conjectures sur ses origines préhistoriques[1]. Mais il ne faudrait pas croire, sur l'affirmation sen-
tencieuse de tel jeune sociologue allemand[2] que les philosophes et les naturalistes des temps modernes n'ont pas
« hésité à se déclarer pour l'origine polygénitique de l'hu-
« manité et non pour l'origine monogénitique ». — Bien
au contraire, des savants contemporains, qui peuvent être

---

[1] Tel est l'avis du célèbre anatomiste Müller, selon lequel « il est impos-
« sible d'apprendre si les races humaines que nous voyons remontent à plu-
« sieurs hommes primitifs ou à un homme primitif unique ».

[2] Gumplowicz, *La lutte des races.* p. 43.

à juste titre considérés comme les interprètes les plus autorisés de la science, affirment catégoriquement l'origine monogénitique du genre humain. Ainsi, M. de Quatrefages, l'éminent professeur d'anthropologie du muséum, est franchement monogéniste. Quelles que soient les différences que présentent entre eux les groupes humains actuels, ils sont issus, pour lui, d'un type unique primitif. Pouvons-nous douter que sa conviction à cet égard ait été, comme il l'affirme, fondée sur des motifs exclusivement scientifiques? Voici un autre savant, M. le Dr Verneau, qui, dans un travail monumental sur les *Races humaines*, qu'on peut considérer comme le reflet le plus exact de la science contemporaine, est arrivé à la même conclusion, et certes, il est facile de s'en convaincre, ce ne sont pas des idées préconçues qui l'y ont conduit ! « Il en sera certaine- « ment ainsi, dit M. de Quatrefages dans « la préface qu'il « a mise en tête du grand ouvrage de M. Verneau, pour « tous ceux qui étudieront sans parti pris l'ensemble des « faits qui la motivent ». La raison en est que les caractères physiologiques des êtres humains sont essentielle- ment les mêmes; et la preuve, c'est que les croisements entre races humaines les plus distantes sont toujours féconds et donnent naissance à des métis indéfiniment féconds ; que même ces croisements ont parfois pour résultat d'augmenter la fécondité des produits. Dans une autre école, Le Play, qui a passé sa vie à observer les sociétés contemporaines les plus diverses, conclut très ferme- ment, de l'identité constatée dans le trait prépondérant de la nature humaine (l'action de forces morales, émanant chez toutes les races d'un même principe et engendrant partout les mêmes phénomènes de bien ou de mal, selon l'application qui en est faite) à l'identité d'origine ; il af- firme que, sur ce point, la méthode d'observation justifie la tradition et, dit-il « c'est précisément cette idendité d'ori- « gine qui met en relief les modifications que la diversité « des lieux apporte, non-seulement à l'organisation physi- « que des individus, mais encore à la constitution des socié- « tés »[1]. Et les disciples de Le Play, qui ont consciencieuse-

---

[1] *Les Ouvriers européens*, t. I, p. 49 et 50.

ment étudié la science sociale d'après la méthode du maître, ont confirmé en ce point ses conclusions : ils assignent à toutes les races humaines une origine commune et un unique berceau[1]. Ils affirment que les hommes sont partis d'un même centre pour se répandre sur les diverses parties de la terre et que l'hypothèse contraire, d'après laquelle il y aurait eu *convergence* vers un centre commun des différentes races ayant eu chacune un lieu spécial de formation, et non *divergence*, est scientifiquement inadmissible, parce qu'elle est contraire à tous les faits établis au sujet de la race indo-européenne, la mieux étudiée et la mieux connue : les itinéraires de ses diverses branches sont certainement *divergents* à partir d'un noyau commun, dont la situation primitive ne peut être qu'un lieu unique dans l'ancien monde pour être le lieu de séparation des races, un quadrilatère situé au-dessous de la mer Caspienne, séparant, d'une part, la zone des steppes pauvres de l'Afrique de la zone des grandes steppes de l'Asie, et servant, d'autre part, de trait d'union entre les zones occidentale et orientale des sols variés soumis à la culture. « A partir
« de ce point du globe, nous disent-ils, on voit rayonner
« dans toutes les directions, chacune suivant le climat qui
« lui convient, les espèces animales et végétales appropriées
« aux différents travaux; vers les steppes riches, le cheval
« septentrional, le grand bœuf et le chameau bactrien; vers
« les steppes pauvres, le cheval des déserts, la brebis, le
« bœuf à bosse et le dromadaire; vers les territoires à sols
« variés, les céréales, les fruits et les plantes utilisables
« grâce à la culture; plus spécialement du côté de l'Ouest,
« le froment, l'orge et la vigne ; du côté de l'Est, le riz, le
« millet et le coton. Toutes ces espèces sont représentées
« dans la région de croisement des deux grandes zones »[2].

Ainsi donc, identité des caractères physiologiques essen-

---

[1] *La Science sociale*, passim., et notamm. : *La société Védique ; Le berceau des races humaines*, n° d'août 1892.

[2] *La Science sociale*, août 1892, p. 134 et suiv. — Cette argumentation avait déjà été présentée par M. de Quatrefages dans son livre sur l'*Espèce humaine*, en se plaçant au point de vue des temps présents ; mais il croit qu'elle laisse sans explication certains faits révélés par les études préhistoriques.

tiels, identité de nature morale, unité vraisemblable de centre, telles sont les raisons principales et incontestablement très fortes sur lesquelles s'appuie la thèse de l'unité primitive du genre humain ou du monogénisme. M. Verneau, dans son ouvrage sur les *Races humaines*, l'a corroborée par un argument d'analogie qui n'a certes aucun caractère religieux. Il part de cette loi que « les êtres « organisés sont d'autant plus cantonnés que leur orga-« nisme est plus perfectionné », et il en déduit que le type humain, qui, à ne tenir compte que de l'organisme matériel, est incontestablement supérieur aux types les plus élevés des mammifères, a dû être primitivement cantonné tout autant qu'eux. « Tout doit nous faire admettre que « l'espèce humaine est apparue sur une aire limitée du « globe »[1]. Telle est aussi sa conclusion.

A cette conclusion, la seule objection que l'on fasse est que, si tous les hommes avaient une origine commune, on ne pourrait s'expliquer les différences de taille, de traits, de coloration, etc. qui distinguent les habitants des différentes contrées du globe, et que les polygénistes regardent comme fondamentales. « Comment admettre « avec Cabanis, dit Dunoyer, qui du reste ne prend pas « parti sur la question de l'unité ou de la multiplicité « des races humaines, que les différents êtres reçoivent « des circonstances physiques qui les entourent leur carac-« tère et leur physionomie? Nul être n'aurait donc de ca-« ractère qui lui fût propre? Tout porterait une physio-« nomie d'emprunt! Les choses ne ressembleraient pas à « ce qu'elles sont réellement, mais à ce que les objets « extérieurs les feraient paraître »! — Il y a ici une légère confusion; les choses ressembleraient bien à ce qu'elles sont réellement; seulement elles seraient ce que les ferait le milieu dans lequel elles se trouveraient placées. Il est clair que si toutes les races humaines sortent d'une souche unique et si elles ont été à ce point différenciées par le milieu, Dunoyer n'a pas accordé aux circonstances de milieu toute l'importance qu'elles méritent.

Or, dans la théorie du monogénisme, le milieu est, en effet,

---

[1] *Les Races humaines*, p. 30.

la première et la principale explication de la diversité des races; ce n'est pas d'ailleurs la seule et, comme nous le verrons, il faut tenir compte aussi des variations spontanées et des croisements ou du métissage.

A première vue, cela est vrai, on a peine à s'imaginer que le milieu physique ait pu marquer sur la race humaine des empreintes aussi profondes que celles qui distinguent les différents groupes humains.

Cependant, voici une réflexion préliminaire qui est peut-être de nature à nous disposer à l'admettre. Si l'on accepte la tradition, conservée par tous les peuples, d'une création spéciale pour l'être humain, l'hypothèse d'une création originaire d'un couple unique, placé en un point déterminé, avec faculté de se reproduire indéfiniment, est manifestement la plus rationnelle. Que si l'on veut que l'homme soit une simple transformation d'animaux d'ordre supérieur, il restera à expliquer à quel moment et surtout comment ces animaux transformés ont été doués de conscience[1] et certes cette métamorphose d'un être purement matériel en un être doué de conscience est incomparablement plus difficile à comprendre qu'une modification dans la couleur de la peau, dans la forme du crâne ou dans le tissu des cheveux; car, après tout, il ne s'agit ici que de modifications physiques sous des influences physiques!

Ces modifications sont-elles possibles? Voici la réponse de la science : « Le cochon, transporté sur les plateaux « froids des Cordillères des Andes, a acquis une épaisse « toison; en revanche, les bœufs ont perdu leurs poils « dans les plaines chaudes de Mariquita, et, dans une « partie de l'Afrique, les moutons ont vu leur laine remplacée « par des poils rudes et droits. Ce ne sont pas seu-

---

[1] Il y a longtemps qu'Aristote a fait cette remarque, que beaucoup d'anthropologistes contemporains devraient bien méditer : « La nature ne fait « rien en vain. Or, elle accorde la parole à l'homme exclusivement. La voix « peut bien exprimer la joie et la douleur; aussi ne manque-t-elle pas aux « animaux. Mais la parole est faite pour exprimer le bien et le mal, le juste et « l'injuste ; et l'homme a ceci de spécial que seul il perçoit le bien et le mal, « le juste et l'injuste, et tous les sentiments de même ordre qui, en s'associant, « ciant, constituent précisément la famille et l'État » (*Politique*, L. I, ch. I, § 10).

« lement les caractères extérieurs qui peuvent se modifier ;
« toutes les parties d'un être sont susceptibles de varier ;
« lorsque, chez un animal soumis à de nouvelles conditions
« d'existence, la taille augmente ou s'abaisse, il est bien
« évident que le squelette lui-même subit l'action du mi-
« lieu nouveau »[1].

Cela posé, il est clair que l'homme physique n'est pas
moins sensible que les autres animaux à l'action du milieu ;
la seule différence entre eux et lui, c'est qu'il peut trouver
dans son intelligence le moyen de lutter contre l'action du
milieu tendant à modifier son organisme, ou même d'agir
dans une certaine mesure sur le milieu. Les faits d'ailleurs
ne laissent pas de doute à cet égard. Après deux siècles,
l'Anglo-Américain, le *Yankee* ne ressemble plus à ses ancêtres, et l'on a signalé des détails nombreux et précis qui
accusent des différences très sensibles. Le nègre, transporté dans les mêmes contrées, a subi aussi des changements remarquables : « Dans l'espace de 150 ans, nous dit
« M. Élisée Reclus, les nègres ont, sous le rapport de l'ap-
« parence extérieure, franchi un bon quart de la distance
« qui les séparait des blancs ». Ajoutons, au témoignage
de nombreux anthropologistes, que, chez le nègre transporté aux États-Unis, l'intelligence a grandi en même
temps que le type physique se modifiait et que, dans toute
l'Amérique du Sud, des faits de même ordre ont été observés.

Ces faits sont la réfutation de cette opinion, avancée par
Dunoyer, que « les diverses variétés, tant qu'elles ne s'al-
« lient point entre elles, conservent invariablement les
« caractères qui leur sont propres », et que « ces carac-
« tères restent les mêmes sous toutes les latitudes et dans
« tous les climats »[2].

Dunoyer fait encore, contre l'influence physique du milieu, une objection qui repose sur une observation super-
ficielle : « Il me semble que tout être créé a sa propre na-
« ture, qui se maintient identique partout où il peut exister.
« Un chêne, un peuplier, un bouleau conserveront, en

---

[1] Dʳ Verneau, *Les Races humaines*, p. 36.
[2] Dunoyer, I, livre II, § 1, p. 54.

« quelque lieu qu'on les transplante, la forme, le port, le
« feuillage particuliers à l'espèce à laquelle chacun de ces
« arbres appartient. Ils pourront bien ne pas prospérer
« au même degré dans tous les terrains et sous toutes les
« latitudes ; mais, partout où ils pourront vivre, ils conser-
« veront les traits caractéristiques de leur espèce et l'on
« ne verra certainement pas leur figure varier comme la
« nature des lieux ». — Rien n'est plus inexact ; sans doute
les végétaux conservent sous toutes les latitudes « *les*
« *traits caractéristiques de leur espèce* », et il en est de
même des animaux, et par conséquent de l'homme ; mais
quant à la forme, au port, à la grandeur et même à la
couleur, externe et interne, deux chênes excrus dans des
milieux dissemblables pourront différer au moins autant
que les races des hommes diffèrent entre elles.

J'ai dit du reste que le milieu n'est pas la seule cause
par laquelle se puisse expliquer les différences de races ;
il y a lieu de tenir compte aussi des variations spontanées
et des croisements.

Le croisement entre les races humaines est toujours possible ; c'est un fait admis aujourd'hui par tous les anthropologistes, et qui donne une singulière force à la thèse de
la communauté d'origine. Non-seulement le croisement
est toujours possible ; mais, à la différence de ce qui a
lieu lorsqu'il s'agit du croisement d'espèces différentes,
comme l'âne et le cheval, la fécondité des produits du
croisement humain, des métis est attestée par une masse
de faits indéniables, et même les anthropologistes constatent que les produits des croisements humains sont souvent
remarquables tant au point de vue intellectuel qu'au
point de vue physique. On comprend aisément que ce peut
être là le point de départ de nouvelles races. Mais comme
le croisement présuppose la diversité des races, il ne
saurait évidemment constituer une explication de cette
diversité même.

Quant aux variations spontanées, je me garderai d'y
insister ; mais en voici une preuve fort curieuse, que Dunoyer avait empruntée à M. Lawrence, et qui est repro-
duite dans l'ouvrage du Dr Verneau : En 1717, naquit de
parents parfaitement sains un individu du nom d'Edward

Lamberg, dans le comté de Suffolk. Il avait le corps couvert d'une espèce de carapace fendillée, mesurant plus d'un pouce d'épaisseur, qui lui valut le nom d'*homme porc-épic;* marié à une femme exempte de toute disposition de ce genre, il transmit les caractères qui lui étaient propres à ses six enfants et à ses deux petits-fils. « On ne « sait pas, dit le Dr Verneau, ce que sont devenus les « membres de cette famille Lamberg. Admettons pour « un instant qu'ils se soient alliés entre eux, soit par suite « de la répugnance que pouvait inspirer aux autres leur « carapace, soit pour tout autre motif : que se serait-il « produit? Très vraisemblablement ce qui s'est produit « chez les moutons de M. Graux de Mauchamp (dont la « laine s'est transformée en poils rudes et droits); il se « serait formé une race d'hommes présentant ce caractère « si particulier »[1]. Mais le savant auteur ajoute que ce résultat a dû être extrêmement rare, parce que l'homme ne s'applique guère à lui-même la sélection qu'il met en œuvre pour obtenir de nouvelles races d'animaux domestiques ou de nouvelles variétés de plantes.

Le milieu reste donc, quoi qu'en ait pensé Dunoyer, la cause la plus probable, ou du moins la plus générale de la différenciation des races humaines.

Cela d'ailleurs n'infirme en rien la thèse que notre auteur a développée dans le § 2 de son livre II, sur « l'iné- « gale perfectibilité des diverses races humaines ». Quelle qu'en soit la cause, il y a entre ces races une diversité indéniable dans la conformation et dans les facultés physiques, qui ne peut manquer d'avoir son contrecoup sur les facultés intellectuelles et morales. Et, par exemple, il est certain que les principales variétés de notre espèce offrent, dans la conformation du crâne, des différences sensibles. Dunoyer est parfaitement fondé à en conclure qu'une semblable différence dans les organes intellectuels n'est pas sans en entraîner quelqu'une dans les fonctions de l'intelligence. Incontestablement, il y a *actuellement* des races supérieures et des races inférieures; ce qui ne veut pas dire que les races inférieures ne soient pas capables, avec

---

[1] Dr Verneau, *Les Races humaines*, p. 39.

le temps et sous certaines influences extérieures, de se modifier et de se perfectionner même jusqu'au point où en sont aujourd'hui les plus avancées, et peut-être au delà ; car il s'agit de supériorités et d'infériorités non originelles, mais acquises, si tous les hommes ont une origine commune. Incontestablement, la race blanche est parvenue à un degré de civilisation supérieure aux autres, qui se manifeste par une foule de caractères irrécusables, dont le principal est peut-être sa force expansive. « La consé-
« quence à tirer de ces remarques, dit fort bien Dunoyer,
« n'est sûrement pas que celle-ci peut se passer d'être
« juste envers les autres, et qu'au lieu d'employer son in-
« telligence à étendre les bienfaits de la civilisation, elle
« doit la faire servir à écraser l'ignorance et la faiblesse ;
« que son rôle est d'achever de rendre misérables les races
« qui ont déjà le malheur de lui être inférieures… Si quel-
« que chose pouvait rendre douteuse la supériorité de son
« esprit en même temps que celle de ses affections mo-
« rales, c'est bien assurément la conduite qu'elle a tenue
« envers ses parentes d'Afrique et d'Amérique, conduite
« non-seulement odieuse, inhumaine, mais singulièrement
« absurde et qui peut devenir aussi désastreuse pour elle-
« même qu'elle l'a été pour les peuples qui en ont si
« cruellement ressenti les premiers effets ». — C'est bien le cri d'indignation que soulève l'histoire de la colonisation, du moins jusqu'à l'époque contemporaine. C'est contre cet écrasement des races inférieures que voulait protester Alexandre Humboldt, quand il disait : « Nous
« faisons plus qu'affirmer l'unité du genre humain, nous
« nous inscrivons en faux contre toute désagréable croyance
« à la supériorité de certaines races, à l'infériorité de
« certaines autres. Il y a des souches ethniques plus per-
« fectibles ; il y en a de plus perfectionnées ; il y en a qui
« ont été anoblies par la culture intellectuelle ; mais il n'y
« en a pas qui soient plus nobles que d'autres ». Le christianisme a dit : « Tous les hommes sont frères » ; mais les frères peuvent avoir un développement physique, intellectuel et moral différent.

Et je ne ferai pas difficulté d'admettre, avec Dunoyer, que les diverses races humaines ne sont pas susceptibles

— au moins en l'état, dirai-je — du même développement physique, intellectuel et moral; en d'autres termes, que les diverses races humaines ne sont pas également perfectibles. Dunoyer en donne des raisons très plausibles. Non-seulement l'inégalité des races n'a rien de plus extraordinaire que celle des individus; mais la première se présente comme une conséquence de la seconde : toutes les races, en effet, ayant commencé par des individus, il est clair que, si ces individus ont pu différer entre eux, leur postérité a pu naître différente : l'influence du milieu peut très bien se combiner avec une question d'atavisme.

« Dans le genre humain et dans les autres espèces d'a-
« nimaux, toutes les variétés ne sont pas susceptibles d'une
« éducation uniforme : par exemple, il n'est pas possible
« de donner au cheval flamand la vitesse du cheval anglais
« ou limousin, de procurer au dogue l'agilité du lévrier,
« de donner au lévrier l'odorat du chien de chasse, de com-
« muniquer au mâtin l'intelligence du barbet et du chien
« de berger; comment serait-il plus facile de tirer un même
« parti de toutes les races humaines? »[1] Dunoyer a raison
de proclamer la supériorité de la race blanche ou caucasienne, qui étend de proche en proche sa domination sur toutes les parties de la terre. Il a raison de signaler l'immobilité des Asiatiques et des Africains et de remarquer que,
« depuis trois siècles que les naturels d'Amérique ont sous
« les yeux le spectacle des arts de l'Europe transplantés
« sur leur propre sol, leur manière de vivre n'a rien perdu
« de sa grossièreté native ». La même réflexion pourrait être faite relativement aux populations avec lesquelles nous sommes en contact, depuis si longtemps déjà, sur la terre d'Afrique. Peut-être bien les civilisateurs n'ont-ils pas pris toujours, particulièrement en Amérique, les meilleures voies pour civiliser! Mais cela ne détruit pas toute la valeur de l'observation.

A tout cela on acquiescera sans difficulté. Seulement, alors que Dunoyer se contente de dire : les races humaines sont inégales entre elles et ne sont pas également perfectibles; j'ajoute : cela est certain; mais, si l'on admet la

<hr>

[1] Dunoyer, t. I, p. 57.

commune origine de l'espèce humaine, ces inégalités ne peuvent provenir que de deux causes, du milieu physique et de l'atavisme dans une certaine mesure; c'est-à-dire de la nature des premiers rejetons dont chaque race descend et du milieu dans lequel elle s'est développée; et, par suite, rien ne permet de prononcer que ces inégalités accidentelles ne puissent jamais prendre fin. En somme, Dunoyer s'arrête à la race pour expliquer les inégalités qui se manifestent dans les divers groupes humains : je crois qu'il faut remonter plus haut et reconnaître que les différences de races elles-mêmes proviennent de la différence du milieu, combinée avec l'action de l'hérédité. Et quand Dunoyer écrit:

« Je persiste à penser et à dire que le premier principe de
« la puissance et de la liberté de l'homme est en lui-même,
« dans son activité, dans son énergie, dans la perfection
« plus ou moins grande des facultés et des organes dont
« la nature l'a pourvu, dans le pouvoir qu'il a de perfec-
« tionner encore ces instruments par la culture, et non
« dans la nature des choses matérielles dont il est en-
« vironné »[1]; on est en droit de lui répondre qu'il a constaté l'effet sans expliquer la cause et que l'une des raisons principales des différences que l'on remarque chez les hommes, en eux-mêmes, dans leur activité, leur énergie, etc. est précisément « dans la nature des choses maté-
« rielles dont ils sont environnés », dans le milieu. Entre la race et le milieu, il n'y a pas l'opposition que Dunoyer a mise : il y a relation de cause à effet, au moins dans une large mesure[2]. Et c'est pourquoi je trouve également critiquable cette formule de Charles Comte, dont Dunoyer

---

[1] Tome I, p. 79.

[2] Dunoyer a vu l'objection qu'on pouvait lui faire; il a cru la réfuter; à mon sens, il n'y a pas réussi. L'action *modificatrice* du milieu sur la race serait, d'après lui, exclusivement du domaine de la biologie, parce que l'influence qui en résulterait sur l'organisme social ne serait qu'*indirecte* et *médiate*; l'action *directe* et *immédiate* que les circonstances extérieures exercent sur le corps social serait seule du domaine de la sociologie (p. 82, note *a*) — Mais d'abord je n'aperçois pas bien la raison de distinguer entre l'action directe et l'action indirecte; tout ce qui a influence sur l'organisme social et le développement économique me paraît appartenir à la sociologie; et, d'autre part, le degré d'influence du milieu sur la nature physique n'est-il pas de nature à faire comprendre la portée de cette influence sur le développement social?

semble avoir voulu prendre la contre-partie, que « le déve-
« loppement d'un peuple dépend de la bonté de sa position
« géographique et non du plus ou moins de perfection na-
« turelle de ses facultés ». Que veut dire cela, si la perfection naturelle des facultés dépend elle-même en grande
partie de la position géographique? Ce que l'on appelle le
milieu est une chose extrêmement complexe; cela comprend
le climat, la production végétale et animale et, par conséquent, la nourriture, la nature et le relief du sol, la nature
du sous-sol, les forces naturelles diverses, en un mot,
comme dit le Dr Verneau, « l'ensemble de toutes les con-
« ditions sous l'influence desquelles un être vivant se cons-
« titue et grandit à l'état de germe, d'embryon, de jeune
« et d'adulte ». Quand on embrasse par la pensée tous les
éléments dont la réunion constitue le milieu, on comprend
que cet ensemble ne peut manquer d'exercer une considérable influence sur le développement de toutes les facultés
de l'homme. Je n'examinerai pas si Montesquieu, si Charles Comte, si surtout Cuvier et Cabanis ont exagéré l'influence du milieu, comme Dunoyer le reproche à quelques-
uns d'entre eux. On n'en finirait pas si l'on voulait, en un
sujet si vaste, exposer et soumettre à la critique toutes
les opinions des penseurs. Je voudrais seulement donner
un aperçu général de l'influence économique du milieu et
sur la constitution des groupes sociaux et la nature de leur
industrie et sur leur développement et leurs progrès. Il y
a là deux points de vue distincts, dont le premier semble
avoir échappé à Dunoyer.

C'est à Le Play et à ses disciples que revient l'honneur
d'avoir mis en pleine lumière l'influence décisive du milieu physique sur la nature des travaux humains et, par
voie de conséquence, sa considérable action sur les formations sociétaires. Ce sont les forêts qui ont fait les
peuples chasseurs; les steppes ont fait les peuples pasteurs; les rivages maritimes ont fait les peuples pêcheurs,
et « les diverses sortes de territoire ont mis leur empreinte
« sur l'histoire de l'Europe »[1] et sur celle du monde. Et,
à son tour, le genre d'industrie suggéré, prescrit par la

---

[1] *Les Ouvriers européens*, t. I, p. 52.

nature a mis son empreinte profonde sur la constitution des diverses sociétés humaines. Et, partant de ces données, l'École de la Science sociale essaiera, en prenant le lieu comme point de départ et comme pivot, de faire le classement des différents types sociaux [1]. Distinguant deux grandes formations sociales bien caractérisées, les sociétés à formation communautaire et les sociétés à formation particulariste ; sous-distinguant les sociétés à formation communautaire de famille, les sociétés à formation communautaire de famille et d'État, et les sociétés à formation communautaire d'État, elle nous montrera les sociétés à formation communautaire de famille se développant naturellement et restant cantonnées dans les régions des steppes et se faisant remarquer par un développement intense de la communauté au point de vue du travail, de la propriété et de la famille et par l'absence d'organismes sociaux supérieurs à la famille : ces caractères se retrouveront, plus ou moins accentués, d'abord dans les steppes riches du plateau central asiatique (type des prairies), puis dans la région circumpolaire (type des Toundras) et enfin dans les steppes pauvres de l'Arabie et du Sahara (type des déserts), où la famille est devenue la tribu. Dès que les sociétés sortent des territoires des steppes, on voit la complication apparaître : la communauté publique se manifeste en dehors de la famille et concurremment avec elle ; l'État surgit. Le désert fait naître les oasis, la vie sédentaire, le commerce, les caravanes, et aussi les rois du désert, les Khalifes, Cheiks, Mahdi ou envoyés de Dieu, etc., qui règnent en maître sur les populations. Voici, d'autre part, des populations issues de la prairie, chassées de la steppe riche par les plus forts et repoussées sur des sols plus pauvres, obligées d'abandonner la vie nomade et de se fixer au sol, pour demander à la culture une partie de leurs ressources : ce sont, dans la direction de l'Occident, les Finnois, les Slaves, les Turcs ; dans la direction de l'Orient, le groupe chinois et le groupe hindou. Les caractères primitifs de la formation sociétaire due à la

---

[1] *La Science sociale, passim,* et notam. *Cours d'exposition de la science sociale,* par Edmond Demolins.

steppe vont s'altérer par la complication de la vie et par la
fusion soit avec le Russe, soit avec le Turc, mais en laissant toutefois des traces profondes, qui se manifestent par
la persistance de la communauté dans la famille[1], dans
le travail[2], dans la propriété[3], dans cette célèbre institution du *Mir*, pour laquelle le paysan russe a un amour
sans bornes, traduit en ce dicton populaire : « Le mir n'est
pas un maître, c'est un père affectueux qui a la même sollicitude pour tous ses enfants », ou encore « chaque
membre du mir est comme un membre de la famille ».
Ailleurs, la *Région méditerranéenne*, avec ses vallées, ses
petits plateaux, ses ports maritimes verra se développer
d'autres types sociaux : la communauté de famille, d'abord
en décroissance accentuée, finira par disparaître complètement; la prédominance de l'État, local ou central, et
de la vie urbaine seront les traits dominants; le commerce
maritime donnera aussi à ces sociétés une physionomie
particulière et fera prédominer la communauté publique,
issue du groupe des principaux commerçants. Partout
l'organisme social se complique plus ou moins suivant la
nature plus ou moins compliquée du travail, dont l'École
établit ainsi la gradation : travaux de simple récolte, travaux d'extraction, travaux de fabrication, travaux de
transports.

Qu'on ait apporté dans ces études nouvelles un peu
d'esprit systématique et d'idées préconçues, c'est ce qui
paraîtra probablement inévitable; mais on ne saurait contester, d'autre part, qu'il y ait là des idées neuves et larges,
de nature à jeter un jour nouveau et bien intéressant sur
l'influence du milieu physique.

Dunoyer paraît s'être attaché exclusivement à l'influence qu'exerce le milieu sur le progrès de l'homme.
Cette influence est, à coup sûr, considérable. A-t-elle été
parfois exagérée, comme le prétend Dunoyer? Cela est
possible; mais, à cet égard, il faut d'abord éviter toute
confusion. « Si, nous dit notre auteur, la civilisation des

<hr>

[1] *Les Ouvriers européens*, t. II, ch. II et V.
[2] *Ibid.*, t. II, p. 55, 59, 189.
[3] *Ibid.*, t. II, p. 56, 98; Rambaud, *Histoire de la Russie*, p. 35.

« peuples dépendait, avant tout, de leur position géogra-
« phique, ceux qui occuperaient les meilleures places sur
« la planète devraient être, par cela même, les plus civi-
« lisés. Il faudrait graduer l'échelle de la civilisation
« d'après la position et la nature des territoires, et l'on
« verrait le degré de culture correspondre exactement, par
« toute la terre, à l'avantage des situations ». — Le milieu
physique, si grande que soit son action, n'est pas le seul
facteur des formations sociétaires et de la civilisation ; ainsi,
on vient de voir que la race y a aussi une grande part
d'action ; seulement, les considérations qui précèdent
nous portent à reconnaître que la race elle-même est
grandement influencée par le milieu ; mais ce peut être par
un milieu autre que celui dans lequel elle se développe
actuellement ; l'atavisme aussi y a vraisemblablement sa
part ; tout cela fait de l'action propre du milieu sur le
développement des sociétés un problème singulièrement
délicat. Et quand Dunoyer nous dit que « on trouve, en
« rapprochant successivement de l'Europe les plus belles
« régions de la terre, et en comparant la civilisation de
« ces pays à celle qui a crû parmi nous, la preuve cons-
« tante que la civilisation ne s'est pas répandue dans le
« monde en raison de l'avantage des situations »[1], nous ac-
ceptons le fait comme constant ; mais il prouve seulement
que l'influence du milieu n'est pas exclusive de toute
autre, non qu'elle ne soit très considérable. Il paraît
indéniable que la civilisation s'est plus développée en Europe qu'elle ne l'a fait dans l'Inde, quoique peu de contrées paraissent plus favorisées que l'Inde par la nature et
le climat. Demandons-en l'explication à l'école de Le Play ;
elle ne sera pas embarrassée pour nous la donner. Ses disciples nous diront que, sans doute, l'Inde contemporaine,
par son origine ethnique, appartient à cette race aryenne
de laquelle les peuples européens sont également issus ;
mais que, du premier regard, on est frappé du caractère
étrange et déséquilibré qui s'attache à toutes les productions du génie hindou, génie « pétri d'extravagance et de
« futilité, et où respirent néanmoins encore la douceur de

[1] Tome I, p. 88.

« l'esprit pacifique et la majesté des traditions primitives
« du genre humain[1] ».

Il faut d'ailleurs bien se garder de croire que les lieux
les plus favorisés de la nature soient ceux où l'espèce humaine a fait le plus de progrès. Notre auteur met en
regard, à ce sujet, les deux thèses opposées de Montesquieu
et de Charles Comte : Montesquieu paraissant regarder
l'élévation de la température et de la fertilité du sol comme
contraires, en général, au perfectionnement physique et
moral de l'espèce, de telle sorte qu'on pourrait faire un
tableau dans lequel on verrait la civilisation décroître à
mesure qu'on s'éloignerait des pôles et que l'on descendrait
vers les régions où la température est la plus élevée et la
végétation la plus vigoureuse ; Charles Comte, au contraire, présentant au lecteur un tableau où les formes sous
lesquelles la vie se manifeste et les effets qu'elle produit,
au lieu d'aller en se dégradant des régions polaires vers
l'Équateur, s'affaiblissent et se détériorent à mesure qu'on
s'éloigne de l'Équateur et qu'on s'élève vers les pôles.
Dunoyer se range à l'opinion de Montesquieu, du moins
au point de vue moral, et je suis tout à fait porté à admettre, avec lui, que « non seulement l'espèce humaine
« ne s'est pas développée de préférence dans la zone tor-
« ride, mais que la partie chaude de la zone tempérée ne
« paraît pas être celle où elle a fait les plus grands pro-
« grès »[2].

L'idée m'est venue de comparer l'état du crédit public
dans les différents pays de l'Europe avec la position géographique qu'ils occupent au point de vue du degré de
latitude. On ne saurait contester que l'état du crédit public
d'un pays ne soit un excellent indice de son activité industrielle et de sa moralité, en un mot de sa civilisation. Cette
étude m'a conduit aux résultats suivants, dont je ne veux
pas exagérer l'importance, mais qui me semblent cependant intéressants.

Au-dessus du 60ᵉ degré de latitude nord, s'étendent (en

---

[1] *Science sociale*, janvier 1893, p. 64. — V. sur cette question les remarquables études de M. de Préville sur la *Société Védique*, notamment,
t. XIV, p. 133 ; t. XV, p. 41 et 397 ; t. XVIII, p. 161.

[2] Tome I, L. III, § 3, p. 92.

laissant de côté les parties septentrionales de la Russie, qui va du 38° au 81° degré) la Finlande (du 59° au 70°), la Suède et la Norvège (du 55° au 70°). La rente finlandaise 3 1/2 0/0 est cotée 99 fr. 25[1]; la rente suédoise 3 1/2 0/0, 102 fr. 50 et la rente norvégienne 3 1/2 0/0, 101 fr. 75; la rente suédoise 3 0/0 est à 99 fr. 75 et la norvégienne à 96 francs.

Entre le 50° et le 60° degré de latitude nord, nous trouvons, avec la partie la plus peuplée de la Russie, le Danemark (du 55° au 58°), les Iles Britanniques (du 50° au 59°), les Pays-Bas (du 51° au 54°), la Belgique (du 50° au 52°), Le 3 0/0 russe est à 94 fr. 85; le 3 0/0 danois fait 97 fr. 25; les consolidés anglais 2 3/4 0/0 valent 110 francs; le 3 0/0 hollandais, 97 fr. 50 et le 3 0/0 belge, 98 fr. 80.

Entre le 40° et le 50° de latitude nord, on peut placer la France (du 42° au 51°), l'Autriche-Hongrie (du 44° au 50°), la Roumanie (du 44° au 48°), la Serbie (du 42° au 45°), la Bulgarie (du 41° au 44°), la Suisse (du 45° au 47°). Le 3 0/0 français est à 102 francs; le 4 0/0 autrichien, à 101 fr. 55 et le 4 0/0 hongrois, à 103 fr. 50; la rente roumaine 4 0/0 fait 95 francs; quant à la rente suisse 3 0/0, elle dépasse le taux de la rente française et atteint 102 fr. 35.

En descendant encore vers l'Équateur, on trouve la Turquie (du 40° au 44° degré de latitude nord), l'Italie (du 36° au 47°), l'Espagne (du 36° au 44°), le Portugal (du 37° au 42°), la Grèce (du 36° au 40°). La Turquie, depuis longtemps, le Portugal et la Grèce, depuis une date un peu plus récente, sont à l'état de banqueroute; le 5 0/0 italien fait 95 francs et l'Extérieure espagnole 4 0/0, 46 francs!

Si nous voulions aller dans le Nouveau-Monde, nous retrouverions l'emprunt de Québec 3 0/0 aux environs de 95 francs (le Canada s'étend du 42° au 51° de latitude nord) et les fonds des États-Unis 4 0/0 aux environs de 115 francs (les États-Unis vont du 25° au 52°). D'autre part, au-dessous de l'Équateur, la rente de l'Uruguay 3 1/2 0/0 fait 44 francs (l'Uruguay est compris entre le 30° et le 35° de latitude sud); l'obligation argentine 5 0/0 est péniblement remontée à 463 francs (la République argentine va

____

[1] Fin décembre 1898.

du 22ᵉ au 40ᵉ de latitude sud); et le 4 0/0 brésilien, qui se paie en papier, ne dépasse guère 60 francs (le Brésil est situé de l'Équateur au 33° de latitude sud).

Je laisse intentionnellement de côté des pays comme l'Égypte ou la Tunisie : le taux de leurs obligations, gagées sur des garanties spéciales, ne donne évidemment pas le niveau de leur propre crédit. Par d'autres raisons, on doit écarter des pays tels que la Serbie et la Roumanie, pays de formation récente et dont le crédit ne saurait être encore assuré. Enfin, il faut tenir compte de ce que les cours ci-dessus sont ceux de la Bourse de Paris et qu'en tout pays les fonds nationaux sont l'objet d'une préférence marquée.

Cela posé, n'est-il pas curieux de constater que les finances de tous les États européens qui s'étendent au-dessous du 40ᵉ de latitude vers l'Equateur, ou semblent péricliter, comme celles de l'Italie et surtout de l'Espagne, ou sont notoirement avariées, comme celles du Portugal et de la Grèce? Et que le crédit semble s'affirmer à mesure qu'on monte vers le Nord, ainsi que le prouve la comparaison de pays tels que l'Autriche et la Hongrie, où la rente donne encore près de 4 0/0, avec la Belgique, les Pays-Bas, même le Danemark qui ne donnent guère que 3 0/0, avec la Suède et la Norvège, pays pauvres cependant, qui donnent à peine 3 0/0, avec l'Angleterre, qui ne donne pas 2 1/2 0/0? Sans doute, il y a des considérations particulières à certains États : par exemple, la situation privilégiée de la Suisse explique dans une large mesure pourquoi le 3 0/0 suisse est au-dessus même du 3 0/0 français. Mais les observations spéciales que l'on peut faire sont-elles de nature à infirmer la conclusion générale qui se dégage si nettement des comparaisons qui précèdent? Alors surtout que, quand on considère le Nouveau-Continent, les mêmes faits frappent les yeux : un crédit public solide dans les pays du Nord et fort ébranlé dans ceux du Midi!

L'explication de ce phénomène, ou du moins l'une des explications (car il faut se garder d'être trop simpliste en matière de science sociale), nous pouvons la demander à Dunoyer, qui montre, par quelques observations fort justes, que « l'industrie de l'homme est plus stimulée par la dif-

« ficulté que par la facilité de vivre » [1]. Avec lui, nous dirons que « les lieux où il y avait le moins à faire ne sont « certainement pas ceux où l'homme a le plus fait » ; que « il n'y a rien de déraisonnable à supposer que l'état im- « parfait où demeure l'industrie des peuples qui habitent « les îles de l'Océan Pacifique est dû en partie au soin « que la nature a pris elle-même de pourvoir aux besoins « de ces peuples et de leur rendre la vie douce et aisée ». C'était la remarque que faisait déjà Malte-Brun, dans son *Précis de géographie universelle*[2]. Sans aller bien loin de nous, ne suffit-il pas de comparer l'Angleterre ou la Belgique avec l'Italie et l'Espagne, et même le nord de l'Italie avec le midi? « Bien certainement, dirons-nous en- « core avec Dunoyer, les lieux où l'homme peut vivre avec « le moins d'efforts ne sont pas ceux où il fait les progrès « les plus considérables; il est sensible que sous un ciel « accablant, que sur un sol qui se couvre spontanément « des produits propres à sa nourriture, sa paresse doit « doublement être favorisée et qu'il ne peut avoir ni le « même ressort pour agir, ni le même intérêt à se donner « de la peine ; diminuez le nombre de nos besoins et vous « réduirez par cela même celui de nos facultés »[3].

Ce qu'il faut conclure de tout cela, c'est que le milieu et la situation géographique exercent une influence considérable sur le développement des peuples. Ce qu'il faut ajouter aussi, c'est que bien des causes peuvent modifier l'influence des circonstances extérieures, et à cet égard, Dunoyer fait encore des réflexions fort judi- cieuses[4].

Il est certain, par exemple, que le milieu n'agit pas au même point sur toutes les races. Maints exemples pour- raient en être donnés. En voici un, fort curieux, que j'em-

[1] Tome I, livre III, § 4, p. 93.
[2] Titre III, livre XLVI, p. 21 (2º édit.).
[3] Une réflexion vient naturellement à l'esprit à la suite de celles qui pré-cèdent. Quand on compare, au point de vue artistique, les pays du Midi, la Grèce, l'Italie, l'Espagne, avec les pays du Nord, la supériorité des premiers paraît indiscutable : d'où il semble résulter que la sensibilité est influencée par le milieu d'une manière tout autre que l'intelligence et l'activité; l'indus-trie et les beaux-arts ne sont pas nécessairement fruits du même sol.
[4] Tome I, livre III, § 6, p. 100 et suiv.

prunte à un savant anthropologiste, M. le Dr Verneau[1];
il est relatif à une race d'hommes primitifs, connue sous
le nom de race de Cro-Magnon, du nom de l'*abri sous
roche* où furent recueillis ses premiers débris en 1858.
Cette race, qui vivait chez nous à une époque très reculée,
s'y est perpétuée avec tous ses caractères essentiels à
travers les âges et malgré les variations géologiques, si
bien que, de nos jours encore, on rencontre en France
des individus qui en ont conservé les traits. Elle a émigré
en divers sens et M. le Dr Verneau a suivi une de ses migrations à travers l'Espagne et le nord de l'Afrique, jusqu'au îles Canaries. Dans tous les pays qu'elle a occupés,
la race a laissé, comme chez nous, des traces de son sang;
et, au milieu de toutes ces variations géologiques et de
toutes ces migrations, le type primitif a persisté! Voilà un
fait bien remarquable, surtout quand on le rapproche des
modifications profondes qu'ont subies, en un court espace
de temps, l'anglo-saxon et le nègre en Amérique. Ce qui
est vrai au physique doit être également vrai au point de
vue intellectuel et moral : les circonstances extérieures
n'agissent pas au même point et de la même manière sur
toutes les races.

Il est également vrai, comme le remarque Dunoyer, que
l'influence des circonstances locales n'est pas la même à
tous les degrés de civilisation et que les mêmes causes ex-
ternes peuvent être alternativement favorables ou contraires suivant les circonstances. C'est que, si le milieu
exerce une grande influence sur l'homme, l'homme, de
son côté, agit puissamment sur le milieu et d'autant plus
puissamment qu'il se civilise davantage[2]; car il augmente
progressivement son pouvoir de domination sur la nature,
à ce point que les mêmes éléments, qui étaient au début
des obstacles insurmontables, deviennent plus tard de
puissants moyens d'action, comme les fleuves et les rivières, qu'il s'applique à multiplier en sillonnant la terre

---

[1] *Les Races humaines*, p. 38; pour la description de cette race, p. 64 et
suiv.

[2] Ce point de vue a été surtout mis en lumière par les écrivains de la
Science sociale, notamment par M. Demolins. V. *Science sociale*, t. II,
p. 534 et suiv.

de canaux. Ce sont là des vérités devenues banales, sur lesquelles il ne convient pas d'insister. Reconnaissons seulement, avec Dunoyer, avant de quitter ce terrain, que « la « chose la plus essentielle pour un peuple n'est pas tant « de se trouver entouré d'un grand concours de circons- « tances favorables que de bien connaître sa situation et « de savoir diriger ses facultés de manière à tirer le plus « grand parti possible des avantages qu'il possède »[1]. L'esprit est, à tout prendre, la source la plus féconde des progrès de l'homme; mais « il est clair qu'à égalité propor- « tionnelle de talents et d'émulation, le peuple qui possède « le plus d'avantages doit être aussi celui qui fait le plus « de progrès »[2].

Ce point de vue nous amène tout naturellement à considérer, avec Dunoyer, « l'influence de la culture sur la « liberté ».

[1] Tome I, liv. III, § 6, p. 103.
[2] *Ibid.*, p. 104.

CHAPITRE V

Influence de la culture sur la liberté.

Le livre IV de l'ouvrage de Dunoyer est consacré à de longs développements qui tendent à montrer « l'influence « de la culture sur la liberté », nous pourrions dire, plus exactement peut-être, à apprécier les effets de la civilisation : c'est le mot qui revient constamment sous la plume de notre auteur. Et la thèse générale qu'il examine d'abord, avant d'étudier les différents états de la civilisation, est celle-ci : Est-il vrai que l'effet de la civilisation soit de nous corrompre? Grande question, mais pas neuve du tout, et sur laquelle on me permettra de ne pas m'arrêter trop longtemps.

Il est du reste facile de s'entendre avec Dunoyer, sur le terrain où il place la question. « Le mot *civilisation*, dit-il, « dérive visiblement de *cité* et *cité* c'est *société*. *Civiliser* « les hommes, c'est les rendre propres à la *cité*, à la *société;* « et les rendre propres à la *société,* qu'est-ce faire? C'est « évidemment leur donner des idées et des habitudes *civi-* « *les, sociables.* La véritable propriété de la civilisation « est donc de nous rendre *sociables,* de nous inspirer des « idées et des mœurs favorables à la cité, à la société. Une « civilisation qui produirait des effets anticivils ou antiso- « ciaux serait une civilisation qui n'en serait pas une ; ce « serait le contraire de la civilisation ». Et à ceux qui objecteraient que le mot « civilisation » est particuliè- rement et même exclusivement employé à désigner l'in- dustrie, les arts, les sciences, la richesse, et que le propre de la richesse et de tout ce qui l'engendre est d'introduire la mollesse et la corruption dans les mœurs, Dunoyer répond « que ceux qui emploient ainsi le mot de civilisation « en font un mauvais usage; qu'ils lui donnent un sens « beaucoup trop limité; qu'il signifie tout ce qui nous rend « propres à la cité, et non pas seulement une partie de ce « qui nous rend sociables, qu'il comprend les mœurs en « même temps que la science et qu'il est absurde de dire « que la civilisation nous façonne à la société, sans nous « donner aucune bonne habitude civile, ou même en dé- « pravant nos habitudes et en nous en imprimant de fu- « nestes à la cité ». Et il ajoute qu'une nation *civilisée*, ce n'est pas seulement une nation riche, polie, éclairée, industrieuse; mais surtout une nation qui a de bonnes habitudes, qui entend et pratique mieux la morale et la justice qu'une autre, qui sait mieux à quelles conditions la vie commune est possible et quelles sont les véritables lois de la société.

Je crois tout à fait, pour ma part, que cette large acceptation donne la signification vraie et vraiment philosophique du mot *civilisation;* que ce mot implique développement moral parallèle au développement intellectuel et au progrès industriel[1]; et il est bien clair que, quand on l'entend ainsi, la civilisation ne saurait trouver de détracteurs! La vraie question, si l'on veut éviter toute querelle de mots, est de savoir si ce double développement, industriel et moral, marche d'ordinaire parallèlement, si le premier ne fait pas tort au second, si le progrès de l'industrie, en produisant des richesses et en compliquant les rapports sociaux, n'a pas pour effet, en quelque sorte fatal, la corruption des mœurs.

Dunoyer a envisagé la question à ce point de vue et il

___

[1] Tel est aussi le sens que M. Funck-Brentano donne à ce mot dans son ouvrage sur *La civilisation et ses lois*, dont l'objet principal, dit-il, est « l'é- « tude de la morale sociale, en d'autres termes, de la civilisation et de ses « lois ». — M. Guizot avait dit déjà : « Il m'a paru que, de l'avis général, « la civilisation consistait essentiellement dans deux faits : le développement « de l'état social et celui de l'état intellectuel; le développement de la con- « duite extérieure et générale et celui de la nature intérieure et person- « nelle de l'homme; en un mot, le perfectionnement de la société et de « l'humanité ».

prononce sans hésitation que, « alors même que le mot de
« civilisation n'impliquerait pas immédiatement l'idée de
« morale, alors même qu'on ne voudrait lui faire signi-
« fier que les arts et la richesse des peuples, il serait en-
« core insensé de prétendre qu'elle tend à la corruption
« des mœurs ». Ici, la thèse de Dunoyer est nettement en
contradiction avec celle de Le Play, dont les conclusions,
maintes fois répétées, sont, nous l'avons vu, que « partout
« le vice grandit avec la richesse ; la stabilité se trouve
« partout dans la pauvreté ; la discorde désole les popu-
« lations riches », et que « on n'a jamais vu, dans le passé,
« une nation riche, lettrée et puissante, qui se soit montrée
« constamment fidèle aux règles qui assurent la prospé-
« rité ». Rousseau avait dit déjà « L'élévation et l'abais-
« sement journalier des eaux de l'Océan n'ont pas été plus
« régulièrement assujettis au cours de l'astre qui nous
« éclaire durant la nuit que le sort des mœurs et de la
« probité au progrès des sciences et des arts. On a vu la
« vertu s'enfuir à mesure que leur lumière s'élevait sur
« notre horizon, et le même phénomène s'est observé dans
« tous les temps et dans tous les lieux »[1]. Et le même dé-
solant contraste est affirmé par Benjamin Constant, par
Chateaubriand, par de Montlausier[2].

C'est contre cette théorie pessimiste que Dunoyer s'in-
scrit en faux. Je résume sa défense de la civilisation dans
le sens plus étroit que nous avons en vue : les arts adou-
cissent les mœurs, mais ne les corrompent point ; ils
tendent à supprimer la guerre, mais ne nuisent pas aux
vertus guerrières, comme le prouve la comparaison des
Européens et des Asiatiques ; même, ils épurent et enno-
blissent le courage en le dépouillant de la forfanterie et de
l'ostentation[3] ; ils ne sont pas moins favorables au courage civil. Les arts nous enrichissent ; mais ce qui corrompt,

---

[1] *Discours sur l'influence des sciences et des arts.*

[2] Dunoyer, t. I, p. 111.

[3] Il faut noter que, plus loin, Dunoyer nous dira : « Le Romain, pour
« être propre à la guerre, devait rester grossier, brutal, superstitieux. C'eût
« été diminuer sa capacité pour le brigandage que de le laisser se livrer à
« l'étude des sciences ou à la pratique des arts, et le premier soin à prendre
« était sans doute de le préserver de toute culture » (L. IV, ch. 4, § 3, p.
181).

ce n'est pas la richesse, ce sont les mauvais moyens de l'acquérir; de tous les moyens de réformer les mœurs, la richesse est peut-être le plus efficace, en nous procurant les bienfaits d'une meilleure éducation, d'une instruction plus développée, d'habitudes sociales plus élevées. Encore une fois, ce qui déprave, c'est la manière de s'enrichir et non pas la richesse. Et, passant aux faits, notre auteur déclare qu'il n'y a point dans l'histoire ce qu'on prétend y voir. On dit que les peuples anciens ont péri de l'excès de civilisation, eux qui avaient fondé leur existence sur la guerre et sur l'esclavage; et d'ailleurs on ne peut accuser de leur chute que la barbarie de leurs ennemis. A l'époque où s'écroula l'Empire romain, la barbarie sur la terre était infiniment plus robuste et plus vivace que la civilisation!

De quel côté est la vérité?

A coup sûr, l'esprit se refuse à admettre que le progrès industriel soit par lui-même une cause de corruption et de déchéance, ce qui impliquerait une inexplicable contradiction dans les lois de la Providence. Le progrès industriel a pour cause le travail, qui est la loi de l'homme, loi morale par excellence; il a pour effet de faciliter la satisfaction des besoins de l'homme et, par suite, cela n'est pas douteux, de les développer, puisque ces besoins se multiplient à mesure qu'ils sont satisfaits; mais, développer les besoins, c'est développer la vie; car c'est le besoin qui provoque le mouvement et le mouvement qui constitue la vie; aussi a-t-on très heureusement défini la civilisation un « accroissement de vie »[1]. Il est inadmissible que l'homme se corrompe en se développant!

Comment cependant expliquer les faits qui ont conduit des penseurs tels que Le Play à signaler comme l'origine principale de la souffrance « les innovations qui ont trans- « formé les régimes manufacturiers du moyen-âge », à nous la montrer partout « naissant de la complication des « idées, des mœurs et des institutions » et à vanter le bonheur des « races à existence simple »? Comment expliquer ce jugement, cette observation prise sur le fait

[1] Eugène Pelletan, *Profession de foi du XIXᵉ siècle.*

d'un anthropologiste dont le témoignage ne saurait être suspect, et qui, après nous avoir décrit les mœurs simples et vraiment remarquables d'une petite race de sauvages des îles Andaman, les Mincopies, nous dit : « Il est bon « d'ajouter que ces qualités se rencontrent chez les insu- « laires qui ne sont pas en rapport avec les Européens. « Ceux qui vivent dans le voisinage de nos compatriotes « leur ont emprunté bien des vices qu'ils ignoraient au- « paravant. C'est là un fait que je pourrais signaler à « propos de bien des populations sauvages qui se sont « trouvées en contact avec la civilisation »[1]? Voilà, certes, une constatation cruelle! Et enfin, comment nous expli- quer nous-mêmes, comment expliquer notre siècle, une grande étape dans la voie de la civilisation, telle que le monde l'entend? Qu'était-il à son aurore et qu'est-il à son déclin?

Certes, la civilisation ne date pas d'aujourd'hui et, au commencement de ce siècle, l'Europe du moins passait déjà pour être très civilisée. Comment cette civilisation se manifesta surtout, les boucheries d'hommes du premier Empire sont là pour le dire. Mais, sans doute, ce n'est là qu'une tourmente passagère, et, pendant qu'elle sévit en Europe, la *civilisation*, se voilant la face, va aller porter ses bienfaits sur d'autres continents... Elle y va, en effet, et voici de quelle manière elle s'y présente, sous la forme de soldats anglais, de soldats appartenant à une nation qui passe pour une des plus civilisées de l'Europe. J'em- prunte le récit à M. de Quatrefages[2]; les faits se passent en 1804; ils sont relatifs aux indigènes de la Tasmanie ou terre de Van Diémen, où le lieutenant anglais John Bowen abordait en 1803 : « On vole les enfants, on les arrache de

---

[1] M. le Dr Verneau, *Les Races humaines*, p. 138. — Dans un autre pas- sage, le même auteur, parlant des habitants de la Tasmanie, nous dit : « A part quelques exceptions, *dans les tribus qui n'avaient pas eu de « rapports suivis avec les Européens,* les femmes étaient modestes dans « leurs discours et retenues dans leurs mœurs ». — Ailleurs, parlant des Esquimaux, il nous dit encore : « Jadis vertueuse, lorsque les étrangers « étaient rares dans le pays, la femme esquimale a failli à ses devoirs le « jour où les Européens sont venus étaler sous ses yeux une foule de bibe- « lots qui l'ont tentée ».

[2] *Hommes fossiles et hommes sauvages.*

« force à leurs parents au milieu d'une fête. On tire sur les
« indigènes comme sur des moineaux ou sur des corbeaux ;
« on massacre les blessés ; on tue les hommes pour s'em-
« parer des femmes et parfois on suspend au cou des cap-
« tives la tête de leur mari ; on enchaîne les malheureuses
« à quelque tronc d'arbre et on les roue de coups pour
« vaincre leur résistance ; on émascule les hommes ; on
« prend pour cible une femme enceinte, mal cachée par
« les feuilles de l'arbre où elle s'était réfugiée ; on surprend
« une tribu autour de ses feux, on tire dans le tas ; puis,
« trouvant un enfant étendu par terre, on le jette dans les
« flammes, et ce fait n'est pas isolé. Parfois on tue en
« jouant et comme avec espièglerie : un blanc prend une
« paire de pistolets, dont un n'était pas chargé ; il applique
« celui-ci près de son oreille et lâche la détente ; puis il
« engage un noir à en faire de même avec l'autre et a le
« plaisir de le voir se fracasser le crâne. Enfin, de vieux
« coureurs de bois déclarent qu'ils tiraient habituellement
« sur les indigènes pour nourrir leurs chiens de leur
« chair ». La race fut bientôt exterminée ; son dernier représentant, une femme, qui avait été une héroïne, Truga-
nina, a succombé en 1877. Notons que ce n'étaient pas
des cannibales, qui eussent été, à coup sûr, beaucoup plus
excusables que les prétendus civilisés qui les traitaient de
la sorte, mais des peuplades pacifiques, intelligentes,
menant une vie morale, qui, à bien des égards, pourrait
servir de modèle à certains civilisés. Je ne veux pas dire
que notre siècle, à son début, n'était composé que de barbares ; cependant, quand on rapproche de semblables
faits, qui pourraient être multipliés, des horreurs de notre
Révolution, des pillages et des brigandages des guerres du
premier Empire, on n'a pas une idée bien haute de sa civilisation.

Franchissons les temps ; nous voici à la fin d'un siècle ;
faisons son bilan. Dans l'ordre des progrès industriels,
plus de chemin a été fait dans le xixe siècle que peut-être
pendant dix siècles précédents. La vapeur a transformé le
monde économique et l'homme fait déjà des prodiges avec
l'électricité. Des millions de chevaux-vapeur obéissant
docilement à sa voix et travaillant à sa place, un réseau

serré de voies ferrées sillonnant le sol, la pensée humaine volant instantanément d'un continent à l'autre, l'homme pouvant lier conversation des points les plus éloignés sans déplacement, les continents séparés de manière à marier les Océans, les plus colossales montagnes percées au flanc et contraintes à laisser passer l'homme dans toute leur étendue, voilà quelques-unes des manifestations — et combien d'autres on pourrait citer! — de la puissance acquise sur la nature.

Veut-on une idée du développement de la richesse? Qu'on songe à la masse de capitaux qui ont été nécessaires pour créer ces œuvres gigantesques et beaucoup d'autres! Qu'on regarde le sol couvert d'usines et de manufactures grandioses, ses entrailles partout ouvertes et laissant échapper tous ses trésors cachés! Qu'on considère cette magnifique efflorescence de la richesse mobilière, qui n'existait pour ainsi dire pas, il y a un siècle, et était considérée comme chose négligeable; qu'on se rappelle des désastres sans précédent dans l'histoire réparés en quelques années et une indemnité de guerre de cinq milliards payés avec une facilité qui a fait l'étonnement du monde entier! Enfin, qu'on arrête simplement les regards sur nos budgets modernes, des budgets de quatre milliards, si l'on y comprend tout, supportés vaillamment, même au milieu d'une crise intense et prolongée!

Voilà, certes, pour l'homme, bien des sujets d'orgueil et jamais civilisation n'a paru plus éclatante! On est ébloui des progrès de la science et des progrès de la richesse! Mais la science et la richesse ne sont que des moyens et le but est le bonheur de l'homme. L'homme est-il plus heureux? Voilà la pierre de touche de la vraie civilisation!

L'homme est-il plus heureux? On peut, semble-t-il, juger du bonheur d'un peuple par sa moralité et par l'état d'union ou de désunion qui existe entre les différentes classes qui le composent. La moralité et la cause; l'union ou la désunion, l'effet. Là où les diverses classes sociales vivent ensemble, non pas, bien entendu, dans un état de domination et d'asservissement, mais dans un état d'harmonie libre et spontanée, on peut affirmer que le bonheur existe; car les souffrances individuelles ne manquent guère de se faire entendre et d'engendrer, avec l'envie, l'antagonisme et la haine.

Je ne voudrais pas dépeindre mon époque sous de trop sombres couleurs. Il est cependant difficile de nier que l'antagonisme entre les différentes classes sociales n'ait été constamment en s'accentuant depuis un demi-siècle et qu'il ne soit arrivé à un état tout-à-fait aigu. C'est l'opinion formelle de tous les hommes qui ont été mêlés au mouvement industriel, des Corbon, des Tolain, des Alphand, et de tant d'autres[1]. C'est l'évidence même! Les rapports de patron à ouvrier et de maître à domestique se sont notablement altérés : à la bienveillance et au dévouement d'un côté; au respect et à la confiance de l'autre, ont succédé, d'une manière générale (car il y a des exceptions, aussi nobles qu'elles sont rares), l'indifférence d'une part et l'hostilité de l'autre. L'instabilité des ateliers est devenue un fléau; les grèves se sont multipliées dans des proportions effrayantes et l'on n'entend parler que de luttes et de grève générale, d'exploiteurs et d'exploités, de révolution sociale. Un parti s'est constitué, qui a déclaré une guerre ouverte à l'organisation sociale, à la famille, à la propriété individuelle, qui ne craint pas de saper par la base les fondements mêmes de la société et qui fait dans les rangs de tous les mécontents des recrues de plus en plus nombreuses; et, chose bien significative, ce parti a pénétré dans l'administration et jusque dans l'enceinte législative; il contribue à faire les lois et il faut compter avec lui; hier, ses alliés avérés étaient au pouvoir et il dépend du caprice ou de la distraction d'une Chambre sans la moindre orientation politique qu'ils y soient demain! Il est impossible de nier que notre société de la fin du xixᵉ siècle ne soit dans un état d'antagonisme violent. Je vois beaucoup de tentatives généreuses qui ont pour but d'y porter remède et je les honore; mais le mal n'en demeure pas moins patent et profond !

Les causes de ce mal sont dans nos mœurs. Il faut reconnaître d'abord qu'elles se sont, à plusieurs égards, amé

---

[1] V. les procès-verbaux de la Commission d'enquête sur la crise industrielle en 1884.

liorées depuis un siècle. Ainsi, notre sensibilité s'est grandement développée : cela s'est manifesté dans toutes les législations criminelles ; les peines se sont constamment adoucies ; toutes les tortures d'autrefois ont été supprimées et nous font horreur ; l'esclavage a été solennellement condamné ; le droit de la guerre s'est singulièrement amélioré. Au point de vue des mœurs politiques, quelles que soient les bassesses et les turpitudes dont le régime parlementaire actuel nous a infligé le spectacle, quelle que soit encore l'incertitude du lendemain, c'est un fait considérable qu'un peuple qui avait vécu pendant des siècles sous le despotisme, soit parvenu, hélas ! après bien des commotions, à se gouverner lui-même, tant bien que mal, depuis un quart de siècle.

Oui, mais que d'ombres au tableau ! Relâchement de tous les liens sociaux ; instabilité et stérilité de plus en plus prononcée de la famille ; déchéance du principe d'autorité à tous les degrés de la hiérarchie sociale ; appétit démesuré du luxe et des jouissances dans toutes les classes de la société ; amour effréné du jeu et de la spéculation ; éloignement de plus en plus prononcé de l'effort ; développement de l'alcoolisme au point de devenir un véritable péril social : n'est-ce pas là ce que nous voyons partout sous nos yeux ?

Ces constatations sont pénibles ; mais elles s'imposent. Dans l'ordre de la famille, on a jugé nécessaire de rétablir, en 1884, le divorce, aboli depuis 1816 ; et le nombre annuel des divorces a passé de 2.950 en 1886 (soit 40 pour 100.000 ménages), à 6.419 en 1894 (soit 83 pour 100.000 ménages), augmentant progressivement d'année en année ! Les statistiques criminelles du ministère de la justice nous signalent la marée montante des récidives comme un péril de plus en plus menaçant, contre lequel on a déjà essayé maints remèdes, qui ne paraissent pas plus efficaces les uns que les autres [1]. Les mêmes statistiques nous révèlent la marche ascendante des suicides, qui n'étaient encore

______

[1] Le nombre des *prévenus* en état de récidive, qui était de 32.618 dans la période 1851-55 (soit 21 0/0 des prévenus) est monté à 70.731 (soit 41 0/0 dans la période 1876-80 ; à 99.098 en 1890 et à 104.644 en 1894!

annuellement que de 6.638 en 1880 et qui s'élèvent à 8.884 en 1891 et à 9.703 en 1894 !

Si optimiste qu'on soit, il est difficile de contester la portée de tous ces faits et de méconnaître qu'une dépression se soit produite, dans cette fin de siècle, dans la moralité publique. N'est-il pas significatif qu'on ait été amené à donner cette qualification de « fin de siècle », non-seulement à toutes les excentricités, mais encore à toutes les manifestations du scepticisme le plus cynique en morale?

Comment concilier cette dépression morale et ce malaise social avec le progrès scientifique et industriel, avec toutes ces conquêtes sur la nature dont s'enorgueillit notre siècle? Dunoyer se serait-il trop avancé, quand il a écrit « qu'alors « même que le mot de civilisation n'impliquerait pas im- « médiatement l'idée de morale, alors qu'on ne voudrait « lui faire signifier que les arts et la richesse des peuples, « il serait encore insensé de prétendre qu'elle tend à la « corruption des mœurs[1]? »

Je me suis déjà expliqué sur un point : la civilisation, même purement industrielle, ne saurait être considérée, *en elle-même*, comme corruptrice; car elle a une cause essentiellement morale, le travail; mais elle a impérieusement besoin d'un développement moral parallèle, sous peine de produire des effets funestes. Et la raison en est très simple. La civilisation a pour effet direct, en augmentant le pouvoir de l'homme, de développer ses besoins; c'est, répétons-le, un « accroissement de vie »; or, toute vie suppose des règles; une vie plus intense a besoin d'une règle plus énergique; et la véritable règle de la vie sociale, la seule qui soit pleinement efficace, c'est la loi morale, c'est le développement de la moralité. Si la puissance d'action de l'homme, si ses besoins de toute nature se développent sans que progresse parallèlement sa moralité, sa vie, en devenant plus intense, sera devenue plus désordonnée, ses instincts aveugles et étrangers à toute idée morale donneront une direction mauvaise à son activité, il se créera une foule de besoins factices, dont quelques-uns seront pernicieux, et il emploiera en partie

---

[1] Tome I, p. 114.

pour le mal sa puissance accrue! Voilà en quel sens il est
permis de dire que la civilisation purement industrielle
est, non pas corruptrice, mais dangereuse. Le mal ne vient
pas du progrès accompli dans l'ordre matériel, mais du
défaut de progrès parallèle dans l'ordre moral.

Ce danger, Dunoyer a eu tort, à mon sens, de le nier et
de croire que la richesse ne peut nous corrompre qu'autant qu'elle est mal acquise[1]. Richesse, c'est puissance ; et
la richesse peut être une cause de dépravation, si notre
moralité ne s'est pas élevée à un niveau suffisant pour
nous en dicter un usage moral et utile. Voici un tableau
qui appelle quelques retouches : « De tous les moyens de
« réformer les mœurs, la richesse est peut-être le plus
« efficace : elle nous assure les bienfaits d'une meilleure
« éducation; elle nous inspire des goûts et nous fait con
« tracter des habitudes d'un ordre plus élevé; elle nous
« place dans une situation où nous avons un plus grand
« intérêt à nous bien conduire; elle nous procure du
« loisir enfin et tous les moyens d'acquérir des lumières ;
« et, loin que par là elle tende, comme on le dit, à nous
« corrompre, c'est par là plutôt qu'elle tendrait à nous
« réformer ». — Oui, répondrai-je; mais à la condition
que notre moralité soit suffisante pour nous inviter à en
faire bon usage; c'est seulement à cette condition que la
richesse nous inspirera des goûts et nous fera contracter
des habitudes d'un ordre plus élevé; que nous emploierons à « acquérir des lumières » les loisirs qu'elle nous
donnera et qui pourraient être pernicieux; car l'oisiveté
est la mère de tous les vices; et enfin que nous serons
capables de résister à toutes les tentations que ne manquera pas de faire naître en nous le pouvoir que nous
aurons acquis de les satisfaire! Un savant anthropologiste[2],
nous dit, en parlant de l'Australie : « Quand ils se *civili-*
« *sent,* les aborigènes s'empressent de lâcher la bride à
« tous leurs mauvais instincts : ils deviennent lâches, pa
« resseux, mendiants et vaniteux. La civilisation n'est pour
« eux qu'une cause de dégradation et amènera leur dis-

[1] Tome I, p. 117.
[2] Le Dr Verneau, *Les Races humaines*, p. 188.

« parition totale ». — Je crains bien qu'il en soit ainsi toutes les fois que l'homme acquerra plus de facilité à satisfaire ses instincts sans avoir plus de moralité pour les diriger et les contenir. La richesse est comme le pouvoir, dont elle n'est qu'une variété; elle n'est pas plus que lui intrinsèquement mauvaise quand elle est bien acquise; mais elle requiert un plus haut degré de moralité, qui en dicte l'usage et qui préserve de ses tentations. Dunoyer s'est fait de la civilisation une noble et haute idée; il l'a vue telle qu'elle devrait toujours être : « Elle adoucit les « mœurs, elle les épure et les élève; elle est favorable au « courage et à la dignité; elle implique les idées d'ordre « et de justice aussi fortement que celles de richesse et « d'industrie; elle renferme donc en elle-même tous les « éléments de la liberté et j'ai raison de dire que *les peu-* « *ples les plus cultivés sont les plus libres* ». — Oui, quand tout cela est vrai; malheureusement les faits ne semblent pas prouver que tout cela soit toujours vrai; ni même le soit ordinairement! Nous n'en conclurons pas qu'il faille condamner la civilisation; mais seulement, qu'il importe avant tout, dans une civilisation en progrès, que l'homme se moralise de plus en plus : à plus de puissance, il faut plus de vertu!

Nous savons comment Dunoyer entend la *liberté* et comment il entend la *civilisation*. Avec lui, nous allons maintenant pénétrer dans les différents états sociaux que nous offre l'histoire de l'humanité, afin de rechercher quel est le degré de *liberté* dont l'homme jouit dans chacun d'eux. Plus d'une fois nous aurons besoin de nous rappeler le sens particulier que notre auteur attache à ce mot.

CHAPITRE VI

La liberté dans la vie sauvage.

On connaît les dithyrambes de Rousseau sur la vie sauvage : « Tant que les hommes se contentèrent de leurs ca-
« banes rustiques, tant qu'ils se bornèrent à coudre leurs
« habits de peaux avec des épines ou des arêtes, à se parer
« de plumes ou de coquillages, à se peindre le corps de di-
« verses couleurs, à tailler avec des pierres tranchantes
« quelques canaux de pêcheurs ou quelques grossiers ins-
« truments de musique; en un mot, tant qu'ils ne s'appli-
« quèrent qu'à des ouvrages qu'un seul pouvait faire et
« qu'à des arts qui n'avaient pas besoin du concours de plu-
« sieurs mains, ils vécurent *libres*, sains, bons et heureux,
« autant qu'ils pouvaient l'être par leur nature..... »[1].

Tel est le thème dont le *Discours sur l'origine et les fondements de l'inégalité parmi les hommes* n'est que le développement; tel est le résumé des idées de Rousseau sur
le bonheur de la vie sauvage et les méfaits de la civilisation. Pour Rousseau, l'homme sauvage jouit, grâce à
l'exercice, de tous les avantages physiques; il ne connaît
point les maladies; ses désirs ne dépassent pas ses besoins
matériels; son imagination ne lui peint rien; son cœur ne lui
demande rien; il n'est pas méchant, mais seulement indifférent pour le mal comme pour le bien; borné « au seul physi-
« que de l'amour », il en ignore les violences impétueuses;

[1] *Discours sur l'origine de l'inégalité parmi les hommes.* Œuvres complètes de Rousseau, t. I, p. 200.

il est naturellement doux et impassible ; actif dans l'enfance,
tranquille et rêveur dans l'adolescence, le moins curieux et
le moins ennuyé de tous les hommes. C'est la société qui
fait tout le mal ! Ce sont les lois « qui donnèrent de nouvel-
« les entraves aux faibles et de nouvelles forces aux riches,
« détruisirent sans retour la liberté naturelle, fixèrent pour
« jamais la loi de la propriété et de l'inégalité, d'une
« adroite usurpation firent un droit irrévocable et, pour le
« profit de quelques ambitieux, assujettirent tout le genre
« humain au travail, à la servitude et à la misère..... ».
Et le philosophe nous dépeint gravement « les diverses
« formes des gouvernements tirant leur origine des diffé-
« rences plus ou moins grandes qui se trouvèrent entre les
« particuliers au moment de l'*institution* ». Et il résume
ainsi l'évolution de l'inégalité des conditions : « L'établis-
« sement de la loi et du droit de propriété fut son premier
« terme ; l'institution de la magistrature, le second ; le troi-
« sième et dernier fut le changement de pouvoir légitime
« en pouvoir arbitraire ; en sorte que l'état de riche ou de
« pauvre fut autorisé par la première époque, celui de
« puissant et de faible par la seconde et, par la troisième.
« celui de maître et d'esclave, qui est le dernier degré de
« l'inégalité et le terme auquel aboutissent enfin tous les
« autres...... ».

Que de raisons d'être modeste la philosophie humaine
peut trouver dans de semblables divagations !

Si Rousseau avait observé la vie sauvage ailleurs que
dans son imagination, il aurait d'abord reconnu que l'homme
le plus sauvage a toujours vécu et vit toujours en société,
et il aurait constaté que l'homme est généralement d'autant plus asservi qu'il est plus sauvage, qu'il se rapproche
davantage de la brute. C'est là un fait incontestable, qui
nous est attesté par l'histoire des races humaines. Prenez
dans cette histoire la description des races qui ont les
instincts sociaux les plus développés, la moralité la plus
haute, en un mot, qui sont le plus civilisés, vous trouverez
généralement chez eux une grande liberté politique ; étudiez l'organisation sociale des races les plus sauvages et
les plus réfractaires aux liens sociaux, vous les verrez
presque toujours soumis au despotisme le plus absolu.

Parmi les tribus nègres, les Mincopies, des îles Andaman, peuvent être présentés comme des modèles[1]. Ils sont monogames et ne se marient jamais entre parents; les jeunes gens des deux sexes jouissent d'une grande liberté et cependant il est rare que leur conduite laisse à désirer; si cependant une fille devient enceinte, un personnage appelé *le gardien de la jeunesse* fait une enquête pour découvrir le père, qui ne refuse jamais de prendre en mariage celle qu'il a rendue mère. Le mari et la femme vivent sur un pied d'égalité parfaite; la mère allaite son enfant si longtemps qu'il n'est pas rare de voir les deux frères cadets se partager les seins de la mère. La propriété est absolument respectée. Un Mincopie prête volontiers aux membres de sa tribu ce qui lui appartient, et (fait caractéristique) l'hospitalité se pratique sur une vaste échelle : on accueille chaudement les étrangers présentés par des amis. Les vols, les vices contre nature paraissent leur être inconnus; l'adultère est très rare et non-seulement la femme ignore presque toujours l'inconduite, mais elle a de vrais sentiments de pudeur : elle ne changerait pas son tablier de feuilles devant une autre personne, fût-ce une de ses compagnes. Le savant anthropologiste auquel nous empruntons ces traits est bien fondé à dire que ces tribus « sont d'une « moralité que pourrait leur envier plus d'une nation civi-« lisée. » — Eh bien! chez ces sauvages supérieurs, les dignités sont électives et l'autorité des chefs se borne presque à régler les mouvements de la tribu, les assemblées et les fêtes; la femme du chef a, parmi ses compagnes, un rang analogue à celui qu'occupe son époux parmi les hommes. Rien qui ressemble à l'asservissement.

Voici, d'autre part, un groupe qui, au point de vue de la sociabilité et de la moralité, paraît être au pôle opposé, les Achantis, un groupe important, qui comprend une population de quatre millions d'individus et qui possède dans Coumassie une capitale considérable, avec des rues larges et plantées d'arbres, des maisons ornées de peintures et de sculptures. Ce sont des peuplades guerrières;

---

1 Les détails qui suivent sont empruntés notamment aux ouvrages de M. de Quatrefages et à celui du Dr Verneau sur les *Races humaines.*

les femmes, propriété absolue du mari, sont chargées de tous les travaux ; la polygamie existe dans tout le royaume ; les sacrifices humains sont fréquents[1]. Eh bien ! ces peuplades féroces sont gouvernées par un roi qui exerce sur elles un pouvoir absolu et tyrannique, qui déploie une pompe incroyable et auquel les lois accordent 3.333 épouses ! Tous ses esclaves sont immolés le jour de ses funérailles, sans qu'il ait eu besoin de manifester sa volonté à cet égard !

Ces exemples pourraient être multipliés. Chez les Aëtas, des Philippines, qui forment, avec les Mincopies, la famille Négrito proprement dite, nous trouvons un caractère très paisible et des mœurs pures : ils ne prennent qu'une femme et la bonne harmonie règne dans le ménage ; les liens de famille sont très étroits ; les enfants sont l'objet d'une affection très vive de la part de leurs parents et rendent à ceux-ci l'amour qui leur est témoigné ; les crimes et délits sont extrêmement rares ; et les morts sont entourés d'un grand respect[2]. Ces malheureuses peuplades, traquées par de féroces ennemis, n'ont plus guère d'organisation sociale ; mais jadis elles formaient une sorte de confédération, ayant à sa tête un gouvernement composé de chefs et de vieillards, qui veillait à l'exécution des lois. Dans la presqu'île de Malacca, chez les Sakaïes, la famille est parfaitement constituée, la femme bien traitée, le divorce rare ; les enfants sont l'objet d'une tendresse très grande ; personne n'a besoin de voler ; celui qui n'a pas de nourriture n'a qu'à en demander au premier venu, qui ne refuse jamais[3]. Et toutes ces peuplades vivent sous un régime patriarcal ; elles ont des chefs qui ne font qu'appliquer les lois simples mais sévères de la tribu. Transportons-nous maintenant au Dahomey ; peuple belliqueux et conquérant, qui fait des sacrifices humains, où la polygamie est générale[4], où les *amazones* elles-mêmes montrent

---

[1] Dr Verneau, *Les Races humaines*, p. 267 et suiv.

[2] *Ibid.*, p. 130.

[3] *Ibid.*, p. 145.

[4] Signalons, à ce propos, une curieuse application du système décimal. Le roi a 1.000 épouses ; les nobles, 100 et les autres sujets, 10 (*op. cit.*, p. 250) (*Maury*).

les instincts les plus sanguinaires[1]; nous y trouvons un monarque omnipotent, dont l'autorité s'exerce sur ses sujets comme sur un troupeau d'esclaves, qui fait enlever dès leur bas-âge les enfants mâles et même les filles de ses sujets : les plus belles seront pour son harem, les plus robustes pour le corps des amazones et les autres ne pourront se marier que de son consentement. Bahodu, roi de Dahomey, fit égorger aux funérailles et même longtemps après la mort de son père Gezo un nombre immense de victimes[2]. D'une manière générale, les mœurs des nègres de l'Afrique orientale sont des plus mauvaises; et, le plus souvent, l'autorité du chef est illimitée; sa personne est sacrée; il a le droit de vie et de mort sur ses sujets; il peut les vendre comme esclaves et aucun individu ne peut se marier sans son consentement. Dans certaines tribus, le roi est assisté d'un conseil composé de chefs subalternes et de vieillards; mais souvent il se moque de lui[3]. Chez les Balantes, pillards et ivrognes, qui n'hésitent pas à tuer un homme s'ils pensent pouvoir lui voler la moindre chose, le roi a, non-seulement le droit de vie et de mort sur tous ses sujets, mais le « droit du seigneur » dans toute la tribu. Sans cette formalité, une jeune fille ne pourrait se marier. Cela oblige le père qui a des filles peu avenantes à aller faire au souverain un beau cadeau, en le suppliant d'avoir pitié de ses filles, qui attendent de lui le droit de prendre un époux[4]. La servitude n'est pas, comme l'a dit Rousseau, le produit de la civilisation; elle est l'effet direct de la sauvagerie, parce que c'est le règne de la force dans toute sa brutalité. Et c'est aussi ce qui nous explique pourquoi l'on trouve si souvent la condition de la femme, l'être faible, très dure chez les peuplades les plus sauvages, douce et honorée chez celles qui montrent les instincts de sociabilité les plus développés.

[1] Hartmann, Meury, Dr Verneau.

[2] Au Bénin, à la mort d'un roi, on descend dans une fosse profonde le cadavre du défunt et ses premiers ministres vivants. L'ouverture est fermée par une grande trappe. Tous les jours on demande d'en haut si le roi est mort: les malheureux répondent qu'il est bien malade... et bientôt ne répondent plus... Alors, on retire leurs corps et celui du roi, on les rend à leurs parents, qui leur donnent la sépulture au fond de leurs maisons.

[3] Dr Verneau, *Les Races humaines*, p. 300.

[4] *Ibid.*, p. 258.

Tout cela ne prouve pas que, comme le prétendait Rousseau, « l'inégalité soit à peine sensible dans l'état de « nature et que son influence y soit presque nulle ». A coup sûr, si l'on considère seulement la richesse, il y a plus d'égalité chez de pauvres sauvages comme les Veddahs de l'île de Ceylan, « qui n'ont aucune sorte d'habitation « et passent leur vie à errer en plein air, cherchant un « abri contre la tempête sous des rochers ou dans le creux « des arbres, qui se nourrissent de miel, de lézards, de « singes ou de sangliers »[1], ou comme les Karons de la Nouvelle-Guinée, dont « la nourriture se compose de « racines, de feuilles d'arbres cuites dans une tige de bam- « bou, de sève de sali, de viande de porc et de chair « humaine[2] », qu'il n'y en a dans nos sociétés civilisées ; là où personne ne possède rien, il n'y a pas de riches et de pauvres. Ce serait cependant une grave erreur de croire que l'inégalité des conditions soit un phénomène inhérent à la civilisation ; nous le retrouvons dans la vie sauvage à chaque pas, sous des formes variées. Il s'y manifeste par l'esclavage, fréquent chez les tribus sauvages. Dunoyer s'est mépris quand il a écrit : « Il est vrai que (chez les « sauvages) on ne cherche pas encore à s'asservir les uns « les autres ; on n'a point d'intérêt à cela ; que ferait-on « de ses esclaves ? » — Mais, on les fait travailler, on les vend parfois, on les envoie à la guerre ! Il est telle tribu où l'esclavage est si bien entré dans les mœurs que la valeur d'un esclave est en quelque sorte l'unité monétaire du pays, comme le sont ailleurs certains animaux domesti- ques, la vache par exemple : il en est ainsi à la Nouvelle- Guinée. L'esclavage a pour origine, non-seulement la guerre, mais la vente des enfants par les parents[3]. Il est

---

[1] Dr Verneau, *Les Races humaines*, p. 142.

[2] *Ibid.*, p. 150. — Voici en quels termes les voyageurs nous parlent des sauvages de l'Orégon : « Ils croient faire un bon festin quand ils rencon- « trent quelques racines insipides ou quelques graines nauséabondes ; ils « parcourent les plaines incultes, à la recherche des fourmis et des saute- « relles, dont ils se nourrissent. Enfin, au dernier terme de la famine et de « la dégradation, ils deviennent anthropophages, se repaissent des cadavres « de leurs proches et mangent parfois même leurs propres enfants » (*Voya- ges aux montagnes Rocheuses*, p. 81).

[3] Aux Nouvelles Hébrides, on voit des mères vendre leurs enfants à des étrangers pour la somme de 2 fr. 50.

vrai de dire que, à de rares exceptions près, l'esclavage n'est pas fort dur en Afrique[1]; l'esclave est une marchandise qu'on ne veut pas trop déprécier. Dans telle tribu[2], un esclave maltraité par son maître peut se donner en propriété à un autre homme libre[3]; mais cette pratique ne paraît pas être fréquente et l'on voit assez chez les tribus qui pratiquent les sacrifices humains ce qu'est estimée la vie d'un esclave.

Et ce n'est pas seulement sous la forme du despotisme et de l'esclavage que se traduit, dans la vie sauvage, l'inégalité des conditions; nous la retrouvons encore, très marquée, dans les catégories sociales, dans les castes entre lesquelles se divisent certaines peuplades sauvages. Chez les nègres de l'Ogoüé, les chefs portent des chaussures et accordent, moyennant une redevance, le droit d'user de souliers aux hommes libres qui ont une certaine aisance; la population est ainsi divisée en deux catégories : ceux qui se qualifient de Blancs (bien qu'ils soient très noirs) et qui jouissent du privilège susdit, et les Nègres, qui n'ont pas le droit de porter de chaussures[4]. Voilà une bizarre distinction sociale, mais qui suffit à séparer deux castes! Chez les Mandingues, au Sénégal, c'est plus compliqué : le peuple est divisé en castes bien tranchées : 1° les *Forgerons* ou *Noumos,* grands personnages, dont les conseils ont parfois plus d'influence sur l'esprit du chef que ceux des notables du village; 2° les *Cordonniers* ou *Garankès;* 3° les *Griots* ou *Dialis,* musiciens, bouffons et bateleurs, qui vont chanter et raconter des légendes dans les villages; 4° les *Finankès,* caste peu nombreuse, dans laquelle se recrutent les récolteurs d'impôts, les courriers, les policiers, les espions. Ces quatre castes comprennent tous les hommes libres. Les esclaves eux-mêmes se divisent en deux catégories : ceux qui sont nés dans la maison ou dans le pays et les captifs faits à la guerre; les premiers sont logés et vêtus comme leurs maîtres et, deux jours

---

[1] Dr Verneau, *Les Races humaines,* p. 291.
[2] Chez les Achantis, qui sont pourtant très sanguinaires.
[3] Dr Verneau, *Les Races humaines,* p. 268.
[4] Dr Verneau, *Les Races humaines,* p. 233.

par semaine, peuvent travailler pour leur propre compte[1]. Allons chez les Ouolofs, autre groupe du Sénégal ; nous allons trouver des castes plus nombreuses encore, dont quelques-unes sont les mêmes que chez les Mandingues[2] ; les esclaves forment la septième et se divisent en esclaves de la couronne, esclaves de case et esclaves de trafic[3]... Chez l'excellente peuplade des Sérères, il y a au-dessous du roi, les nobles d'abord, les hommes libres ou fils du roi, les hommes demi-libres et demi-esclaves, les esclaves du roi, les esclaves de nobles, les prolétaires, cultiva-teurs et gens de métier et enfin les esclaves[4]. Enfin, transportons-nous sur un autre continent ; observons des sauvages d'une autre race et d'une autre couleur, les Iroquois, de l'Amérique du Nord. Le peuple y était divisé en huit clans, appelés clans du Loup, de l'Ours, du Castor, de la Tortue, du Cerf, de la Bécasse, du Héron et du Faucon ; chacun de ces clans se distinguait des autres par son *totem* ou emblème, représentant l'animal dont il portait le nom ; on le tatouait sur diverses parties du corps, ou bien on le suspendait à l'entrée de la hutte, et les droits de chacun de ces clans dans l'assemblée générale des Iroquois étaient loin d'être semblables : les uns avaient le privilège de donner un chef à la nation ; d'autres pouvaient élire un certain nombre de dignitaires, tandis que les moins bien partagés ne jouissaient d'aucune participation aux affaires[5].

On pourrait multiplier les exemples ; ceux-là suffisent à démontrer que l'inégalité n'est pas seulement le fruit amer de la civilisation ; mais qu'elle est aussi vieille que le monde et qu'elle a ses racines profondes dans la

---

[1] Dr Verneau, *Les Races humaines*, p. 238, 239.

[2] En voici la liste, d'après le Dr Tautain : 1° les gens libres, comprenant une aristocratie et une classe ordinaire ; 2° les *Dom-i-ndiam-bour*, qui sont souvent les agents des chefs ; 3° les *Selmbous* ou *Niolé*, la plus méprisée des castes Wolof ; 4° les Forgerons (ou bijoutiers) ; 5° les Cordonniers (ou corroyeurs) ; 6° les Chanteurs ou *Guéwel*, qui se divisent eux-mêmes en deux catégories : les Tisserands, qui sont des Griots rangés, à conduite régulière, et les *Guéwel* proprement dits : 7° les esclaves.

[3] Dr Verneau, *Les Races humaines*, p. 262.

[4] *Op. cit.*, p. 264.

[5] *Les pionniers français*, Introd. p. XLI et suiv. — *La science sociale*, janvier 1890, p. 100.

nature même de l'homme. Et les observations qui précèdent sont de nature à faire révoquer en doute la vérité de
ce jugement de Le Play. « Chez les sauvages, comparés
« aux autres races, la sécurité de l'existence donne lieu
« aux mêmes remarques que le développement de la mo-
« ralité. Dans la vie sauvage, elle ne s'élève point aussi
« haut et ne descend jamais aussi bas. L'égalité dans le
« bien-être ou le malaise est le trait caractéristique des
« existences individuelles ; parmi ces existences simples,
« on ne rencontre ni le riche, offrant la réunion de l'oisi-
« veté et de l'abondance, ni le pauvre, condamné à la fois
« au travail et au dénument »[1]. — Le tableau qui précède,
la condition des femmes, l'esclavage, les castes montrent
assez ce qu'il faut penser de l'égalité dans la vie sauvage. Et
quant à la sécurité de l'existence, où peut-elle être moindre
que chez les malheureuses peuplades qui font leurs délices
de feuilles, de fourmis, de sauterelles ou de lézards et qui
deviennent anthropophages sous l'aiguillon de l'impla-
cable faim?

Il semble que nous ayons perdu de vue Dunoyer. Il
n'en est rien ; et les développements qui précèdent ont à
l'avance démontré que, lui non plus, n'a pas vu la vie
sauvage sous son vrai jour. Il ne faut pas s'en étonner.
Depuis que Rousseau, Le Play et Dunoyer ont écrit, le
Continent Noir a été l'objet d'explorations successives, qui
ont apporté une précieuse contribution à l'étude des
sciences sociales. M. Paul Leroy-Beaulieu a bien raison
de recommander tout particulièrement l'étude des sociétés
primitives existant encore en grand nombre sur le globe,
et je ne sache rien, pour ma part, de plus intéressant et
de plus instructif que l'examen de cette matière vivante,
« qu'on tient sous la main, qu'on sent tressaillir et se
« mouvoir et qu'on peut observer directement sous tous
« ses aspects »[2]. M. Leroy-Beaulieu ajoute, avec raison,
que « il y a entre cette étude et les recherches dans les
« chroniqueurs une différence du même genre qu'entre
« la contemplation d'une plante sur sa tige et celle d'une

----

[1] *Les Ouvriers européens*, t. I, p. 86.
[2] *Traité théorique et pratique d'économie politique*, t. I, p. 47.

« plante desséchée dans un herbier ; encore les chroniques
« ne sont-elles pas des herbiers complets de la plante
« humaine ; elles n'en offrent que des lambeaux dispersés
« et insuffisants ».

C'est à cause de l'insuffisance des documents humains
que Dunoyer a eu de la vie sauvage une notion au moins
incomplète : il a vu *le sauvage*, tandis qu'il y a *des sauvages*, qui diffèrent totalement entre eux au point de vue
physique, au point de vue intellectuel et au point de vue
moral. Résumons sa thèse : Sous le rapport physique,
Rousseau, selon lui, s'est mépris quand il a voulu établir
que les hommes sont d'autant plus vigoureux qu'ils sont
plus incultes ; *c'est justement le contraire qui est la vérité*:
Sous le rapport intellectuel, non-seulement l'intelligence
du sauvage n'est pas développée, mais il y a dans sa manière de vivre des obstacles presque insurmontables à ce
qu'elle fasse aucun progrès sensible. Sous le rapport moral, le sauvage, asservi par les besoins matériels, n'est
dirigé que par ses appétits dans sa conduite envers lui-
même et par ses passions dans ses rapports avec les autres. Il y a dans ce tableau des traits d'une vérité incontestable, mais une excessive généralisation : on se tromperait fort si l'on y cherchait la ressemblance de tous les
sauvages ; et il est nécessaire d'y faire de nombreuses
retouches pour réhabiliter quelque peu la nature humaine.

Je crois bien que ce qu'il y a de plus vrai dans le jugement de Dunoyer est relatif au développement intellectuel,
et que c'est là surtout l'infériorité irrémédiable de la vie
sauvage. Non qu'il n'y ait, même à cet égard, de très
grandes différences parmi les peuplades sauvages. Les
unes paraissent de véritables brutes, comme les Veddahs,
de Ceylan, dont on nous dit : « Leur physionomie est
« absolument privée de toute expression d'intelligence
« et l'excessive négligence de leur personne leur donne
« l'air de la plus complète barbarie ; ils n'ont pas de
« mots pour rendre les idées des couleurs et des nom-
« bres et ils ne peuvent pas compter sur leurs doigts »[1].

----

[1] Dʳ Verneau, *Les Races humaines*, p. 142.

D'autres, comme les Mincopies, dont on a déjà parlé, sont loin d'être dénués d'intelligence : « Les enfants ont « l'esprit aussi prompt à saisir les choses que nos enfants « d'Europe; on cite plusieurs exemples d'élèves placés à « l'école des orphelins, qui ont appris plusieurs langues, « sans oublier leur idiome maternel, et qui ont montré de « bonnes dispositions pour l'arithmétique »[1]. Les Balakaharis, de la région centrale de l'Afrique du Sud, sont d'une ignorance incroyable : aucun d'eux ne sait son âge; et il en est de même des Boschimans, leurs voisins, que Livingstone représente comme absolument dépourvus de conscience. Au contraire, les Makololos, un peu plus au Nord, nous sont dépeints comme des cultivateurs intelligents[2], aptes à recevoir la civilisation, et bien des individus de cette peuplade ont appris rapidement l'alphabet que leur a enseigné Livingstone. Les Cafres et les Zoulous, nous dit Livingstone, sont d'une intelligence pleine de ruse, d'un caractère énergique et brave. Beaucoup de tribus sauvages ont des goûts artistiques très prononcés : tels les Monbouttous, d'une habileté remarquable dans la sculpture et la fabrication des armes; les nègres de l'Ogoué, qui sont des forgerons consommés; les Bongos, qui sont passionnés pour la musique et ont inventé une grande variété d'instruments[3].

Mais si les sauvages sont très diversement doués au point de vue intellectuel, ce qui est vrai de tous, c'est qu'il y a, dans leur manière de vivre, « des obstacles presque insur- « montables à ce que leur intelligence fasse aucun progrès « sensible »[4]; et ceux d'entre eux qui semblent les mieux doués, comme les Mincopies, n'ont de nombres cardinaux que pour signifier *un* et *deux;* au delà, ils comptent jus-

---

[1] Dr Verneau, *Les Races humaines*, p. 138.

[2] Les Makololos ont de vastes champs cultivés autour de leur village; ceux qui appartiennent à la race des Bazoutos vont avec leurs femmes travailler la terre, chose qui n'arrive jamais chez les autres Béchuanas. Tous les ans, le grand chef des Bazoutos donne publiquement à son peuple l'exemple du travail agricole, et non pas en prenant une houe qu'il tient simplement à la main pendant quelques minutes, mais en piochant avec ardeur, comme un véritable ouvrier (Livingstone, *Exploration dans l'Afrique australe*).

[3] Dr Verneau, *Les Races humaines*, p. 208.

[4] Dunoyer, t. l, p. 137.

qu'à *dix* sur leurs doigts, en disant : *encore celui-ci*, et ne vont pas plus loin.[1] La raison de cette impuissance est dans l'asservissement aux besoins matériels et l'absence de toute tradition.

Au point de vue du développement physique, il est difficile d'acquiescer tout à fait au jugement de Dunoyer. Là encore, bien des distinctions sont nécessaires. Il y a des sauvages qui sont petits et mal faits, et il y en a qui sont, si non de très beaux, du moins de très grands hommes. Les Mincopies n'ont en moyenne que $1^m,3$ de taille et M. de Quatrefages nous en parle dans son livre sur *Les Pygmées;* la taille moyenne des Boschimans est de $1^m,37$, pour les hommes et $1^m,22$ pour les femmes et celles-ci offrent une particularité fort peu gracieuse dans une saillie énorme en arrière, qui n'est pas l'apanage exclusif des Hottentotes. Passons, non loin de là, chez les Cafres et nous trouvons des individus dont la taille dépasse en moyenne $1^m,70$, d'une constitution très robuste, et dont le crâne offre une capacité bien supérieure à celle de tous les autres nègres[2]. Leurs femmes, d'une taille moins élevée, sont également bien faites : « Tous les membres d'une jeune Cafre, « dit Lichtenstein, offrent ce contour arrondi et gracieux « que nous admirons dans les antiques »[3]. La taille des nègres du Congo s'élève à $1^m,75$. « Le Pahouin ou Fan, « nous dit l'amiral Fleuriot de Langle, est un très beau « type africain ; il a le corps admirablement proportionné ; « par la musculation de son torse, il rappelle les bronzes « florentins, dont il a souvent la couleur ; la tête, bien pro- « portionnée, se rattache au buste par un cou qui, sans être « massif, est fort et dénote une vigueur extrême..... ». Tout cela semble tenir à la race, beaucoup plus qu'au genre de vie.

Je ne nie certes pas que la vie misérable et la mauvaise alimentation de certaines peuplades sauvages ne soit de nature à nuire au développement physique. Les anthro-

---

[1] M. de Quatrefages.

[2] Le développement et la beauté de leurs corps, dit Livingstone, la forme de leur crâne les placeraient à côté des races européennes les plus parfaites, n'étaient leur peau noire et la toison qui leur couvre la tête.

[3] Dr Verneau, *Les Races humaines*, p. 325.

pologistes nous citent les Bakalaharis, de l'Afrique australe, dont la taille est assez élevée; mais « les conditions
« misérables dans lesquelles ils vivent, les aliments gros-
« siers et indigestes dont ils se nourrissent ont occasionné
« un développement énorme du ventre, pendant que les
« membres sont devenus maigres et émaciés »[1]. Et bien
d'autres exemples pourraient être donnés. Mais tous les
sauvages ne sont pas, à beaucoup près, dans une condition
aussi misérable; et, toutes choses égales d'ailleurs, Rousseau était fondé à dire que « le corps de l'homme sauvage
« étant le seul instrument qu'il connaisse, il l'emploie à
« divers usages dont, par le défaut d'exercice, les nôtres
« sont incapables, et c'est notre industrie qui nous ôte la
« force et l'agilité que la nécessité l'oblige d'acquérir ».
Dunoyer a beau dire que « si un exercice modéré fortifie,
« un exercice trop violent énerve et que le sauvage excède
« ordinairement son corps plutôt qu'il ne l'exerce »; il
semble indéniable que la vie en plein air et l'exercice
physique donnent, d'une manière générale, au sauvage,
une adresse, une agilité, une endurance de la fatigue,
dont le civilisé serait incapable[2]. On se rappelle l'énergie
avec laquelle, malgré la disproportion des moyens entre
le sauvage et l'homme civilisé, les Zoulous ont naguère
lutté contre les Anglais.

Je ne veux pas m'appesantir davantage sur le côté physique; le point de vue de la moralité est autrement intéressant, et c'est là surtout qu'il convient de faire des réserves sur les appréciations de notre auteur. A l'entendre,
le sauvage, soit dans sa conduite envers lui-même, soit
dans ses rapports avec ses semblables, est un être destitué
de toute moralité. Au point de vue des mœurs privées,
Dunoyer entasse les citations pour prouver sa voracité, son
ivrognerie, son incontinence, son penchant à l'oisiveté, son
imprévoyance. Dans ses rapports de père, d'époux, d'enfant, sa conduite serait remplie d'actions brutales et

[1] Dr Verneau, *Les Races humaines*, p. 335.
[2] Livingstone nous dit que les Bakouains ignorent la plupart des maladies; les poitrinaires, les fous, les scrofuleux et les hydrocéphales sont excessivement rares parmi eux; le cancer et le choléra leur sont totalement
inconnus.

cruelles. Avec leurs voisins, ils sont occupés à s'entre-détruire ; chaque tribu garde son gibier avec une attention jalouse et la moindre apparition d'un étranger sur ses terres suffit pour lui mettre les armes à la main[1]. Il y aurait sur tout cela beaucoup à dire ; je m'attacherai seulement aux points principaux.

Sans parler de l'ivrognerie, qui a fait des ravages surtout dans les populations sauvages qui ont été en contact avec les Européens, et qui n'en fait guère moins chez les Européens eux-mêmes, parlons un peu du reproche d'incontinence. Dunoyer reconnaît que le sauvage a peu de penchant à la volupté ; il ne comprend aucun des signes par lesquels nous manifestons nos sentiments affectueux ; mais ajoute-t-il « le sauvage est froid sans être continent, « et, partout où une condition moins dure le rend plus « propre aux plaisirs de l'amour, la licence de ses mœurs « est excessive. Les indigènes de l'Amérique, suivant Ro- « bertson, n'attachent aucun prix à la chasteté des « femmes... » On pourrait, sans nul doute, donner de cela beaucoup de preuves. Ainsi, les femmes du Gabon, d'après de Compiègne « sont d'une paresse, d'une ivrognerie et « d'une inconduite dont rien ne peut donner une idée ». Et l'on peut citer d'autres peuplades dans lesquelles les mœurs des femmes sont très mauvaises, la jalousie peu développée chez les maris, qui les poussent eux-mêmes à la prostitution. Hélas ! cela ne se voit pas seulement chez les sauvages ! Mais il ne fallait pas généraliser cela ; car il y a beaucoup d'honorables exceptions. Il serait puéril d'exiger du sauvage la même retenue et la même pudeur délicate qui est, dans nos civilisations, le fruit d'une éducation longue et soignée[2] ; mais beaucoup de tribus sauvages ont le sentiment de la pudeur et il en est chez lesquelles les rapports conjugaux sont exemplaires. On peut citer les

---

[1] Dunoyer, t. I, p. 140 et suiv.

[2] La pudeur est un sentiment complexe, sur les manifestations duquel l'habitude exerce une grande influence. Ainsi, Livingstone rapporte que « chez les Balandas, le costume des femmes est absolument indescriptible ; mais « il ne faut pas pour cela les accuser d'immodestie ; elles se tiennent devant « nous avec autant de calme et d'aisance que si elles étaient voilées des pieds « jusqu'au menton, et ne se doutent pas le moins du monde qu'il leur man- « que quelque chose ».

Mamanoüas, tribus négritos de Mindanao; les Mincopies,
des îles Andaman, dont on a vu déjà quelques traits remarquables; les Aëtas, des Philippines; ces tribus ont des
mœurs pures, sont monogames, ne se marient jamais entre
parents et les ménages y vivent sur un pied de parfaite
égalité. Dans leur nudité, nous disent les anthropologistes,
« les Tasmaniens avaient des sentiments de pudeur. Les
« jeunes gens avaient leur quartier à part et s'éloignaient
« de bonne heure du campement, pour ne pas assister au
« réveil des femmes. Les célibataires qui rencontraient un
« groupe de l'autre sexe, devaient prendre une direction
« différente »[1]. Cela n'est-il pas touchant? Le code pénal des
Achantis (car ils en ont un) punit celui qui vante la beauté
de la femme d'un autre. Chez certaines tribus cafres, aucun homme ne peut assister à un accouchement; seules les
femmes mariées ont ce droit. L'adultère, chez les peuplades
sauvages, est très souvent puni de mort, et, chez beaucoup
d'entre elles, on affirme qu'il est très rare. Il est vrai que,
le plus souvent, la femme est une marchandise, qui s'a-
chète, ici de 5 à 10 cochons, chez les sauvages des Nou-
velles-Hébrides; là, une dizaine de nattes, un coq et une
poule, chez les Bobo du Sénégal; ailleurs, à Porto-Novo,
moyennant quelques cauris (coquillages servant de monnaie), des tissus et du genièvre; chez les M'Pongoué, au
Gabon, le gendre est obligé de donner à son beau-père,
en échange de la femme qu'il reçoit, une de ses propres
sœurs. Mais, ce n'est pas seulement chez les sauvages que
le mariage est l'occasion de marchés; chez nous, avec la
pratique de la dot et beaucoup de formes, ce sont les filles
qui achètent un mari!

C'est encore une grande erreur de croire que « dans les
« rapports de père, d'époux et d'enfant, la conduite des
« sauvages soit toujours remplie d'actions brutales et
« cruelles ». — Il est vrai que bien souvent la femme est
considérée comme une bête de somme, à laquelle sont
réservés tous les travaux pénibles; que bien souvent les
parents ne se font pas faute de tuer ou de vendre leurs
enfants et que les liens de famille paraissent parfois bien

----

[1] Dr Verneau, *Les Races humaines,* p. 156.

plus méconnus par l'homme que par les animaux. Notons d'abord que la superstition y est souvent pour beaucoup; c'est sans doute sous l'empire de ce sentiment que, chez telle tribu cafre, dont les femmes allaitent pourtant leurs enfants pendant quatre ans et plus, l'enfant qui vient au monde les pieds en avant, ou qui naît avec des dents est étouffé! Mais il importe surtout de remarquer que, chez beaucoup de peuplades sauvages, la femme est bien traitée, l'amour paternel et maternel est très développé, les vieillards sont entourés de respect. J'ai cité déjà les Mincopies, les Aëtas, les Mamanouas, chez lesquels le mari et la femme vivent sur un pied d'égalité parfaite. Les voyageurs nous disent encore que les liens de famille y sont très étroits; que le respect des vieillards et des morts y est très grand. Voici la description qu'on nous donne des Papouas de la Nouvelle-Guinée : « Une popu- « lation pacifique et bienveillante, douée des plus heureux « instincts. Le respect des vieillards, l'amour des enfants, « la fidélité conjugale en seraient, d'après M. Bruijn Kops « les traits les plus caractéristiques. Le vol y est presque « inconnu; tout homme n'a qu'une femme; le concubinat « est interdit... »[1]. Des mœurs semblables sont signalées chez les Diours et les Bélandas, sur les bords du Nil[2]. Il est à peine besoin de dire, je pense, que les femmes sauvages allaitent toutes leurs enfants, et elles les allaitent si longtemps qu'il n'est pas rare, nous dit-on, de voir deux frères cadets se partager les seins de la mère[3]. Un trait de mœurs bien curieux nous est rapporté touchant les Banyaïs, sauvages habitant au sud du Zambèze. La polygamie existe chez eux et « cependant les femmes ont un pouvoir extraordi- « naire; dans le ménage, c'est une des femmes qui com- « mande. Le jeune homme qui a choisi une fiancée et qui « est agréé par la mère de celle-ci quitte sa famille pour « aller vivre chez sa femme. Il doit dès lors rendre une « foule de services à sa belle-mère; devant elle, il lui est « interdit de s'asseoir et il doit se mettre à genoux ou s'ac-

---

[1] Dr Verneau, *Les Races humaines*, p. 163.
[2] *Opere cit.*, p. 284.
[3] *Opere cit.*, p. 136.

« croupir sur ses talons..... Chaque fois que l'on demande
« un service à un Banyaï, on reçoit cette réponse : Je veux
« bien; mais je vais aller demander la permission à ma
« femme »[1]. Les Hottentots ont plus de respect humain;
mais le fond n'est pas mauvais; en public, les femmes
sont assez maltraitées; mais, à la maison, au dire de
M. Hahn, les rôles sont intervertis : « Ici la femme règne
« en maîtresse absolue; elle garde la droite partout, et le
« mari ne peut sans sa permission prendre une bouchée
« de viande ou boire une goutte de lait. S'il s'avise d'en-
« freindre la loi, les voisines le mettent à l'amende, en lui
« prenant un certain nombre de brebis et de vaches qui
« vont grossir la propriété personnelle de l'épouse »[2].
Chez les Hurons-Iroquois de l'Amérique du Nord, ce sont
les femmes qui choisissent les *conseillers*, dont la dignité
paraît être la plus haute et le pouvoir le plus étendu. Les
anciens désignés par leur âge, ne tiennent que le second
rang, et les *guerriers* le troisième[3].

Enfin, il n'est pas vrai que tous les sauvages ne cher-
chent que l'occasion d'exterminer leurs voisins : beaucoup
de peuplades sauvages sont pacifiques et quelques-unes
sont très hospitalières. Les Cafres nous sont représentés
comme braves, généreux et hospitaliers, ayant des manières polies et distinguées : « l'étranger qui se présente chez
« eux avec des intentions pacifiques est assuré de se pro-
« curer facilement le nécessaire »[4]. Livingstone nous dit
que les voyageurs peuvent s'aventurer sans crainte sur le
territoire des Makololos, à la condition de se comporter
loyalement, et il ajoute : « Aucun individu n'aura jamais
« sur eux d'influence s'il n'a des mœurs irréprochables
et un caractère loyal »[5].

[1] Dr Verneau, *Les Races humaines*, p. 306.
[2] *Opere cit.*, p. 341.
[3] La Harpe, *Histoire générale des voyages*, t. XVI, p. 406.
[4] Dr Verneau, *Les Races humaines*, p. 326.
[5] « Il est toujours difficile, dit Livingstone, de quitter promptement les chefs
« de ces peuplades, qui sont très sensibles à l'honneur d'avoir des étrangers
« dans leur village ». Et le même voyageur ajoute : « Lorsque je jette les yeux
« sur mon journal et que j'y vois la liste des libéralités de ces braves gens,
« je suis ému d'une profonde gratitude et je prie Dieu de me conserver pour
« que je puisse leur rendre quelque service en échange de ce qu'ils ont fait
« pour moi. »

Chez les Indiens des Montagnes-Rocheuses, les Sioux sont agressifs et pillards ; mais les Têtes-Plates et le Nez-Percés sont les hommes les plus pacifiques du monde, comme le prouve l'anecdote suivante : Pendant une station que fit le capitaine Bonneville dans les Montagnes-Rocheuses, en compagnie d'une tribu de Nez-Percés, il avait toutes les peines du monde à leur faire prendre les précautions nécessaires pour la garde de leurs chevaux ; aussi, dans une nuit, 86 des plus beaux furent enlevés par une râfle des Corbeaux, de la famille des Sioux. Au lieu de se mettre en campagne après les voleurs, ceux qui avaient perdu leurs chevaux se contentèrent d'aller en demander d'autres à leurs cousins, les Nez-Percés inférieurs. Peu après, une nouvelle râfle recommençait. Alors le capitaine Bonneville essaya d'exciter leur ardeur guerrière ; il convoqua les chefs et leur adressa une harangue martiale. Mais, à tous ses discours enflammés, les chefs répondirent simplement que *« faire la guerre « pour un simple motif de vengeance était mal ; que le Grand- « Esprit leur avait donné un cœur pour la paix et non pour « la guerre ;* qu'ils avaient, à la vérité, perdu leurs chevaux ; « mais que leurs cousins, les Nez-Percés inférieurs leur en « donneraient volontiers d'autres, sans qu'ils eussent à « courir aucun risque, tandis qu'à la guerre ils perdraient « des hommes, que rien ne pourrait remplacer »[1]. — Voilà des sauvages chez lesquels bien des civilisés pourraient aller prendre des leçons de douceur et d'humanité ! Et puisque je parle de ces pauvres Indiens Têtes-Plates, je ne saurais résister au désir de rapporter un trait de mœurs qui m'a paru des plus touchants et qui nous est raconté par un des missionnaires qui les ont évangélisés, le P. de Smet[2]. Voici comment il nous dépeint le rôle de leur vieux chef ou *Grand-Visage :* « Tous les matins, au point du jour, « le vieux chef se levait le premier ; puis, montant à cheval, « il faisait le tour du camp pour haranguer son peuple. « C'est une coutume qu'il a toujours observée et qui a « tenu, je pense, ces Indiens dans la grande union, dans « la simplicité admirable que l'on remarque parmi eux. Ces

---

[1] *Voyages et aventures du capitaine Bonneville,* t. I, p. 150 et suiv.
[2] *Voyages aux Montagnes-Rocheuses,* p. 41.

« mille six cents personnes, par ses soins paternels et ses
« bons avis, paraissaient ne former qu'une seule famille,
« où l'ordre et la charité régnaient d'une manière vrai-
« ment étonnante. Allons, s'écriait-il, courage, mes enfants,
« ouvrez les yeux. Adressez vos premières pensées et vos
« premières paroles au Grand-Esprit. Dites-lui que vous
« l'aimez ; qu'il vous fasse charité. Courage, car le so-
« leil va paraître ; il est temps que vous alliez à la rivière
« pour vous laver. Soyez prompts à vous rendre à la clo-
« che de notre père ; au premier son de la cloche, soyez-y
« tranquilles..... Il faisait ensuite des remontrances pater-
« nelles sur ce que lui et les autres chefs avaient remarqué
« de défectueux dans leur conduite de la veille..... ». Voilà
des sauvages, à coup sûr, très différents de ceux que Dunoyer avait en vue, et ce sont ces sauvages que Frédéric
Le Play présente comme des modèles aux populations dé-
sorganisées de l'Occident[1].

Je me suis étendu assez longuement sur ce sujet, parce
qu'il me semble que la vie sauvage n'a pas toujours été
dépeinte d'une manière exacte et complète par les écrivains qui se sont occupés de science sociale, et qu'il me
paraît d'un intérêt capital pour cette science de rectifier à
cet égard les idées erronées et de compléter les observations
superficielles. La vie sauvage n'est pas une ; elle est aussi
complexe que la nature humaine ; elle est souvent fort ré-
pugnante ; mais elle est aussi parfois douce, naïve et
touchante. Dunoyer ne l'a vue que sous ses plus vilains
aspects. Hélas ! que nos civilisations en ont de tristes, pour
qui sait voir ! Dunoyer nous a par là donné la preuve, dans
le chapitre que nous quittons, que l'observation, même
quand on ne lui demande que ce qui est de son domaine
propre, la constatation des phénomènes, n'est pas toujours
infaillible !

---

[1] *Les Ouvriers européens*, t. I, p. 89.

CHAPITRE VII

La liberté chez les peuples pasteurs et nomades.

Après avoir recherché quelle est la liberté compatible
avec le degré de culture des peuples sauvages, Dunoyer
se pose la même question relativement aux peuples qu'il
appelle « nomades » et que, pour rendre plus exactement
sa pensée, j'appellerai « pasteurs et nomades »; car c'est
bien évidemment la vie pastorale, qui semble constituer la
seconde phase de la civilisation humaine, que notre auteur
a en vue dans ce nouveau chapitre.

Ici encore, les opinions de Charles Dunoyer, soit dans
les rapprochements qu'il fait entre la vie sauvage et la vie
des pasteurs nomades, soit dans le jugement général qu'il
porte sur ces derniers, prouve que l'observation n'a pas
été complete et sûre. Il croit, par exemple, que c'est dans
la vie nomade que commence à s'introduire l'usage des
compositions pécuniaires[1]; or, cet usage existe chez de
nombreuses peuplades sauvages : chez les Papouas, de la
Nouvelle-Guinée (l'adultère est puni de mort, à moins que
l'offensé ne se déclare satisfait par une amende ruineuse
pour l'offenseur); chez les Landoumans, des rives du Rio-
Nunez (l'assassinat est puni de mort, mais avec faculté
laissée au coupable de se racheter par une somme d'argent); chez les Achantis (le meurtre d'un homme de condition inférieure se rachète par une somme d'argent);
chez les Toubous, du Sahara (le meurtre entratne l'exil;

[1] Tome I, p. 154.

mais, au bout d'un temps plus ou moins long, la famille de la victime consent généralement, moyennant une forte rançon, à rouvrir les portes lu pays au meurtrier); chez les Sakalaves, de Madagasc·r (l'adultère est puni d'une amende payée au mari). De ces exemples, et de bien d'autres qu'on pourrait citer[1], résulte la preuve que l'usage des compositions pécuniaires, et c'est là un fait très digne de remarque, est fréquent dans la vie sauvage.

D'autre part, le tableau que Dunoyer trace de la vie des pasteurs nomades est loin d'être séduisant, et il n'est certainement pas ressemblant, du moins pour beaucoup. D'après lui, tous les peuples nomades (car il ne distingue pas) sont ignorants, fiers et brutaux, débauchés et violents, paresseux et pillards; ils passent à manger ou à dormir le temps que ne remplissent pas les exercices violents de la guerre et de la chasse; ils se livrent sans mesure aux excès de la boisson et du jeu; leur vie, dans les relations de peuple à peuple, n'est qu'un tissu d'horribles violences, et l'usage qu'ils font de leurs forces dans l'intérieur de chaque tribu n'est pas, à beaucoup d'égards, plus modéré. Les femmes sont encore, parmi eux, dans un profond état de dépendance et d'avilissement; la terre n'est qu'un vaste champ de guerre où les hommes sont perpétuellement aux prises, où chacun est tour à tour assaillant ou assailli, pillard ou pillé, massacreur ou massacré, maître ou esclave : voilà le résumé fidèle du chapitre III du livre IV de Dunoyer.

Combien cette peinture est différente de celle que nous trace de la vie pastorale un autre observateur, que j'ai déjà eu l'occasion de mettre en opposition avec notre auteur, Frédéric Le Play ! Écoutons-le nous dire le bonheur des peuples pasteurs et nomades, à existence simple : « Les « premières familles qui pénétrèrent sur ces territoires « (les steppes) y rencontrèrent toutes les ressources néces- « saires à leur existence. Elles purent créer des races « stables et prospères, en perfectionnant, avec quelques « efforts de travail, l'œuvre de la nature. Elles n'eurent

---

[1] Livingstone en rapporte plusieurs, notamment le suivant : « Le chef de « la bourgade (chez les Chiboques) se disputant dans mon camp au sujet

« qu'à prendre, en quelque sorte, le gouvernement des
« troupeaux déjà rassemblés et qu'à organiser le travail
« du pâturage. Ce régime des premiers âges de l'humanité
« s'est perpétué jusqu'à nos jours, dans les admirables
« steppes situées au midi des montagnes boisées de l'Altaï.
« Les pasteurs nomades de cette région continuent les
« traditions de sagesse d'Abraham. Ils président, dans un
« état complet de quiétude, à l'exploitation de nombreux
« troupeaux, composés de chevaux, de bœufs, de chameaux
« et de moutons »[1]. Ailleurs, il nous dit que « la supé-
« riorité des pasteurs sur la plupart des autres races réside
« moins dans l'ordre matériel que dans l'ordre intellec-
« tuel et moral. Le père de famille jouit d'une autorité
« ferme, fondée sur la nature des choses. Les fils adultes ne
« tendent pas, comme les jeunes chasseurs, à constituer de
« petites familles indépendantes. Ils ont un intérêt à se ma-
« rier sous le régime de la communauté formée par l'aïeul,
« le père et les oncles. Ils sont donc obligés de se soumettre
« à la loi morale, aux idées, aux mœurs et aux coutumes
« dont les vieillards gardent la tradition...»[2]. Ailleurs encore : « Chez les races les plus simples, chez les pasteurs
« de l'Orient, par exemple, ce sont les familles elles-mêmes
« qui se chargent de pourvoir aux services indispensables
« du gouvernement, à ceux qui ont pour objet « la paix
« de Dieu » et « la paix du souverain ». « Les rapports
« mutuels des familles sont réglés par des pratiques sé-
« culaires émanées du Décalogue. Les rares contestations
« auxquelles ils donnent lieu sont apaisées par des arbitres
« ou des juges que leur sagesse désigne au choix des in-
« téressés. Les rapports des localités et des provinces sont
« également réglés par les coutumes et les autorités tradi-
« tionnelles, sans l'intervention d'aucune loi écrite. Aux
« divers degrés de la vie publique, les fonctions, toujours

« d'un morceau de viande qui lui était marchandé, avait été frappé sur la
« bouche par un de mes compagnons. Les principaux hommes de ma suite
« donnèrent cinq morceaux d'étoffe et un fusil pour racheter la faute de
« leur camarade ; mais, plus ils se montraient généreux, plus l'offensé deve-
« nait exigeant...».

[1] *Les Ouvriers européens*, t. I, p. 54, 55.
[2] *Les Ouvriers européens*, t. I, p. 95, 96.

« gratuites, ont pour unique dédommagement la considé-
« ration et les honneurs..... De nos jours on ne rencontre
« guère que dans les régions boréales cet état de simplicité
« et de vertu ; mais les principaux traits de la constitution
« que je viens de décrire existaient dans de vastes contrées
« de l'Orient et du Nord, quand j'y pénétrai pour la pre-
« mière fois ».

Je crois bien qu'il faut se garder de porter sur les pasteurs nomades, de même que sur les sauvages, un jugement
absolu.

Ainsi les Turcomans, en partie pasteurs dans la classe
élevée, en partie cultivateurs dans la classe inférieure, nous
sont tous représentés comme d'affreux pillards. Voici le
portrait peu flatteur que trace d'eux un voyageur, Girard
de Mialle : « Les diverses nations sont la plupart du temps
« hostiles les unes aux autres et s'attaquent et se pil-
« lent sans cesse mutuellement. Ce sont les plus abomi-
« nables bandits de l'Asie centrale. Voleurs de bestiaux,
« comme les Bouroutes, ils sont en même temps voleurs
« d'hommes et fournissaient d'esclaves persans les mar-
« chés de Khiva et de Bokhara ». Les mariages se contrac-
tent généralement sous forme de rapt. Leurs femmes sont
d'une malpropreté rare, ont une détestable réputation et,
paraît-il, la justifient entièrement par leur absence de retenue. Leur religion est un prétexte commode à leur rapt
sur le territoire des Persans qui ne professent pas le même
rite[1]. En somme, ce sont d'assez vilaines gens.

Les Ouzbegs, leurs voisins, qui s'étendent depuis la
Chine jusqu'à la mer Caspienne et se rencontrent surtout
dans le sud du Turkestan, ne paraissent guère plus recom-
mandables. Le suprême bonheur pour eux, c'est la rapine
et le maraudage. Il y a un demi-siècle, Burnes s'exprimait
ainsi sur leur compte : « Ils regardent comme un déshon-
« neur de mourir dans son lit, et prétendent qu'un véri-
« table Lakays doit perdre la vie dans une bataille livrée
« à des voyageurs. Je me suis laissé dire que les femmes
« accompagnent quelquefois leurs maris dans des expédi-
« tions de maraude ; mais il est plus probable que les da-

---

1 Dr Verneau, *Les Races humaines*, p. 396 et 398.

« mes se contentent, en l'absence de leurs époux, de déva-
« liser les caravanes qui passent près de leurs habitations. »
De nos jours, les diverses tribus des Ouzbegs sont restées
pillardes et les choses n'ont guère changé, malgré les progrès des Russes dans l'Asie centrale. Naguère encore, ces
gens étaient de grands trafiquants d'esclaves. A Boukhara
même, il y avait un marché de captifs tous les samedis. La
marchandise était amenée surtout de Perse par les Turcomans, et trente ou quarante boutiques étaient destinées
à la recevoir. Les mariages ne sont jamais dictés par l'a-
mour; un homme et une femme s'épousent sans s'être jamais vus, sans rien savoir sur le compte l'un de l'autre,
si non qu'ils sont de sexes différents. On voit même chez
eux des mariages assez bizarres : un marchand étranger,
qui se trouve dans le pays, se marie pour le temps qu'il
doit y résider; lorsqu'il retourne chez lui, il congédie
son épouse. Si l'on ajoute qu'il n'y a guère de musulmans
plus fanatiques, on aura des mœurs de ces peuplades une
idée peu flatteuse [1].

Cependant tous les pasteurs nomades ne ressemblent pas
à ceux-là. Le type des Kalkas, du groupe mongol, est déjà
très supérieur. Sans doute, cette race est naïve, crédule et
paresseuse; elle est surtout d'une malpropreté révoltante
pour nous : les hommes se lavent rarement et les femmes,
jamais; ils ont horreur de l'eau et de l'humidité, qui d'ailleurs agit pernicieusement sur leur santé. La femme est
considérée comme bien inférieure à l'homme et elle est
chargée des travaux les plus pénibles. Mais il est rare
qu'elle soit maltraitée. La monogamie est la règle; le mari
devant payer aux parents de la femme une forte dot en
bestiaux, la polygamie devient un luxe, accessible seulement aux patriarches et aux chefs plus riches et plus puissants. L'autorité paternelle est partout respectée; les enfants ont pour le père la plus profonde vénération; la
piété filiale est le premier des devoirs et la « sainte doctrine » enseigne qu'il vaut mieux honorer son père et sa
mère que de servir même les esprits du ciel et de la terre.
Dépositaire des traditions des ancêtres, le patriarche les

[1] Dr Verneau, *Les Races humaines*, p. 399 et 400.

transmet fidèlement à ceux qui l'entourent, et chacun écoute sa parole, toujours empreinte de sagesse. Il a pleine autorité pour réprimer les désordres et châtier les coupables. Immédiatement au-dessous du patriarche et à côté de lui, est la première épouse, que lui a désignée le choix des parents. Lors même qu'elle n'est pas la femme préférée, elle garde son autorité et les autres doivent lui obéir; elle a droit au respect et à la déférence du patriarche lui-même. C'est elle qui dirige les travaux du ménage et l'éducation des enfants, et les voyageurs s'accordent à reconnaître qu'elle se montre bonne mère et ménagère vigilante; elle jouit d'ailleurs d'une liberté assez étendue et chevauche souvent seule dans le désert. Elle a d'ordinaire de nombreux enfants[1].

Chez les Kalmouks, la polygamie est une rare exception, qui n'est permise qu'aux princes. La femme, quoique considérée comme un être inférieur et chargée de la plus grande partie des travaux manuels, n'est pas maltraitée et elle jouit d'une assez grande liberté. Le prêtre qui bénit les unions demande aux époux, après avoir récité les prières, s'ils se réunissent de bon gré, exhorte le mari à la bienveillance envers sa femme et cette dernière à l'obéissance envers son mari. Le divorce est rarement pratiqué. En cas de mort, c'est la femme qui hérite, si elle a eu au moins un fils, et, dans tous les cas, il est rare qu'on ne laisse pas la fortune à la veuve, à moins que sa conduite ne laisse à désirer. Les enfants sont bien traités et rarement battus; la mère pousse fort loin l'amour pour sa progéniture. Les prêtres jouent un grand rôle dans cette société; ils président aux naissances, aux mariages, aux funérailles, et l'une des particularités à coup sûr les plus curieuses est celle des *moulins à prières*[2].

---

[1] *Science sociale*, t. VI, p. 73 et suiv. — Dr Verneau, *Les Races humaines*, p. 354, 355.

[2] Ce sont le plus souvent des moulins à main, composés d'une boîte traversée par un axe mobile. Des morceaux de papier, sur lesquels des prières sont inscrites, sont enroulés autour de cet axe et cousus dans un sac de soie jaune, le tout formant pelote; par un mouvement de rotation imprimé à l'essieu, la pelote contenant les prières tourne et la prière est ainsi dite. — Voir, sur les Kalmouks, les intéressants détails donnés par le Dr Verneau, *Les Races humaines*, p. 356 et suiv.

Voici encore un autre peuple de nomades, qui ne ressemble guère à ceux que Dunoyer nous a dépeints. Les Yakoutes, des bords de la Léna, sont des hommes d'un caractère affable envers tout le monde, même à l'égard des étrangers, qui sont toujours l'objet des plus grandes attentions. Lorsqu'il s'agit de prendre une décision importante, la foule s'assemble et écoute avec déférence l'avis des anciens. On ne voit jamais un jeune homme contredire un vieillard. Ce que les plus âgés de la tribu décident est toujours exécuté. Les jugements sont aussi rendus par les vieillards ; mais il est rare qu'ils aient à sévir. Les vols sont loin d'être fréquents, et d'ailleurs la vengeance privée est admise. Les femmes sont bien traitées et elles le méritent. Elles honorent à l'égal de Dieu le père, la mère et les parents de leurs maris. Elles ne se laissent jamais voir tête et pieds nus. La polygamie est en usage ; mais la première épouse est toujours respectée des autres. Les épouses vivent dans des huttes séparées de celle du mari, et si elles se conduisent mal, celui-ci les renvoie à leurs parents [1].

Les Guanches, des Canaries, dont le type primitif a presque complètement disparu, étaient des pasteurs doux, honnêtes et hospitaliers au plus haut point, quoique sachant montrer, au besoin, un courage dont rien ne saurait donner une idée. Leur gouvernement était tout-à-fait patriarcal. Les vols, les crimes étaient extrêmement rares et d'ailleurs sévèrement punis. Les lois étaient appliquées par des juges pris, les uns parmi les nobles, les autres parmi les roturiers, chacun devant être jugé par ses pairs. Les femmes étaient entourées du plus grand respect et justifiaient par leur conduite les égards qu'on avait pour elles. Lorsqu'un homme rencontrait une femme, il devait s'arrêter, il ne pouvait la regarder en face, ni lui adresser la parole que si elle l'y autorisait ; et il devait bien se garder de lui faire entendre des propos malsonnants : toute infraction à ces règles était punie de la bastonnade. Les enfants avaient le plus profond respect pour les auteurs de leurs jours ; l'enfant insubordonné était lapidé [2].

[1] Dr Verneau, *Les Races humaines*, p. 394.
[2] *Ibid.*, p. 491.

Sans aller jusque-là, les civilisés pourraient, ce semble, faire quelques emprunts utiles à ces primitifs pasteurs.

Puisque je parle de ces peuples pasteurs, que Dunoyer n'a pas suffisamment connus, je ne saurais résister au désir de résumer les traits tout particuliers d'une des populations les plus curieuses de notre époque et que nous a dépeints M. de Quatrefages : je veux parler des Todas, qui habitent, à l'extrémité méridionale de l'Inde, le plateau élevé des monts Nilgherries, à **2.100** mètres d'altitude. Nous allons trouver là, à côté de pratiques barbares ou qui révoltent nos idées, les mœurs les plus pacifiques et les plus touchantes. Les Todas sont exclusivement pasteurs. Généralement, les populations pastorales se livrent en même temps à la chasse : les Todas n'ont même pas d'armes ; ils ne connaissent ni le sabre, ni la lance, ni l'arc, ni les flèches ; sauf les cas, assez rares, où ils s'emparent de quelque gibier à l'aide de lacets ou de trappes, ils vivent exclusivement de laitage, de fruits et de racines. D'un caractère doux, ils exercent cependant sur leurs voisins un empire qu'ils ne doivent qu'à leur fermeté morale. Chez eux, point de guerres, et par conséquent, point de guerriers, ni de chefs militaires. Ils sont divisés en cinq clans, dont le premier a un certain caractère sacerdotal : ses membres ne peuvent s'allier à aucun des autres groupes, tandis que ceux-ci peuvent tous contracter des unions entre eux. Une égalité complète règne entre toutes les familles et tous les individus. Les vieillards se réunissent en conseil, rendent des arrêts et condamnent à l'amende. Ils ont un ensemble de lois, ou plutôt de coutumes, empreintes d'un esprit remarquablement pratique. La propriété du sol est collective et les bestiaux appartenant aux divers membres d'un même village ne forment qu'un troupeau. Le lait qu'on en retire est tout réuni dans la laiterie. Là, tout individu, homme ou femme, reçoit chaque matin ce qui lui est nécessaire pour sa consommation du jour : le surplus est partagé entre les hommes de tout âge en proportion du nombre d'animaux appartenant à chacun (les femmes ne possèdent rien en propre) ; cette part seule est regardée comme propriété personnelle et aliénable. Chez les Todas, existe une coutume qui ne se rencontre que chez un fort petit nombre de populations, la *polyandrie*. Les mariages sont très précoces et la population se développe très vite; mais elle est réfrénée par une pratique qu'on est bien étonné de trouver chez une nation de mœurs aussi douces, l'infanticide des filles[1] : on conserve toujours la première, rarement la seconde, jamais la troisième; il en résulte que le nombre des hommes surpasse celui des femmes, ce qui a conduit les Todas à la polyandrie. La femme n'est unie à son premier mari que de son plein consentement, et elle a dans la famille une condition que lui envieraient les femmes de bien d'autres populations. Si le premier mari a des frères ou de très proches parents, chacun d'eux peut jouir vis-à-vis de l'épouse des mêmes droits que lui, en payant une partie du *Keikuli* ou dot; le consentement des deux époux est nécessaire; mais il paraît qu'il ne se refuse jamais : la femme vit tour à tour pendant un mois avec chacun de ses époux. La plus grande harmonie règne d'ailleurs dans ces familles, si étrangement composées, et les enfants, regardés tous comme frères et sœurs, sont également bien traités par tous. Il faut ajouter que la polyandrie tend à disparaître, par suite de la diminution de l'infanticide. Chez eux, le culte se mêle aux actes les plus journaliers. Aux deux repas quotidiens, chaque assistant prend avec ses doigts quelques parcelles d'aliments, les élève à la hauteur du front, en répétant un mot qui signifie : Seigneur! Seigneur! puis les dépose sur le sol, comme une offrande à la *Terre-Mère*. Enfin, le culte des morts est en grand honneur. Otez cette inexplicable pratique de l'infanticide des filles, qui du reste est en train de disparaître, n'y a-t-il pas, dans ces pasteurs nomades, un modèle que pourraient se proposer bien des nations civilisées?

Des développements qui précèdent, nous pouvons conclure que, si Le Play a été fasciné par certains traits de la vie pastorale, qu'il a peut-être exaltée outre mesure, Dunoyer l'a imparfaitement connue et, par suite, mal

---

[1] Ils leur ôtent la vie par un procédé peu douloureux, en les empêchant de respirer aussitôt après la naissance et avant d'avoir eu le temps de les aimer; car les Todas sont d'une nature bonne et affectueuse, surtout à l'égard des enfants.

jugée. Dans son ensemble, elle présente un caractère général qui devait lui faire pardonner bien des défauts : une forte constitution de la famille et un très grand respect de l'autorité paternelle. Quand on voit nos civilisations occidentales, incomparablement supérieures à bien des égards, si gravement menacées qu'elles le sont aujourd'hui par la déchéance presque absolue du principe d'autorité, on est amené à penser qu'elles pourraient trouver d'utiles enseignements chez certains pasteurs nomades.

CHAPITRE VIII

L'évolution de la liberté du travail.

Ce chapitre n'existe pas dans Dunoyer. Après avoir étudié la vie des sauvages et celle des pasteurs nomades, il
décrit, dans une série de chapitres, la liberté compatible
avec le degré de culture des peuples sédentaires qui se
font entretenir par des esclaves, de ceux chez qui l'esclavage a été remplacé par le servage, de ceux chez qui le
régime du servage a été remplacé par celui du privilège,
de ceux chez qui les privilèges des ordres et corporations
ont été remplacés par une extension exagérée des pouvoirs de l'autorité centrale, et il arrive enfin à l'étude d'une
« société idéale, dans laquelle l'autorité centrale, dépouil-
« lée de tout caractère de domination injuste, laisserait en
« général les travaux à leur impulsion spontanée et se
« bornerait à l'exacte répression des actes nuisibles »,
c'est-à-dire à l'étude de la complète liberté du travail,
état que Dunoyer appelle le « régime industriel ».

C'est bien là l'histoire générale de la liberté du travail;
ce sont bien là les grandes phases de son évolution à travers les âges.

D'abord, le travail est généralement accompli par
l'homme asservi à l'homme; c'est le régime de la force
brutale, qui ne recule pas devant cette conséquence mons-
trueuse : la propriété de l'homme sur l'homme. L'esclavage n'a pas d'ailleurs une origine différente que l'assujettissement de la femme chez tant de peuples sauvages, qui
ont trouvé tout naturel de se décharger sur l'être le plus

faible de tous les travaux les plus pénibles. L'esclavage paraît avoir été la loi générale des peuples de l'antiquité. On le trouve partout : dans l'Inde, en Chine, en Égypte, chez les Assyriens, les Mèdes, les Perses, les Hébreux, aussi bien que chez les Grecs et Romains; chez les barbares du Nord comme chez les peuples des bords de la Méditerranée. Il existe, contrairement à ce que pense Dunoyer, chez les peuples sauvages aussi bien que chez les nomades et chez les peuples sédentaires. Je crois toutefois que Dunoyer, a porté un jugement trop absolu quand il a dit : « Il n'est pas de nation qui, en passant de la vie « errante à la vie sédentaire n'ait été d'abord, et pendant « fort longtemps, entretenue par des hommes asservis »; et encore : « Je ne sache pas que l'histoire ancienne nous « fasse connaître, ni qu'on ait découvert, dans les temps « modernes, de société ayant un commencement d'indus- « trie et d'agriculture, chez qui le travail fût exécuté par « des hommes libres, ou chez qui les hommes libres eus- « sent commencé par chercher dans le travail les moyens « de pourvoir à leurs besoins. Partout, la première disposi- « tion des forts a été de se faire servir par les faibles, et l'es- « clavage des professions utiles a été si je ne me trompe, le « régime économique de toute société nouvellement fixée » [1]. Le plus souvent il en a été ainsi et la disposition signalée chez les forts de se faire servir par les faibles n'est que trop générale et incontestable; mais la nature humaine, dans sa très grande complexité, résiste aux règles inflexibles et exclut l'unité des formes. Ainsi les Mandchous ont renoncé à la vie nomade que menaient leurs ancêtres pour se livrer à l'agriculture; beaucoup sont devenus fermiers et il ne semble pas qu'ils aient eu recours à l'esclavage. Il n'en est pas moins vrai que l'esclavage paraît avoir été la plaie de la plupart des sociétés primitives fondées sur la violence et, à la fin de notre xixᵉ siècle, cette plaie déshonore encore tout un continent : l'Afrique presque entière est témoin de ses ravages et de ses horreurs. Le mal, qui y était fort ancien, a pris une extension considérable à la suite des progrès récents de l'islamisme : partout où pénè-

---

[1] Dunoyer, t. I, p. 168, 169.

trent les musulmans, la traite s'organise pour alimenter d'esclaves les pays où dominent les disciples du prophète ; car le Coran légitime l'esclavage imposé par les croyants aux infidèles. On estime que la traite enlève annuellement environ un million d'habitants à l'intérieur de l'Afrique ; elle dépeuple et ruine toutes les contrées où elle s'exerce successivement. La manière dont sont traitées les malheureuses victimes fait frémir. L'abolition de l'esclavage est, à coup sûr, l'un des plus grands problèmes qui se posent devant les civilisations modernes, l'une des plus nobles causes à laquelle elles puissent se dévouer. Il n'en est pas moins vrai que l'institution de l'esclavage est une institution définitivement jugée et condamnée ; elle sera toujours considérée comme une honte et comme un crime par tous les peuples civilisés. A cause de cela même, je ne crois pas utile de m'arrêter longtemps sur les développements que Dunoyer consacre aux sociétés à esclaves : cette étude n'offre pas, pour la science sociale, le même intérêt que l'étude des sociétés sauvages ou de celles des pasteurs nomades en elles-mêmes ; car c'est la nature humaine prise sur le fait qu'on étudie dans ces sociétés primitives.

Dunoyer a raison de dire que l'esclavage lui-même fut, à son origine, une heureuse innovation. Les esclaves, *servi*, étaient, comme le mot l'indique, des hommes conservés, *servati*, et l'action de faire des serfs, au lieu de massacrer les vaincus, est déjà un progrès. Dunoyer n'a pas moins raison quand il combat cette paradoxale opinion de Rousseau, qui, mettant en opposition le travail et la liberté, nous dit, dans le *Contrat social* : « Quoi ! la liberté ne se « maintient qu'avec l'appui de la servitude ? Peut-être ! Tout « ce qui n'est pas dans la nature a ses inconvénients et la « société civile plus que tout le reste. Il y a des positions « malheureuses où l'on ne peut conserver sa liberté qu'aux « dépens de celle d'autrui et où le citoyen ne peut être par- « faitement libre que l'esclave ne soit extrêmement es- « clave..... Pour vous, peuples modernes, vous n'avez pas « d'esclaves ; mais vous l'êtes ; vous payez leur liberté de « la vôtre »[1]. — Esclaves de qui ou de quoi ? Du travail

---

[1] *Le contrat social*, livre III, p. 15.

alors ! L'illustre philosophe n'a pas vu que le travail est
la loi de l'homme, et que les sociétés qui s'en déchargent
sur des esclaves sont condamnées à périr ou dans les guerres et les violences qu'elles ne cessent elles-mêmes de
provoquer, ou dans les dissensions intestines nées de l'excès de la vie publique et des agitations populaires.

C'est la thèse que développe Dunoyer, en s'autorisant
surtout de l'exemple des Romains et des Grecs, et, si quelques-unes de ses considérations peuvent prêter à controverse[1], sa conclusion générale est incontestablement vraie.

A propos des esclaves d'Amérique, Dunoyer considérait,
au moment où il écrivait, leur affranchissement comme un
problème insoluble : « L'abolition graduelle de l'esclavage,
« dit-il, eût été facile chez les anciens, où les maîtres avaient
« pour esclaves des hommes de leur couleur et de leur race.
« Mais que faire là où les esclaves sont d'une autre race et
« d'une autre couleur? Les éloigner, en les affranchissant?
« Cela, dans bien des cas, serait impraticable : il est tel
« pays de l'Amérique où ils forment la presque totalité de
« la classe ouvrière et le fond de la population. Les affran-
« chir et les garder ? Mais, quel serait, au milieu d'un peu-
« ple de noirs, délivrés des liens de la servitude et deve-
« nus graduellement propriétaires et citoyens, le sort du
« petit nombre de blancs qui auraient été leurs maîtres,
« surtout si ces blancs craignaient de se dégrader, non-seu-
« lement en s'alliant à eux, en tolérant le mélange des ra-
« ces, mais en ayant avec eux le moindre contact? On tour-
« nera longtemps dans les difficultés de cette situation
« avant de trouver un bon moyen d'en sortir. Elle fait le
« désespoir des hommes d'État les plus éclairés de l'Amé-
« rique septentrionale »[2].

---

[1] Ainsi Dunoyer écrit : « C'est même faire beaucoup d'honneur aux Ro-
« mains que de parler de leurs manufactures. A proprement parler, ils
« n'en avaient point; ils ne possédaient, pour ainsi dire, qu'une industrie
« de ménage et chacun faisait fabriquer chez soi, par les mains de ses
« femmes et de ses esclaves, les produits destinés à sa consommation ordi-
« naire ». — Cette appréciation n'est pas exacte. Il y avait, à la fin de l'empire Romain, toute une organisation du travail, réparti entre les manufactures de l'État, les services publics et les métiers, organisation qui a été très
bien décrite jadis par M. Levasseur devant l'Académie des sciences morales et politiques et dans l'histoire des classes ouvrières en France.

[2] Tome I, p. 193.

Le problème pourtant a été résolu aux États-Unis; mais il l'a été par la violence et les résultats ont amplement justifié les appréhensions de Dunoyer. L'obstination des planteurs du Sud à maintenir et à propager l'esclavage a fourni le prétexte de la guerre de sécession, et le Nord, abusant de sa victoire, a imposé au Sud, déjà ruiné par la guerre, une émancipation brusque et sans indemnités; plus de quatre millions de nègres sont passés du jour au lendemain de l'état de servitude à la complète égalité des droits civils et politiques avec leurs maîtres de la veille. Non contents d'abandonner les plantations, ils se sont empressés de chercher dans les fonctions publiques le moyen de vivre aux dépens de leurs anciens possesseurs; ils se sont emparés du gouvernement dans plusieurs États du Sud et en ont profité pour opprimer les blancs et dilapider les finances; leur niveau moral s'est peu élevé; leur situation matérielle est, pour un grand nombre, resté fort misérable et l'antagonisme entre blancs et noirs a laissé une redoutable question sociale à résoudre. C'est que, dans les conditions spéciales qui résultent de la différence des races, et que notre auteur a très bien mises en lumière, le passage de la servitude à la liberté ne peut se faire, tant au point de vue économique qu'au point de vue social, qu'avec des tempéraments et des transitions; l'adaptation à un milieu nouveau, si différent, requiert du temps et un apprentissage; et, à l'heure où j'écris ces lignes, la France fait l'épreuve de cette vérité dans sa nouvelle colonie de Madagascar. Au Brésil, l'abolition de l'esclavage s'est faite dans des conditions beaucoup plus favorables, parce que, en l'absence de préjugés de races, elle a eu lieu, non par la violence, mais sous la pression de l'opinion publique et graduellement, de telle sorte que, quand elle fut décrétée, le 13 mai 1888, d'une part les esclaves avaient pu faire l'apprentissage de la liberté, et, d'autre part, les planteurs avaient eu le temps de préparer peu à peu la substitution de la main-d'œuvre libre à la main-d'œuvre servile.

Dans l'histoire de l'humanité, nous trouvons souvent, entre l'esclavage proprement dit et la pleine liberté, un long stage, caractérisé par une demi-servitude, qui s'appelle le servage. L'homme ne s'appartient pas encore; il appar-

tient à son seigneur et il est le plus souvent attaché à la
glèbe; mais déjà sa personnalité commence à se dégager;
il a acquis quelques droits, qui iront en se développant,
et, par exemple, il peut dire, comme le serf russe disait à
son seigneur avant l'acte d'émancipation : « Nous sommes
« à toi; mais la terre est à nous ».

Cette transformation a son origine première dans les
adoucissements que le progrès des mœurs apporta au
régime de l'esclavage, dans l'institution et le développement des pécules, qui impliquaient un commencement
de personnalité. On peut en trouver les germes même
dans la vie sauvage. Les Mandingues, du Haut-Sénégal,
ont une catégorie d'esclaves qu'on pourrait plutôt considérer comme des serfs : ce sont les esclaves nés dans la
maison ou dans le pays, par opposition aux captifs faits à
la guerre; ces esclaves sont logés et vêtus comme leurs
maîtres, et deux jours par semaine peuvent travailler pour
leur propre compte; quand ils gardent des troupeaux, on
leur abandonne le lait du vendredi, dont ils peuvent disposer à leur guise; ils ne peuvent pas être vendus, et, s'ils
sont faits prisonniers, leur maître doit les racheter; en
outre, lorsqu'ils combattent, le maître doit leur faire
cadeau d'une partie des prises[1]. On nous dit aussi que les
Makololos, du désert de Kalahari, ont plutôt des serfs que
de véritables esclaves. Les tribus soumises doivent aider
leurs vainqueurs à cultiver leurs terres; mais le joug qui
leur est imposé ne laisse pas que d'être fort doux : « Les
« dames Makololos sont d'une nature généreuse; elles
« distribuent avec libéralité du lait et d'autres aliments,
« réclament très peu de travail de leurs serfs et ne les
« emploient en général que pour embellir la hutte qu'elles
« habitent et l'enclos qui l'entoure »[2]. La condition des
esclaves chez ces peuplades ne le cède peut-être guère à
celle de bien des serfs du moyen-âge.

Quoi qu'il en soit, le servage paraît être un des traits
dominants de cette dernière époque; il est un des carac-

---

[1] Dr Verneau, *Les Races humaines*, p. 239.
[2] *Ibid.*, p. 333; Livingstone, *Exploration dans l'intérieur de l'Afrique
australe.*

tères de la féodalité. Dunoyer en étudie les causes et en décrit les effets dans le chapitre V de son livre IV. On me permettra de ne pas m'arrêter longtemps sur une histoire qui a été si souvent traitée de main de maître. Ce que je serais seulement tenté de reprocher, d'une manière générale, à Dunoyer, c'est d'avoir pris l'effet pour la cause, en nous représentant la grossièreté et les méfaits de l'époque féodale comme une sorte de conséquence du servage. Le servage lui-même fut un produit de la grossièreté de mœurs de cette époque, et, s'il fut un progrès et un adoucissement dont on peut s'étonner quand on compare la violence de la société du moyen-âge avec celle de la société romaine et surtout de la société grecque, je crois bien que l'honneur en revient pour la plus grande part au christianisme, auquel Dunoyer, en le plaçant au second plan, n'a pas, ce me semble, attribué toute l'influence qui lui appartient.

Dunoyer considère, avec Gibbon, comme la cause première et la plus active de la transformation de l'esclavage « la nécessité des circonstances nouvelles où le peuple « romain se trouva placé lorsqu'il eut achevé ses conquêtes « et réuni sous une même domination les principales na- « tions de l'Europe..... Lorsqu'il n'y eut plus de nations « à réduire en servitude, lorsqu'il fallut se contenter des « esclaves qu'on possédait, la nécessité de les conserver « dut naturellement faire adopter à leur égard des habi- « tudes moins cruelles », et, comme dit Gibbon, « l'existence « d'un esclave devint un objet plus précieux, et, quoique « son bonheur tînt toujours au caractère et à la fortune de « celui dont il dépendait, la crainte n'étouffa plus la voix « de la pitié et l'intérêt du maître lui dicta des sentiments « plus humains ». — Pourtant, si le traitement réservé aux esclaves dépendait de leur plus ou moins grand nombre, il semble que ce fût tout à fait à l'origine qu'il aurait dû être le plus doux ! Je ne suis pas persuadé que, comme le dit Dunoyer, « moins la denrée était chère, et plus on « avait dû s'endurcir dans l'habitude qu'on avait prise « d'en user et d'en abuser »; je croirais plutôt que l'abondance des esclaves dut avoir pour conséquence l'affectation de beaucoup à des travaux moins pénibles et la multiplicité des affranchissements. Et enfin, je ne vois pas bien comment cette circonstance que l'esclave devint plus précieux aurait pu conduire à la suppression de l'esclavage.

C'est le christianisme qui, sans le condamner directement, parce qu'il n'était qu'une doctrine morale et non une loi d'organisation sociale, a sapé l'esclavage par la base, en proclamant l'égalité des hommes devant Dieu et en réhabilitant le travail. C'est lui qui a enseigné, qui a prescrit aux hommes la fraternité et la charité. C'est mal comprendre son esprit que de reprocher à ses apôtres d'avoir fait aux esclaves un mérite de l'obéissance et de leur avoir recommandé d'être soumis à leurs maîtres[1]. Toujours il a prêché le respect des lois de l'État; mais ses préceptes comme ses pratiques sont en opposition manifeste avec des institutions telles que l'esclavage. La lutte sera longue sans doute; car une institution aussi profondément invétérée ne peut pas disparaître en un jour; et l'Église sera bien obligée à des concessions et à des tempéraments; mais l'esclavage n'en fut pas moins frappé à mort le jour où le monde romain et le monde barbare se convertirent au christianisme[2].

Il faut dire aussi que, lorsqu'il n'y a pas de supériorité de race marquée, la classe qui travaille, fût-ce par assujettissement, doit à la longue acquérir assez de force pour repousser le joug de la classe oisive. C'est ce qui ressort du grand mouvement communaliste qui, à partir du xiie siècle, battit en brèche la féodalité. « L'histoire est là « pour attester, dit Augustin Thierry, que, dans le grand « mouvement d'où sortirent les communes ou les républi- « ques du moyen-âge, pensée et exécution, tout fut l'ouvrage « des marchands et des artisans qui formaient la popula- « tion des villes ». C'est sous l'empire de cet immense mouvement, « qui prend son nom de la révolution com- « munale, bien que l'ensemble des faits qu'il embrasse soit « infiniment plus complexe que ce qu'une telle dénomina-

---

[1] Dunoyer, t. I, p. 203.

[2] Telle est aussi l'opinion de M. Paul Viollet, dans sa savante *Histoire du droit civil français*, p. 351.

« tion laisse entendre », que « l'esprit d'affranchissement
« s'éveilla dans toute l'Europe occidentale, en Italie d'a-
« bord, puis en France, en Allemagne, en Angleterre, en
« Suisse, en Espagne; et l'on vit les hommes de travail
« faire partout des efforts plus ou moins énergiques et plus
« ou moins heureux pour se soustraire à la domination
« des gens de guerre »[1].

Longtemps défensive, cette organisation devint plus tard
agressive. Dunoyer la définit très bien dans ses traits généraux et dans ses effets : « Les hommes qui s'étaient ligués
« pour l'indépendance du travail finirent par vouloir s'en
« attribuer le monopole et par imiter à leur manière l'es-
« prit dominateur de ceux qui les avaient opprimés. Il n'y
« eut plus, en quelque sorte, d'esclaves ni de demi-esclaves ;
« aucune classe n'était la propriété matérielle d'une autre ;
« mais chacune, à l'exclusion de toutes, voulut s'emparer
« de quelque mode spécial d'activité, de quelque branche
« particulière de fonctions ou de travaux; et, avec le temps,
« on vit sortir de ce conflit de prétentions injustes un état
« de choses dans lequel la masse entière des individus se
« trouva partagée en un certain nombre de classes, d'ordres,
« de corporations, qui eurent toutes leurs intérêts séparés,
« leurs lois particulières, leurs privilèges (*privatæ leges*) et
« dont chacune exerçait sur tout le reste quelque genre de
« tyrannie »[2].

Nous n'avons pas à rappeler ici les phases de cette évolution, ou plutôt de cette révolution, qui commença au XIIe
siècle pour s'achever au XVe; elle a été souvent décrite,
et notamment dans la magistrale histoire des classes ouvrières en France de M. Levasseur. Lorsqu'elle fut termi-
née, le travail avait passé du régime de la servitude ou de
la demi-servitude au régime du privilège. « Par un mou-
« vement spontané, dit très-bien M. Levasseur, la classe
« ouvrière réorganise les vieilles corporations, mais sur un
« plan tout nouveau : d'une prison, elle fait une forteresse.
« Ce ne sont plus, comme au temps de la domination ro-
« maine, des empereurs qui enchaînent les artisans à un

---

[1] Dunoyer, t. I, p. 232, 233.
[2] *Ibid.*, p. 233.

« travail obligatoire ; ce sont les artisans qui s'associent pour
« se soutenir mutuellement, pour repousser la concurrence
« et faire du travail un privilège et presque un mono-
« pole »[1]. A mesure que ce mouvement se dessine, la société
prend un nouvel aspect et de nouvelles catégories sociales
s'établissent. Ce ne sont plus, comme autrefois, les seigneurs et les serfs ; mais ce sera, d'un côté, la noblesse ; de
l'autre, le clergé et, au-dessous d'eux, tout le monde du travail émancipé, qui formera le tiers État ; et chacune de ces
catégories se subdivisera en corporations nombreuses et
fermées. « Un esprit universel d'exclusion, dit Dunoyer,
« s'était emparé de toutes les classes et des groupes dis-
« tincts et nombreux qu'elles renfermaient. C'était à qui
« obtiendrait le plus de privilèges odieux, le plus d'in-
« justes préférences. La noblesse avait le monopole du ser-
« vice public ; le clergé, celui de l'enseignement et des
« doctrines ; le tiers État, celui des travaux industriels.
« Dans le troisième ordre, les arts libéraux étaient devenus
« l'apanage d'un certain nombre de compagnies ; divers
« corps de marchands avaient envahi le commerce ; les arts
« mécaniques étaient tombés au pouvoir d'autant de com-
« munautés qu'on avait pu distinguer de genres différents
« de fabrication »[2]. Et notre auteur fait à ce propos une
remarque fort juste : « Dans ce nouveau mode d'existence,
« chacun donna le nom de liberté aux privilèges dont il
« jouissait au détriment de tout le reste. Ainsi, la noblesse
« appela ses libertés son droit exclusif aux faveurs de la
« cour, son monopole des fonctions honorifiques et de la
« plupart des fonctions lucratives, ses exemptions d'impôts,
« ses banalités, ses droits de chasse et une multitude
« d'autres droits plus ou moins oppressifs, qu'elle avait
« sauvés du naufrage de ses anciennes tyrannies. Les
« libertés du clergé furent le droit d'imposer les croyances,
« le droit de lever la dîme, le droit de ne pas payer de
« taxes, le droit d'avoir des tribunaux particuliers. Celles
« de chaque corporation d'artisans, le droit exclusif de
« fabriquer certaines marchandises et de faire la loi aux

---

[1] *Histoire des classes ouvrières en France*, t. II, p. 426.
[2] Dunoyer, t. I, p. 234.

« marchands; celles de chaque corps de marchands, le
« droit de vendre seuls de certaines denrées et de faire
« sur les consommateurs des profits illégitimes ». Mais,
seules, ces prétendues libertés, celles des artisans et marchands, étaient nouvelles.

Dans l'histoire de leur établissement, on doit distinguer
deux grandes périodes, qui ne se succèdent pas à date fixe,
mais qui présentent des caractères généraux visiblement
différents. Dans la première, qui va jusqu'à la fin du xiv⁰
siècle, la royauté se contente d'aider la bourgeoisie nais-
sante dans sa lutte contre la féodalité; dans la seconde,
elle la domine et l'opprime; et un jour vient où le droit
de travailler, que les artisans avaient à grand peine conquis sur les seigneurs, est déclaré « *un droit royal et do-*
« *manial* » (édit de 1581); et bientôt la royauté, devenue
absolue, appesantit sa lourde main sur les corporations :
« elle autorise les unes, elle multiplie les autres, qu'elle
« gouverne à son gré; elle les multiplie même malgré les
« réclamations des artisans libres et cherche à organiser
« en communauté jusqu'aux moindres métiers, parce
« qu'elle ne voit plus dans cette institution qu'un élément
« d'ordre pour la société et une source de revenus pour
« le Trésor »[1].

Et ce n'est pas seulement un droit de suzeraineté nomi-
nale que la royauté s'est arrogée sur le travail; c'est une
mainmise effective, une direction souveraine qu'elle exerce,
notamment avec Colbert.

Et c'est pourquoi il est permis de s'étonner de voir
Dunoyer, après avoir étudié le régime des privilèges,
rechercher « la liberté compatible avec le degré de cul-
« ture des peuples chez qui les privilèges des ordres et
« corporations ont été remplacés par une extension exa-
« gérée des pouvoirs de l'autorité centrale ». Historique-
ment, ces deux états ne se sont pas remplacés l'un l'autre;
ils ont coexisté, et jamais les pouvoirs de l'autorité centrale ne prirent une extension aussi exagérée que sous
Louis XIV, alors que les privilèges des ordres et corporations étaient en pleine vigueur. On connaît tous les règle-

[1] M. Levasseur, *Histoire des classes ouvrières*, t. II, p. 429.

ments publiés par Colbert depuis 1666 sur la fabrication
des tissus, et les quatre grandes ordonnances de 1669,
réglant, dans toute l'étendue du royaume, la juridiction,
la fabrication des étoffes, la teinture des draps et des fils;
son *instruction générale,* en 317 articles, *pour la teinture
des laines et des couleurs.* On sait aussi que les édits de
1673 ne se contentèrent pas d'imposer une taxe sur les
métiers déjà constitués pour confirmation de leurs statuts
et privilèges, mais constituèrent en communautés tous
ceux qui ne l'avaient pas été jusque-là. C'est Colbert encore
qui institua dans toutes les provinces des inspecteurs des
manufactures, sous la dépendance des intendants, à l'effet
de veiller à la stricte application de tous ses règlements.
On a dit que « son despotisme se proposait toujours pour
« but le perfectionnement de l'industrie, et qu'au milieu
« même de ses plus redoutables erreurs, on trouve encore
« des traces de la sollicitude la plus éclairée pour le bien
« de la France »[1]; il n'en est pas moins vrai que jamais
main plus despotique ne s'est appesantie sur le travail!
« C'est alors que fut définitivement inauguré, sous l'im-
« pulsion de Colbert, nous dit Frédéric Le Play[2], le règne
« d'une classe plus flexible et moins scrupuleuse, celui
« des intendants, et plus généralement des hauts fonc-
« tionnaires civils à charges non vénales. Disposée à tout
« entreprendre pour fonder sa fortune et étendre son au-
« torité, tournant avec une infatigable persévérance les
« obstacles créés par la loi, les mœurs et la coutume, fai-
« sant appel, en cas de résistance déclarée, à la royauté
« qu'elle semblait servir, cette classe eut bientôt envahi
« la majeure partie du domaine individuel et faussé tous
« les éléments de la constitution sociale. Grâce à son con-
« cours, l'État se substitua de proche en proche aux pou-
« voirs locaux, aux corporations et aux familles; il pour-
« vut plus exclusivement que par le passé aux services de
« la police, de la voirie, de la salubrité, et il intervint, par
« une multitude de mesures, dans les travaux de l'agricul-
« ture, des manufactures et du commerce. On trouverait

---

[1] M. Levasseur, *Histoire des classes ouvrières,* t. II, p. 191.
[2] *La Réforme sociale en France,* t. IV, p. 77, 78.

« difficilement une sorte d'intérêts ou une branche d'acti-
« vité sur lesquelles les hauts fonctionnaires de l'ancien
« régime en décadence n'aient pas cherché à étendre leur
« influence par des conseils, par des faveurs ou par une
« réglementation formelle »[1]. C'est bien de cette époque
qu'il est vrai de dire ce que dit Dunoyer, en parlant du régime qui a suivi la Révolution : « Ce qui avait été affaire
« de corps devint affaire de gouvernement ou d'adminis-
« tration. C'était la substitution (ou plutôt la juxtaposition)
« d'un despotisme central à l'ancien despotisme disséminé
« des corporations et des ordres ».

Quoi qu'il en soit, il est certain que la Révolution française, en abolissant tous les anciens privilèges et en proclamant la liberté du travail, a été le signal d'une ère nouvelle. Avant de l'étudier et de rechercher, avec Dunoyer,
s'il est vrai que la liberté fut plus théorique que réelle,
jetons un regard en arrière, pour embrasser d'un coup
d'œil cette longue évolution de la liberté du travail dont
nous venons d'indiquer, avec notre auteur, les principales
étapes.

C'est d'abord la force seule qui gouverne les rapports
que fait naître le travail ; partout, les hommes travaillent, en qualité d'esclaves, au profit d'autres hommes.
Puis, les liens de l'esclavage se détendent ; dans le régime
du servage, les hommes commencent à travailler pour eux,
quoiqu'étant encore sous la dépendance d'autrui. Plus tard
encore, la personnalité humaine se dégage de plus en plus,
revendique ses droits et essaie de secouer le joug ; elle
s'appuie sur le pouvoir pour se délivrer de ses oppresseurs ;
et, quand elle y parvient, elle revendique comme un privilège le droit de travailler, dont elle a été si longtemps
frustrée, et le pouvoir, pour la dominer, fait droit à ses
prétentions ; c'est la période du travail concédé et privilégié. Elle durera jusqu'à ce que le travail soit enfin reconnu comme le droit naturel de toute créature humaine
et que la liberté du travail soit définitivement proclamée.

Il y a, ce me semble, un intéressant rapprochement à

---

[1] Comp. de Tocqueville, *L'ancien régime et la révolution* ; Rambaud,
Histoire de la civilisation française, t. I, p. 581 et suiv.; t. II, p. 27 et suiv.

faire entre cette longue élaboration de la liberté du travail et l'évolution progressive de la propriété individuelle du sol. D'abord, cette propriété nous apparaît comme le fruit de la conquête et de la violence. Le vainqueur, qui réduit les vaincus en esclavage, réduit aussi les terres en servitude ; au moment où le peuple romain regorge d'esclaves faits à la guerre, il est propriétaire de toutes les provinces conquises, et le sol n'est plus susceptible, entre particuliers, que de possession précaire. Plus tard, les peuples conquis revendiquent leur sol national ; le monde se soulève et le colosse romain se démembre. Alors, le sol, fruit de la victoire, devient, comme les dépouilles du vaincu, objet de partage et de privilège ; les seigneurs se l'attribuent par droit de conquête, et la terre passe, comme ceux qui la cultivent, dans une sorte de demi-servitude : le seigneur se réserve le domaine éminent du sol, comme il exige l'hommage de son vassal. Et, relativement à la terre de même qu'au travail, les privilèges tendent constamment à s'étendre ; et la maxime « *Nulle terre sans seigneur* », enseignée par les légistes et consignée dans les Institutes de Loysel, finit par vaincre tout à fait la maxime des pays de droit écrit « *Nulle seigneur sans titre* », c'est-à-dire la présomption en faveur du franc-alleu. Ainsi, toutes les terres tombèrent sous le régime du privilège, comme toutes les professions devaient tomber sous le régime des corporations. Et l'on peut remarquer encore que c'est le roi qui mène l'assaut contre l'alleu, dans l'intérêt de ses finances[1], de même qu'il favorisera, dans la même vue, les privilèges des corporations. Mais, peu à peu, la propriété tend à rompre les entraves qui l'enserrent, de même que la liberté s'est révoltée contre le servage ; le domaine éminent se retire progressivement devant le domaine utile, jusqu'à ce qu'enfin le privilège, vaincu, disparaisse et que la propriété soit délivrée de tous les liens féodaux et déclarée libre.

Entre l'histoire de la propriété individuelle du sol et

---

[1] Les légistes, se prévalant de la maxime « *Nulle terre sans seigneur* », réclamaient au nom du roi, en vertu de la directe universelle, non-seulement comme souverain, mais comme suzerain féodal, toute terre n'ayant pas de seigneur.

celle de la liberté du travail, il y a des analogies frappants. La marche est à peu près la même; et je crois bien qu'il y a là comme une loi générale, à laquelle ont obéi bien d'autres institutions, fondées d'abord sur la force, constituées ensuite sous le régime du privilège, qui est une première manifestation du droit (le droit reconnu à quelques-uns à l'exclusion des autres), pour être enfin régies par le droit.

Mais, de même que la propriété foncière libre date incontestablement de la Révolution française, peut-on donner la même date à la liberté du travail? Sans doute, elle y est officiellement proclamée, elle figure solennellement dans la Déclaration des droits de l'homme; mais va-t-elle devenir une réalité pratique? Dunoyer ne le croit pas. « La su- « bordination au pouvoir central, dit-il, devint le sort « commun des professions privées, comme celui des com- « munes et des provinces. Les occupations de toute espèce « sortirent des mains des corporations qui les avaient acca- « parées et furent déclarées libres; mais de la déclaration « à l'établissement de la liberté, la distance était grande, « et cette liberté ne put avoir et n'eut, en effet, rien de réel. « L'assujettissement du travail changea seulement de na- « ture et de forme »[1].

Je ne saurais souscrire à ce jugement, que d'ailleurs Dunoyer atténuera lui-même bientôt[2], que « cette liberté « ne put avoir et n'eut, en effet, rien de réel ». Sans méconnaître que le principe de la liberté du travail a souffert encore, depuis la Révolution française, de nombreuses et graves atteintes, dont plusieurs fort difficiles à justifier, je vois dans la condition du travail, avant et depuis la Révolution, un changement radical. Au lieu d'être la propriété jalousement disputée de quelques privilégiés, le travail, dans presque tout genre d'industrie, est devenu libre et accessible à tous, et, s'il est placé, à certains égards, sous une tutelle du pouvoir central peut-être excessive, que nous aurons à apprécier, il est certainement injuste de dire que

---

[1] Dunoyer, t. I, p. 257.
[2] Liv. IV, ch. VII, § 2 : « *En quoi ce nouveau régime était plus favorable que le précédent à la liberté* ».

« c'était la substitution d'un despotisme central à l'ancien
« despotisme disséminé des corporations et des ordres »[1].
C'est excessif, du moins en ce qui concerne l'ordre économique ; car il y a là deux idées qui semblent dominer tous
les développements de Dunoyer et qu'il ne faut pas confondre : celle de la centralisation politique et celle de la
liberté du travail ; je suis loin de dire qu'il n'y a pas de
lien entre elles ; mais elles n'en sont pas moins très réellement distinctes ; et bien des critiques que Dunoyer adresse
au régime qui a suivi la Révolution visent surtout, si je
ne me trompe, la centralisation administrative, qu'il dénonce d'ailleurs lui-même expressément. Or, savoir ce
qui doit être soumis à l'autorité ou doit rester en dehors
d'elle, et savoir par quel genre d'autorité, locale ou centrale, doivent être décidées les choses qui lui sont soumises, sont évidemment deux questions différentes ; la première seule me paraît rentrer dans la théorie de la liberté
du travail.

Dunoyer définit ainsi le régime industriel qui suivit la
Révolution : « La plupart des travaux que l'économie so-
« ciale embrasse furent successivement soumis à la direction
« matérielle de l'autorité. Il y eut des professions, le minis-
« tère ecclésiastique, l'enseignement, les travaux publics,
« le service des postes, celui des banques, la manipulation
« et la vente des tabacs, la fabrication des poudres, etc.
« que le pouvoir central retint sous sa main et qu'il se
« réserva de faire exercer par des hommes choisis et ré-
« tribués par lui ; il y en eut d'autres, en plus grand
« nombre, celles de boucher, de boulanger, de courtier,
« d'agent de change, d'avoué, de notaire, de commissaire-
« priseur, en faveur desquelles il établit, en le modifiant,
« l'ancien régime des corporations et dont il livra le mo-
« nopole à un nombre limité d'individus. Il n'y en eut
« point, même dans le nombre de celles qui furent lais-
« sées à l'activité générale, qu'il ne soumît à des restric-
« tions, à des mesures préventives, à des censures préa-
« lables, à des tutelles variées. Les règlements arbitraires,
« qu'il n'avait faits antérieurement que sauf les droits des

____
[1] Dunoyer, t. I, p. 258.

« privilégiés ou dans l'intérêt de leurs privilèges, il les
« faisait maintenant sans égard pour les droits abolis, mais
« dans l'intérêt de son autorité et pour son propre
« compte »[1]. — Il y a, dans ce jugement, une exagération
manifeste. J'accorde volontiers que l'État a été trop loin
dans la voie des restrictions et des réglementations et
c'est en principe qu'il sera intéressant d'étudier la question avec notre auteur. J'accorde que les entraves mises
à des professions telles que celles de boucher et de boulanger, et qui vont disparaître, ne se justifient pas du tout,
et que la limitation dans d'autres professions, telles que
celles de courtier, d'avoué ou de notaire, qui dure encore,
ne se justifie pas davantage en théorie, bien qu'elle ait
moins d'importance pratique. Mais il faut bien aussi reconnaître que l'organisation qui leur a été donnée ne ressemble pas du tout à celle des anciennes corporations;
qu'elles n'ont pas du tout le même caractère d'exclusion
et de privilège. Leurs inconvénients sont réels, mais ils
sont d'un autre ordre. La fabrication des poudres, surtout
celle des tabacs réservés à l'État peut se défendre par de
sérieuses raisons, et d'excellents économistes s'en déclarent
aujourd'hui partisans, parce qu'ils considèrent que le monopole est le seul moyen de tirer de la vente des tabacs
un impôt aussi élevé que celui qu'on demande à cette
denrée; c'est une question fiscale. Le service des postes est
reconnu aujourd'hui, par l'assentiment de tous les peuples
civilisés, être une affaire d'État. Il en est de même de
beaucoup de travaux publics, et par exemple, si l'on veut
que l'usage des routes et chemins soit gratuit (et tous le
veulent aujourd'hui, et ils ont raison de le vouloir), il est
clair qu'il faut que les routes et chemins soient établis et
entretenus par l'autorité. Nombre d'excellents esprits ad-
mettent aujourd'hui qu'il appartient à l'État d'organiser un
service complet d'enseignement et la controverse ne s'é-
tablit guère que sur la concurrence, qui doit, à mon avis,
être aussi libre que possible. Et, enfin, l'indemnité que
l'État octroie au clergé, en vertu d'un contrat, n'autorise
pas à dire qu'il a mis la main sur le ministère ecclésias-

---

[1] Dunoyer, t. I, p. 258.

tique. Nous avons devant nous un amant jaloux de la liberté; les interventions du pouvoir, même les plus légitimes, lui portent ombrage. C'est une noble cause que celle qu'il défend; mais on ne tarde pas à se convaincre, en le lisant, que son ardent amour de la liberté l'a entraîné parfois au-delà des justes bornes et qu'il a réduit plus que de raison le rôle qui appartient à l'État dans le fonctionnement social.

CHAPITRE IX

Du rôle du gouvernement.

Les considérations qui précèdent nous ont amenés tout naturellement à une question qui domine toute la matière, objet des méditations de Dunoyer : quel est le rôle du gouvernement dans la sphère économique? Je devrais dire peut-être, et je veux dire : quel est le rôle de l'État? car c'est de l'État qu'il s'agit; mais si, en théorie, l'État se distingue très nettement du gouvernement, il faut bien reconnaître que, l'État ne pouvant agir que par l'organe du gouvernement, la question revient à savoir quelle est la mission de ce dernier et nous pouvons adopter la terminologie de Dunoyer.

La question est envisagée par lui dans deux chapitres séparés : dans le chapitre VII du livre IV, tome I, où il étudie les abus de la centralisation administrative et du système préventif, et dans le chapitre V du livre XI, tome II, où il définit l'objet propre du gouvernement et son office social[1]. Je laisserai de côté, pour le moment, ce qui a trait, dans le dernier chapitre, à l'art de gouverner et j'examinerai ici les opinions de notre auteur sur cette double question de principe : Quel est le rôle du gouvernement? De quelle manière doit se manifester son action ?

[1] Dunoyer a traité la même question dans un article écrit pour le *Dictionnaire d'économie politique*, au mot *Gouvernement;* et sa thèse a fait l'objet d'une discussion entre M. Cousin et lui devant l'Académie des sciences morales et politiques (*Journal des économistes*, décembre 1852 et février 1853; *Œuvres complètes de Dunoyer*, t. III, p. 470 et 485).

Quel est le rôle du gouvernement? A cette question tout l'ouvrage de Dunoyer est la réponse. Je ne pourrais donc la traiter avec quelques détails sans m'exposer à une foule de redites. Ce grand problème d'ailleurs a suscité en ces derniers temps des travaux considérables. Par ces différentes raisons, on s'en tiendra ici à une vue générale.

Il faut d'abord rendre à Dunoyer cette justice qu'il a mis en lumière avec une remarquable sagacité tous les inconvénients qui résultent de l'exagération des attributions de l'État. Si ce système accroît la puissance du gouvernement, il augmente aussi sa responsabilité; il complique sa tâche et lui suscite une foule d'obstacles qu'il n'était pas destiné à rencontrer; il ôte à l'action gouvernementale de son unité, de sa simplicité et, par suite, de son énergie; il nuit singulièrement au développement de l'activité individuelle et de l'esprit d'entreprise; il donne aux populations la triste habitude de ne pouvoir se passer de l'État et d'invoquer à tout propos son assistance; il avive l'amour des fonctions publiques et donne à l'administration les vices des dominations devenues trop puissantes; il engendre une uniformité qui répond mal à la diversité des situations; et, avec tout cela, il menace de ruiner les finances de l'État par l'exagération croissante des dépenses. Je résume en quelques mots des considérations sur lesquelles tous les bons esprits sont aujourd'hui d'accord et que Dunoyer a eu le mérite de bien mettre en lumière. Il a cent fois raison de dire que, si l'exagération des attributions de l'État « met l'administration sur le piédestal, elle laisse la « population à terre »; et il a non moins raison d'ajouter : « Et pourtant, la chose essentielle, si l'on veut obtenir « des résultats un peu considérables, n'est-elle pas d'éveil- « ler l'activité des populations? et les gouvernements vrai- « ment habiles ne sont-ils pas ceux qui savent mettre en « jeu toutes les forces vives et fécondes d'une nation, plu- « tôt que ceux qui visent à faire beaucoup par eux- « mêmes? »

Tout cela est bien vrai et tout cela ne saurait être trop répété aujourd'hui, qu'un vent de socialisme semble passer sur le monde et pousser tous les peuples à une extension inconsidérée des attributions de l'État. Mais ce danger, trop réel, ne doit pas cependant nous faire méconnaître le véritable rôle de l'État, et je crois que Dunoyer l'a trop restreint.

Pour lui, très délibérément, la mission du gouvernement se borne à la répression des actes nuisibles; l'État est « la sûreté du Droit » : « Il est essentiellement le gar-« dien de la paix, le protecteur de l'ordre, le créateur et « le conservateur des bonnes relations, le formateur des « habitudes de justice, d'équité, de sociabilité qui les font « naître, et pour faire naître ces bonnes habitudes, il dit « sur toutes choses les mauvaises actions qu'il faudra « s'interdire et veille à la répression des actions défen-« dues ; c'est-à-dire qu'il remplit dans ce but les fonctions « de législateur et d'exécuteur de la loi, et que, pour assu-« rer l'exécution de la loi, il fait l'office tout à la fois de « surveillant, d'officier de police, d'agent du ministère « public, de magistrat instructeur, de juge civil et de « juge criminel, d'agent de la force publique, etc.[1] ». Dans tout cela, il n'est question que de réprimer les atteintes au droit; et, quelques lignes plus loin, l'auteur nous dit encore : « A vrai dire, le gouvernement, du moins dans « les pays où les hommes s'appartiennent, n'a d'action « directe à exercer que contre les prétentions injustes et les « actions malfaisantes, et encore les seules mauvaises ac-« tions qu'il soit chargé de redresser sont celles qui attei-« gnent autrui »[2].

Que telle soit la mission essentielle du gouvernement et sa principale raison d'être, cela ne paraît pas contestable. Et il convient de s'arrêter un instant sur cette fonction, pour reconnaître, avec Dunoyer, que le besoin de sécurité augmente à mesure que se développe la civilisation et que c'est là une tâche considérable : ces deux points sont fort bien mis en lumière par notre auteur[3].

---

[1] Dunoyer, t. II, p. 529.

[2] *Ibid.*, t. II, p. 529.

[3] Dunoyer avait déjà, dans un remarquable article inséré dans le *Censeur européen* en 1818, montré l'heureuse influence exercée à cet égard sur la politique par les doctrines économiques, « dont le premier effet est de placer la société sur ses vrais fondements, de l'attacher à son objet véritable, le tra-

Il est certain que les arts et l'industrie ont impérieusement besoin de sécurité pour prospérer ; que, « faute de « protection et de sécurité suffisantes, tous les biens perdent « dent de la valeur et toutes les facultés productives sentent « tent décroître leur énergie ; avec de la sécurité, au con- « traire, la valeur de tous les biens s'accroît et toutes les « facultés deviennent actives et fécondes »[1]. On pourrait trouver des preuves de cela dans tous les pays du monde et dans l'histoire particulière de chaque pays. Il suffit, pour s'en convaincre, de considérer les effets que produit infailliblement sur le commerce et les affaires chaque ré- volution, si légitime soit-elle. « C'est un effet de la civilisa- « tion, à mesure que de nouvelles industries s'installent, « que les travaux se diversifient, que s'activent et se multi- « plient les entreprises et qu'il s'y engage une plus grande « masse de capitaux, d'augmenter continuellement le nom- « bre des existences vulnérables »[2]. Et c'est par les mêmes raisons que le développement des échanges internationaux est le meilleur gage de paix entre les nations. A l'inté- rieur comme à l'extérieur, « spéculations, projets, activité, « tout s'arrête dès que la sûreté vient à manquer »[3]. C'est donc une fonction de capitale importance que celle qui consiste à garantir la sécurité et à maintenir le bon ordre social ; et l'on accordera sans peine à Dunoyer que cette tâche est encore bien imparfaitement remplie et qu'elle exigerait bien des améliorations dans nos lois[4].

Mais cette grande fonction de l'État est-elle la seule ? N'est-il, comme on l'entend dire parfois à quelques parti- sans attardés de cette vieille école, à laquelle se rattache si visiblement Dunoyer, qu'un *producteur de sécuri-*

---

vail », et qui, en même temps « nous apprennent à discerner ce qui est l'objet certain des gouvernements : c'est, en laissant toute liberté à la production, de faire jouir les producteurs de la sûreté qui leur est indispensable..... Leur action ne doit pas aller plus loin ». — La même pensée a été développée par lui dans une *Notice historique sur l'industrialisme* (Œuvres de Dunoyer, t. III, p. 173 et suiv.), dans laquelle, par parenthèse, il conteste à Saint-Simon, au profit du *Censeur européen*, la paternité de ses théories sur l'in-dustrie.

[1] Dunoyer, t. II, p, 537.
[2] *Ibid.*, p. 538.
[3] *Ibid.*, p. 539.
[4] *Ibid.*, p. 535.

té[1]. Non certes ! Et l'on peut dire qu'il est admis aujourd'hui par la grande majorité des économistes et des penseurs que la mission de l'État est plus haute et plus large. Il faut rendre à notre auteur cette justice qu'il n'est jamais tombé dans cet excès, dont d'excellents esprits n'ont pas su se défendre autrefois, qui faisait considérer l'État comme un *mat nécessaire*, comme un *ulcère inévitable*. « Je ne crois pas,
« dit-il, qu'il soit possible d'exagérer l'importance du rôle
« que joue le gouvernement ni la valeur des services qu'il
« rend en maintenant l'ordre dans la société et surtout
« en y faisant naître les habitudes les plus propres à l'as-
« surer : le respect pour les personnes, pour les propriétés,
« pour la pleine et générale liberté du travail, pour l'in-
« violable possession des fruits qu'on en obtient, pour la
« facilité des transactions, pour la fidèle exécution des
« contrats, pour la liberté des transmissions gratuites et
« des aliénations à titre onéreux »[2]. Dunoyer dit encore
« qu'en rendant les hommes sociaux, en les façonnant aux
« bonnes habitudes civiles, le gouvernement est sans com-
« paraison, de tous les arts qui agissent sur eux, celui qui
« leur donne la plus haute valeur et qui contribue avec
« le plus d'efficacité et de puissance à tous les développe-
« ments que rend possibles le maintien de l'ordre et de la
« paix dans les relations »[3]. Mais, du moins, il ne lui reconnaît que cette fonction, et ce n'est pas assez.

Stuart Mill, un des premiers, a fort bien démontré, contre la théorie du « *nihilisme administratif* », qu'il n'était pas possible de restreindre le rôle de l'État à la répression de la fraude et de la violence. L'État est-il donc sans compétence pour organiser, ainsi qu'il l'a fait, la succession héréditaire *ab intestat*, pour prendre soin des monuments historiques, des musées nationaux, des bibliothèques nationales, pour faire dresser de bonnes statistiques, dont il

---

[1] Dunoyer dit aussi que l'État est un « producteur de sociabilité, de bonnes habitudes civiles » (*Dict. d'économie politique*, 1852, v° *Gouvernement*); mais ce n'est là qu'un effet indirect, et c'est en procurant la sécurité complète et le respect des droits de tous que l'État produit, par voie de conséquence, les bonnes habitudes civiles.

[2] Dunoyer, t. II, p. 542.

[3] *Ibid.*, p. 541.

possède seul tous les éléments, pour s'enquérir des progrès réalisés à l'étranger, etc.? Nul aujourd'hui n'oserait le soutenir.

La loi des sociétés, comme celle des individus, est d'abord de se conserver et ensuite de se développer. Et la question, dans ces termes généraux, peut se ramener à ceci : l'État, ou du moins son organe, le gouvernement peut-il être un moteur, un agent, un auxiliaire de progrès? Par essence, l'État est une force, point une intelligence; et l'État lui-même semble par là incapable d'invention, source de tout progrès. Il l'est, en effet, et le gouvernement lui-même ne saurait renvendiquer, à cet égard, aucune supériorité marquée sur les autres hommes. Ce point de vue a été fort bien mis en lumière par M. Paul Leroy-Beaulieu et il ne paraît pas contestable. Tout ce que l'on peut dire à ce sujet, c'est que le gouvernement est mieux placé que les particuliers pour s'enquérir des progrès réalisés à l'étranger et les importer dans le pays. Toutefois, comme promoteur du progrès, il n'a certainement qu'un rôle très secondaire. Mais on ne saurait, d'autre part, méconnaître qu'il ne puisse être, dans bien des cas, un précieux auxiliaire du progrès. L'État, en effet, a, à sa disposition, deux forces immenses : celle qui résulte de l'association forcée de tous les citoyens et celle qui résulte de la contrainte légale qu'il peut leur imposer. Ces forces, dans la main du gouvernement, constituent sans doute un danger; toute force offre ce danger qu'il en peut être fait abus; mais comment nier qu'elles puissent aussi contribuer efficacement au progrès social? Est-ce que, avec l'expropriation pour cause d'utilité publique, l'État ne permet pas de faire des œuvres de progrès social, qui seraient impossibles? Est-ce qu'on peut contester l'utilité de l'assistance publique, quand elle se renferme dans son véritable rôle et le remplit convenablement? Est-ce que même le principe de l'instruction publique mise à la portée de tous sur toute l'étendue du territoire et assurée gratuitement à ceux qui sont hors d'état de la payer, rencontrerait aujourd'hui beaucoup d'adversaires sérieux? Quelle autre puissance que l'État aurait pu contracter avec les nations les plus reculées du globe ces conventions, ces unions postales, qui assurent aux relations privées un si magnifique épanouissement? Il serait facile de multiplier les exemples; il ne le serait pas moins, hélas! de noter les abus! Cela doit porter tous les hommes réfléchis à suivre le conseil de Stuart Mill, « à surveiller avec une « inquiétude vigilante toute tendance de la part des dé- « positaires de l'autorité publique à étendre leur inter- « vention et à prendre un pouvoir quelconque autre que « le pouvoir absolument indispensable »[1]. Mais cela ne doit pas nous conduire à récuser dans tous les cas l'État dans l'œuvre du progrès, s'il est constant que le progrès ne peut être accompli que par son intervention. M. Paul Leroy-Beaulieu, qui a traité la question à fond et qui n'a jamais passé pour être un socialiste, admet comme fonction de l'État, non-seulement la garantie de la sécurité et la sanction du droit, non-seulement les services communs qui ne peuvent être défrayés qu'avec la contrainte régle- mentaire ou fiscale, mais encore la fonction de conserva- tion et d'amélioration des conditions générales d'existence et de bien-être de la nation et enfin la contribution au progrès général de la civilisation; et, par exemple, il n'hé- site pas à proclamer que la colonisation est une des tâches de l'État moderne. Voilà encore une grande chose, dont l'école à laquelle s'est rattaché Dunoyer ne lui aurait pas permis de s'occuper!

Cette école ne compte plus guère aujourd'hui de parti- sans. Si la notion de l'État s'est obscurcie pour beaucoup, elle s'est élargie pour tous: Le moyen de résister aux pré- tentions socialistes n'est pas de se cantonner obstinément dans un excès contraire et de maudire l'action de l'État, là même où elle est le plus manifestement bienfaisante et nécessaire; on n'arrive ainsi qu'à déconsidérer une doc- trine, dont il est trop facile de montrer les lacunes. Il faut « rendre à César ce qui est à César »; mais lui demander très résolument de ne pas prendre ce qui nous appar- tient en propre.

Et maintenant, de quelle manière doit se manifester l'action du Gouvernement? Telle est la seconde question de principe

---

[1] Stuart Mill, *Principes d'économie politique*, t. II, liv. V, ch. XI, § 3.

que j'ai posée, pour essayer de dégager les idées générales de notre auteur. Si on laisse de côté les cas, assez limités, où l'État agit par lui-même, pour envisager son intervention à l'égard de l'action individuelle, on distingue facilement deux modes différents, sous lesquels elle peut se produire et se produit journellement : le système répressif et le système préventif. Je ne poserai pas la question de savoir lequel des deux est le meilleur : il n'est pas contestable, pour qui a quelque souci de la liberté individuelle, que le régime répressif doit être la règle et que l'homme, qui ne peut être responsable qu'à la condition d'être libre, doit pouvoir développer librement son activité, sauf à rendre compte des abus qu'il viendrait à faire de sa liberté. Là-dessus, tout le monde est d'accord. La seule question est de savoir si le système répressif suffit à tout et si la règle ne doit comporter aucune exception. Dunoyer semble bien l'admettre et, sur ce point, je me sépare résolument de lui. Les considérations générales sur lesquelles il s'appuie, fussent-elles de tous points fondées, qu'elles ne justifieraient pas cette conclusion radicale. Dunoyer a raison d'accorder, en principe, au système répressif une vertu éducative qui fait défaut au système préventif, et il cite comme exemple la censure, en matière de presse, et la nécessité d'autorisations administratives, en matière d'établissements dangereux, incommodes ou insalubres[1]. On voit clairement les inconvénients de la censure, dont le plus grand est évidemment son arbitraire, et la supériorité de la répression au grand jour, après débat public, par des juges impartiaux ne sera contredite par personne. J'admets encore que la nécessité d'une autorisation préalable pour les établissements dangereux, incommodes ou insalubres entraîne quelques formalités gênantes; mais notre auteur nous prouve bien ici combien il est difficile de se défendre des exagérations de l'esprit de système : « Elle (la tutelle administrative) n'admet pas que

---

[1] Dunoyer a fait, dans un rapport lu à l'Académie des sciences morales et politiques (séances du 31 mars et 14 avril 1855), à la suite d'une enquête dont il avait été chargé, un très intéressant parallèle entre la législation anglaise et la nôtre (V. Dunoyer, t. III, p. 550 et suiv. *De la police du travail en Angleterre*).

« les particuliers puissent avoir à cet égard des volontés, ni
« qu'il faille les accoutumer à s'en former de justes et de
« raisonnables ; elle ne leur parle, à ce sujet, ni de droit,
« ni même de devoirs ; elle concentre exclusivement leur
« attention sur des formalités à remplir, formalités qui va-
« rient suivant la classe de l'établissement à créer et le plus
« ou moins de gravité des inconvénients qu'il présente.
« S'agit-il, par exemple, d'établissements de la première
« catégorie ? Elle exigera qu'une demande soit adressée
« au préfet, que ce magistrat la transmette à tout ce qu'il
« y a de municipalités dans un rayon de cinq kilomètres
« autour de l'établissement à fonder, qu'elle soit affichée
« dans toutes ces communes et qu'elle y devienne la ma-
« tière d'une enquête dans laquelle chacun, particulier
« ou maire, sera admis à faire opposition à la création de
« l'établissement projeté ; on consultera les ingénieurs, les
« conseils de salubrité, les architectes de la petite voirie.
« Or, y a-t-il dans tout cela quoi que ce soit qui tende à
« l'instruire de ses véritables obligations, des distances
« où il doit se placer, des précautions que raisonnable-
« ment il doit prendre ? Non assurément »[1]. — Je répon-
drai, au contraire : Oui assurément ! Est-ce qu'il est inutile,
lorsqu'il s'agit de la création d'un établissement dangereux,
de provoquer une enquête et d'entendre tous les intéressés ? Est-ce que leurs plaintes ou leurs craintes ne sont pas
de nature à éclairer le pétitionnaire lui-même, en même
temps que l'administration ? Est-ce qu'il est inutile de consulter les ingénieurs et les conseils d'hygiène ? A qui donc
faut-il s'adresser pour connaître les dangers que présente
tel établissement ? Et faut-il nécessairement attendre que le
mal soit fait, si grand qu'il puisse être ?

Et comment encore notre auteur peut-il nous dire qu'il
en serait tout différemment sous un régime qui n'admet-
trait d'autre intervention que celle du juge ; que « les dé-
« cisions purement répressives du pouvoir judiciaire, tout
« en laissant les citoyens à leur libre arbitre, tendraient à
« les avertir des bornes où ils doivent se renfermer » ; que
« ils sauraient que le droit qui leur appartient d'exercer

____

[1] Dunoyer, t. II, p. 547.

« leur industrie et d'user de leur propriété ne peut pas
« impliquer celui de nuire »[1]; alors qu'il est constant que
de semblables autorisations ne sont accordées par l'administration que sans préjudice des droits d'autrui;[2] que,
par conséquent, l'action répressive conserve, à cet égard,
toute sa valeur?

Voici encore un argument qui ne me paraît pas décisif.
Pour prouver que la double obligation que le gouvernement s'impose de prévenir et de réprimer accroît considérablement sa tâche et sans utilité, Dunoyer cite l'exemple
suivant : « Sur 654 demandes d'autorisation pour des
« établissements insalubres de première classe qui ont été
« adressées au gouvernement de 1835 à 1839, et qui ont
« dû être communiquées au Conseil d'État, il est arrivé
« 65 fois seulement que le Conseil ait pû donner des avis
« de rejet ; il a admis sans difficulté 589 demandes; il se
« trouve donc qu'on avait rempli inutilement 589 fois sur
« 654 les longues formalités relatives à ces sortes d'auto-
« risations »[3]. — Soit, répondrai-je; mais, sans compter que
la seule nécessité de l'autorisation préalable a dû arrêter
plus d'un imprudent qui n'a pu espérer l'obtenir, il se peut
fort bien que le mal, irréparable, qui eût été causé par
un seul des 65 établissements que le Conseil a refusé d'autoriser fût incomparablement plus grave que toutes les
gênes qui ont été imposées aux 589 pétitionnaires qui ont
réussi!

Et cela nous amène à la raison capitale qui doit, à mon
sens, faire décider la question. Dunoyer la prévoit en ces
termes : « On prétend que le pouvoir doit gouverner di-
« rectement et soumettre à des restrictions préventives
« toute action, tout établissement, toute industrie, qui ex-
« poserait les particuliers ou le public à des dommages
« très difficiles à éviter et impossibles à réparer ». Je
crois, en effet, que c'est là un des cas (car ce n'est pas le
seul) qui légitime tout à fait, en principe, la réglementation
préventive de l'État; lorsque le dommage qu'il s'agit de

<hr>

[1] Dunoyer, t. II, p. 547, 548.
[2] *Ibid.*, t. I, p. 269.
[3] *Ibid.*, t. I, p. 268.

prévenir serait irréparable, le système répressif est insuffisant, et, à la condition bien entendu que le dommage à prévoir soit assez grave pour légitimer la restriction à la liberté individuelle qui en résulte, la réglementation préventive est pleinement justifiée, du moins dans son principe; si, dans la pratique, la mesure est dépassée, cela ne prouvera pas que le principe soit faux, mais seulement qu'il en est fait une mauvaise application. Dunoyer n'admet pas cela; et, à maintes reprises[1], il s'élève contre les mesures préventives qui sont édictées soit relativement aux machines, soit à l'égard des établissements dangereux, etc. Son argumentation ne me paraît pas très solide. Il adresse à ces mesures préventives « le double reproche « d'être tout à la fois excessives et insuffisantes, injustes « et inefficaces »[2]. Voyons. Excessives et injustes : pourquoi? « Parce qu'elles font une obligation de ce qui n'est « pas naturellement obligatoire. Ce qui est naturellement « obligatoire, en effet, c'est l'observation des précautions, « ce n'est pas le recours préalable à l'autorité. L'autorisation exigée est manifestement contraire à la liberté de l'industrie. On n'est pas libre de « faire ce qù'on ne peut faire qu'avec autorisation ». — N'y aurait-il pas là une pure pétition de principe? Cette liberté farouche et intraitable, que Dunoyer considère comme un droit sacré et intangible, n'est pas de mise dans l'état social. Je crois aussi à la liberté naturelle de l'homme et j'estime qu'on ne saurait la défendre avec trop de sollicitude; mais cette liberté-là comporte naturellement les restrictions commandées par le maintien de l'ordre social, et ces restrictions sont tout aussi naturelles que la liberté elle-même ; car elles constituent sa manière d'être.

Les raisons par lesquelles Dunoyer essaie de démontrer que de semblables mesures préventives sont insuffisantes et inefficaces ne sont pas meilleures. « Il faut prendre « garde, dit-il, que, si l'autorisation préalable est assez « ordinairement demandée, il s'en faut qu'elle soit toujours « attendue ». Que dire à cela, si ce n'est qu'il faut faire en

[1] Notamment : t. I, p. 290 et suiv.; t. II, p. 145 et suiv., 546 et suiv.
[2] Tome II, p. 145.

sorte qu'elle le soit? Sans compter que, même dans cette
hypothèse, il reste toujours l'autre garantie, de laquelle
Dunoyer se contente dans tous les cas, celle de la répression ! Deux sûretés valent mieux qu'une !

Dunoyer fait lui-même, contre sa thèse, l'argument décisif : « Approuveriez-vous qu'on pût faire usage d'armes à
« feu dans l'intérieur des villes, sauf à poursuivre devant
« les tribunaux ceux qui auraient eu la maladresse de bles-
« ser ou de tuer quelqu'un? Permettriez-vous de placer au
« milieu des habitations une fabrique de poudre, ou tel
« atelier de produits chimiques des plus insalubres, sauf,
« après que la poudrière aurait sauté, ou que l'établisse-
« ment pestilentiel aurait engendré une épidémie meur-
« trière, à traduire en justice les entrepreneurs[1]?..... » —
À une question aussi pressante, Dunoyer croit faire une
réponse péremptoire en disant : « qu'il ne peut être per-
« mis dans aucun système de faire les actions qui viennent
« d'être énumérées ou des actions quelconques du même
« genre. Le simple fait de se servir d'armes à feu dans la
« rue, de former au cœur d'une ville un établissement
« dangereux ou pestilentiel,..... de tels faits sont déjà par
« eux-mêmes des imprudences ou des négligences très ré-
« préhensibles, très punissables, qui devraient donner im-
« médiatement ouverture à des *réparations civiles ou pénales,*
« et qu'il faudrait avoir soin de poursuivre avant qu'elles
« eussent produit les résultats déplorables qui viennent
« d'être signalés ». — Soit, mais quelle sera la sanction?
Dunoyer a tort de parler ici de réparations civiles ; tant
qu'aucun dommage n'est causé, il ne saurait en être question : à qui seraient-elles allouées et que seraient-elles?
Reste la sanction pénale, la répression; mais tout esprit
pratique reconnaîtra qu'elle n'est pas applicable ici. Quel
est donc le tribunal qui condamnera l'individu porteur
d'une arme (si la loi n'en prohibe pas le port), qui viendra
dire, et de la meilleure foi du monde, qu'il n'avait cette
arme que pour sa défense et n'avait nulle intention de s'en
servir contre qui que ce soit? Quel est le tribunal qui condamnera l'entrepreneur qui, croyant, en son âme et cons-

---

[1] Dunoyer, t. I, p. 290.

cience, avoir pris toutes les précautions nécessaires pour qu'il n'en résulte aucun dommage, aura installé un établissement fort dangereux peut-être ou très insalubre? La loi ne peut punir que des actes coupables ou des transgressions formelles de ses commandements; elle ne punit pas, elle ne peut pas punir à raison d'un simple danger; mais le danger, elle doit le prévenir, si le mal doit être irréparable et qu'il puisse être prévenu! Et il me semble qu'il y a, dans cette condition même, un criterium assez sûr pour juger des cas dans lesquels l'État pourra, de ce chef, intervenir préventivement.

Dunoyer fait une confusion quand il nous dit : « Mais « on devrait prendre garde qu'il n'est pour ainsi dire pas « un instrument, dans le nombre de ceux dont l'usage « nous est le plus familier et le plus permis, au moyen « duquel on ne puisse faire, sans qu'il soit facile de s'en « garer, des maux tout à fait irréparables. Faudra-t-il « donc soumettre l'usage des objets les plus usuels à des « règlements préventifs? »[1] — Non certes; mais la ligne de démarcation est visible! Tous ces instruments usuels auxquels notre auteur fait allusion ne peuvent devenir nuisibles que si la volonté criminelle de l'homme s'en empare pour faire du mal à quelqu'un : la volonté criminelle ne se présume pas et l'on ne peut pas enchaîner l'homme, comme on fait un animal dépourvu de raison dans la crainte qu'il ne vienne à nuire! Encore faut-il admettre que le législateur a qualité pour réglementer certaines choses dont la seule possession est de nature à faire présumer une intention coupable : en admettant qu'il y ait doute relativement au port de certaines armes, qui peuvent être un simple moyen de défense, qui donc pourrait sérieusement trouver mauvais que l'État réglemente le commerce de poisons? Mais, d'autre part, il y a des engins, il y a des établissements qui constituent par eux-mêmes un danger et abstraction faite de toute intention coupable de l'homme; c'est une machine à vapeur, c'est un dépôt de matières explosibles; à tout moment, même sans la moindre volonté criminelle, même sans imprudence, par un

[1] Dunoyer, t. I, p. 291.

vice de construction, par un cas de force majeure, cela peut sauter et compromettre des milliers d'existences. Et vous dites que l'État n'a pas le droit, alors que la liberté humaine n'est même pas en jeu, qu'il s'agit de conjurer un dommage qui résulterait d'éléments matériels en dehors d'elle et même de son pouvoir, d'exiger certaines précautions préalables, certaines garanties préventives, dont l'individu n'aurait peut-être pas même l'idée? En vérité, cela n'est guère soutenable! Et je tiens pour certain que l'intervention préventive de l'État se justifie, en principe, toutes les fois qu'il s'agit de prévenir un dommage grave et irréparable. Ce qu'il faut retenir des considérations de Dunoyer, c'est que les réglementations préventives sont une gêne pour l'industrie, une entrave à la liberté, et qu'elles ne se peuvent justifier que par leur nécessité même.

Le principe qu'on vient d'établir justifie la nécessité des grades que la loi met comme condition de l'exercice de certaines professions qui intéressent la santé publique! Dunoyer touche ce sujet dans son livre X, chapitre II, à propos « des arts qui ont pour objet la conservation et le « perfectionnement de l'homme physique », et, conséquent avec lui-même, il critique et raille cette exigence. Un mot sur cette question, qui se rattache directement à notre sujet. Je cite la boutade de Dunoyer : « La société ne « souffre pas qu'un homme devienne médecin, chirurgien, « officier de santé, pharmacien, herboriste, sans s'être « elle-même soi-disant assurée qu'il a les connaissances « requises. Bien plus, ne croyant pas qu'il lui suffise de « s'assurer de sa capacité, elle prétend encore l'endoctri- « ner elle-même et elle décide d'avance de tout ce qu'il « lui faudra faire pour devenir habile dans son art. Ainsi, « un jeune homme ne peut se livrer à l'étude de la méde- « cine, s'il n'a un répondant, s'il ne produit son acte de « naissance, le consentement de ses parents, un certificat « de bonnes vie et mœurs, le diplôme de bachelier ès- « lettres, celui de bachelier ès-sciences. La société lui « choisit elle-même des professeurs; elle détermine ce « qu'ils devront lui apprendre et règle jusqu'au costume « qu'ils devront porter en l'instruisant. Il est obligé de sui-

« vre ces professeurs et non point d'autres ; de se faire
« graduer par eux et non par d'autres ; ceux-là seuls
« qu'elle a revêtus du bonnet carré et de la simarre ont
« la vertu de faire des médecins et une autorité suffisante
« pour prononcer le solennel « *dignus est intrare* », et,
« comme si la médecine exigeait moins d'habileté dans un
« espace circonscrit que dans un territoire plus étendu,
« il faut, chose singulière, moins de façons pour acquérir
« le droit de la pratiquer dans un seul département que
« pour obtenir celui de l'exercer dans la France entière.
« L'officier de santé, qui n'est autorisé à faire l'office de
« médecin que dans le département où il a été reçu, est
« soumis, *à cause de cela*, à des épreuves moins longues,
« moins multipliées et moins coûteuses »[1]. — Il serait peut-
être plus exact de dire que c'est parce qu'il a été soumis
à des épreuves moins longues, moins multipliées et moins
coûteuses, qu'il n'est autorisé à faire l'office de médecin
que dans son département, là où sa valeur professionnelle
pourra être le plus facilement connue. Mais passons sur
les détails, en constatant que les critiques de Dunoyer ont
été entendues sur bien des points : nous n'allons plus
avoir d'officiers de santé et, depuis longtemps déjà, l'enseignement est libre ; la société n'impose à l'aspirant-doc-
teur ni ses maîtres, ni ses méthodes. Mais reste l'examen
et l'examen passé devant des maîtres qui eux-mêmes ont
fait leurs preuves. Je ne m'arrêterai pas à démontrer,
tant la chose me paraît claire, que l'examen ne peut avoir
de valeur probante qu'autant qu'il est passé devant des
hommes dont la science a été éprouvée. C'est la question
même de la nécessité du grade que je veux aborder.

Dunoyer veut bien reconnaître que l'objet que la société
se propose, à savoir que « la santé et la vie des citoyens
« ne puissent jamais être livrées aux spéculations de l'i-
« gnorance et du charlatanisme », est, non-seulement très
licite, mais très louable. Mais il ne croit nullement à l'efficacité des moyens.

« On ne peut se dissimuler, dit-il, qu'il n'y ait pour l'au-
« torité, quelque danger et quelque ridicule à prétendre

[1] Dunoyer, t. II, p. 273 et 274.

« déterminer ce qui constitue la science, ce qui fait qu'on
« est un chirurgien, un médecin, un pharmacien instruit, et
« à quelles conditions ou suivant quelles formes on sera re-
« connu capable d'exercer la pharmacie, la chirurgie ou la
« médecine. C'est là, on n'en saurait douter, un reste du
« régime auquel étaient soumis les anciens corps de
« métiers....... Il n'y a pas moyen de se faire illusion sur
« la vanité des épreuves auxquelles sont soumis les arts
« dont nous nous occupons. Bonnes comme moyen de met-
« tre à contribution les récipiendaires, elles n'offrent d'ail-
« leurs qu'une garantie très insuffisante de leur capa-
« cité..... ». — Mon Dieu, je n'en disconviens pas; mais
la conclusion logique, c'est qu'il faudrait fortifier les
épreuves, augmenter les garanties, non les supprimer !
La société d'ailleurs ne prétend pas « déterminer ce qui
« constitue la science, ce qui fait qu'on est un pharmacien,
« un chirurgien, un médecin instruit » ; elle a seulement la
prétention, et elle est fort légitime, de s'assurer que celui
qui se propose de médicamenter et tailler son prochain a
quelque peu étudié la chirurgie et la médecine et de con-
signer à la porte les ignorants et les charlatans. Si le but
n'est pas bien rempli, il devrait l'être; mais, de ce que les
mesures sanitaires sont quelquefois impuissantes à empêcher l'invasion d'un fléau, on n'en a jamais conclu qu'il
faille supprimer toutes les quarantaines !

Il faut bien quelque garantie ! Dunoyer le reconnaît; et
que propose-t-il ? « Quiconque se permet, sans prépara-
« tion suffisante, d'exercer des arts aussi périlleux que la
« chirurgie, la médecine, la pharmacie et s'expose ainsi
« volontairement à commettre les erreurs les plus fatales
« à la santé, à la vie de ses semblables, se rend coupable
« par cela seul et pourrait être à bon droit poursuivi et
« châtié. A plus forte raison sans doute, l'auteur d'un acte
« si évidemment téméraire pourrait-il être poursuivi si sa
« témérité avait eu pour quelqu'un des résultats funestes;
« mais il pourrait l'être avant même qu'elle eût eu de telles
« suites ». — Mais sur quoi donc se baserait une semblable poursuite ? Que dirait le gardien de l'action publique
pour l'intenter ? Qui l'instruirait que tel ou tel praticien
n'a pas toute la science voulue ? Et comment ferait-il la

preuve? « Ce serait à l'inculpé à prouver devant le juge
« qu'il n'a pas abordé légèrement la pratique de son art,
« qu'il n'a entrepris que ce qu'il pouvait entreprendre, et
« le juge apprécierait d'après les témoignages produits,
« d'après les vérifications faites, s'il n'y a pas en effet de
« reproches à lui adresser, s'il n'a fait que ce qu'il pouvait
« se croire capable de faire ». — On s'étonne de trouver un
passage comme celui-là sous la plume d'un penseur tel
que Dunoyer, et d'un homme qui a été mêlé, comme lui,
à la pratique des affaires. D'abord, il renverse les rôles;
ce ne serait pas à l'inculpé à faire la preuve qu'il n'a pas
abordé légèrement la pratique de son art; ce serait au ministère public à faire la preuve contraire, et je la tiens pour
impossible! Et, d'autre part, quelle manifeste contradiction
que de refuser à des hommes de l'art, ayant fait leurs
preuves et inspirant toute confiance, qualité pour apprécier les connaissances acquises par celui qui se propose
d'exercer la médecine, et de confier cette mission à des juges, absolument incompétents en la matière, et qui devront
juger sur des témoignages....., sans doute des confrères
de l'inculpé! En vérité, tout cela n'est pas proposable! Les
examens et les diplômes, aujourd'hui, n'empêcheraient
pas l'action répressive de se produire, s'il y avait lieu;
mais on peut affirmer qu'elle ne se produira, en pareille
matière, que dans des cas extrêmement rares, où l'impé-
ritie aura revêtu un caractère de gravité telle qu'elle sau-
tera aux yeux de tous, et encore qu'une semblable poursuite n'aboutira que bien difficilement à une condamnation.

Il faut, sans hésitation, reconnaître à l'État le droit d'intervenir par voie de réglementation préventive à l'effet
d'empêcher un dommage grave et irréparable, sauf à
veiller attentivement à ce que la mesure ne soit pas dépassée.

Il faut encore, si je ne me trompe, lui reconnaître ce droit
dans tous les cas où la liberté fait absolument défaut chez
une ou plusieurs des parties en présence. Le système répressif implique la liberté : il consiste à la laisser agir,
sauf à lui demander compte de ses écarts; il est inappli-
cable, par définition, lorsque la liberté fait défaut.

Une des applications les plus incontestables du principe, c'est la réglementation du travail des enfants et des femmes mariées dans les usines et manufactures; ces personnes ne jouissent pas de leur liberté; elles sont soumises à l'autorité d'autres personnes, à une autorité dont il peut être, dont il est hélas! trop souvent fait abus; nul doute que l'État n'ait le droit, ou plutôt le devoir de les protéger contre cet abus. Dunoyer le conteste, ou, plus exactement peut-être, il s'attache à faire ressortir les inconvénients des mesures de protection prises à cet égard par l'État. « On ne pourrait guère, dit-il, réduire dans les fa-
« briques le nombre des heures de travail pour les enfants
« et pour les femmes sans le réduire par cela même pour
« tous les ouvriers; car les enfants et les femmes une fois
« partis, il serait fort difficile que l'atelier continuât à
« marcher et, de fait, la journée serait finie pour tout le
« monde. Et puis, quel serait, même pour les catégories
« de personnes qu'on aurait voulu soulager, le résultat de
« cette réduction de la journée? On pourrait bien défendre
« aux chefs de fabrique de retenir les femmes et les en-
« fants au travail au delà de tant d'heures; mais pour-
« rait-on les contraindre à donner pour un travail moindre
« un salaire pareil, à payer une journée de dix heures, par
« exemple, autant qu'une journée de douze? » [1] — Tout cela est fort juste, et l'on vient de faire une nouvelle épreuve des difficultés que rencontre dans l'application toute réglementation de ce genre à propos de la loi du 2 novembre 1892, sur le travail des enfants, des filles mineures et des femmes dans les établissements industriels : les résistances ont été telles qu'il a fallu pactiser. Voici un passage significatif du rapport de la Commission supérieure du travail sur l'application de la loi du 2 novembre 1892, pendant l'année 1895 : « L'article 3, qui règle la durée
« du travail, est celui qui a soulevé, aussi bien de la part
« des patrons que de la part des ouvriers, les réclamations
« les plus vives. On s'aperçut bientôt que le système était
« en désaccord avec l'organisation habituelle du travail
« dans la plupart des manufactures. Le gouvernement,

____

[1] Dunoyer, t. II, p. 149, 150.

« aux prises avec les difficultés les plus graves, sous la
« menace de grèves et pour éviter la fermeture d'établis-
« sements considérables, dut, après l'adoption par la Com-
« mission sénatoriale d'une proposition fixant uniformé-
« ment à onze heures la durée du travail des femmes et
« des enfants, prescrire au service d'inspection de tenir la
« main à ce que cette limite ne fût pas dépassée jusqu'au
« jour où le Parlement se serait définitivement prononcé.
« C'est ce *modus vivendi* que le service de l'inspection a
« fait observer en 1895.....». Certes, les difficultés d'application sont grandes et le législateur ne saurait être trop
circonspect en pareille matière; mais, si grandes soient-
elles, elles ne sauraient entamer le principe! Il est certain,
la raison et la conscience nous disent qu'il faut que l'enfant
soit protégé contre les abus, malheureusement trop fréquents, de l'autorité paternelle, et l'État a seul qualité pour
le faire. Et comment le fera-t-il? En chargeant, comme le
propose Dunoyer, « les tribunaux d'apprécier les cas où
« des parents, de complicité avec des chefs de fabrique,
« feraient des forces ou plutôt de la faiblesse de certains
« enfants un abus véritablement coupable? » [1] — Mais en
vérité, une pareille protection serait tout à fait illusoire!
La voie de la répression reste ouverte dans tous les cas;
mais il faut peu connaître les pratiques judiciaires pour
s'imaginer qu'elles suffisent à défendre l'enfant. Presque jamais, l'abus ne sera connu; moins souvent encore, il pourra
être prouvé; la misère sera une excuse toute prête, presque
toujours suffisante pour écarter la peine. Contrairement
à Dunoyer, je crois qu'il est nécessaire d'agir ici préventivement et de fixer, suivant les âges, une limite que la
durée du travail ne devra pas dépasser; et, quels que
soient les inconvénients, je ne crois pas qu'il soit permis
de dire qu'ils sont « pires que le mal auquel on tente d'ob-
« vier ». Sans doute, le législateur, quand il fait cela, ne
peut pas garantir ceux qu'il protège ainsi contre une réduction de salaire; mais c'est précisément qu'il estime que
la considération dominante est celle de la santé de l'enfant et qu'il se propose, en limitant la durée du travail, de

[1] Dunoyer, t. II, p. 151.

E. V.   9

le défendre contre la cupidité des parents. Ce besoin est
impérieusement ressenti aujourd'hui par toutes les nations
industrielles et beaucoup de législations avaient à cet
égard devancé la nôtre, notamment celles de l'Angleterre,
de la Suisse, de l'Allemagne, de l'Autriche, de la Suède.
Dunoyer invoque l'exemple de l'Angleterre[1]; la législation anglaise a toujours été considérée, en effet, comme
très respectueuse de la liberté individuelle. Je ne crois
pourtant pas qu'aucune autre législation ait porté plus loin
la réglementation dans l'intérêt de la santé publique et
de la sécurité publique. Les bills abondent sur la matière[2],
en ces derniers temps. Le dernier, du moins que je connaisse, peut nous donner une idée des détails minutieux
dans lesquels entre cette législation : c'est la loi du 6 juillet 1895, qui a renforcé et étendu les dispositions des lois
précédentes. Elle fixe le cube d'air obligatoire à 7^{mc} par
ouvrier et à 11^{mc} pendant les heures supplémentaires. Elle
prescrit qu'une affiche apposée dans chaque local indique
le nombre d'ouvriers admis à y travailler. Elle fait défense,
à peine de 250 francs d'amende, à tout patron qui fait travailler au dehors de donner des vêtements ou du linge à
confectionner, à nettoyer ou à réparer dans un logis où
l'un des habitants est atteint de scarlatine ou de petite vé-
role. Elle défend de faire travailler les enfants à domicile
pour leur patron avant ou après le travail à l'atelier. Enfin,
elle étend les prescriptions des lois industrielles à de nouvelles industries[3].

Ce mouvement dans la législation est fort remarquable.
Dunoyer dit quelque part que la tutelle administrative
« tend naturellement à se circonscrire, à se restreindre de
« plus en plus; que peu à peu l'activité individuelle tend

---

[1] Dunoyer, t. II, p. 148, 150; et t. III, p. 501, 550 et suiv.

[2] Act du 11 août 1875, consolidant et amendant les *acts* relatifs à la santé
publique ; — Act du 29 mai 1878, sur les usines et manufactures ; — Act du
18 août 1890, tendant à amender la législation sur la santé publique; — Act
du 18 août 1890, relatif au logement des classes ouvrières ; — Act du 6 juillet 1895, sur les fabriques et ateliers.

[3] C'est Dunoyer lui-même qui signalait à l'Académie des sciences morales
et politiques cette tendance réglementaire de la législation anglaise dans
un rapport auquel M. Dupont-White a fait allusion dans son livre sur l'Individu et l'État (p. 136) (Dunoyer, *Œuvres complètes*, t. III, p. 550 et suiv.).

« à prendre la place de l'activité administrative ; que le
« progrès se fait sentir dans toutes les branches de l'acti-
« vité sociale, depuis l'exercice des droits politiques jusqu'à
« celui des dernières professions réglementaires » ; et que
« à vrai dire, les progrès du gouvernement consistent sur-
« tout dans cette substitution graduelle de l'activité de la
« société à celle de l'administration et de la police judi-
« ciaire à la police administrative »[1]. — C'est à peu près ce
que disait M. Guizot, dans son histoire de la civilisation
moderne : « C'est aujourd'hui une remarque vulgaire
« qu'à mesure que la civilisation et la raison font des pro-
« grès, cette classe de faits sociaux qui sont étrangers à
« toute nécessité extérieure, à l'action de tout pouvoir pu-
« blic, devient de jour en jour plus large et plus riche. La
« société non gouvernée, la société qui subsiste par le li-
« bre développement de l'intelligence et de la volonté hu-
« maine va toujours s'étendant à mesure que l'homme se
« perfectionne. Elle devient de plus en plus le fond so-
« cial. »

Une thèse qui semble diamétralement contraire a été
développée par un écrivain à la plume alerte et incisive,
M. Dupont-White, dans son livre sur *l'Individu et l'État :*
« Quand une société fait place dans son sein à de nouveaux
« êtres, à de nouveaux citoyens, à de nouveaux pouvoirs ;
« quand elle se raffine du côté des sentiments et des goûts,
« quand elle se développe en territoire, en population, en
« échange, cette société, progressive à coup sûr, a besoin
« d'un surcroît de gouvernement. L'ordre y est plus diffi-
« cile à maintenir, parmi tant d'ardeurs et d'efforts dont
« le conflit est naturel et que l'art politique est de ramener
« au parallélisme, à l'harmonie. La morale plus pure qui
« a lui pour certaines âmes ne peut se répandre qu'au
« moyen de sanctions nouvelles. Enfin, les pouvoirs nou-
« veaux ont leur mécanisme ; les droits nouveaux, leur dis-
« cipline. Donc, *tout fait appel* à l'État dans une civilisation
« croissante »[2]. Et l'ouvrage se termine ainsi « Rôle de l'É-
« tat aussi varié que les fins du progrès ; développement

---

[1] Dunoyer, t. II, p. 549.
[2] Dupont-White, *L'individu et l'État*, p. 330.

« de l'État parallèle au perfectionnement de la société ».

Les deux thèses ne sont peut-être pas inconciliables. Ne peut-on pas soutenir que la civilisation, si elle est complète et bien ordonnée, doit tendre tout à la fois à faire rentrer l'État dans sa sphère naturelle, à le dépouiller des fonctions qu'il s'est arrogées et qui ne lui appartiennent pas essentiellement, mais aussi à dilater et à perfectionner son action dans tout ce qui constitue son domaine propre. Cette dernière conséquence de la civilisation, que M. Dupont-White a complaisamment mise en lumière, ne paraît guère contestable. On l'a dit déjà : la vie sociale, comme la vie animale, s'analyse en un certain mouvement sous certaines règles. Eh bien ! à plus de vie, c'est-à-dire à un mouvement plus intense, il faut plus d'organes et plus de règles ! Les preuves abondent, et Dunoyer le reconnaissait lui-même dans un rapport à l'Académie des sciences morales et politiques : « La chose n'est réellement pas niable, disait-il, et j'ai « été plus d'une fois et comme malgré moi entraîné à recon- « naître qu'on avait commencé, en Angleterre, à substituer, « dans certains travaux, le régime de la tutelle et du gou- « vernement direct à celui des simples répressions péna- « les, applicables seulement aux actes nuisibles auxquels « ces travaux pourraient donner lieu. Ce n'est pas une « chose qu'il soit possible de contester quand on a devant « les yeux des actes comme ceux qui ont fixé les heures de « travail dans les manufactures, interdit l'emploi des fem- « mes dans le travail des mines, assujetti sur la simple « constatation de décès annuels les habitants des villes et « des districts les plus peuplés à un ensemble infiniment « onéreux de travaux d'assainissement et d'amélioration « de divers ordres, subordonné l'entreprise ou la direction « de ces grandes opérations, d'un intérêt tout local, aux « décisions d'un bureau placé à Londres........ ». — Non, certes, la chose n'est pas niable, et Dunoyer cherchait en vain à en atténuer l'importance. S'il vivait de nos jours, il aurait vu cette tendance toute particulière, non-seulement en Angleterre, mais dans tous les pays où l'industrie s'est développée ; parce qu'en se développant elle a revêtu un caractère tout nouveau, qui appelait tout naturellement la sollicitude de l'État : n'est-il pas manifeste que l'inven-

tion de la machine à vapeur et ses applications de plus en
plus variées ont provoqué une foule d'interventions nouvelles de l'État? Il n'avait pas, il y a un siècle, à légiférer
sur la police des chemins de fer, ni à réglementer l'emploi
des machines à vapeur ?

Et ce n'est pas seulement le développement progressif
de l'industrie humaine qui appelle des nouveautés dans la
législation. M. Dupont-White a bien raison de dire qu'une
société, en se civilisant, acquiert plus de conscience et de
susceptibilité ; elle se sent blessée et alarmée de choses qui
naguère la laissaient indifférente. Il y a un siècle, on mettait les hommes à la torture; on ne se préoccupait guère
des mauvais traitements infligés aux animaux! « Classer
« comme répréhensibles des faits réputés innocents ou vé-
« niels; incriminer comme abus et comme licence ce qui
« passait pour simple usage, simple liberté; mettre dans
« la loi le précepte qui n'était que dans la foi intérieure;
« élever enfin le niveau des devoirs, telle est l'œuvre es-
« sentielle de la civilisation »[1].

Et ce n'est pas seulement le progrès de l'industrie, ni
la voix d'une conscience plus éclairée, ou l'exigence d'une
sensibilité plus susceptible qui conspirent à agrandir de
cette manière le rôle de l'État, c'est un besoin croissant de
sécurité, de cette sécurité qui, comme l'a montré fort bien
Dunoyer, dans un excellent chapitre auquel il a été déjà
fait allusion, est pour les peuples laborieux et cultivés
« la chose du monde la plus désirable »[2].

Mais remarquons bien que, dans tout cela, l'État est
dans sa sphère, dans son domaine propre. C'est à lui sans
nul doute et à lui seul qu'il appartient de garantir la sécurité, de protéger les incapables, ce qui n'est autre chose,
en réalité, que de sauvegarder les libertés individuelles.
Comment s'étonner que la civilisation qui, si elle est réelle,
doit agir sur l'organisme de l'État tout aussi bien que sur
les individus, ait pour effet de dilater et de perfectionner
l'action de l'État et de le mettre à même de remplir de
mieux en mieux sa mission? De cela, la liberté humaine

[1] Dupont-White, *L'individu et l'État*, p. 71.
[2] Dunoyer, t. II, p. 536.

n'a pas à s'alarmer : elle ne souffre aucune atteinte tant
que l'État, sans sortir de son domaine, se borne à mieux
dégager, à garantir plus efficacement le droit, à fortifier
davantage la protection due aux incapables, à procurer à
tous une sécurité plus grande : il est permis de dire que la
liberté individuelle est par cela même augmentée.

Mais, en même temps, la civilisation, si elle n'est pas
trompeuse, doit avoir pour conséquence une délimitation
de mieux en mieux marquée du domaine propre de l'État
et l'abandon successif par lui de toutes les fonctions qui
appartiennent naturellement à la libre initiative des individus. Et c'est bien là l'évolution que nous révèle l'histoire,
soit que l'on compare les civilisations de l'antiquité avec nos
civilisations modernes, soit que l'on envisage le rôle de
l'État chez un même peuple à deux époques différentes.
Je ne saurais, sans sortir de mon sujet, m'étendre là-
dessus. Je dirai seulement : comparez la France de la fin
du XIX° siècle avec la France de Louis XIV, qui toute était
sous la main de l'État (et l'État c'était le roi !) et dites si,
tant au point de vue de la vie privée que de la vie publique, le progrès de la liberté individuelle n'a pas été
immense ! Et seulement dans ce siècle, et à ne considérer
que le régime industriel, n'est-il pas visible que, en dehors
de la garantie de la sécurité et de la protection des incapables, la tutelle de l'État a tendu constamment à se
restreindre ; des professions usuelles telles que celles de
boulanger et de boucher, naguère fermées, sont libres
aujourd'hui ; la limitation du taux de l'intérêt a disparu
pour le commerce ; on ne voit presque plus jamais l'autorité s'ingérer de taxer les denrées, même de première
nécessité ; la spéculation même est devenue complètement
libre par la validité assurée à tous les marchés de bourse ;
le commerce intérieur a conquis toutes ses franchises, sauf
les lois de police et de sûreté ; et, s'il n'en est pas encore
de même du commerce extérieur, si même on a pu constater un recul à cet égard en ces derniers temps, que de
progrès accomplis cependant, si l'on remonte à cinquante
ans en arrière ! Ce qui domine tout, la liberté du travail a
été proclamée et est universellement considérée comme
un des principes essentiels de notre droit public ; voilà

une inestimable conquête de la civilisation, qui ne peut manquer tôt ou tard de produire ses fruits !

En résumé, une vraie civilisation doit tendre à restreindre l'État dans sa sphère, en y développant et en y perfectionnant progressivement son action. On pourra citer des faits contraires ; mais n'a-t-on pas le droit de répondre aussi que bien souvent la civilisation a été plus apparente que réelle? Cette conclusion se rapproche beaucoup de celle qu'a développée Dunoyer[1]; mais je n'oserais affirmer, comme lui, que la police judiciaire tend de plus en plus à remplacer la police administrative, que le système répressif doit se substituer complètement au système préventif : je ne vois pas du moins que les faits autorisent jusqu'à présent cette conclusion.

Un mot encore à propos du gouvernement et pour n'avoir pas à revenir sur l'art de gouverner, dont Dunoyer parle à la fin de son ouvrage[2]. Je laisserai de côté tout ce qui a trait aux « conditions matérielles desquelles dépend « la puissance productive du gouvernement », ainsi que l'action des mœurs privées et des mœurs sociales sur le gouvernement. Mais il n'est pas sans intérêt de s'arrêter un instant sur ce que Dunoyer appelle « le talent de la « spéculation dans l'art du gouvernement » et sur la manière dont, à son gré, le législateur doit procéder.

« S'il est un art, dit Dunoyer, où l'on ait été possédé du « démon de la spéculation depuis un demi-siècle surtout et « au milieu des passions ambitieuses ou cupides que nos « révolutions ont excitées, cet art est certainement la poli- « tique. Non-seulement il n'en est pas où l'on ait spéculé « davantage, mais il n'en est pas où les spéculations aient « été habituellement plus irréfléchies et aient abouti plus « fréquemment à des résultats déplorables ». — Je ne sais pas s'il est à propos de parler ici de spéculations : les ambitions des hommes et les émotions populaires ont été les causes principales de nos trop fréquentes révolutions et ont exercé souvent une influence prépondérante sur nos constitutions. Il est peu de matières où la spéculation pro-

---

[1] Dunoyer, t. II, liv. XI, ch. V, § 3, note, p. 549.
[2] Tome II, p. 542 et suiv.

prement dite, c'est-à-dire la balance plus ou moins raisonnée des avantages et des inconvénients ait tenu moins de place. Au reste, la question importante est de savoir comment le gouvernement doit procéder, quel esprit doit inspirer ses actes et présider à ses réformes.

Dunoyer développe cette thèse, vraie en principe, mais qu'à mon sens il exagère, que toute innovation législative, toute réforme doit être conforme à l'opinion et réclamée par elle; qu'en un mot, c'est l'opinion qui fait les lois. Comme thèse générale, je l'accorde; je voudrais seulement qu'on me concédât qu'il peut y avoir des exceptions et que les lois, de leur côté, ne sont pas sans influence sur l'opinion.

Dunoyer a certes bien raison de dire que le gouvernement « ne doit procéder à l'application des vérités même « les plus saines, alors surtout qu'elles n'ont pas été « éprouvées, qu'avec une extrême réserve et en ménageant « les transitions avec le plus grand art »[1]; et que, « s'il doit « toujours tendre au mieux désirable, il ne doit jamais « tenter actuellement que le bien réellement préparé ». J'admets encore, comme principe, que « un gouverne-« ment doit se tenir loin des nouveautés, même alors « qu'elles sont justes, uniquement parce qu'elles sont des « nouveautés »[2], à la condition qu'on ne prétende pas poser cela comme une règle inflexible et n'admettant nul tempérament. J'admets cela comme une règle d'utilité, parce qu'une réforme à laquelle l'opinion n'est pas préparée a toutes chances d'échouer et parce que je crois bien plus au progrès réalisé par les mœurs qu'à celui qui serait imposé par les lois. Dunoyer place la question sur le terrain de la justice, qui « ne veut pas que la minorité « gouverne »; mais il semble que, du moins dans un pays démocratique, le gouvernement, qui est l'expression de la majorité, ne saurait rencontrer cette objection dans les réformes qu'il tente de réaliser. Même alors cependant, toute réforme a besoin de s'appuyer sur l'opinion pour réussir et je crois, avec notre auteur, que le devoir du gouvernement est « d'écarter les idées paradoxales, même

[1] Dunoyer, t. II, p. 556.
[2] *Ibid.*, p. 557.

« les plus heureuses, jusqu'à ce qu'elles aient eu la gloire
« de devenir des lieux communs, et d'attendre que les
« principes justes, mais nouveaux, que professent quelques
« esprits éminents, mais isolés, aient enfin obtenu l'assen-
« timent général ». Il est cependant tel cas où cette règle
serait manifestement contraire à l'intérêt du peuple et il
en est d'autres où elle serait contraire à la justice sociale.

Le général Grant, président des États-Unis, s'étonnait
un jour que la Chine n'eût pas de chemins de fer et
signalait cela au vice-roi comme une lacune inexplicable
dans la civilisation d'un aussi grand empire. « Le vice-roi
« lui dit qu'il avait prêté beaucoup d'attention au dévelop-
« pement matériel du pays et qu'il connaissait personnel-
« lement les avantages qu'on peut retirer de l'étranger,
« avantages qui ne sautaient pas aux yeux de ses compa-
« triotes, n'ayant pas été, comme lui, en relation avec les
« hommes du dehors. Il y avait, dans ce milieu, une appré-
« hension des idées étrangères, que lui ne partageait nul-
« lement. Le général accorda qu'il n'y avait de sain et de
« durable que le développement et les progrès accomplis
« par le peuple lui-même. Mais, en ces matières, pour les
« famines par exemple, dont il avait entendu un si grand
« nombre de récits navrants depuis son arrivée en Chine,
« il n'y aurait pas de mal, à son avis, à ce qu'on prît
« l'initiative pour le peuple, s'il ne la prend pas lui-même,
« et à ce qu'il fût construit des chemins de fer »[1]. Voilà
la règle et l'exception fort bien établies ! Les civilisations humaines varient tant qu'on ne saurait poser de loi inflexible !

Voici, d'autre part, tout un ordre de faits, où je n'hési-
terai pas à dire, me séparant de Dunoyer, que le gouvernement a le devoir d'agir sans se préoccuper outre mesure
de l'opinion : lorsqu'il s'agit de déraciner un abus, de
proscrire une injustice. On nous dit que « si l'abus que
« les gouvernements attaquent n'a pas été suffisamment
« ruiné dans les esprits, ou si le principe qu'ils se propo-
« sent d'introduire dans la loi n'est pas encore devenu
« assez familier à toutes les intelligences, il n'est guère
« conforme à la vraisemblance d'admettre que les auteurs

____

[1] *Journal officiel* du 1er septembre 1879.

« de cet essai de réforme prématuré puissent avoir la
« moindre chance de réussir, et l'entreprise, excellente en
« théorie, avortera très probablement quand il faudra en
« venir à l'application »[1]. — Lors même qu'il en devrait être
ainsi, cela ne supprimerait pas le devoir qui incombe au
gouvernement de faire disparaître les abus, de lutter
contre les injustices sociales, et, le succès de la réforme
dût-il être fort lent, on n'aurait pas le droit de dire encore
qu'il n'y ait pas contribué par l'influence que les lois
manquent rarement d'exercer sur les mœurs. Louis IX,
nous dit-on, voulut abolir la sauvage coutume des duels
judiciaires et il ne réussit qu'à se faire traiter par les seigneurs « d'*imbécile*, de *bigot*, de *béguin*, etc. »[2]. — Cela
prouverait tout au plus que le gouvernement alors n'avait
pas acquis toute la force dont il a besoin pour remplir sa
mission et qu'il était assez mal obéi ; non, qu'il ait eu tort
de lutter contre un abus si manifeste ; et c'est parce que,
son exemple sera suivi qu'on finira par avoir raison du
duel judiciaire ! Dunoyer nous dit encore : « C'est en 1776
« qu'a été décrétée pour la première fois, dans l'État de
« Virginie, l'abolition de la traite des nègres, et la traite
« des nègres existe encore. Il a fallu en Angleterre 16
« ans de débats parlementaires avant qu'on ait pu se ré-
« soudre à renoncer à ce trafic inhumain. Il a été proscrit,
« en France, en 1791, et, en 1830, il y était encore ouver-
« tement toléré »[3]. — Mais cette révoltante iniquité eût-elle
disparu dans les colonies françaises, dans les colonies
anglaises, aux États-Unis, si elle n'eût été de la sorte combattue et proscrite ? Il ne faut pas confondre la prudence,
qui commande parfois certains tempéraments afin de ménager les transitions, avec la faiblesse qui tolère tous les
abus : la première est la vertu de tout gouvernement
sage ; la seconde est la marque d'un gouvernement pusil-
lanime ; Pilate, se lavant les mains comme pour décliner la
responsabilité du crime qu'il laisse commettre, ne saurait
être proposé comme modèle aux gouvernants.

[1] Dunoyer, t. II, p. 555.
[2] *Ibid.*, p. 578.
[3] *Ibid.*, p. 579.

CHAPITRE X

Du régime industriel et de la libre concurrence.

Dunoyer appelle *régime industriel* « un État où figure-
« raient tout à la fois, à l'exclusion des arts nuisibles, tous
« les arts véritablement utiles, ceux qui donnent de la
« valeur aux hommes comme ceux qui en donnent aux
« choses, tous ceux qui entrent dans l'économie de la so-
« ciété, tous ceux qui, par le résultat d'un travail actuel,
« ou par les fruits accumulés d'une industrie antérieure,
« contribuent, de quelque façon que ce soit, à accroître
« la masse des idées, des bons sentiments, des vertus,
« comme celles des utilités matérielles de toute espèce
« dont se composent la richesse, la puissance, l'honneur,
« la gloire, la félicité du genre humain ; un État où il est
« *constitutionnellement* établi qu'aucun homme ne peut
« rien exiger d'aucun autre à titre de dominateur, de maître,
« de privilégié, de monopoleur ; où il est de principe que
« le prix que chacun obtient de ce qu'il fait ou de ce qu'il
« livre doit être tout entier le prix du produit livré ou du
« service rendu et ne provenir pour aucune part d'aucun
« droit exclusif, d'aucune faveur spéciale... » ; où, enfin,
le gouvernement « ne se permettrait pas plus qu'il ne per-
« mettrait à personne d'accaparer ou de gêner aucune
« sorte de travaux et où il réduirait sa tâche à leur pro-
« curer à tous, au sein de la plus grande liberté possible,
« la plus grande somme possible de sécurité ». En un
mot, ce que Dunoyer appelle *régime industriel*, c'est le régime de la concurrence absolument libre. C'est ce régime

que nous allons envisager avec lui ; il convenait seulement
de noter cette appellation, un peu particulière : notre auteur donne au mot *industrie* une portée morale qui ne lui
appartient pas dans le langage vulgaire.

Je passerai rapidement sur les développements consacrés aux diverses accusations dont la vie industrielle a été
l'objet. Est-il vrai que le régime industriel soit contraire
au sentiment et au goût du beau? Est-il vrai qu'il mette
obstacle au progrès de la science? Ne contribue-t-il pas
grandement à l'amélioration des mœurs privées et des
mœurs sociales? J'ai déjà touché les principales de ces
questions en parlant de la civilisation en général; je me
bornerai ici à quelques brèves observations.

Non, dirai-je avec Dunoyer, il n'est pas vrai que le régime industriel soit contraire au sentiment et au goût du
beau. Il n'y a de cela aucune bonne raison; l'industrie
comme les beaux-arts, ne peut progresser que par le travail, et particulièrement par le travail *d'invention;* c'est là
une communauté d'origine qui mérite d'être mise en lumière; l'industrie, comme les beaux-arts, veut de l'origi-
nalité; elle a, comme eux, besoin de génie pour se développer; il ne saurait y avoir incompatibilité entre eux; ce
sont des fruits différents d'une même culture. Il y a mieux :
les beaux-arts trouvent dans l'industrie leur application et
leur aliment. Ne voyons-nous pas les productions diverses
prendre de plus en plus un caractère artistique? Est-ce
que nos constructions ne revêtent pas une forme de plus
en plus élégante? Et l'art ne pénètre-t-il pas tous les jours
davantage toutes nos industries, depuis la toilette de nos
femmes jusqu'aux bronzes de nos cheminées et même aux
livres de notre bibliothèque? L'industrie ne peut se perfectionner qu'en visant à l'art.

Et, de fait, jamais époque ne fut plus industrieuse que
la nôtre, et jamais non plus les arts ne furent cultivés avec
plus de zèle et même d'affectation. Voyez la place qu'ont
prise dans la société moderne les grands acteurs et les
grandes artistes ! A qui vont aujourd'hui de préférence les
distinctions honorifiques, sinon aux artistes, aux hommes
de lettres, aux critiques d'art, etc? Je n'entends pas dire
que le bon goût réponde toujours au zèle et que la disci-

pline de nos arts soit toujours irréprochable ; je constate, au contraire, que la recherche du nouveau a conduit beaucoup de contemporains à l'excentricité et au ridicule. Il faut croire, au reste, que le mal ne date pas d'aujourd'hui ; car Dunoyer disait déjà : « Loin que les artistes de notre « temps manquent d'imagination et de passion, ils en ont « souvent plus qu'ils n'en peuvent conduire ; ce qui dépare « le plus leurs œuvres, c'est peut-être une recherche exa- « gérée du mouvement et de l'expression »[1] ; ajoutons « des « nouveautés et des contrastes », et nous aurons, si je ne me trompe, marqué le vice trop général des modernes productions artistiques. Mais il serait vraiment singulier de rendre de ce vice l'industrie responsable ; car nul guide ne serait plus propre qu'elle à ramener les arts dans la voie de la nature et des applications pratiques! « Il y a, disait « Lamartine, plus de véritable poésie dans ce mouvement « si intense du monde industriel, qui fait, du fer, de l'eau, « du feu, de tous les éléments, des serviteurs animés de « l'homme, que dans l'inertie de l'ignorance et de la stéri- « lité et dans le repos contemplatif d'une nature inactive ». Y a-t-il moins d'art dans le merveilleux mécanisme de ces machines modernes qui font notre étonnement par leur précision et par leur puissance que dans nombre de productions dites artistiques ?

Non, dirai-je encore avec Dunoyer, il n'est pas vrai que le régime industriel mette obstacle au progrès de la science. Non-seulement cela n'est pas vrai; mais c'est tout le contraire de la vérité! Il suffit, pour s'en convaincre, de constater le précieux concours que la science apporte tous les jours à l'industrie, à laquelle elle a fait faire, en ce siècle, des pas de géant. N'est-ce pas la science qui soumet progressivement chaque jour les forces de la nature à la domination de l'homme? N'est-ce pas à elle que sont dues toutes les découvertes qui ont centuplé la puissance de l'homme, tout en économisant sa force musculaire? Et, d'autre part, n'est-il pas manifeste que l'industrie seconde et développe la science par ses applications pratiques et par la rémunération même qu'elle lui procure? La vérité

[1] Dunoyer, t. I, p. 315, 316.

est que l'industrie ne peut progresser sans la science et
que, plus elle progresse, plus elle devient scientifique; et
cela est vrai de l'industrie agricole, qui était naguère encore purement empirique et qui commence à sentir impérieusement le besoin de la science, comme des industries
manufacturières, extractives ou voiturières. Il est clair que,
plus l'homme fait appel aux forces naturelles, mieux il
doit connaître la nature, plus il doit, par conséquent, cultiver la science. Quant à l'action de l'industrie sur les
mœurs privées et sur les mœurs sociales, c'est une question sur laquelle je crois inutile de revenir. J'observerai
seulement que les conclusions de Dunoyer ne sauraient
être douteuses, puisque, pour lui « le régime industriel
« ne saurait être en réalité que l'abandon de tous les mau-
« vais moyens de s'enrichir, que le travail dégagé de tout
« impur alliage »[1].

Voici toutefois un passage qui me paraît empreint d'un
optimisme exagéré; il mérite d'être cité tout au long :
« La concurrence, une loyale et réelle concurrence ne
« saurait être pour personne l'objet d'une plainte légitime
« et ne peut jamais, par conséquent, devenir une juste
« cause de division. Il n'est pas vrai qu'on soit en état
« d'hostilité parce qu'on est en état de concurrence.......
« Celui qui exerce la même industrie que moi ne se consti-
« tue pas mon ennemi parce qu'il devient mon émule. *Il*
« *est dans son droit, ou je ne suis pas dans le mien;* car il ne
« fait que ce que je fais, et ce qui est licite pour moi ne
« peut pas être illicite pour lui. Je ne saurais d'ailleurs
« prétendre avec vérité qu'il me fait obstacle.; je puis me
« donner carrière aussi bien que lui; *il y a même à dire*
« *qu'en me faisant concurrence, loin de m'empêcher d'agir,*
« *il me stimule à mieux faire;* et si j'ai moins de succès
« que lui, je puis bien m'affliger de mon incapacité, mais
« non me plaindre assurément de son injustice....... De
« deux choses l'une, d'ailleurs : ou celui qui vient me faire
« concurrence a plus d'habileté que moi, ou il en a moins;
« s'il est moins habile, il n'aura pas assez de succès pour
« que la concurrence qu'il me fait ait le pouvoir de me

[1] Dunoyer, t. I, p. 323.

« nuire ; et, s'il se montre plus habile, au contraire, *quel*
« *droit aurais-je de me formaliser?* N'est-ce pas à lui, par
« cela seul qu'il sert mieux le public, que doit aller natu-
« rellement la faveur publique »[1]?

Voilà une page de morale qui peint bien son auteur, un
esprit assez entier, qui ne transige pas avec le droit et qui
voit facilement les choses telles qu'elles devraient être
plutôt que telles qu'elles sont. Le « *quel droit aurais-je de*
« *me formaliser?* » est charmant! Les hommes devraient
être ainsi faits, je le veux bien ; malheureusement, la grandeur d'âme est rare et l'intérêt personnel, que je n'ai
garde de maudire pour cela, dégénère bien facilement en
égoïsme! « Il y a, dit encore Dunoyer, dans les mêmes
« pays, dans les mêmes villes, dans les mêmes quartiers,
« dans les mêmes rues et souvent sur un même emplace-
« ment, assez d'hommes qui exercent la même profession,
« et l'on ne voit pas qu'aucun d'eux soit tenté de chercher
« querelle aux autres, parce qu'ils se donnent la licence
« de faire la même chose que lui »[2]. — C'est qu'alors on ne
veut pas voir ; car hélas! rien n'est plus fréquent! Je suis,
moi aussi, partisan convaincu de la libre concurrence ;
mais, en vérité, Dunoyer lui a reconnu des vertus qu'elle
n'a pas !

Il ne serait pas juste, d'autre part, de lui imputer des
vices qui ne sont pas inhérents à sa nature. Il n'est que
trop certain que la concurrence, ou plutôt la cupidité
emploie souvent des armes déloyales : vol des procédés,
usurpation des marques, surtout altération des produits,
et je crains bien que notre époque contemporaine ne se
distingue particulièrement à cet égard. « Mais, évidemment,
« dirai-je avec Dunoyer, le mal ici vient de la fraude, non
« de la liberté du travail ; partant, c'est contre la fraude
« qu'il faut sévir, non contre la libre concurrence »[3]. C'est
là une tâche qui appelle aujourd'hui toute la sollicitude de
l'État : car plus les relations commerciales se sont éten-
dues et plus la science a multiplié les succédanés, plus

<hr>

[1] Dunoyer, t. I, p. 332, 333.
[2] *Ibid.*, t. I, p. 335.
[3] *Ibid.*, t. I, p. 334.

aussi la fraude devient facile et tentante et plus elle fait de tort au commerce honnête. Encore est-il que le législateur doit s'attacher à prévenir la fraude sans nuire à la liberté du travail. La tâche est parfois délicate; deux exemples récents en sont la preuve. L'industrie de la margarine a fait un tort immense à l'industrie du beurre, en falsifiant et en dépréciant cette dernière denrée; la fabrication des vins artificiels, du moins des vins de raisins secs a fait une concurrence fort difficile à soutenir aux producteurs de vins de raisins frais. On s'est bruyamment agité et l'on n'a pas craint de dire aux législateurs : « Interdisez la « margarine! Prohibez les vins de raisins secs! » Il est pourtant bien évident que le législateur n'a le droit de faire ni l'une, ni l'autre chose; mais il a le devoir impérieux d'empêcher qu'on ne vende de la margarine pour du beurre et du vin de raisins secs pour du |vin de raisins frais !

Dunoyer traite de la concurrence et de ses effets dans les chapitres IX et X de son livre IV. Le chapitre IX est intitulé : *Obstacles qui s'opposent encore à la liberté dans le régime industriel, ou bornes inévitables qu'elle paraît rencontrer dans la nature des choses;* le chapitre X, *Apologie du régime de la concurrence.* En réalité, le premier traite de l'inégalité des conditions; le second est une réfutation des principaux systèmes socialistes.

Les inégalités sociales, Dunoyer l'a très bien vu, peuvent provenir de deux causes : de la force, qu'elle soit ou non consacrée par la loi, ou de la diversité des facultés individuelles. On ne saurait douter qu'une bonne partie des inégalités sociales n'ait été, surtout dans le passé, le résultat de causes factices; toutes les institutions de l'ancien régime semblaient avoir pour but de créer l'inégalité sociale; et certes, si le principe de l'égalité devant la loi a été parfois mal compris et faussé dans son application, ce sera du moins la gloire éternelle de la Révolution française de l'avoir proclamé et d'en avoir fait l'une des bases essentielles de notre droit public.

Je ne voudrais pas affirmer que toutes les inégalités sociales provenant du fait du souverain aient aujourd'hui disparu; mais il est indéniable que nous avons fait dans cette voie de grands progrès depuis un siècle. Il y aurait certes beaucoup à dire sur les subventions et les primes de toute nature que le gouvernement prend dans la poche des contribuables pour les distribuer à une foule d'industries, sur les profits qu'il assure à d'autres soit au moyen de droits de douane, soit en limitant rigoureusement le nombre de ceux qui pourront exercer certaines professions; en un mot, en excluant ou en limitant la concurrence; notre régime de concession gratuite des mines ou de circulation fiduciaire pourrait appeler bien des observations. Je lisais, ces jours-ci, à propos de nouvelles exigences de l'industrie sucrière, une remarque fort juste de M. Paul Leroy-Beaulieu : « Le régime des primes ne peut se déve-« lopper indéfiniment chez nous. Nous avons déjà les « primes à la construction des navires, celles à l'armement, « celles aux cocons de vers à soie et à la filature de la soie, « celles à la culture du lin et du chanvre, celles au sucre; « quelques agriculteurs réclament des primes pour l'ex-« portation des blés; de ce train, on devra en établir pour « le beurre, le fromage, le vin, les tissus, les machines, etc. « On ne voit pas pourquoi un produit resterait moins fa-« vorisé que l'autre »[1]. De fait, il n'y en a aucune bonne raison et, quand on est entré dans cette voie, la justice même semble commander de ne s'arrêter jamais. C'est ce que Bastiat, dans son langage un peu rude, appelait : « *le* « *vol à la prime* »[2]. Le mot est vif; mais du moins n'a-t-on pas le droit de dire que ce système de subventions, de primes, de faveurs de toute espèce est nécessairement inique ou décevant? Inique, s'il ne fonctionne qu'au profit de certaines classes; décevant, si on veut le généraliser; et Bastiat ne l'a-t-il pas heureusement dépeint quand il nous fait assister au repas des singes, qui, au lieu de se contenter de l'écuelle de soupe qui est apportée à chacun, n'ont rien de plus pressé que de passer la patte entre les barreaux de la cage pour pêcher dans l'écuelle du voisin et finalement, comme chacun fait de même, n'arrivent qu'à gaspiller une partie de la commune

[1] *Économiste français*, 6 février 1897.
[2] Bastiat, t. IV, *Sophismes économiques*, p. 189.

nourriture et doivent se contenter d'une moindre pitance!

Dunoyer a eu le mérite de dénoncer et de poursuivre tous ces abus. Il proclame, toutefois, avec grande raison, que, lors même qu'ils n'existeraient pas, lors même que l'on serait parvenu au régime industriel qu'il appelle de tous ses vœux, régime sous lequel « l'autorité centrale, dé- « pouillée de tout caractère de domination injuste, laisse- « rait en général les travaux à leur impulsion spontanée « ᾽t se bornerait à l'exacte répression des actes nuisibles »; les inégalités sociales ne s'en manifesteraient pas moins parmi les hommes; car, « il n'est pas d'état social où tout « le monde puisse jouir d'une même somme de liberté (et « on sait quelle portée il donne à ce mot), parce qu'il « n'en est point où tout le monde puisse posséder à un égal « degré ce qui fait les hommes libres, à savoir : l'indus- « trie, l'aisance, les lumières, l'activité, les bonnes habi- « tudes privées et sociales »[1]. Et Dunoyer montre très clairement comment, tous les hommes fussent-ils placés au début dans les mêmes conditions identiquement, l'iné- galité se manifesterait et s'accentuerait immédiatement entre eux[2]. Il ne faut pas se lasser de redire ces vérités aux niveleurs insensés qui rêvent d'établir l'égalité parmi les hommes. L'égalité devant la loi, oui, il faut la poursuivre sans relâche; il faut faire une guerre sans trève aux privi- lèges et aux injustices sociales. Mais l'égalité de fait, l'é- galité de condition, elle est contraire à la nature des cho- ses, à la nature de l'homme; car c'est l'homme qui fait sa propre condition, du moins sous un régime de liberté, et il y a autant de différences entre les hommes qu'il y a d'hommes!

Non-seulement l'égalité des conditions n'est pas possi- ble; mais encore, dit Dunoyer, elle n'est pas désirable; je dirai plutôt, pour exprimer la même pensée, qu'elle n'est pas concevable. Le mécanisme social, dans son fonc- tionnement si complexe, embrasse une multitude de fonc- tions et des postes fort différents, et par les aptitudes qu'ils requièrent, et par la nature des travaux qu'ils imposent.

[1] Dunoyer, t. I, p. 340.
[2] *Ibid*, p. 342.

On ne comprend pas du tout comment tous ces postes seraient remplis dans l'hypothèse d'une complète égalité de
condition entre tous les hommes. « Supposez un instant
« que tout le monde ait reçu la même éducation, jouisse
« de la même fortune....; tout le monde, naturellement,
« voudra faire le travail du savant ou de l'entrepreneur;
« nul ne voudra s'abaisser au rôle de manœuvre; ou bien
« chacun sera obligé de remplir à la fois les fonctions de
« savant, d'entrepreneur et d'ouvrier, ce qui rendra tout
« progrès impossible »[1]. « Sans doute, comme le dit en-
« core notre auteur, l'avantage de l'industrie ne suffirait
« pas pour légitimer le partage violent de la société en
« entrepreneurs et en ouvriers, en riches et en pauvres »;
on se garde bien de dire qu'il faille créer pour cela ou
développer des inégalités sociales; on croit seulement pouvoir affirmer qu'elles sont nécessaires et qu'elles font partie du plan providentiel. J'ai rectifié tout à l'heure le mot
« désirable »; il n'est pas permis de dire que l'inégalité
des conditions est désirable; mais il ne saurait être défendu de constater qu'elle est et ne peut pas ne pas être !
La seule question importante pour l'économiste, pour le
penseur (et à vrai dire, il n'y en pas de plus grave que
celle-là; car elle domine toute l'économie sociale), c'est
la question de savoir si ces inégalités sociales tendent à
augmenter ou à diminuer et quel est le régime le plus
propre à les développer ou à les atténuer.

Si les inégalités sociales sont naturelles et nécessaires,
il est incontestablement désirable qu'elles s'atténuent autant que le permet la nature des choses et en tant bien
entendu que cela serait produit par l'amélioration du sort
des classes placées au bas de l'échelle sociale. Le contraste
de l'opulence et de la misère ne peut avoir que de mauvais effets moraux et sociaux: plus l'inégalité des conditions se développe, plus les classes sociales se divisent entre elles, et cette séparation même entre les classes ne peut
manquer de provoquer ou l'assujettissement des unes aux
autres, ou l'antagonisme et la lutte entre les unes et les autres.

[1] Dunoyer, t. I, p. 353.

M. Paul Leroy-Beaulieu a écrit tout un livre, plein d'ingénieux aperçus, sur la répartition des richesses et « la « tendance à une moindre inégalité des conditions ». Tout son ouvrage est la réfutation du préjugé que « les riches « deviennent chaque jour plus riches et les pauvres chaque « jour plus pauvres ». La fausseté de cette dernière proposition est évidente. Déjà Dunoyer, pour défendre notre état économique actuel contre les attaques et les injures des socialistes, avait multiplié « les preuves de l'accroisse-« ment de l'aisance générale et du bien-être » ; il avait montré la diffusion de la propriété, l'augmentation des salaires, le développement de l'épargne. Il avait insisté aussi, non sans raison, sur les bienfaits que même les plus à plaindre retirent de la civilisation générale. « Ils jouissent, « comme tout le monde, de plus de liberté et de sécurité. « L'immense extension donnée à tous les travaux leur per-« met de trouver plus facilement l'emploi de leurs forces. « Ils circulent dans des rues plus propres, plus spacieuses, « mieux aérées, mieux éclairées. Ils voyagent d'une ma-« nière tout à la fois plus commode, plus rapide et plus « économique. Ils travaillent dans des ateliers plus salu-« bres..... Ils profitent à l'égal des plus riches de l'amélio-« ration de tous les objets d'un usage public et commun. « Il leur est en outre devenu plus aisé de se procurer des « jouissances particulières : une multitude de produits ont « assez baissé de valeur pour descendre au niveau des plus « faibles ressources »[1]. — Tout cela est indéniable. Il est hors de doute que, comme Villermé dans ses enquêtes en recueillait partout l'aveu, comme Dunoyer le répète et comme on peut plus que jamais l'affirmer aujourd'hui, la population ouvrière est mieux logée, mieux meublée, mieux vêtue et j'ajouterai surtout peut-être mieux nourrie qu'elle ne l'était jadis. L'énorme développement de certaines consommations dans cette classe, depuis que Dunoyer écrivait, et particulièrement de la viande de boucherie et de l'alcool suffirait à démontrer sa thèse. Ce n'est pas à dire certes qu'il n'y ait beaucoup à faire ; mais ce n'est pas une raison pour contester le progrès accompli. Et, dirai-je avec Du-

---

[1] Dunoyer, t. I, p. 375.

noyer, dans une remarque qui n'a certes pas cessé d'être vraie, « de ce que cette amélioration a fait naître des be-« soins et créé des habitudes qui empêchent déjà de la « sentir; de ce qu'elle a transformé en nécessité pressante « l'usage de beaucoup d'objets qui passaient jadis pour su-« perflus, il n'en résulte certes pas qu'elle soit moins « réelle »[1]. Quelle transformation sociale il nous serait donné de contempler, si, du jour au lendemain, les classes ouvrières, subitement éclairées et repoussant un poison qui les ruine, consacraient aux besoins de leurs familles et à la prévoyance l'effrayant tribut qu'elles paient sur leur salaire à leur plus cruel ennemi, l'alcool!

Que l'on veuille bien d'ailleurs prendre garde que le trait caractéristique de l'inégalité des conditions sociales, comme aussi son plus fâcheux effet, c'est l'assujettissement d'une partie de la société à une autre, c'est le pouvoir de l'homme sur l'homme. Or, jamais, à aucune époque du passé, ce pouvoir n'a été moindre qu'aujourd'hui. Voyez les rapports actuels entre maître et domestique, entre patron et ouvrier, et comparez avec ce qu'étaient les mêmes rapports il y a seulement un demi-siècle; la transformation est manifeste : plus la moindre dépendance de la part du domestique ou de l'ouvrier; le plus souvent même, plus la moindre déférence, et trop souvent aussi, hélas! la haine sourde et l'hostilité! Ne voyons-nous pas tous les jours, dans les grèves, des ouvriers rentrer à l'atelier après avoir lutté contre le patron, après l'avoir maltraité violemment et ouvertement? Ce sont là des faits que chacun peut voir, que nul ne peut nier, et qui prouvent mieux que tous les raisonnements la diminution des inégalités sociales. Il faut dire que le mouvement législatif a beaucoup contribué à ce résultat, et que bien des dispositions qui avaient pour effet de maintenir certaines classes dans la dépendance, ont été successivement rayées de nos codes; j'en pourrais citer maints exemples : les lois sur la preuve du contrat de travail, sur les livrets, sur les coalitions surtout, etc. Le mouvement est si dessiné qu'il est de nature aujourd'hui à faire naître chez tous les es-

____
[1] Dunoyer, t. I, p. 376.

prits réfléchis et mesurés la crainte que le but ne soit dépassé et qu'après avoir détruit le privilège d'un côté, on ne le rétablisse de l'autre, ce qui ne vaudrait guère mieux et ne serait pas plus légitime.

Certes, la richesse s'est merveilleusement développée en ce siècle, et, comme il y a toujours une partie de la société qui, dénuée de capitaux, n'a que ses bras pour vivre, on est tenté de croire, à ne considérer les choses que sous ce point de vue, que l'abîme se creuse de plus en plus entre elle et les possesseurs de grandes fortunes. Mais, sans compter que ces possesseurs sont moins nombreux qu'on ne se l'imagine communément, on ne réfléchit pas que c'est la richesse mobilière qui a pris ce magnifique essor, alors que la propriété foncière se divisait, d'aucuns disent se pulvérisait, et que les grandes fortunes immobilières s'évanouissent tous les jours ; or, la richesse immobilière donne à son possesseur une puissance incomparablement plus grande que la richesse mobilière ; la première met en son pouvoir les sources mêmes de la production ; la seconde lui procure seulement les moyens d'acheter les produits ; et puis, la richesse immobilière est, par la nature même des choses, concentrée dans quelques mains, tandis que la richesse mobilière peut croître d'une manière en quelque sorte illimitée et les fortunes individuelles se faire contrepoids. Il peut y avoir, entre des individus, une très grande inégalité de richesse, sans inégalité sociale appréciable. Voici deux hommes ; l'un possède un million et l'autre un milliard ; je vois entre eux une énorme inégalité de fortune ; j'y cherche vainement une réelle inégalité sociale, l'un et l'autre ayant amplement le pouvoir de satisfaire à tous ses besoins. Répétons-le : l'inégalité sociale se manifeste surtout par le pouvoir de l'homme sur l'homme, et ce pouvoir provient, soit des institutions sociales, soit de l'impuissance où se trouvent certains individus de subvenir par eux-mêmes à leurs besoins, ce qui les met dans la dépendance d'autres individus. Je viens de parler des institutions sociales : personne n'oserait contester qu'elles n'aient été très énergiquement inclinées dans le sens de l'égalité. Et, d'autre part, une des preuves les plus certaines de l'amélioration matérielle du sort des classes les plus nombreuses est sans nul doute le relâchement général de tous les liens de dépendance.

Les conclusions de Dunoyer sur ce point sont parfaitement fondées. Je ne suivrai pas notre auteur dans sa réponse aux critiques adressées, par les détracteurs de la concurrence, au capital, aux machines, à la division du travail, non plus que dans sa réfutation des utopies de Robert Owen, de Fourier ou de Saint-Simon; ces causes-là sont définitivement jugées et il serait oiseux de nous y arrêter maintenant. Deux thèses de notre auteur méritent seulement de fixer notre attention :

Est-il vrai que l'extension de la libre concurrence et la diminution progressive de la tutelle de l'État soit le meilleur moyen de diminuer les inégalités sociales et d'améliorer le sort des classes souffrantes?

Est-il vrai que la condition des classes ouvrières dépende avant tout du mouvement de la population?

Sur ce dernier point, quelques mots suffiront. A l'époque où écrivait Dunoyer, la théorie de Malthus sur la population était acceptée comme parole d'évangile par toute l'économie politique classique. Elle a été plus tard si visiblement démentie par les faits, qu'on s'est repris à en vérifier les bases et qu'on a dû reconnaître qu'elle n'était qu'une généralisation trop hâtive de faits relatifs et contingents, malgré la laborieuse enquête à laquelle Malthus s'était livré. Cette théorie ne compte, pour ainsi dire, plus de partisans parmi les économistes contemporains, et je crois bien qu'il n'en est pas un qui osât aujourd'hui prêcher en France la contrainte morale de Malthus comme le remède topique aux maux dont nous souffrons.

Malthus semble n'avoir vu dans chaque nouveau-né qu'un consommateur de plus et avoir oublié le producteur. Et Dunoyer semble avoir partagé cette erreur, quand il a écrit : « Je n'exagère rien en disant qu'on est moins « prévoyant, et l'on s'en fait gloire, dans la multiplication « des hommes que dans celle des plantes et des animaux. « Personne ne croirait agir sensément s'il ne proportionnait « le nombre de ses bestiaux à l'étendue de ses herbages[1];

<hr>

[1] Supposons, disait Malthus, qu'on disc à un fermier établi sur des terres

« s'il voulait contraindre son champ à nourrir trois
« ou quatre fois plus d'arbres et de céréales que, dans l'é-
« tat où il se trouve, il n'est capable d'en porter. Mais on
« n'y regarde pas de si près quand il s'agit de l'accroisse-
« ment des familles humaines, et l'on n'admet pas qu'à cet
« égard il faille tenir compte des ressources dont on dis-
« pose et de l'espace qu'on a devant soi »[1]. — Personne ne
soutient que l'homme soit en droit d'abdiquer en ce point
toute prévoyance et qu'il agisse bien en appelant à la vie
de pauvres êtres sans se soucier aucunement de leur avenir; mais il faut convenir que la comparaison faite par
Malthus et Dunoyer n'est pas bonne : si chaque nouvelle
tête de bétail faisait pousser plus d'herbe qu'elle n'en
mange, on ne redouterait pas l'accroissement du nombre
des bestiaux; or, chaque homme, normalement, produit
plus qu'il ne consomme!

Rien n'est bon et utile de ce qui est contraire à la loi
morale. Dunoyer appelle vertu l'obéissance aux préceptes
de Malthus. C'en serait une, en effet, si les disciples l'entendaient comme le maître : « L'abstinence du mariage
« jointe à la chasteté, dit-il, est ce que j'appelle contrainte
« morale ». Mais, hélas! il n'est pas besoin d'être particulièrement initié aux misères humaines pour être assuré
que pas un sur mille ne l'entendront ainsi[2]; et l'on ne peut

---

« à pâturage de garnir sa terre de bestiaux, parce que c'est le vrai moyen
« d'accroître ses profits, tout le monde conviendra qu'on lui donne un fort
« bon conseil. Mais si, pour le suivre, le fermier augmentait le nombre de
« ses bêtes au point de ne pouvoir les nourrir, et qu'elles fussent, en consé-
« quence, amaigries et affamées, il aurait tort sans doute et ne devrait s'en
« prendre qu'à lui-même. Lorsque ceux qui le dirigeaient lui parlaient de
« garnir sa terre de bestiaux, ils entendaient évidemment parler de bêtes
« saines et en bon état et non de bêtes fort nombreuses, mais souffrantes et
« qui ne trouveraient pas d'acheteur ».

1 Dunoyer, t. 1, p. 413.

2 Je suis obligé de constater que Dunoyer lui-même ne l'entend pas ainsi,
puisque, dans un autre passage de son ouvrage (t. I, p. 491, 492), il conseille
formellement aux jeunes gens de se marier, alors même qu'ils manquent de
fortune, et après avoir dit que « c'est la meilleure ligue qu'ils puissent for-
« mer contre l'infortune », il ajoute : « mais pour que cette ligue ait de bons
« effets, il ne suffit pas qu'ils l'aient formée dans des vues sages, il faut encore
« *qu'ils veillent attentivement sur les conséquences;* car, s'ils ne prenaient
« *soin d'en régler, d'en maîtriser les effets,* elle pourrait devenir pour eux
« une cause de découragement et de ruine .... ». Je regrette de trouver une
page comme celle-là dans Dunoyer.

s'empêcher de sourire quand on entend Dunoyer parler, à propos du développement, qu'il trouve excessif, de certaines classes, de « l'abus des forces génératrices », lequel aurait bien plutôt pour effet de mettre obstacle au développement de la population que de le favoriser.

Venons à l'autre thèse. Nul ne contestera que les inégalités sociales doivent être moins sensibles là où les privilèges de toute sorte ont disparu que « dans les États « sociaux où elles sont favorisées par des institutions vio- « lentes »[1]. Mais la pensée de Dunoyer a une portée plus large, et elle paraît bien être que l'inégalité doit diminuer entre les hommes à mesure que la liberté augmente et que la tutelle de l'État se resserre. « Plus on va au fond « de cette question, dit-il, et plus on acquiert l'assurance « que *rigoureusement* les devises du législateur ne s'éten- « dent pas plus loin, et qu'après avoir placé les popula- « tions dans une situation qui n'accorde à aucun ordre de « citoyens d'injustes privilèges sur aucun autre, qui les « protège également tous, qui leur laisse, dans la mesure « de la justice, la pleine disposition de leurs moyens d'ac- « tion, il doit, autant qu'il le peut, éviter de rien faire qui « trouble le mouvement d'ascension et de décadence au- « quel ils sont naturellement livrés, et qui les empêche « de se classer ainsi que le veut le jeu libre et régulier de « leurs forces »[2]. — Que l'État ne fasse rien pour empêcher l'ascension des uns, à la bonne heure! Mais n'est-il point bien dur de prononcer qu'il ne doit rien faire pour arrêter la décadence des autres? On peut aimer passionnément la liberté sans être un amant aveugle! Liberté et égalité, deux mots qu'on a accouplés chez nous depuis un siècle, et que l'on peut marier en effet, à condition de ne pas faire d'erreur sur la personne et de bien entendre qu'il ne s'agit là que de l'égalité en droit. En fait, nul régime n'est plus propre que la liberté à produire l'inégalité. Dans toutes les sociétés fondées sur le régime de la contrainte, les individualités s'élèveront moins haut, mais tomberont aussi moins bas : sous un régime de liberté, elles ne se-

---

[1] Dunoyer, t. I, p. 354.
[2] *Ibid.*, p. 406.

ront ni arrêtées dans leur essor, ni soutenues dans leur
chute. C'est ce qui fait que, dans les familles patriarcales,
il y a beaucoup moins d'inégalité que dans nos sociétés
individualistes. Plus la liberté individuelle sera complète,
plus haut pourront s'élever les individualités éminentes,
et plus bas aussi pourront tomber les êtres inférieurs.

Cela posé, faut-il dire, avec Dunoyer, que « il y a les
« meilleures raisons, à mesure surtout que la justice so-
« ciale devient plus exacte et plus complète, pour s'abs-
« tenir de déranger ce mouvement naturel des individus,
« des familles, des classes, et pour laisser même aux plus
« faibles, *autant que cela est humainement possible,* le soin
« de leur avancement ». — Autant que cela est humainement possible ; il suffit de s'entendre là-dessus ! Mais quand
on lit attentivement Dunoyer, on demeure convaincu que,
conséquent d'ailleurs avec lui-même, il réduit à fort peu
de chose le rôle de l'État. J'admets et je crois, avec Dunoyer, que « les progrès des classes pauvres doivent être
« surtout leur propre ouvrage » [1] ; mais je ne crois pas qu'il
soit défendu de les aider à l'entreprendre et je ne vais pas
jusqu'à dire « qu'on ne peut, pour ainsi dire, rien atten-
« dre pour elles que d'elles-mêmes ». La sentence peut
« paraître cruelle, quand on a lu les pages dans lesquelles
Dunoyer démontre si bien que, « la misère, l'ignorance et
« le vice sont des raisons très fortes pour rester pauvre,
« ignorant et vicieux, et qu'il est d'autant plus malaisé de
« parvenir à un certain degré d'instruction, de moralité et
« de bien-être, que, pour s'élever à cet état, on prend son
« essor de plus bas » [2]. Voici une description psychologique du pauvre, qui n'est que trop vraie, et qui est bien
faite pour nous porter à l'indulgence : « Les privations
« qu'il endure rendent ses appétits plus véhéments et sa
« raison encore inculte l'avertit moins des dangers qu'il y
« a de les satisfaire avec excès... D'une autre part, il est
« plus aigri par la difficulté de vivre ; toutes ses passions
« malfaisantes sont plus violemment excitées et sa raison
« est moins forte pour les contenir..... Dans ses mœurs

---

[1] Dunoyer, t. I, p. 407.
[2] *Ibid.*, p. 347.

« privées, il est sujet à l'intempérance, à l'ivrognerie, à
« l'incontinence ; dans ses relations avec les autres indivi-
« dus, il est plus enclin au vol, au meurtre, à l'injure ;
« dans ses rapports, avec la société, il est plus disposé aux
« émeutes, aux rébellions, au pillage. Il est donc, sous
« tous les rapports, plus entraîné au mal, et, sous tous les
« rapports aussi, la réflexion l'avertit moins du danger qu'il
« y a de mal faire : double raison pour qu'il succombe
« plus aisément aux tentations et ait plus de peine à ac-
« quérir de bonnes habitudes morales »[1].

Mais, si tout cela est vrai, la conclusion logique n'est-elle
pas que c'est un devoir moral et social d'aider le pauvre
à sortir de sa condition misérable ? A-t-on bien le droit
de dire que l'État n'a « qu'à établir entre toutes les classes
« des rapports toujours plus exacts de justice et de li-
« berté » ; que « le reste ne regarde que les individus » ;
que « c'est à eux, dans quelque état qu'ils se trouvent, à
« tâcher de faire de leurs forces un usage assez actif et
« assez avisé pour arriver à une condition meilleure »[2] ?

Je n'incrimine pas les intentions ; avec la conception
qu'il s'était faite de l'État, Dunoyer pensait, de la meilleure
foi du monde, qu'en dehors de la stricte justice, il ne pouvait rien faire d'utile pour la protection des faibles et le
relèvement des classes souffrantes ; et c'est sans nul doute
avec une entière conviction qu'il terminait le chapitre qui
nous occupe, par ces mots : « Ce peut être pour de bons
« esprits le sujet d'un doute sincère que de savoir si la
« part de leurs maux qui est justement imputable à la
« société, et les dangers dont ils la menacent, ne sont
« pas autant venus de l'assistance peu judicieuse qu'elle
« leur a accordée que de la justice insuffisante qu'elle leur
« a rendue »[3]. Et notez que la remarque est fort juste ;
mais elle prouve seulement que l'État doit apporter la plus
grande prudence dans le choix des moyens d'assistance
qu'il emploie, non qu'il puisse se dispenser de toute assistance ! Sans doute, c'est réellement nuire aux classes pau-

[1] Dunoyer, t. I, p. 350, 351.
[2] *Ibid.*, p. 421.
[3] *Ibid.*, p. 421.

vres « que de leur accorder des secours abusifs, que d'a-
« limenter leur paresse, que d'inspirer de la sécurité à
« leur imprévoyance »[1], et il n'est pas douteux que la charité, publique ou privée, faite sans discernement, n'ait
souvent pour résultat d'élargir et d'aggraver la plaie
qu'elle prétend guérir : qui oserait en conclure qu'il faut
bannir toute charité?

La question peut se poser en des termes simples : la
société, en supposant que tout y soit arrangé de la manière
la plus équitable, n'a-t-elle besoin que de justice pour bien
fonctionner? Nous avons tous les jours sous nos yeux des
machines admirables, dont tous les rouages, grands et
petits, s'adaptent les uns aux autres et s'ajustent avec une
merveilleuse précision; la justesse du mécanisme est aussi
parfaite que possible; et cependant nous voyons le méca-
nicien très souvent occupé à verser de l'huile sur ces
rouages si finis, mais qui sont toujours portés à s'échauffer
par le frottement et ne tarderaient pas, si l'on n'y prenait
garde, à faire sauter la machine. La charité est l'huile de
la machine sociale, et elle n'est pas moins nécessaire à
son fonctionnement, et l'on peut être assuré que, sans elle,
la machine ne tarderait pas à éclater!

Vertu privée que la charité! dira-t-on; affaire d'initiative individuelle! Je réponds : oui sans doute; mais aussi
devoir social et affaire d'État! Affaire d'État, parce qu'il y
a certaines formes d'assistance auxquelles on ne saurait
renoncer et qui ne peuvent venir que de l'État, et parce
que aussi, dans une tâche qui n'est pas seulement œuvre
de progrès, mais encore de conservation sociale, il est nécessaire que l'État supplée à l'initiative individuelle, si elle
est insuffisante. Ne faut-il pas qu'il y ait, en suffisante
quantité, des hôpitaux pour recueillir les malades et les
infirmes sans secours et des asiles pour recevoir les alié-
nés? Ne faut-il pas que ceux qui sont sans ressources
puissent gratuitement se faire rendre justice? Ne faut-il
pas qu'une certaine instruction soit assurée à tous, même
à ceux qui sont hors d'état de la payer? Dunoyer conseil-
lait de « laisser le progrès de leur éducation se subor-

---

[1] Dunoyer, t. I, p. 421.

« donner à celui de leur fortune »[1]. — Mais n'y a-t-il pas là
un véritable cercle vicieux? Et n'est-ce pas Dunoyer qui
nous a dit lui-même : « S'il s'agit d'acquérir de l'instruc-
« tion, l'homme des derniers rangs de la société n'est pas
« dans une situation moins désavantageuse. Tout conspire
« à prévenir le développement de ses facultés : la nature
« de ses relations, la simplicité de ses besoins, la grossiè-
« reté et l'uniformité de ses travaux, le peu de loisir qu'ils
« lui laissent, la faiblesse des ressources qu'ils lui procu-
« rent. Aussi, quelque peine qu'il ait à s'enrichir, en a-t-il
« davantage encore à s'éclairer »[2]. — S'il en est ainsi
comment nier l'obligation de venir en aide à ces hommes
des derniers rangs de la société et de mettre, dans la
mesure du possible, l'instruction à la portée de tous?
N'y a-t-il pas d'ailleurs un intérêt social manifeste à ce
que toutes les facultés individuelles soient développées
le plus possible et à ce que l'homme soit de plus en plus
mis en valeur? Et aussi, à ce que les individualités éminentes puissent librement s'élever des couches inférieures
de la société jusqu'aux sommets et y occuper le poste
de direction qui leur appartient naturellement? — C'est
ainsi, par la diffusion de l'instruction, qu'on fait des déclassés! — Peut-être; mais n'est-il pas vrai que les meilleurs remèdes, mal administrés, peuvent causer les plus
graves désordres?

Je pourrais multiplier les exemples; je pense que cet
aperçu doit suffire à montrer que Dunoyer, comme toute
l'école à laquelle il appartient, a, particulièrement en ce
point, méconnu le véritable rôle de l'État. Je ne nie certes pas les dangers de son intervention; mais je n'hésite
pas à proclamer néanmoins que l'État peut apporter une
importante contribution au relèvement des classes pauvres
et qu'il ne saurait déserter cette mission. L'action combinée de l'État et des individus produirait les plus heureux
effets, s'ils pouvaient s'entendre, les individus pour agir,
l'autorité pour organiser l'action; et de très utiles emprunts pourraient être faits dans ce but au système d'El-

<hr>

[1] Dunoyer, t. I, p. 421.
[2] *Ibid.*, p. 350.

berfeld, qui a été souvent décrit[1]. Il est à peine besoin de
dire que l'effort social doit être dirigé bien plutôt en vue
du développement des facultés individuelles, de la prévoyance et de la moralité, que des secours matériels; en
d'autres termes, que l'État doit avoir le constant souci de
circonscrire autant que faire se peut la plaie du paupé-
risme, plus encore que de la soulager.

[1] V. notamment *The fortinghthy review*, octobre 1875; — *Revue écon.
pol.*, 1887, p. 441.

CHAPITRE XI

Des diverses industries et des travaux productifs [1].

***

Nous entrons dans un nouvel ordre d'idées. Après avoir étudié l'humanité dans ses divers âges, Dunoyer la considère dans ses diverses fonctions et il commence naturellement par faire l'inventaire de ces fonctions.

Et d'abord, parmi toutes ces fonctions, quelles sont celles qui sont véritablement productives? Quels travailleurs méritent d'être rangés dans la catégorie des producteurs? Une question primordiale, qui s'est posée dès le premier jour devant la science économique, et sur laquelle elle a longtemps bégayé une incomplète réponse. Dunoyer a eu l'honneur de jeter sur ces définitions des clartés nouvelles et de rectifier bien des idées erronées.

Les Physiocrates avaient dit : Toute richesse vient de « la terre », et ils n'avaient reconnu comme productif que le travail appliqué à la terre; et ils avaient qualifié de *stériles* ou d'*improductives* toutes les classes de la société non adonnées au travail de la terre.

A. Smith avait affecté de se séparer des Physiocrates, en indiquant, à la première ligne de son livre, le travail comme source de toute richesse ; mais, lui aussi, distinguait entre les travaux et il professait que « le travail de quel-
« ques-unes des classes les plus respectables de la société
« ne produit aucune valeur; il ne se fixe, il ne se réalise

***

[1] Je réunis sous ce titre des matières qui sont traitées par Dunoyer dans le liv. V et dans le liv. VIII, ch. I.

« dans aucune chose qui se puisse vendre, qui subsiste
« après la cessation du travail et qui puisse servir à ache-
« ter par la suite une quantité de travail pareille..... Ce
« travail s'évanouit au moment même qu'il est produit ».
Et, sous l'empire des mêmes idées, A. Smith refusera,
par exemple, de ranger une maison d'habitation, lors
même qu'elle est louée et rapporte un revenu à son propriétaire, dans la catégorie des capitaux, sous prétexte
que « cette maison ne produit rien par elle-même; il faut
« que le locataire en paie toujours la rente sur quelque
« autre revenu qu'il tire, ou de son travail, ou de ses
« fonds, ou de la terre, et que le revenu de tout le corps
« de la société n'en reçoit jamais la moindre augmenta-
« tion ».

J.-B. Say avait repris ses devanciers et mis au rang des
professions productives les industries du médecin, de
l'instituteur, de l'avocat, du fonctionnaire, en qualifiant
leurs produits d'*immatériels;* mais il avait dit aussi que
« ces produits n'ont de durée que le temps même de leur
« production » ; « qu'on ne saurait les accumuler »; « qu'il
« ne servent point à augmenter le capital national » ; « qu'il
« n'est pas aussi avantageux de les multiplier que toute
« autre espèce de produits » et que « c'est par des consom-
« mations improductives que l'homme acquiert des con-
« naissances, qu'il étend ses facultés intellectuelles, qu'il
« élève ses enfants, etc. ».

Dunoyer a fort bien mis en lumière le point faible de
toutes ces définitions[1] : « Il n'est point exact de dire que le
« travail de ces classes (celles qui rendent des services)
« ne contribue pas à la production, ou, ce qui revient ab-
« solument au même, que ce qu'elles produisent est con-
« sommé en même temps que produit; ce qui est con-
« sommé, c'est leur travail : il a cela de commun avec celui
« des travailleurs de toutes les classes ; mais l'utilité qui
« en résulte ne l'est certainement pas. C'est faute d'avoir
« distingué le *travail* de ses *résultats* que Smith et ses

---

[1] Déjà Dunoyer avait développé les mêmes idées dans un examen critique
du traité d'économie politique de J.-B. Say, inséré dans la *Revue Encyclopédique*, avril 1827.

« principaux successeurs sont tombés dans l'erreur que
« je signale. Toutes les professions utiles, quelles qu'elles
« soient, celles qui travaillent sur les choses comme celles
« qui opèrent sur les hommes, font un travail qui s'éva-
« nouit à mesure qu'on l'exécute, et toutes créent de l'u-
« tilité qui s'accumule à mesure qu'elle s'obtient……. Ce
« n'est pas le travail qu'on accumule, c'est l'utilité que
« le travail produit ; le travail se dissipe à mesure qu'il se
« fait ; l'utilité qu'il produit demeure » [1].

« Très assurément, dit encore Dunoyer, la leçon que dé-
« bite un professeur est consommée en même temps que
« produite, de même que la main-d'œuvre répandue par le
« potier sur l'argile qu'il tient dans ses mains ; mais les idées
« inculquées par le professeur dans l'esprit des hommes
« qui l'écoutent, la façon donnée à leur intelligence, l'im-
« pression salutaire opérée sur leurs facultés affectives,
« sont des produits qui restent aussi bien que la forme
« imprimée à l'argile par le potier » [2].

Et Dunoyer conclut ainsi : « La seule différence réelle
« qu'il y ait entre ces deux grandes classes de travailleurs
« (ceux qui opèrent sur les choses et ceux qui opèrent sur
« les hommes), c'est que les uns fixent dans les choses des
« utilités d'une certaine espèce, et les autres dans les hom-
« mes des utilités d'une autre espèce ; que les uns don-
« nent aux choses une multitude de formes, de figures, de
« couleurs, de saveurs, et les autres aux hommes une
« multitude, non moins grande, de notions, de connais-
« sances, de talents, d'aptitudes, etc. Mais, quant aux utili-
« tés que les uns fixent dans les choses et que les autres
« réalisent dans les hommes, ce sont également des utilités ;
« ceux qui les produisent sont également des producteurs,
« et il faut dire, en parlant des uns et des autres, qu'ils con-
« tribuent tous, chacun à leur façon, à accroître les pouvoirs
« de l'espèce humaine, à la mettre en possession de quel-
« que moyen particulier de force et de liberté d'action » [3].

J'ai tenu à transcrire toutes ces pages de fine analyse ;

---

[1] Dunoyer, t. I, p. 430, 431.
[2] *Ibid.*, p. 431.
[3] *Ibid.*, p. 439.

Dunoyer a eu d'autant plus de mérite en les écrivant que ces notions avaient été plus obscurcies par ses prédécesseurs. Peut-être va-t-il, à son tour, par une réaction assez naturelle, tomber dans l'excès contraire, et nier des différences réelles. Certes, le philosophe a raison de dire : l'homme ne crée pas un atome de matière, il ne produit jamais que de l'utilité et tous ceux qui créent quelque utilité, de quelque nature qu'elle soit, sont des producteurs ; et Dunoyer a eu raison de « faire entrer dans la société laborieuse plu- « sieurs classes d'individus que les économistes n'y avaient « pas encore admises ». Il y a cependant quelques distinctions à faire, et il me semble que Dunoyer a été emporté trop loin par sa thèse, quand il a mis sur la même ligne, en les qualifiant de producteurs « les officiers civils et militaires, « les ecclésiastiques, les gens de loi, les médecins, les gens « de lettres, les comédiens, les artistes de toute sorte »[1].

Rationnellement, quiconque travaille est un producteur ; mais aussi ceux-là seuls doivent être considérés comme producteurs qui exécutent un véritable travail, et, par exemple, il me paraît impossible de classer dans la catégorie des producteurs le militaire et le prêtre ! J'admets, au contraire, que le poète, l'historien, le compositeur de musique sont des producteurs, au vrai sens du mot : leur poème, leur histoire, leur composition musicale sont des produits véritables, mais des produits *intellectuels*, ou si l'on veut, *immatériels*, et ce sont des produits *qui durent*, pour employer le langage des anciens économistes, exactement comme ceux du charron et du ferblantier. Si celui qui fait une statue ou un tableau pour charmer ma vue est incontestablement un producteur, pourquoi donc celui qui compose un poème pour charmer mon esprit, ou une sonate pour charmer mon oreille n'en serait-il pas un ?

Mais voici l'avocat, le médecin : sont-ce encore des producteurs ? Oui, sans doute ; mais ce qu'ils produisent est de nature un peu différente : ce sont des *services*. « Un mé- « decin, nous dit encore Dunoyer, n'est-il pas « *un produc-* « *teur d'hommes bien portants ?* »[2] — Tout au plus pourriez-

<hr>

[1] Dunoyer, t. I, p. 439.
[2] *Ibid.*, p. 437.

vous dire qu'il est un *producteur de santé*, et la santé n'est pas un produit, c'est un état, une manière d'être; encore oserai-je dire, sans vouloir offenser le corps médical, que le médecin ne produit nullement la santé, laquelle est un état naturel; tout au plus peut-on avancer que, par ses soins, il combat la maladie et qu'il aide quelquefois le malade à recouvrer la santé. Il rend des services, voilà tout, comme l'avocat, comme le professeur, comme le domestique. Est-ce une raison pour refuser à tous ces travailleurs la qualité de producteurs? Si le boucher qui tue et débite la viande que je mange est un producteur, pourquoi donc le cuisinier qui la fait cuire n'en serait-il pas un? Car, en somme, je ne mange pas de la viande crue, plus que je ne mange du mouton sur pied! Quelle différence essentielle y a-t-il entre le boulanger qui pétrit et fait cuire mon pain et le domestique qui prépare et fait cuire mon poulet? Veut-on savoir la cause première de tous ces malentendus? Les premiers économistes, ceux du moins de l'école qu'on a appelée « l'école anglaise » avaient défini l'économie politique « la science de la richesse ». Ils remarquèrent — en quoi ils ne se trompaient nullement — que le médecin, l'avocat, le domestique, même l'historien ou le poète ne produisent pas des richesses; et ils eurent le tort d'en conclure que leurs travaux ne rentraient pas dans l'objet de la science économique. S'ils avaient élargi leur horizon et compris, ce que l'on a essayé de démontrer au début de cette étude, que le véritable objet de la science économique, c'est l'activité de l'homme travaillant à la satisfaction de ses besoins, ils n'auraient pas soulevé toutes ces vaines querelles; et Dunoyer n'en serait pas venu à confondre, par réaction, tous les résultats du travail de l'homme avec la richesse; à soutenir, d'une part, que l'homme ne crée jamais que des produits immatériels [1], et,

---

[1] Dunoyer, t. I, p. 432. — Joseph Garnier dit de même : « Il n'y a pas véritablement de produits matériels et tous sont immatériels; car rigoureusement les produits ne consistent pas en choses, mais en utilité sur les choses ». — C'est une pure subtilité! La statue n'est pas seulement une certaine quantité d'argile ou de marbre; le tableau n'est pas une simple accumulation de gouttes colorées; ce sont bien des produits nouveaux, ayant leur individualité propre et leur nom particulier : *forma dat esse rei*!

d'autre part, que la vertu, l'instruction, le goût sont de vraies richesses[1]. Rien de tout cela n'est exact; l'homme crée incontestablement des produits matériels, bien qu'il ne crée pas la matière dont ces produits sont faits, lorsqu'il fabrique un vase, un couteau ou une locomotive, et seuls les produits matériels constituent la richesse; d'un autre côté, la vertu et l'instruction peuvent être des causes d'acquisition de la richesse, mais ne sont certainement pas des richesses.

Questions de mots! dira-t-on peut-être. En grande partie! Cependant l'erreur des premiers économistes a contribué à accréditer une classification sociale, qui semble avoir acquis aujourd'hui droit de cité, et qui n'en est pas moins mauvaise et dangereuse. On a donné le nom de *classes laborieuses* à tous ceux qui se consacrent au travail manuel, à la production des choses matérielles, ce qui rejette de droit tous les autres membres de la société dans la catégorie des non-producteurs et des oisifs. Quiconque réfléchit n'a pas de peine à se convaincre que beaucoup d'entre eux font un travail qui n'est pas moins pénible et qui est souvent plus préjudiciable à la santé que celui de bien des travailleurs manuels; mais il y a si peu de gens qui réfléchissent et les mots ont chez nous une si grande puissance!

Voici une question plus pratique : Peut-on assigner un ordre hiérarchique aux travaux que l'économie sociale embrasse? J'ai supprimé le mot *rigoureusement*, employé par Dunoyer dans sa formule[2]. Je crois, en effet, qu'il serait fort difficile de leur assigner un ordre « rigoureusement « hiérarchique ». Mais il semble bien que Dunoyer les assimile tous : « Ya-t-il une hiérarchie, dites-moi, entre les « divers appareils qui concourent à l'entretien de la vie « chez l'individu? A quel organe appartient la première « place? Est-ce au système nerveux, au poumon, au cœur, « à l'estomac? Elle n'appartient à aucun, elle appartient « à tous; aucun ne peut se passer des autres; tous tra- « vaillent au développement et à la conservation de la vie

---

[1] Dunoyer, t. 1, p. 434.
[2] Dunoyer, t. I, liv. V, § 6, p. 447.

« commune ». — Cependant, répondrai-je, même en admettant la comparaison, la coupure d'une petite veine n'entraîne qu'un désordre insignifiant dans l'économie animale, tandis que l'ouverture d'une artère pourra causer la mort; une maladie de l'estomac n'a pas la même gravité qu'une affection du poumon; il y a, d'autre part, les excroissances de toute nature, grains de beauté, verrues, kystes, etc., dont l'utilité ne saute pas aux yeux. On peut trouver des analogies à tout cela dans ce que j'appellerai, pour la circonstance, le corps social, bien qu'à mon sens on ait singulièrement abusé de cette image.

Cette assimilation systématique de tous les travaux, de toutes les industries, au point de vue de l'importance, n'est pas une thèse spéciale à Dunoyer; nul ne l'a poussée plus loin que Joseph Garnier, qui appartient d'ailleurs visiblement à la même école; et il n'hésite pas à nous dire « qu'il « y a une parfaite analogie entre les diverses industries et « les divers travaux des hommes, sur les champs, dans les « ateliers ou dans le commerce ». C'est encore la réaction contre les idées trop exclusives des Physiocrates qui a poussé à cet excès; mais le bon sens public ne s'y trompera jamais et jamais il ne sera tenté de mettre sur la même ligne l'agriculteur et le débitant de boissons, le médecin et la danseuse d'opéra! Il est incontestable que, sans qu'on puisse établir une hiérarchie rigoureuse entre les différentes industries, ni qu'il y ait d'ailleurs aucune utilité à le faire, il y a de notables différences entre toutes au point de vue du rôle qu'elles jouent et de l'importance qui leur appartient dans l'économie sociale. Il est, par exemple, incontestable que les industries qui fournissent à l'homme sa subsistance et toutes les matières premières qu'il met en œuvre sont d'une importance capitale, en ce que, d'une part, elles limitent le nombre des hommes, et que, d'autre part, elles entretiennent tout le travail humain. Sans doute, toutes les industries sont solidaires et celles-là se développeront d'autant plus qu'elles trouveront dans les autres de plus larges débouchés; mais ce n'est pas une raison pour contester le rôle de premier ordre qui leur appartient dans l'économie sociale. J'en pourrais appeler à Dunoyer lui-même, qui nous dit quelque part : « avant tout, il faut exister »[1].

Arrivons à la classification des industries. Dunoyer les divise en deux grandes classes, « dont l'une se compose « de toutes les industries qui approprient les choses aux « besoins de l'homme, et l'autre, de toutes celles qui s'exer- « cent directement sur lui »[2]. Dunoyer a rectifié et complété la première classification, celle des industries qui approprient les choses aux besoins de l'homme; on peut dire qu'il a créé la seconde, celle des industries qui s'exercent directement sur l'homme, lesquelles n'avaient pas trouvé place, avant lui, dans les ouvrages des économistes.

Parlons d'abord des industries qui agissent sur les choses. Avant Dunoyer, on les divisait en trois grandes classes : l'industrie agricole, l'industrie manufacturière et l'industrie commerciale, que l'on confondait avec l'industrie des transports. Notre auteur a eu le mérite de compléter et de rectifier cette nomenclature : celle qu'il y a substituée est incontestablement meilleure, bien qu'elle ne soit pas elle-même à l'abri de toute critique.

Et d'abord, Dunoyer a distingué, avec grande raison, toute une série de travaux, qui ne se confondent ni avec l'industrie agricole, ni avec l'industrie manufacturière, et qui « jouent dans l'économie de la so- « ciété un rôle considérable » : « la chasse, la pêche, « l'industrie du bûcheron, celle du carrier, celle du « mineur surtout », toutes industries qui « remplissent « une fonction qui leur est propre, et qui se distingue « nettement de celles qu'accomplissent les trois autres « grandes classes de travaux : elles extraient mécanique- « ment du sein des eaux, des bois, de l'air, de la terre, « sans leur faire subir d'ailleurs aucune transformation « déterminée, des matériaux innombrables, qui servent « ensuite à l'exercice d'une multitude d'arts »[3] (ou à la nourriture de l'homme). Et Dunoyer a proposé de les appeler *industries extractives*, et, depuis lors, cette catégorie

[1] Dunoyer, t. I, p. 512.
[2] *Ibid.*, p. 448.
[3] *Ibid.*, p. 516.

nouvelle a été acceptée par les économistes et elle méritait de l'être, parce que la distinction est conforme à la nature des choses.

Dunoyer a eu le mérite aussi de distinguer l'industrie des transports, qu'il a appelée l'*industrie voiturière*, de l'industrie commerciale, avec laquelle elle avait été confondue. Il est certain que l'acte qui consiste à déplacer les choses, à les transporter, à les changer de lieu, est essentiellement distinct de l'acte consistant à les acheter ou à les vendre.

Et voici la classification que Dunoyer propose : 1º les industries extractives; 2º l'industrie voiturière; 3º les industries manufacturières; 4º l'industrie agricole.

Si le rang avait quelque sérieuse importance, je reprocherais à Dunoyer d'avoir relégué au dernier l'industrie agricole : soit quel'on considère le développement naturel de l'industrie humaine, soit que l'on s'attache à l'importance respective des industries, l'industrie agricole n'est certainement pas à sa place ; si l'on se met au second point de vue, elle devrait être classée en tête; et si l'on s'attache au premier, elle devrait venir après les industries extractives et incontestablement avant les industries manufacturières. « Je ne sais, dit Dunoyer, si des arts qui agissent « sur des choses, l'agriculture est le plus important; mais « il est probablement le plus difficile, puisqu'il est le dernier à se perfectionner ; et si nous voulons aller du sim- « ple au composé, comme le prescrit l'ordre logique, il « sera certainement raisonnable de finir plutôt que de « commencer par cet art »[1]. — La raison n'est pas bonne; et, fût-il vrai que l'agriculture est le plus difficile des arts, il faut pourtant reconnaître que c'est par là que l'humanité a commencé, quand la chasse et la cueillette ne lui suffirent plus.

Mais voici qui est plus grave : dans la nomenclature de notre auteur, qui a si bien mis en relief la distinction de l'industrie voiturière et de l'industrie commerciale, avec laquelle elle était confondue, nous ne voyons plus figurer l'*industrie commerciale* elle-même : et l'on pense bien que

[1] Dunoyer, t. I, p. 518.

ce n'est pas un oubli; c'est de propos délibéré que Dunoyer ne l'y a pas inscrite; il a considéré le commerce comme un acte commun à toutes les classes de travailleurs : « Nous faisons tous des échanges dans la société; nous « sommes tous *marchands* de quelque chose; nous sommes « tous *commerçants;* mais *commercer, marchander, vendre,* « *acheter, échanger* n'est proprement un métier pour per- « sonne. Il y a des hommes qui labourent, d'autres qui fa- « briquent, d'autres qui voiturent, d'autres qui enseignent, « qui prêchent, qui peignent, qui chantent, qui décla- « ment : ce sont là autant d'arts particuliers, autant d'in- « dustries spéciales; *commercer, échanger*, obtenir avec ce « que l'on fait une partie de ce que font les autres, est « un acte commun à toutes les classes de travailleurs »[1]. — Oui, sans doute; et il est parfaitement vrai de dire que « nous sommes tous marchands de quelque chose »; mais il ne l'est plus de dire que « commercer, marchander, « vendre, acheter, échanger, n'est proprement un métier « pour personne »; il y a, au contraire, toute une catégorie de personnes dont c'est le seul métier, et il est vraiment étonnant que Dunoyer ait perdu de vue toute la classe des intermédiaires! Sans doute, tout producteur échange ses produits ou ses services; mais il y a toute une classe dont l'unique occupation consiste à acheter des uns pour revendre aux autres, et cette industrie spéciale mérite bien un examen particulier. Entre le propriétaire de vignobles, qui vend chaque année sa récolte, et le consommateur, auquel, à la rigueur, il peut la vendre directement, se place le plus ordinairement un intermédiaire et quelquefois une série d'intermédiaires, par les mains desquels le vin passe avant d'arriver du producteur au consommateur. L'acte de l'échange se distingue de l'industrie commerciale, ou, pour employer la terminologie de l'économiste américain Carey, le *commerce* se distingue du *trafic*. Sans nul doute, on avait eu tort de donner à l'art des transports le nom d'industrie commerciale; mais Dunoyer a eu tort aussi, après avoir classé à part l'industrie *voiturière*, d'oublier l'industrie *commerciale*.

[1] Dunoyer, t. I, p. 517.

Si l'on répare cette lacune et si l'on adopte la classification suivante, avec les meilleurs économistes : 1° industries extractives; 2° industrie agricole ; 3° industrie manufacturière ; 4° industrie commerciale ; 5° industrie des transports ; on aura, ce me semble, une nomenclature rationnelle et complète des arts qui s'exercent sur les choses. Joseph Garnier a proposé de faire une catégorie spéciale de l'*industrie constructive*, comprenant toutes les branches de travail qui s'occupent de constructions quelconques : bâtiments, ponts, routes, chemins de fer, canaux, ports, etc.; mais tous ces travaux, qui ont pour objet de donner, par une disposition nouvelle, une nouvelle forme à la matière, sans qu'il y ait, comme disait Carey, de ces changements vitaux qui se remarquent dans l'industrie agricole, ne paraissent pas essentiellement distincts des autres industries *manufacturières*.

Si la science économique est redevable à Dunoyer de ce qu'il a complété et rectifié, malgré la lacune qui vient d'être signalée, la classification des industries qui s'exercent sur les choses, elle lui doit surtout l'élargissement de son domaine : une nomenclature et une analyse des « arts « qui agissent sur les hommes » qui lui appartiennent en propre et qui sont l'un des traits les plus remarquables de sa doctrine. Et, après avoir parlé des différentes industries dont on a donné l'énumération, Dunoyer traitera successivement des arts qui ont pour objet la conservation et le perfectionnement de l'homme physique, de ceux qui travaillent à la culture de l'imagination et des facultés affectives, de ceux qui travaillent à l'éducation de nos facultés intellectuelles et enfin de ceux qui travaillent à la formation de nos habitudes morales (éducation, sacerdoce, gouvernement). On pourrait préférer tel autre plan, qui ne serait peut-être pas plus logique ; on pourrait faire des critiques de détail : elles s'évanouissent devant le service que Dunoyer a rendu à la science en lui ouvrant des horizons nouveaux.

CHAPITRE XII

Des conditions générales de la productivité du travail.

Je me permets de substituer ce titre à celui de Dunoyer :
« *Des conditions auxquelles toute industrie peut être libre* ».
On a beau s'être pénétré du sens que notre auteur attache
au mot *liberté*, l'esprit se refuse à y faire rentrer la capacité de l'entrepreneur, ou la division du travail, ou les
machines, ou l'organisation de l'atelier, toutes choses dont
il est traité dans le chapitre que nous abordons[1]. Dunoyer
y étudie d'abord la source de la production et ensuite les
forces qui concourent à la production, ainsi que les conditions matérielles de l'accroissement de la puissance industrielle. Je ne le suivrai pas dans tous ses développements; je m'attacherai seulement à quelques vues nouvelles, à quelques considérations personnelles à notre
auteur.

Dunoyer se demande d'abord quels sont les facteurs de
la production, J.-B. Say avait dit, et la plupart ont répété
après lui : Il y en a trois : le travail, le capital et les agents
naturels, notamment le sol. Dunoyer le gourmande fort
là-dessus et soutient que « le travail est la seule cause
« génératrice » de la production, « de toute l'utilité que

---

[1] Dunoyer dit, par exemple, que « la paresse est un obstacle au libre
« exercice de toute industrie et que l'activité est la première condition de
« toute liberté » (t. I, p. 486); et il ajoute « qu'on en peut dire autant de
« l'avarice, de la prodigalité, de l'ostentation et, en général, de tous les
« vices! »

« nous tirons des choses et de leurs propriétés »[1]. A mon sens, Dunoyer a à la fois tort et raison. Il a raison relativement au capital; il a raison de remarquer que « l'exis- « tence des capitaux n'a pu devancer le travail qui les a « fait naître ». Tout ce qui a été fait par l'homme en vue d'une production, actuelle ou future, rentre philosophiquement dans le travail[2]. Le pêcheur, qui commence par se faire un filet, travaille déjà en vue de la pêche ultérieure. Le capital n'est donc que du travail accumulé, cristallisé! Est-ce à dire que les économistes aient eu tort de le distinguer du travail? Non, parce qu'il joue dans l'œuvre de la production un rôle nettement distinct et qu'il a une fonction toute spéciale. Mais il est bon, d'autre part, de rappeler la communauté d'origine et d'identité de nature, et bien des socialistes se seraient épargné de vaines déclamations s'ils avaient vu le capital tel qu'il est.

Mais Dunoyer a tort quand il confond la terre avec le capital : « Je ne puis, dit-il, découvrir absolument aucune « raison pour faire deux classes séparées des capitaux et « des fonds de terre »[3]. La raison pourtant est simple : la terre, le sol cultivable existe, avec ses propriétés naturelles et même avec ses productions, abstraction faite du travail de l'homme, tandis que le capital n'existe que par le travail de l'homme; et, d'autre part, les lois qui gouvernent la rente foncière diffèrent totalement des lois qui gouvernent l'intérêt des capitaux. Sans doute, la terre peut être améliorée par le travail de l'homme; et c'est pour cela qu'Adam Smith proposait de ranger dans le capital fixe « les améliorations des terres »; ce qui peut être accepté théoriquement, mais ne me paraît avoir aucune utilité pratique, par la raison qui vient d'être donnée : le travail, une fois incorporé à la terre, n'a d'autre effet que d'en modifier les qualités naturelles, de lui faire rendre plus qu'elle ne rendait; mais ce qu'elle rendra sera toujours

---

[1] Dunoyer, t. I, p. 451, 452.

[2] Ce point de vue a été très ingénieusement mis en lumière par M. Charles Menger, professeur d'économie politique à Vienne (V. *Revue d'économie politique*, 1888, p. 577).

[3] Dunoyer, t. I, p. 459.

gouverné par des lois très différentes de celles qui régissent le taux de l'intérêt.

Par une raison analogue, je ne croirais pas, avec Dunoyer, qu'il convienne de réunir sous le nom de capital « toutes les forces quelconques que l'homme a amassées « et qu'il peut employer à en acquérir de nouvelles »[1]; ce qu'Adam Smith appelait les « talents acquis », qu'il classait, lui aussi, dans le capital; et je ne saurais admettre qu'au sens figuré ces expressions de « capital intellec- « tuel », « capital de connaissances et de bonnes habitu- « des »[2], dont on se sert couramment. J'entends bien que cela est le fruit d'un travail antérieur, mais d'un travail qui s'est incorporé à l'homme, dont il a modifié les facultés naturelles, dont il a fait un travailleur plus productif. Quel intérêt y a-t-il à appeler cela du *capital?* Est-ce que le travail de cet homme, plus instruit et plus habile, n'obéit pas, et dans sa fonction économique et dans sa rémunération, exclusivement aux lois qui régissent le travail?

Mais laissons de côté les définitions pour aller au fond des choses. Dunoyer nous a donné une nouvelle analyse des forces qui concourent à la production, dans laquelle se remarque nombre d'ingénieux aperçus. Je parlerai seulement de celles que, pour employer le langage de Dunoyer, le travail a développées dans les hommes, c'est-à-dire des qualités personnelles qui sont nécessaires aux succès des entreprises; car, dans ce que Dunoyer dit de la division du travail, des machines, de l'organisation et de la situation de l'atelier, je ne vois rien qui mérite de fixer particulièrement notre attention.

Mais à lui revient l'honneur d'avoir mis en relief l'influence de la moralité sur le développement de la puissance productive[3]. De quoi serviraient, en effet, et le talent des affaires et toutes les connaissances techniques, sans l'activité, la prudence, l'ordre, l'économie et la tempérance? On peut dire que les qualités morales ont, sur le succès des entreprises individuelles, une influence plus

[1] Dunoyer, t. I, p. 460.
[2] *Ibid., loc. cit.*
[3] *Ibid.*, t. I, p. 484 et suiv.

grande encore que les facultés intellectuelles ; car ce sont les premières qui mettent les secondes en valeur. L'homme peut parfois acquérir la gloire par de brillantes qualités de l'intelligence ; il est bien rare qu'il parvienne à la fortune autrement que par l'énergie morale, l'activité et la tempérance. On peut se faire illusion, en voyant des entreprises qui marchent, en vertu de la vitesse acquise, sous la direction d'hommes auxquels manquent ces qualités essentielles ; si l'on y regarde de près, on constatera toujours que ces hommes ne sont pas les auteurs de leur fortune et que beaucoup d'entre eux sont en train de la dissiper. C'est donc avec grande raison que Dunoyer dénonce comme autant d'obstacles au succès des entreprises la paresse, l'avarice, la prodigalité, l'ostentation et, en général, tous les vices. « Il n'est pas de vice, dit-il, qui n'ait pour « effet de diminuer notre puissance, de réduire nos moyens « d'action. L'un ruine nos forces corporelles ; l'autre, nos « facultés mentales ; celui-ci, notre fortune ; celui-là, notre « considération ; la plupart, plusieurs de ces biens ensem- « ble ; quelques-uns, toutes nos facultés à la fois »[1].

Dunoyer fait encore une pénétrante observation psychologique, quand il signale comme particulièrement nécessaire à l'homme industrieux « la passion du bien-être, « un désir violent de se tirer de la misère et de l'abjection, « cette émulation et cette dignité tout à la fois qui ne lui « permettent pas de se contenter d'une situation inférieure « toutes les fois que, par un travail honorable, il voit la « possibilité de s'élever à un état meilleur »[2]. A vrai dire, *la vertu* que Dunoyer a en vue, c'est l'énergie morale, laquelle peut être excitée par des causes diverses, par ce qu'il appelle « la passion du bien-être », par l'amour paternel, par l'ambition même, qui est légitime et féconde quand elle est contenue dans de justes bornes. Il n'y a pas de plus grand obstacle à l'amélioration du sort des classes pauvres que la résignation passive et indifférente, qui brise en elles tous les ressorts de l'activité. Et Dunoyer signale avec raison comme la cause principale des progrès immenses

[1] Dunoyer, t. I, p. 489.
[2] *Ibid., loc. cit.*

accomplis par le peuple anglais ce besoin dont il est possédé plus qu'aucun autre « d'accroître son aisance, ses
« commodités, de se procurer, comme il le dit, une exis
« tence *confortable* »; c'est le caractère général de la race
anglo-saxonne, et c'est sans nul doute une des causes de
ses succès sous toutes les latitudes. Pourquoi faut-il que
Dunoyer ait cru devoir mettre même au-dessus de l'énergie
morale et signaler comme une des premières vertus privées
de l'homme industrieux « la contrainte morale » de Malthus et dans des conditions telles que la pratique en est
nécessairement immorale[1]?

En ce qui concerne les facultés *intellectuelles* qui concourent à la production, Dunoyer distingue la *capacité de
l'entrepreneur* et *l'art* ou la *capacité technique*. La première comprend, d'après lui : 1° le talent de la spéculation en industrie; 2° le talent de l'administration industrielle; 3° la comptabilité en industrie. Dans la *capacité
technique*, il fait rentrer : 1° la connaissance pratique de
la profession ou du métier; 2° la fonction industrielle
de la science pure; 3° le talent de l'application des découvertes scientifiques à l'industrie; 4° l'exécution ou la main-
d'œuvre.

Il eût été, je crois, plus logique de distinguer nettement
trois espèces de travaux, qui remplissent des fonctions
spéciales et exigent des qualités particulières : le travail
d'invention, le travail de direction et le travail d'exécution.
Il est permis de regretter aussi que Dunoyer n'ait pas
traité à fond, avec sa pénétration habituelle, le travail
d'exécution et les conditions les plus propres à en développer la productivité. Mais on lui doit, d'autre part, une
remarquable analyse des talents qui sont nécessaires à
l'entrepreneur.

Le premier est une exacte connaissance du marché et
de ses besoins, que Dunoyer appelle le *talent de la spéculation*. Il est clair, en effet, que la première question à résoudre est celle de savoir ce qu'il convient de produire et
d'offrir sur le marché, et aussi dans quelles limites cela
doit être produit et offert. Pour y répondre, il faut, avec

---

[1] Dunoyer, t. I, p. 491, 492. Le passage a été cité plus haut.

une connaissance exacte de l'état du marché, un jugement sûr et une prévoyance toujours en éveil. Ce sont là les conditions premières du succès; et « il ne faut pas croire, « comme Dunoyer en fait la très juste remarque, que « toute entreprise, quel qu'en soit l'objet et quel qu'en « puisse être le résultat, est utile au moins en ce sens qu'elle « a le bon effet de procurer du travail aux classes ouvriè- « res; car les classes ouvrières sont précisément celles « qui souffrent le plus des entreprises légèrement for- « mées. Le plus grand tort que l'on puisse faire à des pau- « vres ouvriers, c'est de les attirer dans des entreprises « destinées à périr »[1].

Sans que les observations de Dunoyer sur la nécessité, « pour pouvoir produire, de savoir d'abord ce que la so- « ciété demande, ce qu'elle est en état et en disposition d'a- « cheter » aient perdu de leur vérité et de leur utilité pra- tique, on doit signaler une transformation remarquable, et d'ailleurs peu heureuse, dans les mœurs commerciales, au moins relativement à certains produits, particulière- ment les vêtements et l'ameublement : il semble qu'en ces derniers temps beaucoup de producteurs se soient plus préoccupés de faire à leurs rivaux une concurrence à ou- trance par l'abaissement des prix que de s'enquérir de la quantité des besoins. Cette question se lie à celle du « *Sweating-system* », qui a été souvent décrit en ces der- niers temps et qui l'a été d'une façon particulièrement re- marquable par M. Levasseur en ce qui concerne les États- Unis[2]. C'est ainsi que, dans ce pays, « les trois quarts des « vêtements étaient faits, il y a une trentaine d'années, sur « commande, et la confection figurait à peine pour un quart « dans le produit total ; au recensement de 1890, elle « était portée pour les trois cinquièmes dans une production « de vêtements d'hommes et de femmes dont la valeur « dépassait 300 millions de dollars et qui était surtout « concentrée dans les villes..... C'était d'abord dans l'atelier « du manufacturier et sous ses yeux que le travail se fai-

<hr>

[1] Dunoyer, t. I, p. 467, 468.

[2] V. notamment dans les *Séances et Travaux de l'Académie des sciences morales et politiques*, l'*Ouvrier américain* (1896) ; et dans la *Revue d'économie politique*, le *Sweating-system aux États-Unis* (1896, p. 721).

« sait, comme celui de l'article de commande. Peu à peu,
« l'extension des affaires a amené une division du travail
« qui est poussée, pour ainsi dire, à l'infiniment petit. Il y a
« des ouvriers qui ne font que poser des boutons, d'autres
« ourler des boutonnières et qui ne savent faire que cela…
« Le manufacturier livre à un entrepreneur (*contractor*)
« les pièces à confectionner par centaines et par milliers ;
« les entrepreneurs traitent avec des ouvriers en chambre
« ou avec des sous-entrepreneurs qui s'adressent aux ou-
« vriers en chambre… Les entrepreneurs, se faisant une
« rude concurrence par les plus fort rabais qu'ils peuvent,
« se récupèrent en payant peu l'ouvrier, sur lequel il faut
« que la série des intermédiaires prélève un bénéfice, quel-
« que minime qu'il soit….. A Chicago, ces entrepreneurs
« et sous-entrepreneurs, les *sweaters*, comme on les appelle,
« se plaignent d'être victimes des marchands, qui ne ces-
« sent de réduire les prix ; depuis quatre ans, affirme le
« Bureau du travail, cette réduction est de 15 à 50 0/0 et
« plus ; pour certains articles, les *contractors* recevaient
« 60 cents en 1882 et 24 en 1892, et l'ouvrier, qui gagnait
« 9 doll. 60 par semaine, n'en gagne plus que 4,80 ; et
« le statisticien qui donne ces chiffres fait observer que
« cette réduction éloigne du métier les bons entrepreneurs
« et laisse la place aux moins scrupuleux. Aussi, l'opinion
« publique s'est émue, en Amérique comme en Angleterre[1],
« de la situation de ces travailleurs, qui semble aller en
« empirant….. A Boston, on nous dit que la croisade contre
« la confection est un chapitre dans l'histoire du vêtement » ;
à Philadelphie, que « le mal est devenu si grand que les
« citoyens, les femmes, les syndicats, toutes les classes de
« la société se sont unies pour le déraciner….. La Cham-
« bre des représentants a chargé, en 1892, son comité des
« manufactures de faire une enquête spéciale sur ce sujet.
« Le comité, dans son rapport a non-seulement exposé les
« faits, mais il s'est appliqué à démontrer que le « swea-

---

[1] En Angleterre, un Comité de la Chambre des Lords a publié une grande enquête, en 7 volumes, sur le « Sweating system » (1888-1890). Une opinion très répandue est que le mal vient surtout d'une commande de l'ouvrage par contrats et sous-contrats qui font que le gain qui devrait aller au travailleur est absorbé par une série d'intermédiaires.

« ting-system » créait un grave danger pour la santé pu-
« blique, parce que les vêtements, imprégnés de microbes
« dans les taudis où ils étaient confectionnés, devenaient
« des propagateurs d'épidémies, que les lois locales étaient
« inefficaces contre le mal et que le congrès avait le droit
« de légiférer sur la matière, puisque la fabrication et la
« vente se faisant d'État à État, il s'agissait d'un « Inters-
« tate commerce »[1].

On ne verra pas là, je pense, une inutile digression. Il
importait de signaler les nouvelles pratiques du commerce,
que Dunoyer n'a pas connues, qui ne se rencontrent pas
seulement aux États-Unis et en Angleterre, mais tendent à
se généraliser; car elles impliquent de nouvelles mœurs[2]
et requièrent vraisemblablement des qualités nouvelles; et
elles ne sont pas non plus sans jeter quelque ombre sur le
séduisant tableau qu'il a tracé de la concurrence, dans laquelle il a placé une confiance sans bornes. Il ne faut pas,
pour cela, anathématiser la concurrence; mais aussi, il ne
faut pas fermer les yeux sur les maux qu'elle peut causer,
même sans avoir recours à des moyens criminels, quand
elle devient excessive et fiévreuse. Voilà l'évidente confirmation d'une vérité qui nous est déjà acquise : à plus de
vie, il faut plus de règles, c'est-à-dire plus de moralité.....
ou de contrainte !

Au talent de la spéculation industrielle, il faut, comme
le dit très bien Dunoyer, joindre le « talent de l'administra-
« tion industrielle », dans lequel on peut faire rentrer l'art
de la comptabilité, que Dunoyer en distingue; enfin, il y
faut joindre encore, c'est l'évidence même, la capacité
technique, le savoir professionnel. La division de plus en
plus grande de la production en tâches parcellaires n'a
rien changé aux conditions nécessaires, à la direction des
entreprises; elle a seulement rendu la tâche des entrepreneurs plus vaste et plus complexe. Il faut toujours que le
pouvoir dirigeant ait la nette compréhension de l'ensemble
et le savoir professionnel capable de juger de tous les détails.

---

[1] M. Levasseur, *Revue d'économie politique*, 1896, p. 721 et suiv.
[2] Voir un article de M. du Maroussem sur les *Grands magasins tels
qu'ils sont* (*Revue d'économie politique*, 1893, p. 922).

Je ne m'arrêterais pas davantage sur ce sujet, si je
n'avais quelques observations à faire sur la manière dont
Dunoyer comprend l'instruction. Plusieurs des critiques
que Dunoyer adressait au système en vigueur de son temps
ont perdu leur raison d'être. Ainsi, il n'est plus exact de
dire : « Lorsqu'on veut préparer un jeune homme à une
« pratique ferme et éclairée des arts, on commence par lui
« donner une éducation littéraire. En Europe, en France
« surtout, la rhétorique est la base fondamentale de l'ins-
« truction que reçoit quiconque aspire à exercer une pro-
« fession distinguée ; on fait après son éducation scienti-
« fique ; il passe ensuite dans ce qu'on appelle les écoles
« d'application et il n'arrive qu'à la fin, en dernier lieu,
« et le plus tard, le plus mal, le plus incomplètement
« possible à la pratique »[1]. Depuis longtemps déjà, sous
des noms divers, on a mis, à côté de l'enseignement dit
classique (lequel d'ailleurs ne reste pas étranger aux
sciences), un enseignement ayant un objet plus pratique.
Je n'ai pas à faire ici de comparaison entre ces ordres d'enseignement ; j'aurai d'ailleurs l'occasion de revenir plus
tard, avec Dunoyer, sur cette question. Je veux seulement
me demander s'il est vrai « qu'il faudrait commencer par
« la pratique ; que la théorie et ses applications devraient
« venir après et qu'il serait toujours temps d'arriver à la
« rhétorique »[2]. Je laisse provisoirement de côté cette
pauvre rhétorique, qui ne mérite pas le mal qu'on en dit
parfois, puisque c'est à elle que l'homme doit encore une
partie de ses plus nobles jouissances ; mais j'estime que
Dunoyer, toujours absolu, a dépassé le but en demandant
que la pratique précède la théorie.

« Je souhaiterais, dit-il, que l'on commençât par en
« venir au fait de prime abord, et autant que possible, en
« toutes choses, c'est-à-dire qu'en toutes choses on se
« plaçât le plus tôt possible au milieu des faits même de
« la profession qu'on est destiné à exercer »[3]. Je crois, au
contraire, qu'en principe la théorie doit précéder l'appli-

<hr>

[1] Dunoyer, t. I, p. 474.
[2] *Ibid., loc. cit.*
[3] *Ibid.*, t. I, p. 478.

cation et que, s'il est bon d'y joindre la pratique pour l'éclairer, celle-ci ne saurait jamais marcher la première et qu'elle a besoin d'une certaine préparation. Par exemple, il me paraît que les exercices pratiques « dans les amphi-« théâtres de dissection et dans les hôpitaux, au pied du « lit des malades », ont besoin, pour être suivis avec fruit, d'avoir été précédés d'une solide éducation scientifique. Dunoyer allègue que, « s'il est une chose qui soit naturelle « à l'homme, c'est d'agir d'abord et de réfléchir après »[1]. Rien n'est plus vrai; et l'on peut dire à sa décharge qu'il est bien quelquefois forcé de se comporter ainsi. Nul ne soutiendra pourtant, j'imagine, qu'il ne vaudrait pas mieux qu'il réfléchît toujours avant d'agir! L'instinct parle d'abord; la raison vient ensuite; mais précisément la raison n'a-t-elle pas pour mission de rectifier et de diriger l'instinct? « Tous les arts ont commencé d'une manière empi-« rique. La plupart des découvertes ont été faites empiri-« quement, et les sciences, qu'on met à leur tête, ne sont « venues expliquer, la plupart du temps, que ce qu'ils « avaient trouvé sans elle. En principe, c'est la bonne « manière d'aller : il faut apprendre l'art avant la science « et la pratique avant la théorie »[2]. — Point! il faut apprendre la théorie avant l'art, pour bien l'exercer! Et si l'on me dit que « tel homme profondément versé dans la théorie de « la mécanique ne saurait souvent comment s'y prendre pour « faire des choses dont le plus grossier manœuvre vient aisé-« ment à bout », je réponds que votre homme n'est qu'à mi-chemin; qu'il s'initie à la pratique et il sera un parfait artisan!

J'ai hâte de quitter ces généralités, pour arriver, avec Dunoyer, à l'étude des conditions propres aux différentes industries et j'y suivrai, bien entendu, l'ordre qu'il a suivi. Mais je ne le suivrai pas dans tous ses développements : parfois il est tombé dans la technologie et parfois il s'est condamné à des redites, par exemple quand il a repris l'influence des mœurs privées à propos de chaque industrie. J'essaierai de dégager, pour les soumettre à la critique, les opinions de notre auteur sur les questions principales.

[1] Dunoyer, t. I, p. 475.
[2] *Ibid.*, p. 475.

CHAPITRE XIII

Des industries extractives.

Rappelons tout d'abord qu'à Dunoyer revient l'honneur
d'avoir mis en lumière l'importance capitale des industries
extractives, leur fonction spéciale, leurs procédés particuliers, et de leur avoir assigné une place à part dans la
classification des industries humaines. Sans doute, l'individualité propre de ces industries n'eût pas manqué de se
dégager un jour ou l'autre; car leur importance s'est encore considérablement accrue depuis l'époque à laquelle
Dunoyer écrivait; mais cela ne diminue en rien le mérite
qu'il a eu de combler une véritable lacune dans la science
économique.

Quelques chiffres rapprochés de ceux de Dunoyer mon-
treront le développement pris par ces industries minières
depuis un demi-siècle. En 1835, la production des houillères anglaises était évaluée à 26 millions de tonnes, et,
d'après les chiffres communiqués par M. Levasseur à la
société de statistique[1], elle était déjà de 86 millions
de tonnes en 1860, de 110 en 1870, de 181 en 1892. Elle
est montée à 205 millions de tonnes en 1897. En France,
la valeur de la production minérale annuelle, qui était
évaluée par Dunoyer, d'après les documents officiels
de l'époque, à 214 millions de francs, était, d'après la statistique du ministère des travaux publics pour 1893, de
330 millions *sur le carreau de la mine;* elle dépassait 383

---

[1] *Journal de la société de statistique de Paris,* 1893, p. 22.

millions en 1897. La production de houille du monde entier, qui était de 12 1/2 millions de tonnes au commencement du siècle, montait à 485 millions en 1889! Frédéric Le Play avait raison de dire que « le xixᵉ siècle sera « surtout distingué par l'histoire comme inaugurant l'âge « de la houille ».

La production des métaux précieux n'a pas pris un développement moins remarquable. Voici un résumé saisissant, que j'emprunte au remarquable rapport publié, en 1896, par l'administration des monnaies et médailles, sous la direction de M. de Foville : Au xviᵉ siècle, la production des métaux précieux représente une valeur de moins de 80 millions par an en moyenne; au xviiᵉ siècle, 115 millions; au xviiiᵉ siècle, 193 millions; de 1800 à 1850, 227 millions; de 1851 à 1875, plus de 930 millions, l'or entrant dans ce chiffre pour plus des deux tiers; de 1876 à 1885, environ 1.000 millions, l'argent représentant, au pair, une valeur presque égale à celle de l'or; de 1886 à 1890, près de 1.340 millions par an, dont plus de 750 millions d'argent; enfin, de 1891 à 1895, 1.934 millions par an! Et, rien que dans cette courte période, la progression a été si rapide que, pour l'or, on passe de 677 millions en 1891, à 1.630 millions, en 1895, et, pour l'argent, de 939 millions à 1.144 millions, au pair!

Ces chiffres suffisent à donner une idée de l'importance considérable qu'ont prise dans l'économie sociale, tant au point de vue de la production que de la circulation, les industries minières.

Dunoyer signale encore, avec raison, l'influence du développement de ces industries sur le progrès économique des contrées où sont situés les lieux d'exploitation[1]. La gigantesque industrie houillère de la Grande-Bretagne a développé sur son sol un immense atelier industriel qui absorbe les 5/6 de sa production; le sixième environ (29 1/2 millions de tonnes), qui est exporté, suffit à lester ses navires marchands, à leur assurer un fret de sortie lucratif. L'annotateur de Dunoyer signalait ce fait[2] que la

<hr>

[1] Dunoyer, t. I, p. 531.
[2] *Ibid.*, t. I, p. 534.

Californie produisait à peine, avant 1848, de quoi subvenir aux besoins de 15.000 habitants, chétifs et misérables. Dix ans plus tard, ? 1858, sa population, suivant M. Levasseur, atteignait le chiffre de 508.000 âmes; son agriculture et son industrie s'étaient développées dans des proportions tout à fait extraordinaires. Allons au pays des « champs d'or », au Transvaal, et nous y constaterons les mêmes phénomènes : des villes qui n'existaient pas il y a trois à quatre ans et qui ont surgi comme par enchantement et se sont peuplées avec une merveilleuse rapidité, dans le milieu physique le plus défavorable [1] !

Et pourtant, comme le remarque judicieusement Dunoyer, « les opérations des mines, naturellement si attrayantes, sont en même temps pleines d'incertitudes et « de danger. Il n'en est pas qui parlent plus vivement à « l'imagination, qui la trompent davantage, qui donnent « lieu à plus de déceptions, qui soient plus sujettes à tomber dans le jeu et dans l'agiotage : ce sont de véritables « loteries et il n'en est guère où abondent davantage les « billets blancs. Partant, il n'en est guère où, pour éviter « les mauvais billets, il faille plus d'intelligence, de dex- « térité et d'habileté. Si l'on avait à cet égard des doutes, « il ne faudrait, pour s'en affranchir, que songer un peu à « la fréquence des erreurs où tombent les entrepreneurs « d'exploitation de mines. Sur un total de 736 mines con- « cédées, que présentait chez nous, en 1840, le compte- « rendu de l'administration des mines, il n'y en avait que « 449 d'exploitées : 287, plus du tiers, ne l'étaient pas..... « Encore, sur le nombre de celles-là qu'on exploite, com- « bien n'en est-il pas dont les exploitants se ruinent, ou ne « font que des affaires minimes ou nulles » [2]. Les chiffres des dernières statistiques sont plus significatifs encore : à la fin de 1893, le nombre total des mines concédées en France et en Algérie était de 1443, dont 1392 pour la France; sur ce nombre 502 seulement étaient en exploitation; c'est-à-dire que les concessions exploitées dépassaient

---

[1] V. les correspondances de M. Pierre Leroy-Beaulieu dans l'*Économiste français*, notamment 1896, 1re partie, p. 5, 165.

[2] Dunoyer, t. I, p. 537.

à peine le tiers des concessions instituées; et, de plus, sur les mines de combustibles minéraux en exploitation, il y en avait la moitié en perte (150 contre 151 exploitées avec bénéfice)! L'histoire contemporaine des mines d'or du Transvaal sera un chapitre nouveau, et des plus instructifs, à ajouter aux exemples, déjà si nombreux, que l'on a pu enregistrer relativement aux fréquentes déceptions de la production minière.

Ces considérations diverses donnent une importance toute particulière à la question de savoir à quel régime légal les mines doivent être soumises, soit quant à la propriété, soit quant à l'exploitation. C'est la question dominante à laquelle je veux m'attacher, pour apprécier, en laissant de côté certains détails techniques et certains lieux communs, les idées de Dunoyer.

Ces idées peuvent se résumer en deux mots : propriété de la mine au propriétaire du sol; liberté entière d'exploitation, sauf répression en cas de dommage.

A qui doit appartenir la propriété des mines? Au propriétaire du sol, dit Dunoyer. — A l'inventeur, dit un second système. — A personne, dit la loi du 21 avril 1810; du moins à celui-là seul auquel l'État en aura fait la concession; et cette loi abandonne seulement les carrières au propriétaire du sol.

Y a-t-il, dans cette différence de traitement qui résulte de la loi française pour les mines et pour les carrières, la contradiction que Dunoyer a relevée[1]? On peut dire, ce semble, que les produits des carrières diffèrent d'une manière moins tranchée du sol cultivable que les produits des mines; surtout qu'ils ont une bien moindre importance, et que la loi a pu, *utilitatis causa*, abandonner l'exploitation des carrières aux propriétaires de la surface, sans qu'on puisse tirer de là un argument valable en ce qui concerne les mines. Je me sépare ici très résolument de Dunoyer et je ne vois pas le moindre fondement rationnel à la théorie dite « de l'accession », d'après laquelle la propriété de la mine reviendrait de droit au propriétaire du sol. Je sais que les législations de l'Angleterre, des co-

_____
[1] Dunoyer, t. I, p. 559.

lonies anglaises, du Canada, de l'Australie, des États-Unis, de la Russie ont attribué la propriété des mines au propriétaire du sol. La loi peut faire cette attribution, si elle juge qu'elle est la plus conforme à l'utilité sociale, sans qu'on puisse en inférer que les mines appartiennent de droit au propriétaire de la surface, et il convient de remarquer que, dans tous ces pays, la propriété foncière a de grandes dimensions, tandis que, dans le nôtre, elle est extrêmement divisée. Dunoyer a vu l'objection; je ne crois pas qu'il y ait répondu péremptoirement : « Je ne nie point « que le morcellement n'eût pu être, en certains cas, une « circonstance défavorable. Mais qui est-ce qui eût exigé « que l'exploitation du tréfonds se morcelât comme celle « de la superficie? Non-seulement cela n'était pas néces- « saire; mais cela n'eût pas été possible. Comment veut- « on que les propriétaires de petites parcelles de terre « eussent pu avoir l'idée de s'engager dans les énormes « dépenses qu'exigent la recherche, la mise en rapport et « l'exploitation d'une mine? N'auraient-ils pas senti bien- « tôt que la première condition d'un tel travail, c'était que « ceux qui l'entreprenaient disposassent d'un capital suf- « fisant et puissent se mouvoir dans un certain espace? « N'auraient-ils pas été, en conséquence, naturellement for- « cés à se réunir, à se concerter?... »[1] — Mais qui ne voit, surtout dans une matière où les illusions sont si fréquentes, où l'avenir est si incertain, les inextricables difficultés et les obstacles positifs à l'exploitation qui seraient résultés de toutes ces prétentions rivales?

Au reste, ce n'est pas sur le terrain de l'utilité sociale, c'est au nom du droit que Dunoyer réclame la mine pour le propriétaire du sol; et cette prétention-là me paraît difficilement soutenable. « Les mines, dit-il, font essentielle- « ment partie du sol, et, par conséquent, de la propriété du « sol »[2]. — La vérité est, au contraire, qu'elles en sont

---

[1] Dunoyer, t. I, p. 564. — M. Paul Leroy-Beaulieu, parlant de ce régime dit que « la très grande liberté qu'il assure a donné à l'industrie des mines partout où il est en vigueur, un très vif élan »; mais il reconnaît que, dans un pays au sol très divisé comme la France, les inconvénients seraient un peu plus grands (T. II. p. 50).

[2] Dunoyer, t. I, p. 563.

essentiellement distinctes, puisqu'elles se composent de substances absolument différentes! — « C'est avec un parfait « bon sens que la loi commune a dit que la propriété du « sol implique celle du dessous ». — La loi a voulu, dans l'article 552 du Code civil, affirmer l'énergie du droit de propriété; mais il n'en résulte aucunement que la propriété du dessous; — non plus que celle du dessus, qu'elle reconnaît aussi au propriétaire, soit une conséquence logique et nécessaire de la propriété du sol! — Mais, dit-on encore « où voudrait-on faire cesser la propriété de la sur- « face? A un mètre de profondeur, à deux, à dix, à cent? « Où est la ligne de séparation, je vous prie? » — Rien de plus simple! Elle est déterminée par la nature des choses. Quelque fondement que l'on donne à la propriété indivi- duelle du sol, soit qu'on la considère comme un droit na- turel fondé sur le travail de l'homme, ou comme une institution de la loi établie en vue de l'utilité sociale, il n'y a nulle raison pour qu'elle dépasse les limites du sol culti- vable et s'étende à des substances absolument impropres à la culture. « — Quelqu'un, ajoute Dunoyer, se trouve-t-il, « à l'égard de ces richesses, dans une meilleure situation « que lui? Quelqu'un, par conséquent, peut-il y avoir plus « de droit qu'il n'en possède? Et si nul n'y peut acquérir « des droits que par les travaux qu'exigera leur extraction, « n'est-il pas naturel qu'il puisse se les approprier ainsi « plutôt que personne? » — Mais, si nul n'y a plus de droit que lui, la conclusion toute simple est celle qu'en tire la loi française : la mine n'appartiendra à personne, si ce n'est à celui auquel la concession en sera faite par l'État!

Il est pourtant un second prétendant, l'inventeur; et c'est à lui que le nouveau projet de loi déposé chez nous en 1886 proposait, en principe, d'attribuer la propriété des mines, sauf à appliquer; dans certaines régions à déter- miner par décret, le système de l'adjudication publique. Le système de la mine à l'inventeur est pratiqué dans les États allemands : en Prusse (loi du 24 juin 1865), en Ba- vière, en Wurtemberg, dans le Brunswick, dans la Hesse, dans l'Alsace-Lorraine, etc., en Autriche (loi de 1854), sauf le droit de l'administration de décider si le gisement signalé est exploitable. Dans d'autres pays, l'inventeur n'a qu'un droit de préférence et il doit justifier de moyens techniques et financiers suffisants pour que l'exploitation lui soit confiée; il en est ainsi en Italie et en Portugal. En Espagne (décret du 29 décembre 1868), c'est le prix de la course : quiconque demande la propriété d'une mine l'obtient, sans qu'il ait à faire constater l'existence d'un gisement, ni à exécuter des travaux.

En proposant d'attribuer la propriété de la mine à l'inventeur, le nouveau projet avait pour but avoué d'encourager les travaux de recherche; on a même ajouté que c'était une conception « démocratique et sociale ». Il n'est pas très facile de pénétrer le sens d'une semblable formule. Ce qui est démocratique, c'est de ne pas constituer de privilèges fondés sur le hasard ou l'arbitraire et de ne reconnaître la propriété à l'inventeur que si vraiment il y a droit. Or, il me semble impossible de voir, dans le seul fait de découvrir un filon, le principe d'un droit exclusif et absolu sur toute une mine, qui peut s'étendre fort loin en largeur et en profondeur et dont l'inventeur lui-même ne connaît ni l'étendue, ni la structure. Par la nature des choses, l'occupation, qui est déjà pour les immeubles un titre d'acquisition fort discutable, ne saurait s'appliquer aux mines. Ajoutons, au point de vue de l'utilité sociale, que l'inventeur est le premier venu et peut n'offrir aucune garantie sous le rapport d'une bonne exploitation des mines. L'inventeur a rendu service; il a droit à une récompense; et l'équité veut que cette récompense soit, autant que possible, proportionnée au service rendu : voilà tout.

Le propriétaire du sol et l'inventeur écartés, la conclusion s'impose : la mine, en principe, n'appartient à personne, ou, plus exactement, elle appartient à tout le monde, à la communauté tout entière, qui s'est développée au-dessus et qui lui a, par cela même, communiqué sa valeur; elle fait partie du domaine public; et il appartient à l'État d'en faire la concession de la manière la plus conforme à l'utilité sociale. Dunoyer voit mal les choses, quand il dit :
« Le droit attribué à la nation n'a été que le déplacement
« du droit anciennement attribué à la royauté : on faisait

« succéder la nation à la royauté, on l'a fait succéder
« à ses privilèges; la Révolution a voulu tout donner
« au peuple, comme l'ancien régime voulait tout don-
« ner au roi. En ceci, comme en mainte autre matière,
« ç'a été la même extension abusive des principes de la
« souveraineté, dont on ne faisait en réalité que déplacer
« le siège »[1]. — La Révolution a transporté le principe
même de la souveraineté du roi à la nation, et c'est son
honneur; mais il n'y aurait ici une extension abusive de
la souveraineté que si les mines pouvaient être légitime-
ment revendiquées par quelqu'individu, et je crois avoir
montré qu'il n'en est rien!

Est-ce à dire que le système suivi en France pour la
concession des mines soit irréprochable? Il s'en faut de
beaucoup, à mon sens, et Dunoyer a raison de signaler
« les obsessions, les intrigues, l'agiotage auxquels il peut
« si aisément donner lieu », « la tâche pénible et délicate
« qu'il impose à l'autorité de choisir entre les préten-
« dants », et l'on peut ajouter surtout l'arbitraire qu'il
comporte nécessairement et qui est peut-être plus à
craindre que jamais avec nos mœurs parlementaires actuelles.

Le remède? dira-t-on. Il serait, si je ne me trompe, dans
l'application aux mines du système de l'adjudication publique, qui supprimerait toute injustice et tout arbitraire
et qui aurait l'immense avantage de faire profiter, dans
la mesure du possible, la communauté de la valeur des
mines, valeur qui provient tout entière, le travail d'invention et le travail d'extraction étant rémunérés, de la
communauté elle-même. Je sais que le système de l'adjudication, qui avait trouvé place dans un projet de loi de
1848, est repoussé par nombre d'excellents esprits; mais
je ne vois pas que les raisons alléguées contre lui soient
péremptoires, tandis que ses avantages sont incontestables.

On a dit que, le prix des mines mises en adjudication
tombant dans les caisses du Trésor, ce serait contraire à
la théorie qu'une mine est une *res nullius* tant qu'elle n'appartient à personne; que ce serait admettre que la mine fait

[1] Dunoyer, t. I, p. 562.

partie du domaine de l'État et qu'on arriverait par là à
cet étrange résultat qu'une loi démocratique introduirait de
nouveau dans notre législation le droit régalien[1]. — Mais
cette idée, dont, nous l'avons vu tout à l'heure, s'offusquait
Dunoyer, n'a, en vérité rien de troublant. Très certainement, la mine faisant partie intégrale du territoire national, et ne pouvant d'ailleurs être revendiquée par personne,
appartient à la nation.

Le Conseil d'État, dans un avis du 2 mai 1878, décla-
rait mauvais le mode de l'adjudication, parce que l'adoption de mesures efficaces pour empêcher les spéculateurs
de concourir aux adjudications est presque impossible, et
souvent les mines seraient attribuées à des gens n'ayant
pas l'intention de les exploiter et ne cherchant qu'à réaliser
un bénéfice en les revendant. Quand il serait vrai, autant
que cela me paraît peu fondé, qu'il fût très difficile d'é-
carter les spéculateurs, est-ce qu'on les écarte aujourd'hui?
et, le plus souvent, est-ce bien le concessionnaire qui exploite la mine? Cela m'amène tout naturellement à un
autre argument, assez spécieux.

On a dit que le système de la mise aux enchères aurait
l'inconvénient de grever les exploitations de mines à leurs
débuts d'une lourde charge, de renchérir par suite le pain
de l'industrie. Mais, comment les choses se passent-elles
souvent en pratique? Le propriétaire de la surface se fait
concéder la mine; puis il cède, moyennant finance, le
droit d'exploitation à quelque entrepreneur, à quelque
compagnie, française ou même étrangère. J'en connais
qui se sont fait ainsi de fort beaux revenus; mais, en bonne
justice, si la mine doit être vendue, ne vaudrait-il pas
mieux qu'elle le fût au profit de la communauté? La pratique que je signale paraît assez générale; car, voici ce
que je lis dans Dunoyer : « Quoique les propriétés soient
« infiniment moins morcelées en Angleterre qu'en France,
« il arrive très rarement, dans le premier de ces pays,
« que les mines soient exploitées par les propriétaires de
« la surface du sol. Elles le sont par les entrepreneurs de
« ce genre d'industrie, qui traitent directement avec les

<hr>

[1] M. Charles Gomel, *Économiste français*, 1er janvier 1887, p. 4.

« propriétaires, et qui, avant de se livrer à l'exploitation,
« commencent par s'assurer pour 90 ans la jouissance
« d'un périmètre suffisamment étendu. L'usage est d'ac-
« corder une redevance de *tant* par mesure de minerai.
« C'est l'objet du débat entre l'entrepreneur et le pro-
« priétaire... »[1]. — Voilà la condamnation et du système
anglais « du droit d'accession » et du système français de
la concession gratuite! Très souvent, la mine est exploitée
par un entrepreneur ou une compagnie qui en paie le prix
soit au propriétaire, soit à l'heureux concessionnaire; il
serait incontestablement plus juste que le prix en revînt à
la communauté tout entière. Serait-il d'ailleurs impossible
d'imaginer un système qui écarterait tout à fait l'argument
tiré du renchérissement du prix de revient, qui, même à
ce point de vue, serait très préférable à la pratique actuelle? Ne pourrait-on pas faire porter les enchères, non
sur un prix ferme, mais sur un *tant pour cent*, que l'adjudicataire s'engagerait à abandonner sur ses produits nets,
ou mieux sur un tantième par chaque tonne extraite? Ce
système ne serait pas moins conforme à l'équité qu'à
l'utilité sociale : l'adjudicataire ne risquerait par de dé-
bourser une somme considérable pour une mine qui ne lui
donnera peut-être aucun bénéfice; et la société ne risquerait pas de recevoir une somme peut-être dérisoire pour
une mine qui peut donner des rendements considérables.

M. Paul Leroy-Beaulieu objecte à ce système que « il
« est naturel que les mines soient concédées à ceux qui y
« ont fait les premiers travaux et qui ont risqué des capi-
« taux pour s'assurer de l'existence, de l'importance et
« de la qualité du gisement ». « Il serait, dit-il, trop facile,
« quand une personne a consacré 40.000 ou 50.000 francs,
« par exemple, à étudier et à reconnaître un filon, quand
« elle l'a trouvé, ou croit l'avoir trouvé, qu'un autre sur-
« vînt pour se faire adjuger la mine, en offrant des condi-
« tions plus favorables »[2]. — On peut répondre qu'on expo-
sera rarement de semblables frais avant d'être sûr d'avoir
la concession et qu'en toute hypothèse l'inventeur

[1] Dunoyer, t. I, p. 565, note 1.
[2] *Traité d'économie politique*, t. II, p. 53, 54.

devrait être indemnisé des frais avancés par lui.

Le système de l'adjudication publique ferait tomber toutes les critiques que l'on a parfois adressées à la perpétuité des concessions : la part de l'État augmenterait d'elle-même avec les bénéfices des exploitants[1].

Passons maintenant à la question d'exploitation. Dunoyer critique, non sans raison, l'ingérence excessive de l'État ; peut-être va-t-il trop loin dans ses critiques. Il dépasse certainement la mesure quand, après avoir reconnu la nécessité de la surveillance de l'État, il ajoute que « cette « surveillance pouvait très aisément être exercée en dehors « de toute régie des mines et n'exigeait assurément pas « que le gouvernement s'emparât de la direction même de « cette sorte d'exploitations, qu'il prît la place des exploi- « tants ou se mît à leur tête ». — Le mal n'a jamais été aussi grand que Dunoyer veut bien le dire.

Il y a, en cette matière, trois points de vue à considérer : la sécurité des travailleurs, l'étendue et la manière d'être des concessions, l'exploitation technique et commerciale.

On ne saurait nier à l'État le droit de surveiller l'exploitation minière au point de vue de la sécurité des travailleurs. Dunoyer le reconnaît : « On devait se préoccuper « dans une juste mesure de l'*abus qu'on pouvait faire des* « *forces employées* (cette concession est remarquable chez « notre auteur), des imprudences, des témérités, des né- « gligences où l'on pourrait se laisser aller et qui seraient « de nature à compromettre la vie des ouvriers, la solidité « du sol, la *conservation des richesses minérales* (cela encore « est à noter). Il fallait définir et prohiber les plus graves « et les mieux caractérisées de ces imprudences et de ces « incuries, *veiller à empêcher qu'elles ne fussent commises,* « ne pas attendre qu'elles eussent causé des malheurs pour « les poursuivre et les punir ; les châtier plus sévèrement

---

[1] Un système dont je n'ai pas parlé plus que Dunoyer, et qui ne mérite pas qu'on s'y arrête, est celui de l'exploitation des mines en régie. Il a été appliqué dans quelques gisements allemands, qui sont constamment en perte. L'État n'a manifestement aucune des qualités requises pour diriger une exploitation minière ; il n'y a aucune raison pour qu'il s'en charge et assume par là une très grave responsabilité (Voir *Revue socialiste*, 1891, p. 619 ; — Benoit Malon, *Le socialisme intégral*, t. II).

« quand on n'aurait pu les réprimer à temps et qu'elles
« auraient entraîné quelque catastrophe »[1]. — Dunoyer
reconnaissait évidemment par là le droit de contrôle et de
surveillance de l'État, et il ne saurait être, en effet, sérieusement contesté dans son principe. Les applications seules
peuvent prêter à la critique. En voici une récente, qui me
paraît de ce nombre : je veux parler de la loi du 8 juillet
1890, *sur les délégués à la sécurité des ouvriers mineurs.*
Cette loi dispose que des délégués seront élus par les ouvriers mineurs à l'effet de visiter les travaux souterrains
des mines, dans le but exclusif d'en examiner les conditions de sécurité pour le personnel qui y est occupé; ces
délégués sont choisis parmi les ouvriers ou anciens ouvriers de la circonscription dans laquelle ils opèrent; ils
ont pour mission de visiter les lieux en cas d'accident,
lequel doit leur être immédiatement notifié par l'exploitant; leurs observations sont consignées sur un registre
spécial, fourni par l'exploitant et constamment tenu à la
disposition des ouvriers; toutes les journées de visite sont
payées comme journées de travail par le Trésor, mais qui
recouvre les frais avancés par lui sur les exploitants
comme en matière de contributions directes.

Cette loi-là ne me paraît pas bonne; elle est empreinte
d'un mauvais esprit, d'un esprit de défiance hostile à l'é-
gard des exploitants et elle manque d'équité, c'est-à-dire
de la première condition des lois. Si je croyais que cette
loi fût de nature à sauver seulement une vie humaine, je
passerais condamnation; mais je crains qu'elle n'ait d'autre
effet que de mettre en évidence quelques politiciens de
bas étage et de soulever des conflits préjudiciables à tous,
mais particulièrement aux ouvriers. L'État a, dans le corps
des ingénieurs et des contrôleurs des mines, un personnel
dont la compétence ne saurait être mise en doute, non
plus que l'impartialité; il peut, au moyen de ce personnel,
exercer une surveillance constante sur l'exploitation des
mines et prévenir les accidents, autant du moins que cela
peut être fait; et je n'hésite pas à dire que c'est pour l'État
un devoir impérieux et qu'il ne doit négliger aucun sa-

---

[1] Dunoyer, t. I, p. 566.

crifice pour qu'il soit scrupuleusement rempli. Mais était-il
besoin pour cela de faire élire par les ouvriers des inspecteurs pris parmi eux? L'élection est-elle le meilleur
moyen de découvrir la capacité technique? Si le délégué
est un ouvrier en exercice, aura-t-il toute l'indépendance
nécessaire? Et si c'est un ancien ouvrier, peut-être con-
gédié par l'exploitant, aura-t-il toute l'impartialité désirable? N'y a-t-il pas à craindre que soient choisis comme
délégués les ouvriers les plus remuants, les beaux par-
leurs, les politiciens d'estaminet? Et leur influence, dans
les rapports du travail et du capital, ne sera-t-elle pas funeste? Et, enfin, est-ce que, aujourd'hui, sans élection et
sans mandat spécial, les ouvriers manqueraient de signaler
un danger, s'il leur apparaissait, et peut-on croire qu'ils
ne seraient pas écoutés? Et, après tout cela, y a-t-il quelque justice à mettre à la charge des exploitants les frais
d'une inspection de cette nature? On s'est inspiré de la
législation anglaise; mais comme on l'a travestie! La
loi anglaise du 10 août 1872 porte que les ouvriers
employés dans une mine pourront, de temps en temps,
désigner quelques-uns d'entre eux pour faire, à leurs frais,
l'inspection de la mine. Le propriétaire, gérant ou directeur, peut les accompagner dans leur visite où les faire
accompagner par un ou plusieurs employés de la mine.
Ainsi, la nomination est facultative et la visite aux frais
de ceux qui la font; et il faut ajouter que l'institution des
délégués mineurs n'est pas sérieusement entrée dans la
pratique en Angleterre. La législation anglaise est autrement pratique et sage que la nôtre! On croit, chez nous,
pouvoir tout se permettre à l'égard des exploitants, à
raison du caractère gratuit de la concession; mais c'est
peut-être un des meilleurs arguments contre le système
de la gratuité!

L'étendue et la manière d'être des concessions a une
importance considérable au point de vue de l'exploitation
et peut en prendre une non moins grande au point de vue
commercial. La concession a notamment pour objet d'assurer aux exploitants une superficie suffisante. Le dernier
projet de loi soumis aux Chambres proposait de limiter le
périmètre des mines de combustible à 800 hectares et celui

des autres mines à 500 hectares. D'après la législation en
vigueur, l'étendue des concessions peut être et est souvent
plus considérable : celle d'Anzin comprend 11.851 hectares; celle d'Aniche, 11.500; celle de Carmaux, 8.800, etc.
Et la plupart des grandes sociétés minières ont plusieurs
concessions : les différentes concessions de la compagnie
d'Anzin portent sur 28.054 hectares! C'est la plus grande
exploitation houillère du Nord. Ces chiffres-là, il faut bien
le dire, ont quelque chose de troublant sous le régime des
concessions gratuites; il n'en serait pas de même sous un
régime d'adjudication publique; et il est certain qu'il y a
de sérieux avantages à donner aux sociétés minières des
périmètres étendus; les conditions de l'extraction sont
moins onéreuses; l'amortissement du capital peut être réparti sur une plus longue période de temps, et la société
qui a devant elle un long avenir est par cela même portée
à s'intéresser davantage au sort de ses ouvriers. Ce sont
évidemment des considérations de cette nature qui ont fait
interdire le partage des mines (art. 7 de la loi de 1810),
sans autorisation préalable du gouvernement. Pareille
autorisation est nécessaire (et cette nécessité est peut-être
mieux justifiée) pour réunir plusieurs concessions dans la
même main (décret du 23 octobre 1852) : on pourrait
craindre la constitution de monopoles dans le genre de
ceux qui ont accaparé les pétroles aux États-Unis.

Dans les cas qui précèdent, l'intervention de l'État me
semble justifiée. Pour tout ce qui concerne l'exploitation
technique et commerciale, je crois, au contraire, avec Dunoyer, que l'État devrait renoncer à toute ingérence et à
toute prétention à la direction.

La loi de 1810 ne prononce pas le mot de déchéance,
dont il a été trop parlé dans ces derniers temps. Les premières rédactions soumises au Conseil d'État assimilaient
en quelque sorte le concessionnaire d'une mine à un entrepreneur de travaux publics; mais Napoléon insista vivement pour faire triompher l'idée de propriété, avec toute
ses conséquences. Dunoyer rappelle quelques observations
de lui, très significatives : « Il serait absurde, disait-il, de
« souffrir que de petits ingénieurs, qui n'ont rien que la
« théorie, vinssent régenter des gens expérimentés et qui

« exploitent leur propre chose ». Et comme un membre
avançait qu'il faut qu'il y ait des règlements pour que les
mines ne dépérissent pas : « Il n'en faut point, répondait
« l'empereur; on doit s'en rapporter à l'intérêt personnel,
« comme pour l'exploitation d'un champ »; et il ajoutait
cette profession de foi, que Dunoyer aurait signée des deux
mains : « C'est un grand défaut dans un gouvernement
« que de vouloir être trop père; à force de sollicitude, il
« ruine à la fois la liberté et la propriété ». L'empereur
avait raison : on doit s'en rapporter à l'intérêt personnel;
car c'est, en pareille matière, la meilleure garantie. Com-
« ment admettre, par exemple, dit fort bien Dunoyer, que
« l'administration puisse décider quand les concession-
« naires devront exploiter et dans quelle mesure ils de-
« vront le faire? Peut-elle être juge de cela? Se char-
« gera-t-elle d'indemniser les exploitants des pertes où elle
« pourrait les entraîner par ses exigences? Et, si elle ne
« peut se charger de les indemniser, peut-elle, en bonne
« conscience, les contraindre à exploiter[1]?

L'article 49 de la loi du 21 avril 1810 portait : « Si l'ex-
« ploitation est restreinte ou suspendue de manière à in-
« quiéter la sûreté publique ou les besoins des consomma-
« teurs, les préfets, après avoir entendu les propriétaires,
« en rendront compte au ministre, pour y être pourvu ainsi
« qu'il appartiendra. » C'était un recours éventuel à ces
pouvoirs arbitraires que n'hésitait pas à s'attribuer parfois
le gouvernement impérial; mais il n'y avait pas de sanction régulière. Cette sanction a été apportée par la loi du
27 avril 1838. D'après cette loi, lorsque plusieurs mines,
situées dans des concessions différentes, sont atteintes ou
menacées d'inondation, les concessionnaires peuvent être
contraints par le gouvernement, après enquête, à exécuter
en commun et à leurs frais les travaux nécessaires, soit
pour assécher les mines inondées, soit pour arrêter les
progrès de l'inondation; en cas de résistance des concessionnaires, le Ministre des travaux publics fait procéder
d'office à l'exécution des travaux d'assèchement, et le retrait de la concession peut être prononcé, sauf recours au

---

[1] Dunoyer, t. I, p. 569.

Conseil d'État, pour refus de paiement des taxes dues par les propriétaires des mines et pour refus de paiement des travaux exécutés d'office.—Cette intervention, que Dunoyer n'a pas visée, me paraît légitime. Mais je n'en saurais dire autant de l'autre disposition de la loi de 1838, d'après laquelle, dans tous les cas où l'exploitation serait restreinte ou suspendue de manière à inquiéter pour la sûreté publique ou les besoins des consommateurs, il pourrait être procédé au retrait de la concession et à l'adjudication de la mine. L'administration, à la vérité, s'inspirant constamment d'une circulaire célèbre du 29 décembre 1838, n'a usé jusqu'ici qu'avec une extrême prudence de l'arme qui était mise entre ses mains; mais l'arme n'en est pas moins dangereuse, et nous avons vu naguère certain parti la sommer de s'en servir dans des cas qui étaient bien loin des prévisions de la loi, notamment dans des conflits entre patrons et ouvriers, dans le but de vaincre la résistance des premiers? Raison de plus pour condamner une ingérence qu'aucune bonne raison ne justifie. Dans un système d'adjudication aux enchères, l'État pourrait, sans encourir aucun reproche, et devrait donner aux exploitants une complète sécurité de possession et une très grande liberté d'exploitation.

CHAPITRE XIV

De l'industrie voiturière.

Quand on parcourt le chapitre que Dunoyer a consacré à « la liberté de l'industrie voiturière », on est surpris de constater qu'il est tombé lui-même dans une confusion grave, qu'il avait vivement reprochée à ses prédécesseurs entre l'industrie commerciale et l'industrie voiturière : les autres avaient absorbé l'industrie des transports dans l'industrie commerciale; Dunoyer absorbe l'industrie commerciale dans l'industrie voiturière. C'est ainsi qu'il parle de fausses spéculations auxquelles s'est livrée l'industrie voiturière en Angleterre en faisant des énormes envois de fonds aux nouveaux États de l'Amérique du Sud, ou en accumulant, en 1835, un stock extraordinaire de cotons qui fit monter les prix à un taux insensé[1]. C'est ainsi encore qu'il enseigne « qu'après s'être soigneusement informé des « besoins, l'entrepreneur de voiturage doit examiner avec « la même attention si ces besoins ne sont pas déjà satis- « faits et s'il dépend de lui de les mieux satisfaire »[2]. Et enfin, ce qui est caractéristique et vraiment surprenant, c'est à propos de l'industrie voiturière, dans le § 9, qu'il fait l'examen critique du régime prohibitif et du système protecteur! La méprise est évidente : l'industrie voiturière fournit à l'industrie commerciale son instrument néces- saire; mais elle ne se confond nullement avec elle!

Je laisserai provisoirement de côté ce qui concerne le

[1] Dunoyer, t. II, p. 11 et 12.
[2] *Ibid.*, t. II, p. 13.

commerce, dont Dunoyer traite dans son livre XIIe; et je me bornerai à montrer avec lui l'importance et les progrès de l'industrie voiturière et à apprécier les idées sur le système réglementaire qui lui convient.

Dunoyer remarque, avec raison, que, « sans l'interven- « tion du voiturage, nul travail ne serait possible, car nul « travailleur ne possède naturellement sous la main toutes « les choses dont il a besoin pour agir »[1]. Cette remarque, qui semble presque puérile, est cependant de nature à faire comprendre, quand on y réfléchit, la capitale importance de l'industrie des transports dans tout le procès de la production. Depuis le commencement jusqu'à la fin et à chaque phase intermédiaire, son intervention est nécessaire. Dunoyer, qui a eu le tort de ne pas séparer l'industrie commerciale du voiturage, reconnaît que ce dernier « est éga- « lement indispensable pour la création et pour le débit de « tous les produits »; il est l'instrument obligé, non-seulement du commerce, mais de toute industrie humaine.

C'est que, d'une part, le mouvement constitue la vie, et que, d'autre part, la distance est un des plus grands obstacles que l'homme ait à vaincre pour parvenir à la satisfaction de ses besoins divers. Tout perfectionnement dans les transports implique un mouvement plus rapide et plus étendu, c'est-à-dire une vie plus intense, et, en même temps une diminution de l'obstacle de la distance, c'est-à-dire une vie plus facile et plus agréable. « Le pro- « grès social, a dit M. de Foville, dans une remarquable « étude sur les transports[2], complique la vie, l'élargit peu « à peu, multiplie les besoins de l'homme dans la même « proportion que ses ressources; et c'est cette multiplica- « tion qui explique l'incessante augmentation des mouve- « ments qui accompagnent la vie intérieure et extérieure « des peuples civilisés. Il existe entre les progrès de la « civilisation générale et ceux de l'industrie des transports « une sorte de parallélisme; on en trouve la preuve dans « l'histoire de tous les temps; on la trouve surtout dans « l'histoire des cent dernières années. Le commerce de la

---

[1] *Ibid.*, t. II, p. 3.

[2] *Dictionnaire d'économie politique*, de M. Léon Say, v° *Transports.* — V. aussi, du même auteur : *La transformation des moyens de transports.*

« France avec l'étranger a plus que décuplé depuis 1789;
« les Anglais, dans le même intervalle, ont accru leur
« trafic extérieur dans l'énorme proportion de 1 à 25.
« En totalisant les importations et les exportations de
« toutes les parties du monde, on arrive actuellement
« à un chiffre total de 90 milliards de francs environ. Il y
« a 30 ans, on n'arrivait pas à 40 milliards et, si le calcul
« avait été possible, il y a 80 ou 100 ans, on n'aurait peut-
« être pas trouvé 5 milliards ». L'industrie voiturière dans
ses formes variées, est l'instrument et comme le thermomètre de la circulation sociétaire, laquelle est elle-même
tout à la fois la cause et l'effet de la civilisation.

Il est dès lors facile de se faire une idée de l'étroite soli-
darité qui unit l'industrie voiturière à toutes les autres
industries; elle ne vit que par les autres et les autres ne
se meuvent que par elle; c'est une dépendance constante
et réciproque. Le progrès des transports tend constamment
à abaisser et à niveler les prix, et il produit ce double résultat, qui semble à première vue inconciliable, d'augmenter la valeur des choses pour le producteur et de la
diminuer pour le consommateur : il suffit, pour s'en
convaincre, de considérer l'effet produit sur le blé américain par l'abaissement progressif du coût des transports
entre l'ancien et le nouveau continent; n'a-t-il pas élevé le
prix du blé en Amérique de manière à provoquer la mise
en culture des immenses plaines du Far-West, en même
temps qu'il abaissait le prix sur tous les marchés du Vieux-
Monde, au point de faire de l'avilissement du prix du blé
une cause nouvelle et vraiment originale de terreur?

Dunoyer, en traitant « *de la capacité technique dans l'in-*
« *dustrie voiturière* », « *des conditions matérielles du déve-*
« *loppement de l'industrie des transports* » et « *de l'emploi*
« *des machines dans l'industrie voiturière* », a noté les
progrès que cette industrie avait déjà réalisés de son
temps. Il a pu saluer déjà l'apparition de la locomotive,
« un instrument plus merveilleux encore que la machine
« et les roues si puissantes qu'adapte à ses navires la na-
« vigation à vapeur »[1]. Et que de progrès accomplis depuis

---

[1] Dunoyer, t. II, p. 89.

que Dunoyer écrivait : « Les chemins de fer se sont, eux
« aussi, transformés, tout en se propageant, et les perfec-
« tionnements successifs de l'outillage n'ont pas moins
« contribué que la multiplication des lignes et le dévelop-
« pement des réseaux à faire de la locomotive l'agent le
« plus actif de la civilisation contemporaine ! »[1]

A l'époque à laquelle Dunoyer écrivait, le réseau de chemins de fer français se bornait à la ligne de Paris à Saint-
Germain. Au 1er janvier 1896, il y avait en France, en chiffres
ronds, 40.500 kilomètres en exploitation! Il y en avait en
Europe 251.391 et la longueur totale du réseau de notre
planète s'élevait à 687.550 kilomètres, dont 364.975 kilomètres, plus de la moitié du réseau total, appartient à
l'Amérique[2].

Le très intéressant Album de statistique graphique publié sous la direction de M. Cheysson, par le ministère des
travaux publics, contient[3] une planche indiquant la progression des tonnes kilométriques sur les chemins de fer
et les voies navigables et celle des voyageurs kilométriques
sur les chemins de fer. Que de progrès depuis le temps
de Dunoyer! De 2 milliards de tonnes environ en 1847, le
tonnage est monté, par une progression ininterrompue, à
près de 16 milliards de tonnes en 1892, sans que le trafic
des autres voies de terre en ait souffert, comme l'attestent
les recensements de la circulation sur les routes nationales.
Cette plus-value de 14 milliards de tonnes kilométriques a
été créée de toutes pièces par les canaux et les chemins de
fer, grâce à l'abaissement des prix de transport sur les
réseaux et n'a rien coûté aux voies antérieures. C'est donc
14 milliards de tonnes qu'on ne transportait pas autrefois
et qu'on transporte aujourd'hui, et qui représentent la
mise en valeur de richesses inexploitées, les communica-
tions entre des bassins jadis fermés, l'essor de l'industrie
et du bien-être.

En ce qui concerne les déplacements d'hommes, cette
statistique nous révèle une augmentation, depuis 1847,
de 8 à 9 milliards de voyageurs kilométriques créés par

[1] M. de Foville, *Dict. d'économie politique*, v° *Transports*.
[2] *Journal de la société de statistique de Paris*, 1896, p. 393.
[3] *Album* de 1893.

les chemins de fer! S'il est vrai que le mouvement constitue la vie économique, on peut juger par ces chiffres de l'expansion de vie qui est déjà résultée du perfectionnement des transports.

Deux causes principales ont produit ces merveilleux résultats : la rapidité et le bon marché des transports perfectionnés.

« La rapidité des déplacements, disait Dunoyer, s'ac« croît presque autant que la masse des hommes et des « choses transportés; et si l'on voulait comparer, par « exemple, l'allure de nos diligences d'il y a 30 ans à celle « des locomotives actuelles, on verrait que la vitesse « moyenne des transports a quintuplé »[1]. — Elle a fait bien d'autres progrès aujourd'hui, comme le fait voir un graphique saisissant de l'Album de M. Cheysson de 1888, auquel nous emprunterons seulement quelques indications. Voici quelle était, à différentes époques, la durée en heures du trajet de Paris à

	En 1650.	En 1782.	En 1834.	En 1887.
Marseille......	359	184	80	31,58
Strasbourg	218	108	47	8,49
Lille..........	165	42	22	3,50
Nantes........	227	108	41	9,11

Et, en même temps que la vitesse était si prodigieusement accélérée, le prix allait constamment en diminuant. Sur nos routes, il a y cent ans, la tonne kilométrique revenait encore, après tous les progrès réalisés depuis le transport à dos d'homme, à 0,50 centimes environ (décret du 6 ventôse an II); il était de 0,30 centimes en 1814; de 0,25 centimes vers 1830; de 0,20 centimes encore à la fin du règne de Louis-Philippe; aujourd'hui, la locomotive transporte les marchandises en petite vitesse, en France, à moins de 0,06 centimes par tonne kilométrique. Aux États-Unis, le *census* de 1880 fixait à 0,04 centimes le coût moyen de la tonne kilométrique; ce n'était plus que 3,75 en 1882, 3,17 en 1886, 2,84 en 1890, 2 centimes seulement sur les grandes lignes de l'Est; et les grains ont parfois voyagé

[1] Dunoyer, t. II, p. 94.

pour moins de 1 centime. « On peut dire, conclut M. de
« Foville, qu'en Amérique les chemins de fer ont réduit
« de plus de 90 0/0, dans une foule de directions, les dis-
« tances mesurées en argent ».

Et le télégraphe, dont le réseau global dépasse aujour-
d'hui 1.500.000 kilomètres, sur lesquels sont expédiées
environ 300 millions de dépêches par an, et qui permet aux
hommes de se communiquer leurs pensées instantanément
d'un continent à l'autre! Et le téléphone, qui leur permet
de se parler, à des centaines de lieues de distance, comme
s'ils étaient face à face! « Si, dit encore M. de Foville, cette
« mobilisation universelle s'était effectuée peu à peu, par
« l'action successive des siècles, ce serait encore un des
« traits les plus caractéristiques de l'évolution des so-
« ciétés humaines; mais il a presque suffi d'une génération
« pour mener à bien cette métamorphose et cela aura
« presque été un coup de théâtre, comparable à ceux dont
« le magique tableau nous est offert par le vieux Perrault
« dans *la Belle au bois dormant* et par Jules Verne dans
« le *docteur Ox* ». Et il ajoute : « Il ne faudrait pas re-
« monter bien loin dans l'histoire *du monde pour trouver*
« des siècles où il y a eu moins de mouvement sur la terre
« qu'il ne s'en produit de nos jours en un an ».

On s'attarderait volontiers sur ce « tableau magique »;
mais revenons à Dunoyer, pour apprécier ses idées relativement au régime légal le plus convenable à l'industrie
voiturière.

L'État possède incontestablement un droit de police sur
les voies publiques et il lui appartient d'en assurer la libre circulation, la salubrité et la sécurité. Dunoyer ne
conteste pas ce droit; il semble même bien reprocher à
l'autorité de n'en pas suffisamment user toujours : « Il
« est d'usage à Paris, dit-il, de faire en quelque sorte de
« la voie publique sa voirie particulière; on y jette des
« animaux morts; on y répand des eaux corrompues; on y
« dépose les balayures de son appartement et les débris
« de sa cuisine; on y secoue la poussière de ses tapis; on
« y dirige sur les passants les gouttières de ses toits; on
« en fait comme le réceptacle de tout ce qu'on a chez soi
« d'incommode et d'immonde..... Si l'on craint peu de les

« salir, on craint encore moins de les usurper. Chacun
« envahit, pour des usages particuliers, l'étroit espace
« qu'elles livrent à la circulation générale : l'épicier y fait
« griller son café; le marchand de vin y dépose ses ton-
« neaux; le roulier y remise ses voitures; l'un y fait scier
« son bois, l'autre y emballe ses marchandises; des colpor-
« teurs sans nombre y établissent leur marché; la plupart
« des marchands en boutique luttent à qui y fera le plus
« avancer les étalages; le passage, l'air, la lumière y sont
« également interceptés ». — Ces remarques étaient écrites
en **1828**; Dunoyer reconnaît, dans sa dernière édition,
que la situation s'est notablement améliorée, et le progrès s'est encore beaucoup accentué depuis. Mais allez
dans beaucoup de villes de province et vous trouverez que
les observations qui précèdent semblent faites aujourd'hui
pour elles. Le progrès viendra sans doute, il est déjà venu;
mais il est et il sera lent : l'autorité est en présence de
ses électeurs!

Quoi qu'il en soit, et en laissant de côté le droit de police qui appartient à l'État en matière de voirie, deux questions de principe se posent relativement aux voies de communication : Par qui seront-elles construites et entretenues? Par qui seront-elles exploitées? La première seule
a été abordée par Dunoyer; c'est à elle que je bornerai ces
quelques observations.

Dunoyer a visiblement obéi, en cette matière, à l'esprit
de système; il n'en est guère, en effet, où son principe
d'abstention systématique de l'État soit plus manifestement en défaut. Il s'est occupé principalement des routes
et des chemins; et il ne voudrait pas que l'État se chargeât
de la création et de l'entretien de ces voies. Ses raisons
sont que, si l'autorité a l'initiative du classement des routes, « elle sera portée par sa position à y procéder d'une
« manière beaucoup trop systématique; elle se détermine
« trop par des vues d'ensemble, par des considérations
« générales, par le désir de satisfaire aux besoins d'une
« sorte de symétrie......; elle procède d'une façon trop
« théorique... Lors même qu'elle ne serait pas portée à
« faire des classements trop généraux par esprit de sys-
« tème, elle y serait en quelque sorte forcée par le vice de

« sa situation, et par cela seul que, ne pouvant exécuter
« ces travaux qu'au moyen de ressources prises également
« à tout le monde, elle est presque invinciblement entraî-
« née à faire la même dépense partout... Et, par suite, une
« multitude de travaux sont entrepris hors de leur vraie
« place, sur des points où ils sont prématurés, et de grands
« capitaux reçoivent ainsi une destination médiocrement
« fructueuse..... Ainsi, dans le système qui consiste à char-
« ger la communauté de la construction des voies néces-
« saires à l'exercice de l'industrie voiturière, ces voies sont
« inévitablement classées dans un esprit systématique qui
« prend très faiblement en considération les vrais intérêts
« de cette industrie, et dont les effets sont encore aggra-
« vés par le désir de faire, autant que possible, participer
« au bénéfice de ces travaux toutes les fractions du pays
« qui concourent à la dépense »[1].

Ces observations ne manquent pas de fondement; on
pourrait même fournir d'autres raisons pour prouver le
danger de l'ingérence de l'État en ces matières : quelle
édifiante histoire, par exemple, un vieux parlementaire
pourrait écrire sur les chemins de fer électoraux! Mais
tout cela ne saurait justifier la conclusion radicale de notre
auteur.

Il faut d'abord distinguer entre les différentes voies de
communication : les raisons de décider ne sont pas les
mêmes pour les routes, les canaux et les chemins de fer,
et il n'est pas rationnel de leur appliquer le même traitement.

Cela posé, la question est dominée par une autre : Veut-
on que l'usage des voies de communication soit gratuit?
Si oui, il faut de toute nécessité laisser à l'État, ou du
moins à l'autorité (car je ne distingue pas ici entre l'autorité centrale et l'autorité locale), le soin de les construire
et de les entretenir. Or, en ce qui concerne les routes et
chemins, la question peut-elle être sérieusement posée
aujourd'hui? Dunoyer fait une concession qui ruine son
système; il admet que, si une voie offre un intérêt politique, il appartient à l'État de la créer. Mais, est-ce que

____
[1] Dunoyer, t. II, p. 36 et suiv.

toutes les routes et chemins n'offrent pas un intérêt politique de premier ordre? Est-ce qu'il est admissible, dans un pays démocratique surtout, que certaines parties du territoire soient privées de communication avec les autres parties et avec la capitale? Ne faut-il pas que la vie intellectuelle et politique soit entretenue partout à l'aide de canaux largement ouverts? Je tiens que cet argument suffirait; mais il en est un autre qui n'est pas moins décisif. L'industrie privée, c'est le péage! Dunoyer le reconnaît et cela ne le fait pas reculer! « Quand on se « plie à cette incommodité, dit-il, dans les pays du monde « où la circulation est la plus active et la plus rapide, « et notamment en Angleterre et aux États-Unis, pour- « quoi serait-il impossible de s'y soumettre dans des pays « où la circulation est loin d'avoir acquis le même degré « d'activité et de rapidité[1]? » Et il ajoute en note : « Il y a « tout lieu de croire qu'on sera tôt ou tard forcé de re- « courir au péage pour l'entretien des routes. N'est-ce pas « assez que la communauté ait fait les frais de leur con- « struction, et ne serait-il pas juste qu'elles fussent au « moins entretenues par ceux qui les usent »? — C'est juste, en effet, et c'est très facile au moyen d'une taxe sur les véhicules de toute nature qui détériorent les routes. Mais les prévisions de Dunoyer ne se sont pas réalisées : on a marché partout dans un sens tout opposé. En Suisse, les péages perçus sur les chaussées et les ponts au profit des cantons et des communes ont été supprimés (loi du 27 août 1851). Il en a été de même en Italie, où les péages sur les routes nationales ont été supprimés (loi du 20 novembre 1859). De même en Belgique, pour les droits de barrière, supprimés en 1866. En Angleterre, l'opinion publique s'est depuis longtemps montrée très hostile au vieux système des péages; le nombre des routes à tourniquet (*turnpik roads*) a été constamment en décroissant et les dernières concessions sur les voies de terre ont dû prendre fin en 1893. En France, après que la Révolution eut supprimé tous les péages institués en faveur des particuliers, une loi du 25 fructidor an V ordonna la perception, sur

---

[1] Dunoyer, t. II, p. 43.

toutes les grandes routes, d'une taxe d'entretien, dont le produit serait affecté exclusivement aux dépenses de leur entretien, réparation et confection; mais cette loi souleva tant de réclamations qu'il fallut l'abroger, et la loi du 24 avril 1806 établit, pour la remplacer, une taxe sur le sel spécialement affectée aux mêmes dépenses et dont l'affectation spéciale a disparu en 1814. La faculté de percevoir des taxes au passage des ponts, reconnue pour la première fois par la loi du 14 floréal an X, fut maintenue longtemps dans les lois annuelles de finances, si bien qu'au 31 décembre 1860, il n'existait pas moins de 518 ponts à péage, desservant les voies de terre de toute catégorie; mais, grâce à la loi du 30 juillet 1880, tous auront disparu dans un avenir prochain : cette loi a déjà permis de racheter plus de 150 concessions et elle a interdit, pour l'avenir, l'établissement de tout nouveau péage pour la mise en état des voies de communication autres que les chemins vicinaux.

L'histoire du péage sur les routes renferme donc un enseignement très clair : la pratique n'a jamais pu s'en accommoder; et bien entendu la gêne est devenue plus intolérable à mesure que la circulation économique s'est développée; voilà pourquoi nous voyons partout les péages diminuer ou disparaître.

Dunoyer arguait de ce que le péage était bien observé sur les canaux et sur les fleuves : « pourquoi serait-il plus « difficile à observer, d'abord sur certaines routes, qui se- « raient données à l'entretien moyennant péage, et puis « sur un plus grand nombre? Pourquoi trouverait-on im- « praticable dans un cas ce qui paraît simple et naturel « dans une multitude de cas analogues?[1] » — L'argument ne pourrait plus être présenté aujourd'hui; il est d'ailleurs sans valeur, comme j'espère le démontrer.

Les canaux, sous l'ancien régime, étaient construits et exploités par des particuliers. La Restauration suivit les mêmes errements. Plus tard, un certain nombre furent gérés au compte de l'État. La loi du 30 floréal an X soumit ces derniers à des droits de navigation intérieure dont

[1] Dunoyer, t. II, p. 43.

les produits étaient attribués au canal, au fleuve ou à la rivière sur lesquels ils étaient recueillis. Il en résulta que les voies non concédées eurent ainsi leur tarif respectif, fixé en raison des dépenses nécessitées par leur réparation et leur entretien, et, bien que la spécialité des ressources qui en provenaient ait été supprimée par la loi de finances de 1814, la diversité de ces tarifs ne prit fin qu'en 1836. Commencé vers 1852, le rachat des concessions sur les canaux reçut une vive impulsion à partir de 1860 ; la quotité des droits, devenus uniformes, fut successivement abaissée ; enfin, les lois du 21 décembre 1879 et 19 février 1880 les firent disparaître définitivement.

La réaction contre le péage s'est donc également manifestée sur les voies navigables. Les situations pourtant sont bien différentes, bien qu'on ait voulu parfois assimiler les voies navigables aux routes de terre. Celles-ci répondent souvent à un intérêt stratégique, toujours à un intérêt politique indéniable, que j'ai indiqué, et servent à tout le monde sans exception ; les voies navigables ne répondent qu'à des intérêts commerciaux et économiques et ne servent qu'à certaines catégories d'individus et dans certaines régions. Le péage sur les routes est une entrave intolérable à la circulation et la perception en serait très onéreuse[1]. On n'en saurait dire autant du péage sur les voies navigables : il peut être perçu (et c'est ainsi que cela avait lieu dans les derniers temps) au point de départ et au point d'arrivée, là où le bateau est nécessairement arrêté, soit pour le chargement, soit pour le déchargement ; on ne saurait prétendre qu'il constitue une gêne sérieuse pour la circulation, et les frais de perception n'en sont pas très élevés : ils ne dépassaient guère 9 0/0. La première raison surtout me paraît capitale et me porterait à préférer, en ce qui concerne les voies navigables, la thèse de Dunoyer[2]. Et j'en dirai autant, par les mêmes

---

[1] En trois ans, de l'an V à IX, la taxe des grandes routes a fait entrer dans les Caisses du Trésor près de 33 millions, dont le recouvrement n'a pas coûté moins de 7.800.000 francs, soit une proportion de 23 p. 0/0 environ.

[2] La question a été discutée, en 1878, au sein du conseil supérieur des voies de communication, et le Conseil émit l'avis « que le principe d'une « taxe soit maintenu, et exprimant le vœu que le taux puisse en être abaissé

raisons, des ports maritimes. On a considéré les taxes
perçues sur les canaux et rivières comme un impôt; c'est
une grave erreur : en tant du moins que ces taxes ne dépassent pas la juste rémunération des capitaux engagés,
c'est le prix d'un service rendu; et il est de toute justice
que chaque service soit payé par ceux qui en profitent.
Si l'on admet sans conteste aujourd'hui une solution différente en ce qui touche les routes, c'est, d'une part, qu'on
y est contraint par la nécessité pratique, et que, d'autre
part, les routes étant ouvertes à tous sur toutes les parties du territoire et profitant à tous sans exception, directement ou indirectement, sans qu'il soit possible de discerner dans quelles proportions elles profitent à chacun, l'espèce de communisme qui résulte de l'établissement aux
frais de la communauté peut être toléré.

Même pour les voies de communication qu'il convient
d'abandonner à l'industrie privée, l'État a un rôle important à remplir, que Dunoyer ne paraît pas lui avoir reconnu. Il lui appartient de veiller à la coordination des entreprises particulières, de manière à les faire converger
vers un but harmonique. Dunoyer disait que l'autorité
« est portée à procéder d'une manière beaucoup trop sys-
« tématique; qu'elle ne tient pas suffisamment compte de
« l'intérêt commercial; qu'elle se détermine trop par des
« vues d'ensemble, par des considérations générales, par
« le désir de satisfaire au besoin d'une sorte de symétrie ».
— Ce sont là autant de bonnes raisons pour que l'État ne
se charge pas, hors le cas de nécessité, de la construction
des voies de communication; il manque de la boussole à
peu près infaillible qui guide la spéculation privée : mais
précisément parce qu'il voit les choses de haut et d'ensemble, il est admirablement placé pour assurer l'harmonie du tout; tandis que la spéculation, livrée à elle-même
sur les différentes parties du territoire, risquerait d'aboutir à une juxtaposition désordonnée et sans utilité. Un publiciste anglais a dit un jour que plusieurs mouches trem-
pées dans l'encre et courant sur une carte d'Angleterre

« quand les améliorations projetées sur les voies navigables auront déve-
« loppé les transports » (*Journal officiel* du 30 juillet 1878).

auraient dessiné un ensemble de lignes mieux entendu
que celui du réseau des chemins de fer anglais. Cette boutade humoristique n'est pas sans exagération ; mais il est
certain que l'outillage national peut perdre beaucoup de
son utilité quand aucune vue d'ensemble et aucun classement ne préside à son établissement.

Dunoyer va jusqu'à trouver mauvais « qu'il faille la per-
« mission de l'autorité pour établir des véhicules, dans tous
« les cas où ces véhicules sont destinés à un établissement
« public de transport » [1]. — C'est pourtant là une intervention parfaitement justifiée à plusieurs points de vue : il s'a-
git là d'un service qui intéresse grandement la viabilité, la
sécurité publique et même souvent la liberté des citoyens ;
car il constitue d'ordinaire un monopole et ne comporte
guère de libre débat entre producteur et consommateur :
autant de raisons qui justifient le contrôle et la réglementation de l'autorité. Où en serions-nous, grand Dieu, si les
cochers de Paris et autres lieux n'étaient pas soumis à une
sévère réglementation ? Dunoyer a été entraîné au delà des
justes bornes par sa haine du système préventif : il ne
faut pas l'exagérer ; mais il ne faut pas non plus hésiter
à l'employer quand c'est le seul moyen de garantir la sécurité et la liberté.

[1] Dunoyer, t. II, p. 45.

CHAPITRE XV

De l'industrie manufacturière.

Dunoyer consacre à l'industrie manufacturière d'assez longs développements, dans lesquels je ne crois pas nécessaire de le suivre. En traitant du rôle de l'État, j'ai déjà apprécié ses théories relativement à la réglementation préventive du travail et il est inutile d'y revenir. Ce n'est pas non plus le lieu de parler, comme le fait Dunoyer, des entraves qui peuvent être mises aux échanges par des droits de douane, bien qu'à la vérité l'intérêt du travail national soit le prétexte général invoqué à l'appui de semblables mesures; leur appréciation critique appartient manifestement à la théorie du commerce. Enfin, j'ai fait remarquer déjà que Dunoyer s'était condamné à bien des redites en reprenant, à propos de chaque industrie, par exemp.e, l'étude des conditions générales de l'administration des entreprises, ou l'influence que peuvent exercer les mœurs privées. Il a même été conduit par là à des appréciations au moins fort contestables. Est-il vrai, par exemple, que « les talents de l'administrateur soient plus indispensables « dans l'industrie manufacturière que dans aucune autre »; que « les manufactures sont un des genres d'entreprise où « doit se faire le plus sentir le besoin d'ordre, de police, « de surveillance, d'économie »[1]. — Notez que Dunoyer nous en dira autant de l'industrie agricole; il nous dira que « les exploitations agricoles nous paraissent être par

[1] Dunoyer, t. II, p. 114, 115.

"

« leur nature d'une gestion beaucoup moins simple et moins
« aisée que les établissements manufacturiers » ; et « qu'une
« bonne administration y semble plus nécessaire par cela
« même qu'elle y est plus mal aisée et que des établisse-
« ments de cette sorte sont plus difficiles à diriger »[1].

Je crois bien qu'il est téméraire de vouloir assigner aux
différentes formes de l'industrie humaine un ordre de difficulté et de décider dans laquelle les talents personnels
et la capacité administrative sont le plus nécessaires : la
vérité est que, dans toutes, le succès en dépend, à peu
près au même degré, et que toutes aussi sont soumises,
dans une certaine mesure, à ce que Lassalle appelait « la
conjoncture », c'est-à-dire aux chances bonnes ou mauvaises, au hasard, qui ne saurait être complètement éliminé
des affaires humaines.

Théoriquement, il semble que le commerce soit une
chose plus simple et plus facile que l'industrie, que le
mécanisme de la distribution soit plus à la portée du plus
grand nombre d'intelligences et de capacités que le mécanisme de la production ; et, d'une manière générale, cette
observation est incontestablement vraie ; et c'est pourquoi,
par exemple, les sociétés coopératives de consommation
ont bien mieux réussi que les sociétés de production, et il
est certain que c'est par les premières que les classes ouvrières doivent commencer leur éducation. Mais, d'autre
part, quand le commerce prend certaines dimensions, il
devient une entreprise des plus compliquées et des plus
dangereuses. A coup sûr, il est plus facile d'ouvrir un débit de boissons que de monter une filature, et il n'est guère
besoin, pour la première entreprise, de s'enquérir longuement aujourd'hui de l'état du marché et de l'étendue des
besoins ; mais qui oserait en dire autant d'une entreprise
colossale telle que le Louvre et le Bon-Marché ? Que de
difficultés aussi et que de périls le commerce extérieur ne
présente-t-il pas ? Qui, d'autre part, oserait prononcer
qu'une entreprise de transports par chemin de fer soit une
affaire plus facile à conduire que la plus compliquée des
industries manufacturières ?

[1] Dunoyer, t. II, p. 187.

Dunoyer considère l'agriculture comme le plus difficile des arts, et je serais tenté de croire qu'il n'a pas tort, si l'on parle de la culture scientifique ; car nulle part l'homme n'a un plus impérieux besoin de connaître les secrets de la nature et nulle part il n'a devant lui plus d'inconnu et plus d'aléa. Cependant, depuis bien des siècles, l'agriculture a été pratiquée empiriquement par des hommes demeurés étrangers à toute instruction théorique et dépourvus pour la plupart de tout talent d'administration et même de comptabilité ; ce qui n'a pas empêché ces hommes de faire d'assez bonnes affaires dans certaines périodes de prospérité.

Je ne veux certes pas dire que toutes les entreprises soient également difficiles et requièrent impérieusement les mêmes qualités ; je viens même de donner la preuve du contraire ; mais je crois que les différences à faire à cet égard tiennent plus à la nature particulière de chaque art qu'à la forme générale de l'industrie et qu'en toutes le succès dépendra essentiellement de la valeur de l'homme qui les exerce, sans qu'on puisse dire d'une manière absolue en quel genre cette valeur a le plus d'importance.

L'industrie manufacturière, dans ses innombrables manifestations, a pour caractère propre d'imprimer à la matière des changements de forme, sans en modifier la substance, de manière à la rendre propre à satisfaire nos divers besoins. Elle aussi, si on l'analyse philosophiquement, fait des mouvements et ne fait même que cela ; mais ces mouvements, à la différence de ceux de l'industrie voiturière, qui ont pour objet des changements de *lieu*, n'ont pour but que des changements de *forme*. Elle comprend dès lors logiquement tous les arts qui ont pour objet de donner une forme nouvelle à la matière sans que la substance en soit changée, comme cela se produit dans l'industrie agricole ; l'industrie constructive, les industries métallurgiques, que quelques-uns distinguent, rentrent rationnellement dans l'industrie manufacturière. Le nom qu'elle porte n'est plus dans tous les cas complètement approprié à sa manière d'être, aujourd'hui que le travail mécanique a remplacé dans une si large mesure le travail musculaire ; cependant la main de l'homme conserve toujours sur la machine une fonction directrice et régulatrice qui permet de considérer toujours le travail de l'homme, devenu plus intellectuel, comme le véritable facteur de la production.

Dunoyer se pose d'abord cette intéressante question : « Quelle est l'influence de l'industrie manufacturière sur « l'intelligence et les mœurs des hommes qui l'exercent ? »[1] Il faudrait ajouter : sur la santé, et Dunoyer n'a garde d'omettre le point capital.

« Le propre de l'industrie manufacturière, dit Dunoyer, « est d'agglomérer ses agents dans les villes et les fabri- « ques ». — C'est là une observation devenue banale. Elle n'est cependant pas rigoureusement exacte. L'agglomération des hommes est le trait caractéristique, non pas de telle ou telle industrie, mais de la concentration de toute industrie ; il est vrai que cette concentration elle-même est intimement liée à la nature de chaque industrie. Ainsi, l'industrie agricole y semble tout à fait réfractaire, parce qu'elle s'exerce sur un atelier qui se distingue par l'étendue, et que, lors même qu'une vaste exploitation serait réunie dans la même main, chaque parcelle du sol appelle à elle l'ouvrier qui doit la cultiver. Au contraire, les industries extractives, les industries minières, par exemple, provoquent la concentration bien plus nécessairement encore que les industries manufacturières ; car tout le personnel d'exploitation doit être réuni à proximité d'un lieu dont le choix n'est nullement laissé à l'homme, mais qui est commandé par la nature des choses.

L'industrie manufacturière, tant qu'elle est restée à l'état d'industrie domestique, n'a point eu pour effet l'agglomération des hommes. Il est vrai qu'à mesure que les arts se développèrent, les artisans eurent tendance à se réunir dans les villes, à raison du concours réciproque que les différents arts se prêtent entre eux et des facilités que cela donnait au commerce ; mais il y a loin de là aux grandes agglomérations actuelles, provoquées par le développement de nos gigantesques usines et qui semblent augmenter tous les jours. Ce qui a produit cela, à proprement

[1] Dunoyer, t. II, p. 99.

parler, c'est la vapeur; c'est elle qui a eu pour conséquence, avec l'introduction des machines, la grande production et la concentration de l'industrie et des hommes.
La concentration n'est pas d'ailleurs un phénomène spécial
à l'industrie manufacturière; on peut le constater également dans l'industrie commerciale : les grands magasins
ont donné naissance à des armées d'employés, concentrés
dans le même lieu, tout comme les ouvriers de fabrique.
Rien n'autorise d'ailleurs à affirmer que cette forme d'industrie concentrée soit définitive; il est très possible qu'elle
ne soit qu'un accident, une phase de notre révolution industrielle. « Si l'on parvient, dit M. Leroy-Beaulieu[1], ce
« qui n'est pas douteux, à transporter à peu de frais la
« force motrice à de grandes distances, à la distribuer en
« quantités très variables et très menues, à compter exacte-
« ment chaque consommation de l'énergie électrique, on
« ne voit pas ce qui s'opposerait dans nombre de cas à la
« restauration du travail au foyer domestique, ou du moins
« dans de petits ateliers ». Déjà la distribution de la force
motrice à domicile a reçu de bien curieuses applications,
au moyen de l'air comprimé et de l'air raréfié à Paris, de
l'électricité à Berlin, de la vapeur canalisée à New-York,
de la force hydraulique à Genève. Qui sait si l'avenir ne
réserve pas à l'industrie une évolution toute contraire à
celle qu'elle vient d'accomplir?

Faudrait-il s'en réjouir? Je le crois tout à fait. Je dois
reconnaître toutefois que la question est délicate et que
les esprits sont assez divisés. Beaucoup considèrent le
travail à domicile comme pernicieux, en ce qu'il soustrait
l'ouvrier, homme, femme ou enfant, à la protection des
lois qui régissent les fabriques. C'est une des raisons pour
lesquelles les représentants des classes ouvrières sont aujourd'hui très énergiquement opposés au travail à la tâche
ou aux pièces[2].

Quoi qu'il en soit, il est certain que le travail concentré
dans les usines et manufactures a des inconvénients graves

[1] *Traité théorique et pratique d'économie politique*, t. I, p. 475.

[2] Les rapports de nos consuls sur les conditions du travail dans les pays
étrangers sont très intéressants à consulter pour connaître l'état de l'opinion générale sur ce point.

de plus d'une sorte. Dunoyer les a vus ; je ne crois pas
qu'il en ait vu toute la gravité.

« Il semble au premier aspect, dit-il, que cette situation
« particulière dans laquelle l'industrie manufacturière
« place les travailleurs qu'elle emploie ne doit être favo-
« rable ni à leur santé, ni à leurs mœurs, ni à leurs habi-
« tudes civiles.

« Et d'abord, on est disposé à croire que cet extrême
« rapprochement où elle les oblige à se tenir, et cette vie
« sédentaire qu'elle leur impose, que le défaut d'exercice
« d'une part, et, d'un autre côté, l'air souvent vicié des
« ateliers et les émanations souvent délétères des matières
« sur lesquelles on y travaille doivent avoir pour effet
« d'énerver leur corps et de nuire à l'entretien de leurs
« forces physiques.

« Par cela même que cette situation semble tendre à
« diminuer leurs forces, on est généralement porté à ad-
« mettre qu'elle doit aussi les livrer davantage à l'em-
« pire de l'imagination et des sens ; il semble que, dans le
« contact perpétuel où ils vivent, leurs passions doivent
« être plus vivement excitées, qu'ils doivent être plus en-
« clins à l'intempérance, à l'ivrognerie, à la luxure, au luxe
« et donner plus fréquemment dans des écarts de régime
« et de conduite.

« Enfin, cette même situation, qui les expose davantage
« à contracter de certains vices, semble devoir aussi les
« exciter davantage à recourir à la violence pour s'enrichir.
« Leur réunion en plus ou moins grand nombre dans des
« espaces peu étendus paraît propre à les disposer à l'in-
« justice et peut-être ne faut-il attribuer qu'à l'extrême
« facilité qu'ils ont de s'entendre et de se liguer cette mul-
« titude de prétentions exclusives qu'on les a vus former
« dans tous les temps »[1].

Le réquisitoire est complet. Dunoyer présente ensuite
la défense, et voici quelle sera sa conclusion : « Si au sein
« des villes et des fabriques, si dans les lieux où la popu-
« lation est très ramassée, les infirmités du corps et de
« l'âme sont plus sujettes à se répandre, il semble que la

[1] Dunoyer, t. II, p. 100.

« bonne santé, les bonnes qualités, les qualités vivifiantes
« doivent y être aussi plus promptes à se communiquer.
« C'est, à tout prendre, une circonstance éminemment fa-
« vorable à notre culture que de nous trouver réunis en
« grand nombre sur de certains points; et l'industrie ma-
« nufacturière, celle de toutes peut-être qui nous rappro-
« che le plus, doit être considérée, pour cela même, comme
« une des plus propres à hâter notre développement »[1].

Que la concentration soit une circonstance éminemment
favorable à la culture des hommes, cela n'est pas douteux; et si l'instruction était tout, si même c'était la principale condition du bien-être des sociétés, la question
serait résolue. Il est incontestable que l'ouvrier des usines
et manufactures, qui habite la ville, a généralement plus
d'instruction et de culture que l'ouvrier des champs. Je
dis : « l'ouvrier qui habite la ville »; je crois, en effet,
que cette culture est le fruit de la fréquentation des classes supérieures, de la vie dans une atmosphère plus intellectuelle, bien plus que de la simple agglomération des
individus, et, par exemple, je doute qu'on la constate
chez les ouvriers mineurs qui vivent et travaillent en réunion, mais loin d'autres éléments sociaux plus cultivés.

Malheureusement, il n'est que trop certain que les ouvriers, en s'entassant dans les villes, ne reçoivent pas
seulement des autres classes sociales qu'ils fréquentent
une certaine culture d'esprit; ils leur empruntent aussi,
et bien plus facilement encore, leurs vices et notamment
ce besoin du luxe et des jouissances, auquel l'homme n'est
que trop porté par nature, et qui (l'histoire du contact des
civilisés avec les sauvages nous en fournit mainte preuve)
exerce les plus déplorables effets sur la moralité quand
il envahit des natures incultes et grossières, et n'est qu'une
cause de malaise et de révolte quand les ressources ne
répondent pas aux désirs!

On ne saurait nier non plus que l'agglomération d'individus dans un même atelier, souvent même le mélange
des sexes qui s'y rencontre ne soit de nature à exercer une
pernicieuse influence sur les mœurs. Ce vice n'est pas inhé-

[1] Dunoyer, t. II, p. 103.

rent à toutes les industries manufacturières et il ne se manifeste pas partout au même degré ; il est la conséquence de la concentration des individus et non de l'industrie ; et on le retrouve, par exemple, dans nos grands magasins modernes, dont un ancien chef de la sûreté à Paris, M. Macé, ne craignait pas de dire : « Le grand bazar, c'est « l'immoralité ; on ne saura jamais toutes les larmes qu'il « a fait verser, tous les suicides dramatiques qu'il a cau- « sés ! » Je ne me fais pas beaucoup d'illusion sur la pureté des mœurs de la vie champêtre ; mais certainement l'immoralité y est moins développée, parce que les occasions de mal faire y sont plus rares et que le genre de vie y porte à un moindre degré.

Voici, par exemple, les naissances illégitimes. La proportion moyenne est, en 1894, de 8,9 0/0 (la plus forte qu'on ait encore enregistrée) ; mais, alors que dans le sud de la France et dans la plupart des départements purement agricoles, on en compte fort peu (2,2 0/0 dans l'Ardèche ; 2,3 0/0 dans le Finistère), la proportion moyenne est notablement dépassée dans presque tous les départements industriels : 13,8 0/0 dans la Somme ; 13,5 dans le Rhône, 12,4 dans le Nord, 12,3 dans les Bouches-du-Rhône ; dans la Seine, le nombre des naissances naturelles s'est élevé à 19,123, soit 24 0/0 des naissances. Cela ne confirme pas cette observation de Dunoyer que « les lieux « où la population est très compacte sont ceux où les ha- « bitudes acquièrent le plus tôt une certaine régularité »[1].

Écoutons le rapport du Garde des sceaux sur l'administration de la justice criminelle en France et en Algérie pendant l'année 1892[2] : « Si l'on confronte la carte de « France qui, dans le dénombrement de 1891, représente « par des teintes graduées la répartition proportionnelle « de la population vivant de l'industrie dans chaque dé- « partement, avec trois cartes de France qui, dans la sta- « tistique criminelle de 1887, expriment, par des gradations « de teintes analogues, le contingent criminel et correc- « tionnel de chaque département en fait de crimes et de

[1] Dunoyer, t. II, p. 102.
[2] *Journal officiel*, 16 mai 1893.

« délits inspirés, soit par la violence, soit par la cupidité,
« soit par la débauche, on est frappé de la coïncidence
« de ces trois dernières cartes avec la première. Les dé-
« partements, en effet, qui se distinguent par le caractère
« industriel de la population sont aussi ceux qui se si-
« gnalent par la proportion la plus haute de méfaits,
« cupides surtout et contraires aux mœurs, mais même
« violents. Au contraire, la carte qui, dans la même pu-
« blication du ministère du commerce, représente la répar-
« tition proportionnelle de la population vivant de l'agri-
« culture, donne lieu à une remarque le plus souvent in-
« verse. *L'influence favorable exercée, en somme, sur la*
« *moralité par les conditions agricoles de l'existence est*
« *rendue manifeste par ces rapprochements* ». Des constatations de cette nature sont plus sûres que tous les raisonnements *à priori*.

Voyons maintenant ce qui concerne la santé. « Si la fa-
« brication, dit Dunoyer, place ses agents dans une situation
« peu favorable à l'entretien de leurs forces, elle les excite
« davantage par cela même à obvier aux inconvénients
« de cette situation et vous verrez qu'en effet la population
« des villes commencera longtemps avant celle des cam-
« pagnes à adopter ces habitudes de propreté et d'ordre
« et à faire les règlements de police et de salubrité qui
« ont pour objet et pour effet de tenir en bon état les
« lieux qu'on habite ». — Oui sans doute, le mal provo-
quera des remèdes, et qui seront souvent, hélas! bien
mal appliqués; mais c'est la meilleure preuve du danger
qui résulte, au point de vue hygiénique, des agglomérations d'hommes et surtout du travail concentré!

M. le docteur Bertillon a publié, dans le Journal de la
société de statistique de Paris (octobre et novembre 1892)
une intéressante étude sur « la morbidité et la mortalité
« par profession »[1]. — Je ne puis entrer ici dans le détail
de cette étude, émanée d'un statisticien dont la compétence ne saurait être mise en doute; j'y relèverai seulement quelques conclusions. Nous y voyons que les professions les plus salubres sont celles qui exposent l'homme

---

[1] *Journal de la société de statistique de Paris*, 1892, p. 341-382.

aux intempéries, mais sans le contraindre au repos : telles
sont les professions de cultivateur, maraîcher, pépinié-
riste, garde-chasse : ainsi, en Angleterre et en Suisse, la
phthisie est deux fois moins répandue parmi les agriculteurs et les horticulteurs que parmi le commun des
hommes. Les pêcheurs et les bateliers sont également
favorisés au point de vue hygiénique. Les mineurs de
charbon et de fer auraient, comme les pêcheurs sur mer,
une mortalité extrêmement favorable sans les accidents.
Au contraire, nous voyons classées parmi les professions
les plus insalubres celles qui exposent l'homme à respirer
des poussières dures, surtout dans l'air confiné (telles
que celles des serruriers, armuriers, fabricants d'outils
divers, d'aiguilles, etc.), celles aussi qui exposent l'homme
à une chaleur exagérée, à la fumée, à la vapeur, celles
enfin qui l'exposent à absorber des substances nuisibles
(peintres, plombiers, imprimeurs, etc.).

Je ne m'appesantirai pas davantage sur ce sujet ; je tiens
pour incontestable que le travail des manufactures est,
d'une manière générale, moins favorable, à la santé que
le travail des champs, et Dunoyer a été mauvais hygiéniste quand il a écrit ce qui suit : « On veut que l'indus-
« trie agricole soit particulièrement favorable à la santé
« des hommes, parce qu'elle fait travailler ses agents en
« plein air. Ceci pourrait être vrai si les hommes vivaient
« de l'air qu'ils respirent..... Mais, comme ce qui décide
« surtout de la santé, de la force, de la longévité des di-
« verses classes de travailleurs, c'est le degré de bien-être
« dont elles jouissent, je ne sais si les ouvriers des champs
« n'ont pas encore moins sujet que ceux des villes de se
« louer des conditions matérielles où ils vivent »[1]. — Un
fait semble donner raison à Dunoyer, c'est cet exode qui
s'accentue tous les jours, et que tous les hommes réfléchis déplorent, des campagnes vers les villes ; ce mouvement est déterminé par une foule de causes, morales
et sociales, très complexes, et il semble que, chez nous,
toutes les institutions conspirent avec les mœurs pour
l'accélérer ; mais ce n'est certes pas la santé que les habi-

[1] Dunoyer, t. II, p. 117.

tants des champs vont demander à la ville, à l'usine ou à
la manufacture; ils se tromperaient étrangement! On ne
vit pas de l'air qu'on respire, sans doute; mais on vit par
lui et en en subissant l'influence constante; et il suffit d'ailleurs de jeter les yeux sur toutes les enquêtes récentes qui
ont été publiées relativement aux conditions des travailleurs, pour demeurer convaincu que, d'une manière générale, les ouvriers des campagnes jouissent en réalité
d'un degré de bien-être supérieur à la plupart des ouvriers des villes. Ce que l'on peut dire en faveur du travail concentré, c'est qu'il permet bien plus facilement à
l'ouvrier de s'organiser pour la défense de ses intérêts et
de ses droits. C'est un bien, je l'admets, mais un bien relatif; c'est plutôt le remède à un mal: le besoin de l'organisation suppose l'antagonisme et la lutte; il n'est que trop
vrai que c'est le trait caractéristique de notre état économique; mais il est permis de penser que, si toutes les classes sociales pratiquaient bien leurs devoirs, si le patro-
nage des classes dirigeantes était plus généralement exercé
et mieux accepté, on ne serait pas porté, comme on l'est
aujourd'hui, à se tenir sur le pied de guerre!

Dunoyer reprochait à l'industrie manufacturière française la direction qu'elle avait prise : « Une des causes, di-
« sait-il, qui ont le plus retardé chez nous les progrès de
« cette industrie, c'est que peut-être elle n'a pas été assez
« dominée dans ses travaux par la simplicité des goûts et
« des mœurs: c'est que, dans tous les temps, elle a mieux
« aimé travailler pour la cour que pour le peuple..... Jus-
« qu'à ces derniers temps, nous avons tiré des fabriques
« étrangères une multitude d'objets de première néces-
« sité ». Et il ajoutait : « Il règne encore, sous le rapport du
« *caractère*, un contraste marqué entre les industries fran-
« çaise et anglaise : l'une excelle surtout dans la joail-
« lerie, l'orfèvrerie, les bronzes dorés et ciselés, les riches
« soieries, les draperies fines; l'autre, dans la fabrication
« du fer, de l'acier, du coton, de la laine, dans la production
« de tous les objets d'un usage très étendu; la première
« est encore très particulièrement appliquée à satisfaire
« les besoins des classes élevées; la seconde travaille de
« préférence pour les masses... La différence de ces di-

« rections n'est pas à l'avantage de celle des deux indus-
« tries *qui tient à l'honneur de travailler surtout pour les*
« *classes opulentes*. Cette tendance a retardé chez nous le
« développement des branches les plus importantes de la
« production manufacturière ». — Cette observation, et
particulièrement la phrase que j'ai soulignée me paraît être
plutôt d'un théoricien que d'un observateur. L'industrie
manufacturière est bien plutôt dirigée qu'elle ne se dirige
elle-même ; elle est dirigée notamment par trois causes
générales : le milieu physique dans lequel elle s'exerce,
les goûts du public pour lequel elle produit, et aussi les
aptitudes personnelles de ceux qu'elle emploie. Le milieu
physique est la cause à laquelle appartient, ce semble, la
plus grande influence, du moins la plus durable ; car les
goûts et les aptitudes des hommes peuvent se modifier et
le milieu physique ne change guère. Comment, par exemple, pour les fers, la France pourrait-elle lutter avec
l'Angleterre? Les houillères anglaises sont situées à proximité des centres de consommation industrielle, des hauts-
fourneaux, et cette proximité, pour une matière lourde et
encombrante comme la houille, équivaut à une notable
économie des frais d'extraction ; le combustible est fourni
à meilleur marché et cela non-seulement aux hauts-four-
neaux, mais à toutes les usines et manufactures. Aussi
l'immense atelier industriel de la Grande-Bretagne absorbe
environ 150 millions de tonnes de houille, les 5/6 de sa
production houillère[1]. Chez nous, la production des étoffes
de soie est favorisée tout à la fois par la culture du vers
à soie dans le midi et par l'habileté de main-d'œuvre de
nos ouvriers : notre exportation de tissus de soie est montée, en 1896, à 248.762.000 francs. L'industrie parisienne de
luxe n'a pas encore rencontré de rivale ; l'exportation de
cette sorte de produits atteint 131 millions de francs. Chaque pays est obligé, pour son industrie, de suivre en grande
partie la direction qui lui est donnée par la nature des
lieux et par les talents particuliers de ses habitants. Et

---

[1] Voici les chiffres les plus importants des exportations anglaises en 1895 :
cotonnades, 46,8 millions sterling ; lainages, 19,7 millions, fers et aciers
19,6 millions.

d'ailleurs, il faut le répéter, si la direction suivie était mauvaise, ce n'est pas le producteur, c'est le consommateur qu'il faudrait accuser !

Dunoyer constatait que, depuis 1789, notre industrie manufacturière avait notablement progressé ; mais c'est surtout à partir de 1860 et sous le régime des traités de commerce, si décriés aujourd'hui, que ses progrès ont été remarquables. Dans la période 1845-1849, les exportations d'objets fabriqués en France s'élevaient annuellement à 587 millions de francs ; en 1896, elles ont monté à 1.789.420.000 francs ; les importations d'objets fabriqués à l'étranger n'étaient que 622.843.000 francs : d'où une différence, au profit des exportations, de 1.166.577.000 francs.

En 1845, il y avait, dans nos usines et fabriques, 4.114 appareils à vapeur, représentant une force environ de 50.000 chevaux-vapeur ; en 1892, on a constaté 60.393 machines, ayant une puissance de 965.891 chevaux-vapeur, non compris les chemins de fer et les bateaux. Et, à ce propos, remarquons combien les choses ont changé depuis que Dunoyer écrivait : « On est sûrement très loin de faire dans « l'industrie voiturière un usage aussi étendu que dans les « manufactures de la puissance de la vapeur »[1]. — Aujourd'hui, c'est le contraire qui est vrai : sur 5.735.000 chevaux-vapeur constatés en France en 1893, les locomotives en représentaient 4 millions et les bateaux à vapeur 700.000 ; 1 million environ seulement étaient consacrés à des usages industriels.

Je terminerai ce chapitre par une citation empruntée à Frédéric Le Play, dont j'ai plus d'une fois mis les idées en regard de celles de Dunoyer : « Le bien-être des fa- « milles reposait toujours, à l'origine, sur l'alliance intime « de l'agriculture et du travail manufacturier. Plus tard, « à certaines époques favorables au commerce des pro- « duits manufacturés, les ouvriers, à l'instigation des « marchands, ont commis la faute d'abandonner la vie « rurale : ils se sont agglomérés dans des villes manufac- « turières, et, dès la Renaissance, ils ont introduit, en Italie « et dans les Flandres, les premiers germes de la souffrance

---

[1] Dunoyer, t. II, p. 162.

« qui désorganise aujourd'hui la majeure partie de l'Occi-
« dent »[1].

Gardons-nous de tout excès et disons seulement que, si
l'industrie manufacturière a ébloui le monde par son rapide et prodigieux essor, si elle a grandement contribué à
la diffusion du bien-être général, elle a, d'autre part,
donné naissance à bien des maux encore inconnus, et elle
ne saurait prétendre, ni au point de vue de la condition
du travailleur, ni à celui des résultats du travail, l'em-
porter sur l'industrie agricole, à laquelle nous arrivons.

____

[1] *Les Ouvriers européens*, t. I, p. 121.

CHAPITRE XVI

De l'industrie agricole.

« Les fabriques agricoles, dit Dunoyer, n'opèrent que
« des transformations ; mais leurs produits ont un caractère
« qui ne permet de les confondre avec ceux d'aucune autre
« espèce de fabrique ; ils sont doués de vie, en effet, et il
« existe entre eux et les produits des fabriques ordinaires
« toute la distance qu'il y a de la matière brute à la matière
« organisée »[1]. Seule, en effet, l'agriculture opère des
changements *vitaux* dans la forme de là matière, suivant
l'expression de l'économiste américain Carey ; ou plus exactement, elle prépare le mystérieux travail de la nature
qui opère ces transformations. Ce qui fait dire à Dunoyer :
« Loin de prétendre que le chef d'une entreprise agricole
« est *plus producteur* que l'entrepreneur manufacturier,
« je serais fort tenté de dire qu'il l'est moins et que le pro-
« duit qui sort de ses mains n'est pas aussi complètement
« son ouvrage. Sans doute, les produits de l'agriculture,
« comme tous les produits possibles, ne naissent, ne se
« multiplient, ne se perfectionnent que par le fait de
« l'homme ; mais ils ne sont pas, à beaucoup près, l'œuvre
« de ses mains au même degré que ceux de la fabrication.
« Un agriculteur ne dit pas : c'est moi qui ai fait ces fruits,
« ces fleurs, ce blé, ces arbres, ces bestiaux, comme un
« fabricant a coutume de dire : c'est moi qui ai fait cet
« outil, ce meuble, cet alun, ces couperoses. C'est qu'en

[1] Dunoyer, t. II, p. 171.

« effet, l'agriculteur n'a pas fait ses produits au même
« point que le fabricant a fait les siens; il ne les a pas
« comme lui, construits, composés de toutes pièces; il s'est
« contenté, pour ainsi dire, de solliciter une puissance
« occulte, qui a opéré la transformation »[1].

Je ne sais pas si l'observation est philosophiquement
aussi fondée qu'elle le paraît à première vue; la vérité est
que l'homme ne crée jamais rien, à proprement parler; et
le fabricant qui, réduit à l'usage de ses dix doigts, ne
serait capable de rien du tout, ne fait pas autre chose, lui
aussi, que de solliciter et de diriger certaines forces naturelles grâce auxquelles il obtient les résultats utiles que
nous voyons. Ce qui est vrai toutefois, c'est que le fabricant
dispose beaucoup mieux des forces auxquelles il fait appel
et les dirige bien plus à son gré que le cultivateur, qui,
après qu'il a fait son œuvre, est obligé d'attendre pendant
de longs mois, de la pluie ou du beau temps, des résultats
sur lesquels il est sans action directe. Mais n'y a-t-il pas,
dans ce mystère de fécondation et de vie, quelque chose
qui ajoute à la dignité de l'industrie agricole, associée au
grand travail d'enfantement de la nature? J'ai déjà eu
l'occasion d'apprécier certaines idées de Dunoyer que je
ne saurais approuver, au sujet des effets de l'industrie
agricole sur les hommes qui l'exercent[2]. J'ai peine à comprendre qu'il ait pu contester que c'est de tous les arts le
plus favorable à la santé; et je ne saurais aucunement
souscrire à ce jugement : « Loin de la considérer comme
« la plus propre à hâter notre développement, je suis fort
« tenté de croire, au contraire, qu'elle est de toutes la
« moins favorable au progrès des hommes, et je n'en
« voudrais pour preuve que l'état même de cet art, qui,
« de tous ceux qui agissent sur les choses, est incontesta-
« blement le moins avancé »[3]. — La raison n'est pas bonne,
et Dunoyer l'avait réfutée à l'avance quand il disait de l'a-
griculteur : « Il s'est contenté, pour ainsi dire, de solliciter
« une puissance occulte.....; il est vrai qu'il a mis en jeu

---

[1] Dunoyer, t. II, p. 173.
[2] *Ibid.*, t. II, p. 176 et suiv.
[3] *Ibid.*, t. II, p. 177.

« cette puissance, qu'il l'a excitée et qu'il en a de son
« mieux favorisé l'action ; mais il est loin d'en avoir dis-
« posé aussi pleinement que le fabricant de ses agents
« chimiques et mécaniques ; il n'a pas pu, comme celui-ci,
« se diriger par des principes fixes de théorie ; il a été
« obligé de s'en tenir aux conseils de la pratique et de ne
« se conduire que par des tâtonnements..... »[1]. — Si l'agriculture a été moins pénétrée par la science que l'industrie
manufacturière, c'est surtout, on l'a déjà dit, qu'elle
touche au mystère même de la vie et qu'il lui faut pénétrer
les secrets les plus intimes de la nature ; mais il me paraît
impossible de voir là une cause d'infériorité.

Voici encore une observation qui me semble peu judicieuse : « Il y a dans l'agriculture une chose qui doit
« mettre le plus grand obstacle aux progrès de ses agents :
« c'est l'état d'isolement où elle les force de vivre. Sans
« doute, dans cet état, leurs mauvais penchants semblent
« devoir être moins excités ; mais leurs bons instincts doi-
« vent l'être beaucoup moins aussi ; leurs facultés de
« toute espèce doivent demeurer plus inertes..... »[2]. — Il
est bien faux de croire que l'agriculture place les hommes
dans l'état d'isolement ; la vérité est qu'ils sont en collabo-
ration constante avec d'autres hommes, qu'ils se rencontrent à chaque bout de champ avec le voisin, qu'ils se
réunissent au moins une fois par semaine et souvent plus
au marché. Le contact est presque incessant ; seulement,
il n'y a pas agglomération, et je persiste à croire que c'est
un bien. Je crains plus de voir les mauvais penchants
excités que les bons un peu engourdis. Le paysan sera
peut-être un peu plus égoïste et plus serré ; il sera aussi
généralement moins turbulent et moins porté au vice ; il
aura plus d'ordre en même temps que plus d'économie ;
il sera un élément social très supérieur. Il aura aussi généralement plus de jugement, une qualité qu'il ne faut
pas confondre avec la culture intellectuelle, plus grande
d'ordinaire chez l'ouvrier des villes.

[1] Dunoyer, t. II, p. 173. On peut voir aussi dans le même sens tout le § 4
du chapitre III (*Des difficultés que présente la spéculation dans l'industrie
agricole*), qui n'est que le développement de la même idée.
[2] *Ibid.*, t. II, p. 178.

Dunoyer pourtant semble le contester : « Si les agents
« de l'agriculture, dit-il, souffrent de l'isolement où leur
« art les place, ils sont loin, d'autre part, d'être heureuse-
« ment influencés par la nature des forces qu'ils emploient.
« Ces forces sont telles qu'elles échappent presque entière-
« ment à leur direction..... Ils ne gouvernent que très in-
« complétement les causes sous l'influence desquelles leurs
« produits naissent et se forment, et il se trouve, par cela
« même, qu'ils sont beaucoup moins dominés par les
« idées de causalité que les fabricants, qui disposent,
« pour ainsi dire, de tous les agents naturels qu'ils em-
« ploient..... ». — J'en aurais tiré la conclusion toute contraire! L'homme ne réfléchit que quand il y est contraint,
et c'est précisément parce que les agents des fabriques
emploient des forces connues et dociles à leurs directions
qu'ils le font le plus souvent machinalement et sans y
penser; tandis que l'agriculteur, obligé à chaque instant
d'interroger l'impénétrable nature, de prévoir la pluie et
le beau temps, la gelée et la neige, de compter avec une
foule d'ennemis dans le sol et dans l'atmosphère, avec la
maladie de la vigne ou du pommier, avec les épizooties de
toute espèce, etc., est constamment incité à réfléchir, à prévoir, à juger, et est, à mon sens, « beaucoup plus dominé
« par les idées de causalité » que la plupart des agents de
l'industrie manufacturière. Qui n'a maintes fois constaté
un très bon jugement chez un paysan tout à fait illettré, et
d'où cela vient-il, sinon des conditions mêmes dans lesquelles s'exerce journellement son activité?

Et quant à l'art agricole lui-même, je dirai encore
malgré la contestation de Dunoyer, qu'il est, par son
importance, le premier des arts. « Si les hommes ont
« besoin d'être nourris, nous dit-on, ils n'ont guère moins
« besoin d'être logés, vêtus, instruits, façonnés..... »[1]. —
On pourrait répondre que les sauvages ne sont ni vêtus,
ni instruits, ni guère logés; mais que, de toute nécessité, il
faut que l'homme soit nourri; c'est évidemment le premier et le plus pressant et le plus universel des besoins!
Sans doute, toutes les industries sont solidaires; toutes

[1] Dunoyer, t. II, p. 176.

ont besoin les unes des autres; mais ce n'est pas une raison pour contester l'importance capitale de celle qui fournit à l'homme la presque totalité de sa subsistance et la plus grande partie des matières qu'il met en œuvre! Mais je ne veux pas m'appesantir sur un sujet que j'ai déjà touché. Des questions plus importantes appellent notre examen.

J'estime, comme Dunoyer, que la spéculation présente, dans l'industrie agricole, des difficultés toutes particulières; aussi a-t-il pu dire « qu'il n'est peut-être pas un seul « ordre de travaux où le talent de la spéculation ait fait « moins de progrès que dans l'agriculture[1] ». Mais il en donne un exemple qui ne paraît pas heureusement choisi, quand il dit : « Comment être surpris de la détresse de « nos pays de vignobles, quand on pense à l'extension ir « réfléchie que nous avons donnée à la culture de la vi « gne, à l'avilissement où cette production exagérée a dû « faire tomber le prix du vin, surtout dans les années où « cette denrée abonde[2]..... ». — Il n'est pas étonnant qu'on ait donné à la culture de la vigne une large extension; car c'est le système de culture qui fait acquérir au sol la plus grande valeur foncière : dans les plus riches contrées du Nord de la France, consacrées aux cultures industrielles, la valeur du sol, en corps de ferme, atteint de 5.000 à 7.000 francs l'hectare, tandis que les vignes se vendent 10.000 à 15,000 francs l'hectare et parfois beaucoup plus, lorsqu'il s'agit de parcelles disputées par la petite culture. C'est là, semble-t-il, le meilleur criterium pour juger de la valeur de la culture. Comment dire qu'une production de cette nature ait été exagérée? Est-ce que l'exportation n'était pas là pour nous prendre, en nous laissant de beaux profits, l'excédent de notre consommation? Est-ce que, d'autre part, si le vignoble français ne se fût pas développé comme il l'a fait, les viticulteurs eussent pu maintenir des prix de monopole contre la concurrence étrangère? Et ne voit-on pas notre vignoble, depuis qu'il a réussi à se rendre maître de son terrible ennemi, le phylloxéra, se dévelop-

---

[1] Dunoyer, t. II, p. 183.
[2] *Ibid.*, t. II, p. 184.

per de nouveau et regagner rapidement le terrain perdu? Avant la crise phylloxérique, l'étendue du vignoble français était évaluée à 2.500.000 hectares et la production moyenne annuelle, à 55 millions d'hectolitres (elle s'était élevée jusqu'à 83 millions d'hectolitres). Cela décroît rapidement après l'invasion du phylloxéra, dont les ravages commencent vers 1868, et, en quelques années, 1.200.000 hectares de vignes sont détruits, la production annuelle tombe à 25 ou 30 millions d'hectolitres. Mais, dès qu'on est arrivé à vaincre le fléau, les plantations recommencent et s'accélèrent d'année en année, de 1880 à 1890. En 1895, la France a 1.747.000 hectares plantés en vigne, et, en 1896, la production s'élève à 44.656.000 hectolitres. Des efforts aussi persévérants ne prouvent-ils pas que la spéculation n'avait pas fait fausse route, comme le croyait Dunoyer? Notons que, dans la période de détresse de notre vignoble, la France était obligée de demander à l'étranger une dizaine de millions d'hectolitres par an, une somme assez ronde à payer, en calculant à 25 francs l'hectolitre, prix minimum!

Dunoyer dit encore, et cette fois il a raison, « qu'il n'est « pas d'industrie où la spéculation doive être plus fruc- « tueuse, puisqu'il n'en est pas où elle ait été moins pra- « tiquée; précisément parce que cette industrie est fort en « retard, il semble qu'il doit y avoir plus à tenter dans « l'art agricole que dans les autres, et que des cultivateurs « très exercés y pourraient trouver, surtout dans les pays « où il est le moins avancé, plus de chances de faire des « profits qu'on n'en a dans les branches d'industrie où une « concurrence très étendue et très animée a fait prendre « aux pouvoirs du travail des développements considéra- « bles »[1]. — L'observation est fort juste, et je ne craindrai pas de dire, dût cette opinion passer pour paradoxale, qu'elle s'appliquerait particulièrement au temps présent, dans la crise intense que traverse l'industrie agricole et à raison même de cette crise. L'agriculture est en voie de transformation; elle a pris contact avec la science; elle commence à voir les bienfaits d'une alliance qui ne peut

---

[1] Dunoyer, t. II, p. 185.

manquer de devenir de plus en plus étroite ; cependant la
terre est délaissée et s'offre partout aux meilleures conditions à qui veut la prendre : jamais moment ne fut plus
propice pour que les hommes d'initiative et d'intelligence
puissent s'adonner fructueusement à l'agriculture.

Dunoyer croit cependant « qu'on ne parviendrait jamais
« à y faire des bénéfices bien importants, parce que l'é-
« tendue de terre qu'un homme est capable de mettre en
« valeur est nécessairement limitée »[1]. — Mais l'étendue
d'une entreprise manufacturière qu'un homme est capable
de diriger par lui-même n'est pas non plus sans limite. D'ailleurs, ce n'est pas simplement ici une question d'étendue,
et l'on voit assez, par les énormes différences des prix de
la terre, combien la puissance de l'instrument peut être
augmentée dans certaines circonstances données. Le commerce tend de plus en plus aujourd'hui à se combiner avec
l'agriculture ; et, par exemple, l'élevage des chevaux procure à ceux qui s'y livrent avec compétence, dans certaines
régions, de fort beaux bénéfices. Si l'on met à part, comme
il convient, le cas de brevet d'invention ou de secret de
fabrication, je ne crois pas qu'on soit autorisé à prononcer
que les bénéfices doivent être moindres, par la nature des
choses, dans l'industrie agricole que dans les autres. S'ils
ont été généralement moindres dans le passé, cela tient à
des causes diverses et faciles à saisir : à la routine dans
laquelle s'est tenu si longtemps l'art agricole, à l'active
concurrence que se sont fait les cultivateurs se disputant
la terre, aux profits artificiellement assurés à l'industrie
par la protection douanière, etc. La vérité est que, dans
l'industrie agricole, tout dépend des capitaux dont on dispose. « La terre, disait un agronome distingué, M. le
« comte d'Esterno, est un alambic qui rend de l'alcool,
« non en proportion de sa capacité, mais en proportion
« de la masse et de la richesse qu'on lui donne à distiller ».

Dunoyer signalait déjà la supériorité, à cet égard, du
cultivateur anglais, « qui ne se livre pas à une entreprise
« de ce genre sans un capital égal à huit fois la rente de
« la terre »[2]. Une statistique agricole insérée dans le *Jour-*

<hr>

[1] Dunoyer, t. II, p. 185.
[2] *Ibid.*, t. II, p. 186.

nal officiel du 17 décembre 1883 donnait les chiffres suivants comme exprimant la dépense moyenne d'engrais par
hectare cultivé suivant les pays et le rendement du blé :

	CAPITAL.	RENDEMENT.
Angleterre.....................	150f	24,42 hectol.
Belgique......................	50	18,18 —
France........................	32	16,20 —
Hollande et Suisse.............	30	22,80 — [1]
Suède et Norvège..............	15	11 —
Autriche-Hongrie..............	12	10,90 —

Le capital serait une des premières conditions pour
triompher de la crise actuelle; mais cette crise a fait que
jamais le cultivateur n'en a été plus dénué! C'est pourquoi la question du crédit agricole est, à l'heure présente,
une question vitale.

Dunoyer touche, à propos de l'industrie agricole, une
foule de questions intéressantes; nous nous arrêterons
seulement aux principales, en laissant de côté, les raisons
en ont été dites, la question de la protection douanière.

Notre auteur voit dans l'absentéisme, et il n'a pas tort,
une des causes principales de l'infériorité de l'industrie
agricole; mais il n'est pas juste d'attribuer cet état, comme
il le fait d'une manière générale, au mépris du travail, et,
d'autre part, la comparaison que voici manque d'exactitude : « Pour se faire une idée du mal que le mépris du
« travail a fait à l'agriculture, en séparant l'intérêt de
« l'exploitation de celui de la propriété, il n'y a qu'à con-
« sidérer un peu où en seraient les industries manufactu-
« rières et commerciales, si, à l'exemple des possesseurs
« du sol, les propriétaires de fabriques et de maisons de
« commerce avaient voulu se décharger sur des fermiers,
« sur des métayers, sur des esclaves, du soin de faire pros-
« pérer leurs établissements » [2]. — Il ne faut pas oublier
que le fermier est précisément l'entrepreneur dans l'in-

---

[1] La Hollande doit sans nul doute à son sol de faire exception à la règle
de proportion qui lie le rendement au chiffre des avances. Aujourd'hui et
d'après la statistique de 1896, la moyenne du rendement en France serait de
17,50 hectolitres à l'hectare.

[2] Dunoyer, t. II, p. 201.

dustrie commerciale; il n'est pas le préposé du propriétaire; il travaille pour son propre compte et à ses risques et périls. Il est vrai de dire que, comme le remarque justement Dunoyer, « son intérêt est de ne faire à la terre que « les avances dans lesquelles il peut se promettre de rentrer « avec bénéfices avant l'expiration du bail »[1]. Aussi n'est-il pas contestable que le meilleur mode d'exploitation, c'est l'exploitation par le propriétaire lui-même, c'est le faire valoir; et je comprendrais très bien que la loi accordât certaines faveurs particulières au propriétaire qui exploite, parce qu'il remplit sa fonction sociale d'une façon plus utile à l'intérêt commun que le propriétaire qui loue sa terre à un autre.

Cette question se lie à une grave question sociale, celle de la grande ou de la petite propriété, laquelle est elle-même connexe à une importante question technique, celle de la grande ou de la petite culture.

Il est permis de s'étonner des termes dans lesquels Dunoyer pose la question. « On a ici à examiner, dit-il, une « question qui ne se présente, que je sache, dans aucun « autre ordre de travaux : c'est de savoir s'il faut tra- « vailler en grand ou en petit, et quelle est la bonne agri- « culture, de la petite ou de la grande »[2]. — La vérité est que la question se pose relativement à toutes les industries, ou plutôt qu'elle semble actuellement résolue en fait pour les industries autres que l'agriculture : la grande production semble imposée par la nature des choses dans les industries minières; elle s'est introduite d'elle-même dans toutes les industries qui emploient la vapeur et nous l'avons vue s'établir jusque dans l'industrie commerciale : dans ces différentes industries, on peut discuter les effets sociaux de la concentration de l'industrie; on ne conteste guère ses bons effets économiques. Mais la question est beaucoup plus délicate en ce qui concerne l'industrie agricole.

« A cet égard, comme à beaucoup d'autres, dit Dunoyer, « toujours plein de foi dans la liberté, les choses suivent

____
[1] Dunoyer, t. II, p. 201.
[2] *Ibid.*, t. II, p. 221.

« les lois de leur nature et s'arrangent au gré des circon-
« stances, bien loin de se plier au joug des combinaisons
« systématiques et des solutions *à priori*. »

« Ainsi, quoi que l'on décide, les terres seront naturel-
« lement plus divisées dans le voisinage des grandes villes
« qu'au milieu des campagnes et dans l'éloignement de
« tous les lieux habités. Elles se partageront autrement
« pour la culture des plantes potagères que pour celles
« des céréales. Elles se morcelleront davantage dans les
« pays où le sol est très fertile que dans ceux où le sol est
« très ingrat. »

« Ensuite on les verra constamment se distribuer dans
« les mains de la population de la même manière que s'y
« trouvent distribués les capitaux et les connaissances
« agricoles ; c'est-à-dire que, comme toutes les choses pro-
« pres à la production, elles iront chercher les personnes
« les plus capables d'en tirer parti, et par cela même
« les plus disposées à les bien payer. »[1]

C'est passer à côté de la question, ou du moins la
négliger comme oiseuse. Ce point de vue pourrait être
admis si les institutions et les lois étaient sans influence
sur la constitution de la propriété foncière ; et c'est ce que
paraît admettre notre auteur, quand il dit : « Ce serait
« bien vainement que la grande propriété prendrait des
« mesures iniques pour empêcher que les terres ne vins-
« sent à lui échapper ; car elle serait toute la première à
« aller contre l'esprit de ses propres lois et à vendre ses
« champs à parcelles. C'est ainsi que parmi nous, depuis
« fort longtemps, elle donne elle-même l'exemple du mor-
« cellement dont elle se plaint. Ce n'est pas le Code civil
« qui est cause que la terre se partage. Ce ne serait pas le
« rétablissement du droit d'aînesse qui l'empêcherait de
« se diviser. Les terres se morcellent en France parce
« qu'elles ont généralement plus de valeur dans les mains
« des petits cultivateurs que dans celles des gros fermiers
« et des grands propriétaires ; de même qu'elles restent
« agglomérées en Angleterre par la raison opposée. Leur
« tendance universelle, je le répète, est de se répartir

____

[1] Dunoyer, t. II, p. 222.

« comme les moyens propres à les faire valoir ». — Cette tendance est certaine ; libre de toute entrave, la terre ira naturellement vers les mains les plus propres à la mettre en valeur ; mais comment fermer les yeux sur tous les obstacles qui peuvent contrarier cette tendance? Comment affirmer que la loi du partage égal n'est pour rien dans le morcellement de la terre française, et que le droit d'aînesse avec les lois de substitution ne sont pour rien dans la concentration de la propriété dans la Grande-Bretagne?

De Tocqueville a avancé que la division de la propriété foncière en France était antérieure à la Révolution ; Michelet, Wolowski, Léonce de Lavergne se sont associés à cette opinion, à laquelle M. Charles Gimel a donné une remarquable confirmation dans un travail lu au Congrès de statistique de 1889 et inséré dans le Journal de la société de statistique de Paris de 1891. Il y a longtemps que le voyageur anglais Arthur Young avait fait la remarque que la terre était divisée en France « à un point dont, « disait-il, nous n'avons pas même l'idée ». J'accorde tout cela, à condition qu'on ne contestera pas, d'autre part, que la Révolution et le Code civil aient eu quelque effet à cet égard. Considérons d'abord la vente des biens nationaux : la Révolution a émietté 30.000 grands domaines en 1.222.000 lots, représentant chacun une valeur de 3.000 francs. Voilà un *fait du prince* qui vraisemblablement n'a pas été sans effet sur la constitution de la propriété foncière dans la suite. Puis viennent les lois successorales, qui prescrivent l'égalité du partage, une égalité d'abord absolue, puis finalement à peine tempérée par une quotité disponible dérisoire quand le père laisse un certain nombre d'enfants. Et cela n'aurait exercé aucune influence sur la division de la propriété? Le contraire est certain et M. Charles Gimel, dans le travail qu'on vient de rappeler, constatait, chiffres en main, que, contrairement aux opinions extrêmes, l'une croyant à la concentration du sol, l'autre à sa pulvérisation, « la propriété suit, en « France, un mouvement de division qui se renferme dans « des limites assez étroites ».

Si la thèse de Dunoyer devait être prise à la lettre,

Frédéric Le Play se serait donné une peine bien inutile dans la campagne infatigable qu'il a entreprise contre le partage forcé et en faveur de la liberté testamentaire; toutes les précautions récentes prises par les législations allemandes contre le morcellement[1] seraient *à priori* inutiles, de même que la faculté de substitution à peu près indéfinie reconnue par la législation anglaise serait inoffensive! Il suffit de signaler ces conséquences pour reconnaître qu'ici encore l'esprit un peu absolu de notre auteur l'a emporté trop loin.

Il se pose cependant la question de savoir quel est, en principe, le meilleur régime de la grande, de la moyenne ou de la petite culture, et il donne la préférence à la moyenne.

Je crois qu'il a raison et qu'il est vrai de dire que « un « atelier très étendu, un atelier très circonscrit, un atelier « formé de lambeaux de terre très petits et très écartés les « uns des autres paraissent être également défavorables « à l'exercice libre et fructueux de l'agriculture »[2]. Dunoyer a très bien mis, en relief les inconvénients de la culture trop morcelée et de la culture trop étendue; l'une est un obstacle à l'application des méthodes perfectionnées; l'autre ne saurait échapper au coulage résultant d'une surveillance insuffisante et elle exclut presque fatalement l'exploitation par le propriétaire. L'idéal serait, à mon sens, que la propriété foncière se proportionnât à l'étendue suffisante pour occuper les bras d'une famille normale (non telles qu'elles sont aujourd'hui, mais telles qu'elles devraient être) et qu'elle fût cultivée par son propriétaire. L'État n'a pas à faire dans ce but de réglementation spéciale; mais il doit du moins bien se garder de mettre obstacle, par ses lois, à la libre circulation de la terre.

Dunoyer signale, avec raison, comme particulièrement fâcheux, le cas où l'atelier agricole est composé de pièces très morcelées et très éparpillées, pour lequel « on peut éprouver à la fois les inconvénients des ate- « liers trop circonscrits et des ateliers trop étendus ».

---

[1] V. notamment : *Annuaire de législation comparée, 1884 et 1888.*
[2] Dunoyer, t. II, p. 224.

Contre ce danger, la législation allemande a imaginé un remède assez radical, une sorte d'expropriation pour cause d'utilité publique : quand, dans une commune, une partie des propriétaires le demande, l'administration peut réunir toutes les terres, même celles des dissidents, en une seule masse, former des lots et attribuer à chaque intéressé un domaine au lieu des parcelles séparées qui lui appartenaient[1]. Je ne crois pas que l'intérêt en jeu justifie cette violence au droit de propriété ; la législation peut, en pareil cas, faciliter les échanges, par exemple, en les exonérant de tous droits, sans les imposer.

Dunoyer réunit dans une même condamnation les réglementations que l'État a souvent imposées à l'agriculture et les encouragements qu'il lui prodigue. Quelques distinctions sont pourtant nécessaires.

Des réglementations, on en a toujours abusé. Notre auteur en énumère une liste, dont quelques-unes sont vraiment extravagantes, et elle est loin d'être complète. On ne saurait toutefois proscrire en bloc toute réglementation et voici la distinction qui me semblerait devoir servir de règle : Liberté entière toutes les fois que l'intérêt privé de l'agriculteur est seul en jeu ; car l'intérêt personnel est la plus sûre des garanties, et l'on peut, d'une manière générale, s'en fier à lui : c'est la condamnation de toutes les ridicules ingérences de l'autorité dans l'ordre et la nature des cultures, comme dans la manière de les récolter, bans de vendange, de fauchaison, etc. Mais, toutes les fois que l'intérêt général est directement menacé, il ne saurait être laissé à la merci de l'égoïsme et de l'incurie des individus : ainsi se légitiment les mesures relatives à l'échenillage, aux épizooties, etc.

Il y a beaucoup à dire aussi sur les encouragements de diverse nature que l'État se met en devoir de donner à l'industrie agricole. Dunoyer va peut-être un peu loin, en condamnant le tout ; mais, à tout prendre, cet excès serait moins dangereux que celui dans lequel nous sommes tombés. On peut ramener à trois objets principaux les trop

---

[1] *Annuaire de législation comparée*, 1884, p. 176 ; 1886, p. 119 ; 1888, p. 296.

nombreuses interventions de l'État en cette matière : instruire, procurer des races pures, encourager.

On ne saurait, ce me semble, contester sérieusement,
aujourd'hui moins que jamais, la légitimité et l'opportunité de l'intervention de l'État pour la diffusion de l'instruction en pareille matière. La crise intense que traverse
l'industrie agricole et qui affecte si profondément l'organisme économique entier, la nécessité de porter en quelque
sorte l'instruction à domicile et de la faire pénétrer comme
de force dans un milieu aussi réfractaire, l'intérêt supérieur qui exige que le sol national soit aussi complètement
que possible mis en valeur, tout semble appeler la sollicitude de l'État. Toute la question est de savoir de quelle
manière cette instruction peut être utilement donnée.

Dunoyer, par exemple, se demande : « si des fermes,
« qualifiées de *fermes-écoles,* de *fermes exemplaires,* qui
« ont toutes besoin de subventions pour se soutenir, et qui,
« partant, font toutes, commercialement parlant, de mau-
« vaises affaires, peuvent être considérées comme des *mo-*
« *dèles* bien sûrs, comme des établissements de bien *bon*
« *exemple,* et si les généralités qu'on y apprend ne doi-
« vent pas conduire dans la pratique à bien des applica-
« tions erronées »[1]. Et on ne saurait nier qu'il peut y avoir
là un véritable danger ; il ne faut pas que l'État se mette
en frais pour apprendre aux gens à se ruiner sous prétexte
de faire de l'agriculture savante ; mais, d'autre part, il
semble nécessaire que l'État entretienne des champs d'ex-
périences pratiques, où des essais seront faits, fussent-ils
même coûteux, pour servir de vérification à la théorie. Les
fermes-écoles doivent être, non des modèles d'entreprise
agricole, mais seulement des écoles de culture. Les fermes-
écoles instituées en France par la loi du 5 octobre 1848
étaient des exploitations privées subventionnées : ce système comporte toutes les critiques que faisait Dunoyer et
peut donner lieu à beaucoup d'abus. *Les écoles pratiques*
d'agriculture, instituées, en principe, dans chaque département, par la loi du 30 juillet 1875 étaient encore des fermes-écoles, d'un degré supérieur ; mais cette loi n'est

---

[1] Dunoyer, t. II, p. 215.

guère entrée dans la pratique. La loi du 9 août 1876 a créé un Institut agronomique et celle du 16 juin 1879 a institué une chaire d'agriculture dans chaque département : cette forme d'intervention peut avoir d'excellents effets, si l'on sait en tirer tout le parti possible.

J'aurais beaucoup moins d'hésitation à condamner avec Dunoyer, la prétention de l'État de fournir des races pures à l'industrie agricole : en vérité cela la regarde, et non pas lui. « Qu'avait-on à faire, se demande notre auteur, « et quel service sérieux a-t-on recueilli, commerciale-« ment parlant, de l'institution des haras. La question « est de savoir s'il y a lieu de se mettre en frais pour « exciter à produire de beaux chevaux avant que la de-« mande en soit faite, et si, d'une autre part, une telle « excitation est nécessaire quand le débit des beaux che-« vaux est devenu facile et assuré »[1]. — Cette dernière considération surtout me semble puissante. En Angleterre, le gouvernement reste absolument étranger à l'industrie chevaline et l'on ne voit pas qu'elle s'en porte plus mal. En cette matière comme en toute autre, on peut être assuré que la production saura toujours fournir ce que la consommation lui demandera. Il en est de cela comme des manufactures nationales, entretenues à grands frais pour maintenir le niveau de l'art : l'industrie privée ne manquera pas de donner les plus beaux produits toutes les fois qu'on voudra bien les lui payer; mais elle ne travaillera jamais à perte de propos délibéré, et tous les modèles du monde n'y feront rien!

Cependant les idées de Dunoyer n'ont pas prévalu. Après la guerre de 1870, l'institution des haras officiels a reçu une nouvelle impulsion par la loi du 20 mai 1874. On a créé une administration supérieure des haras, avec un immense état-major : un directeur, inspecteur général, six inspecteurs généraux, vingt-deux directeurs de dépôts, vingt-deux sous-directeurs et une armée de surveillants et d'employés; on a institué un conseil supérieur des haras; on a rétabli l'école des haras du Pin; on a porté jusqu'à 2.500 le nombre des étalons. Il est hors de doute qu'on a

—————

[1] Dunoyer, t. II, p. 214.

donné par là une certaine impulsion à l'industrie chevaline : nos importations de chevaux étrangers ont constamment décru à partir de 1875, et nous avons commencé à
exporter en 1885. Mais il est douteux que ce résultat compense les sacrifices qu'il a coûtés et surtout que le progrès
n'eût pu s'accomplir sans ces sacrifices. On a remarqué,
avec raison, que, dans notr exportation, se trouve une
large proportion d'étalons de trait ou d'autres chevaux
dont la production n'est pas dirigée ou encouragée par
l'administration des haras. D'autre part, ouvrons le budget de 1896, au chapitre du ministère de l'agriculture, et
nous y trouverons, sous la rubrique des haras, une série
d'articles qui ne montent pas à moins de 5.800.000 francs,
sans compter un million 1/2 d'encouragements à l'industrie chevaline ! Je suis fort tenté de dire, avec Dunoyer :
« Laissons les pauvres gens avoir de pauvres chevaux ; ils
« sauront bien en demander de meilleurs quand ils se
« ront plus à l'aise, et à mesure que s'accroîtra la de
« mande des chevaux de bonne race, la production s'en
« étendra et se perfectionnera sans l'officieuse interven
« tion de l'État »[1]. On se préoccupe de l'intérêt de la
défense nationale au point de vue du recrutement de la
cavalerie ; mais on peut être assuré que l'État ne manquera pas de bons chevaux pour la cavalerie, s'il veut
bien les payer. Redisons avec le vieux Quesnay : « Tel est
« le débit, telle est la reproduction ».

Les mêmes raisons condamnent, en principe, tout ce
système de subventions et de primes que l'État croit devoir
distribuer de plus en plus largement à une foule de productions agricoles. Tout cela froisse la justice ; car c'est
l'argent de tous qui est employé à assurer des profits à
quelques-uns. Tout cela donne lieu à une foule d'abus et
souvent à un pitoyable gaspillage, et nous avons là-dessus
le témoignage précieux de notre auteur, qui fut longtemps
un administrateur distingué : « Combien de fois ne m'est-
« il pas arrivé, dans le cours des quelques années où j'ai
« rempli les fonctions de préfet, de ne pouvoir trouver
« l'emploi des subventions, pourtant bien minimes, qui

<hr>

[1] Dunoyer, t. II, p. 214.

« m'étaient accordées pour de tels objets, ou de n'en pou-
« voir faire que l'emploi en apparence le moins profitable!
« de ne pouvoir, par exemple, employer que partielle-
« ment, et quelquefois de ne pouvoir employer du tout de
« faibles primes, destinées à l'introduction de certaines
« cultures ou au perfectionnement de certaines races d'a-
« nimaux et de ne parvenir qu'avec beaucoup d'efforts,
« et en consentant à beaucoup perdre, à me défaire de
« bestiaux de prix que le département avait tirés du dehors
« dans la vue de provoquer des croisements utiles »[1]! — Il
est bien évident que la plupart des administrateurs pourraient en dire autant, et cela donne beaucoup à réfléchir
sur l'utilité de tous ces encouragements. Tout cela enfin
est comme la tache d'huile, qui s'étend constamment; les
subventions appellent les subventions : pourquoi et comment refuser à celui-ci ce qu'on a accordé à ceux-là? Et
combien il est facile de trouver des gens, fort dignes d'encouragement, qui travaillent dans l'intérêt national! Et
l'on aboutit ainsi, tout en commettant beaucoup d'injustices, à enfler démesurément le budget et à écraser d'impôts la production nationale[2].

Concluons, avec notre auteur, que « le seul véritable, le
« seul efficace encouragement à la production, c'est la
« demande; et cet encouragement, il n'est pas au pouvoir
« de l'État de le donner : il naît du progrès naturel des
« choses, de l'accroissement universel des besoins et des
« moyens plus grands qu'on a de les satisfaire »[3].

Quelques remarques de Dunoyer relativement à l'industrie agricole méritent encore d'être relevées. Ainsi, il
fait justement remarquer « que le travail ne se divise pas
« aussi bien dans ses ateliers que dans ceux de l'industrie
« manufacturière..... La production des denrées agricoles
« exige bien une certaine suite d'opérations comme celle
« des produits manufacturés; mais ces opérations ne peu-
« vent pas s'exécuter d'une manière continue et simulta-
« née comme les travaux des fabriques »[4]. Il y a, en effet,

---

[1] Dunoyer, t. II, p. 215.
[2] V. *Économiste français*, 6 février 1897.
[3] Dunoyer, t. II, p. 214.
[4] *Ibid.*, t. II, p. 228.

pour les travaux agricoles, une époque et une succession
qui sont imposées par les saisons et qui ne permettent
pas du tout de pousser la division du travail aussi loin
que dans l'industrie manufacturière. Je ne sais pas, au
reste, s'il faut voir là un « désavantage », comme l'a dit
notre auteur. Ce n'en est pas un pour le travailleur : cette
diversité et cette succession de travaux sont évidemment
plus propres à développer ses facultés intellectuelles et
lui font une vie infiniment moins monotone que la tâche
parcellaire indéfiniment répétée. Et quant à l'industrie
elle-même, il faut dire que la production obéit à des règles différentes de celles qui gouvernent l'industrie manufacturière, voilà tout ; on ne saurait dire qu'elle est dans
un état d'infériorité parce que la division du travail n'y
peut être poussée aussi loin.

En ce qui concerne les machines, Dunoyer pensait qu'en
agriculture « il est moins facile que dans les autres in-
« dustries de remplacer le travail de l'homme par celui
« des machines. Ceci tient encore, disait-il, à l'art agricole,
« qui oblige celui qui l'exerce à se transporter successi-
« vement avec ses outils sur toutes les parties d'un terrain
« plus ou moins vaste et inégal. Il en résulte qu'à la diffé-
« rence du fabricant, par exemple, qui agit sans se dépla-
« cer et qui peut faire exécuter ses travaux par une chute
« d'eau, un courant d'air, un fluide électrique, l'agricul-
« teur ne peut adapter aucune de ces forces à ses usten-
« siles aratoires et n'en tire presque aucun parti ». Et il
ajoutait en note : « L'agriculture se trouve, à cet égard,
« dans une situation plus défavorable que le voiturage,
« qui se prête encore à l'emploi de ces forces, quoique à
« un moindre degré que la fabrication. Elle est, des di-
« verses industries dont il a été question jusqu'ici, celle qui
« en profite le moins ». — L'expérience n'a pas confirmé ces
conclusions, basées sur l'observation de faits contingents.
On a déjà dit que l'industrie voiturière, contrairement aux
prévisions de Dunoyer, absorbe aujourd'hui, à elle seule,
plus des 4/5 de la force motrice mise en action par la vapeur. Quant à l'industrie agricole, il est bien vrai qu'elle
ne fait encore, chez nous, qu'un usage peu étendu des
machines : c'est à peine si elle emploie une centaine de

mille de chevaux-vapeur sur plus d'un million qui sont
mis aujourd'hui en activité dans les différentes branches
de l'industrie, non compris les chemins de fer et les bateaux; mais on aurait tort de conclure de ce retard à une
impuissance naturelle de l'art agricole d'adapter les machines à ses travaux. Dunoyer aurait sans nul doute modifié ses conclusions s'il avait observé, par exemple, les
méthodes agricoles actuelles des États-Unis, dont M. Levasseur nous a donné un tableau si intéressant et si instructif au retour de l'exposition de Chicago. Voici une page
qui est de nature à modifier bien des idées relativement
à l'art agricole :

« A l'exposition universelle de Philadelphie, en 1876,
« j'avais été étonné de la quantité et de la variété des ma-
« chines agricoles de l'Amérique, de la légèreté, je dirai
« même de l'élégance de leur construction. Entre les deux
« expositions, il ne s'est pas produit de grandes nouveautés
« en ce genre; mais les machines ont reçu de nombreux
« perfectionnements de détail et l'usage en est devenu
« beaucoup plus général dans les fermes américaines,
« particulièrement dans les grandes fermes de la Califor-
« nie. Elles font plus de travail que naguère dans le même
« temps et coûtent moins... Les charrues sont, les unes à
« une raie, tirées par trois chevaux, les autres à deux raies,
« tirées par quatre ou cinq chevaux. Le laboureur marche
« à côté de l'attelage, ou est assis sur un siège étroit, mais
« commode, et suspendu sur ressort. Beaucoup de char-
« rues portent, au lieu de coutre rectiligne, un coutre cir-
« culaire en acier, qui coupe facilement la terre... Il y a
« aussi de grandes charrues à six raies, mues par une loco-
« motive routière; toutefois celles-ci sont peu usitées. Dans
« quelques grandes exploitations, on peut voir dix charrues
« et plus, s'avançant de front sous la direction d'un surveil-
« lant à cheval et traçant un seul sillon dans leur journée;
« le lendemain, elles reviennent et labourent en sens in-
« verse. »

« Les semoirs automatiques sont devenus d'un usage
« général; on ne se sert guère que du semoir à la volée, qui
« lançant la semence sur une large surface, en perd davan-
« tage, mais fait la besogne plus vite. On a imaginé des

« semoirs de maïs à deux roues, avec siège pour le conduc-
« teur, qui déposent régulièrement les grains à un mètre
« de distance en longueur et en largeur. Les herses à double
« série de disques coupant en dentelé, les scarificateurs ni-
« veleurs, les charrues à biner ou à déchaumer sont amé-
« liorées. Les pulvérisateurs commencent à se substituer à
« la herse..... Dans les terrains plats de l'Ouest, une machine
« peut faucher et botteler le blé ou le foin sur 20 ou 30
« acres (8 à 12 hectares) dans la journée..... Les batteuses
« sont mues par des locomotives chauffées avec la paille. »

« Dans les grandes fermes de l'Ouest, il n'est pas rare
« de voir des charrues à six socs de huit pouces tirées par
« huit ou dix chevaux et conduites par un homme assis
« sur un siège, qui labourent de 6 à 9 acres par jour ; quel-
« quefois, pour les cultures du printemps, un semoir et
« une herse accouplés à la charrue et faisant à la fois le
« double travail du labourage et des semailles. On y peut
« voir le « *Combined Harvester* », moissonneuse tirée par
« 20 ou 30 mules et dirigée par quatre hommes, coupant
« le blé sur une largeur de 16 à 40 pieds, en même temps
« le battant, l'ensachant, et opérant ainsi sur 35 acres (14
« hectares) et plus par jour.....»

« On s'ingénie à déloger le travail à bras de tous les
« recoins de l'agriculture ; c'est ainsi qu'on voyait, à l'expo-
« sition de Chicago, une machine à récolter le maïs, une
« machine à repiquer le tabac, une machine à décortiquer
« le riz, une machine aspirante pour récolter le coton. »

« La valeur des outils et machines de l'agriculture fa-
« briqués aux États-Unis est relevée tous les dix ans par
« le Census. Elle était de 7 millions de dollars en 1850, de
« 18 en 1860, de 54 en 1870, de 68 en 1880 et de 81 (417
« millions de francs) en 1890 »[1].

M. Levasseur nous cite encore l'exemple d'une ferme
d'une superficie de 75.000 acres (31.000 hectares), divisée en sections de 5.000 acres, sur lesquelles le travail est
entièrement fait par des machines[2].

<hr>

[1] *Séances et travaux de l'Académie des sciences morales et politiques*, août 1894.

[2] *Séances et travaux de l'Académie des sciences morales et politiques*, mai 1895.

Comment dire, après cela, avec Dunoyer : « Quel est
« l'instrument d'agriculture dont on peut comparer les
« effets à ceux de la grue, du laminoir, de la machine à
« filer et de cent autres à l'usage de l'industrie manufac-
« turière? Il est évident que, pour la force, l'étendue, la
« rapidité, la précision, la délicatesse, l'effet des ins-
« truments aratoires n'approche point de celui de la
« plupart des outils qui servent à la fabrication ». — Eh!
non; ce qui est bien plutôt évident, c'est qu'il faut se
garder, dans la science économique, de baser sur des
faits relatifs et contingents des généralisations hâtives.
Dunoyer, malgré sa pénétration d'esprit et la rectitude de
son jugement, nous en a plus d'une fois donné la preuve.

Nous avons, avec Dunoyer, parcouru la série des arts
qui exercent leur action sur le monde matériel; nous avons
à nous occuper maintenant de ceux qui portent directement
leur attention et leur activité sur l'homme et qui se pro-
posent expressément « de perfectionner sa nature physique,
« affective, intellectuelle et morale ». L'examen de ces arts
n'avait pas trouvé place dans les ouvrages des économistes.
Dunoyer a, je l'ai dit déjà, comblé une grave lacune et
très heureusement élargi les horizons de la science économique en leur y faisant la place qui leur est due.

CHAPITRE XVII

Des arts qui agissent sur l'homme physique.

Je serai très bref en ce qui touche les différents arts « qui
« ont pour objet la conservation et le perfectionnement de
« l'homme physique ». C'est qu'en effet, s'ils rentrent, au
même titre que tous les travaux humains, dans le domaine
économique, ils appellent peu d'observations particulières
vraiment intéressantes, et Dunoyer, en en traitant, a beaucoup sacrifié à la symétrie.

De quels arts s'agit-il ici? « En désignant, dit notre au-
« teur, les arts du médecin, du chirurgien, de l'oculiste, du
« pédicure, du dentiste, du gymnasiarque, du maître d'es-
« crime, de natation, de danse, d'équitation, je ferais une
« énumération fort longue et ne serais pas sûr d'avoir fait
« une énumération complète ». — Elle l'est assez cependant
pour nous donner une idée des questions qui peuvent
s'agiter ici. La principale, sans nul doute, est de savoir si
celles de ces professions qui intéressent la santé et la sécurité publiques, les professions de médecin, de chirurgien, d'oculiste, voire même de dentiste peuvent être soumises dans leur exercice à certaines conditions, spécialement à la nécessité de l'obtention d'un grade; mais elle
a été examinée à propos du rôle de l'État et je persiste
à croire que les conclusions de Dunoyer en faveur de la
liberté absolue ne tiennent pas suffisamment compte des
nécessités pratiques.

Notre auteur a eu le mérite de faire ressortir toute l'importance qu'on doit attribuer à la culture des facultés

physiques de l'homme. Elle contribue singulièrement à augmenter la productivité de son travail; elle donne la santé, le bien qui permet de jouir de tous les autres; « en-« fin, ces facultés méritent d'être cultivées pour elles-« mêmes, pour le plaisir qu'on trouve à les sentir, à les « exercer, parce qu'elles forment une partie des perfections « dont notre être est susceptible, parce qu'elles servent « d'instrument à l'activité, au dévouement, au courage et « qu'elles sont comme le support et la base de nos facultés « les plus élevées »[1].

Ces idées sont excellentes et il était d'autant plus opportun de les prêcher que, trop longtemps chez nous, l'éducation physique a été négligée; c'est d'hier seulement qu'elle est véritablement entrée dans nos mœurs, et il a fallu, pour cela, l'épouvantable secousse d'un désastre sans précédent!

Dunoyer fait encore une très juste remarque, quand il dit que « la médecine, qui est très généralement exercée « comme art de guérir, ne l'est que très peu comme moyen « d'élever et de maintenir le corps de l'homme à son meil-« leur état de conformation et de santé », et que « de toutes « les parties de l'art médical, l'hygiène, qui pourrait être « la plus efficace, est sans contredit la moins pratiquée »[2]. Mais il va peut-être un peu loin, en demandant que l'homme qui désire se marier consulte son médecin pour savoir comment il doit diriger son choix en vue d'améliorer sa race, à quel tempérament il lui importe d'unir le sien, par quelle alliance il pourrait éviter de transmettre à sa postérité certaines prédispositions fâcheuses[3]. J'accorde qu'on ne saurait prendre trop de précautions en pareille matière; mais il faut aussi reconnaître que la question de l'union entre les mortels est un peu plus complexe, quoiqu'en ait pensé Cabanis[4], que celle de l'accouplement des animaux, dont le but unique est la reproduction! On peut encore faire observer qu'à moins de juger sur les apparences, le médecin ne pourrait parler compé-

[1] Dunoyer, t. II, p. 243.
[2] *Ibid.*, p. 246.
[3] *Ibid.*, p. 246.
[4] *Ibid.*, p. 246.

temment que de ses clients, mais qu'il serait lié, en ce qui les touche, par le secret professionnel ! Cela dit, je crois tout à fait que « le croisement de races est un des moyens « les plus énergiques que l'espèce ait d'agir sur elle- « même et sur toute l'économie de ses facultés », et « qu'un « petit nombre de familles qui voudraient ne s'allier « qu'entre elles, concentrant par là dans leur sein toutes « les infirmités héréditaires qu'elles pourraient avoir, ou « que le temps les aurait exposées à contracter, et faisant « entre elles un échange continuel de leurs difformités ou « de leurs vices, seraient infailliblement dégénérées au « bout de très peu de générations »[1]. Et notre auteur en tire cette pénétrante conclusion : « On ne peut douter que « le préjugé qui de tout temps, en Europe, a défendu aux « races aristocratiques de rechercher en mariage des per- « sonnes qui ne seraient pas de *condition*, ne soit une des « causes qui ont le plus nui à la durée de ces races »[2]. On peut tirer de là d'utiles enseignements ; mais on n'en sau- rait conclure que l'art médical soit autorisé à comprendre le croisement des races « au nombre de ses moyens prati- « ques d'agir sur le corps humain »[3].

Mais voici que Dunoyer nous transporte sur un tout autre théâtre.

[1] Dunoyer, t. II, p. 247.
[2] *Ibid.*, t. II, p. 248.
[3] *Ibid.*, t. II, p. 250.

CHAPITRE XVIII

Des beaux-arts.

Quelle est la nature et quel est l'objet « des arts qui
« agissent sur l'imagination et sur les facultés affectives? »
Quel est l'office social qui est propre aux beaux-arts?
Quelles sont les conditions de leur perfectionnement? Telles
sont les principales questions que Dunoyer aborde pour
la première fois dans un traité d'économie politique et
qu'il traite, il faut le reconnaître, avec une rare pénétration d'esprit. Je suis loin de souscrire à tous ses jugements
et j'aurai plus d'une réserve à faire sur des points essentiels ; mais on ne saurait nier que toute cette dissertation
sur les beaux-arts ne soit une page magistrale.

J'ai pourtant une critique générale assez grave à adresser à notre auteur : elle a déjà été faite, mais je ne puis
m'empêcher de la répéter ici. Si je voulais faire ressortir
l'erreur consistant à vouloir enfermer dans un cadre inflexible des théories aussi diverses que celles que Dunoyer
a successivement examinées, je ne pourrais prendre de
meilleur exemple que le chapitre relatif aux beaux-arts.
N'est-ce pas trop sacrifier à la symétrie que de nous entretenir de l'obligation qui s'impose à l'artiste de s'enquérir de l'état de la demande et de connaître l'état de l'offre,
de posséder la capacité administrative, même d'avoir une
bonne comptabilité? Était-il bien utile de parler des secours que la connaissance de l'anatomie peut apporter au
peintre et de l'importance « du talent d'exécution et de
« main-d'œuvre », dans les beaux-arts? Était-il besoin, enfin,

de disserter sur la situation de l'atelier, l'usage des machines et la division du travail? Tout cela révèle un esprit de système qui fait quelque tort à l'exposition, d'ailleurs pleine de vues originales et d'ingénieux aperçus, de notre auteur.

Dunoyer expose d'abord une grande querelle, quelque peu surannée, et qui ressemble fort à une querelle d'école, entre ceux qui prétendent porter la poésie dans la matière philosophique et ceux qui veulent qu'on introduise la philosophie jusque dans la poésie. Il a mille fois raison de dire que chacune de ces choses a sa sphère naturelle; que l'enthousiasme n'est pas une méthode et que les sciences ne se font pas d'inspiration; que, d'un autre côté, il serait peu sage de vouloir appliquer les formes du raisonnement aux créations de la poésie. Les sciences tendent à nous instruire; les beaux-arts, à nous émouvoir; les premières s'adressent à notre intelligence, les seconds à notre sensibilité : tendant à des buts différents, ils ne sauraient employer les mêmes moyens; s'ils suivent la même route, les uns ou les autres se trompent de chemin.

Je dirais toutefois que ce n'est pas un motif pour que l'artiste se croie affranchi du joug de la raison, et que notre auteur me semble faire trop bon marché des préceptes de Boileau, rappelant les poètes au respect constant de la raison et du bon sens[1]. Je voudrais ici dissiper toute équivoque, et voici un passage de notre auteur qui appellerait, à mon sens, quelque correctif : « Je n'hésite pas à « dire au philosophe : Aimez la raison; que vos écrits tirent « d'elle tout leur lustre; vos travaux seront d'autant plus « dignes d'estime que vous aurez moins accordé à l'ima- « gination..... Mais j'aurais quelque peine, je l'avoue, à « adresser le même langage à l'artiste. Au lieu de lui dire : « Aimez la raison; je lui dirai : Aimez la passion ; étudiez « ses mouvements; sachez comment elle s'exprime; obser- « vez son influence sur l'imagination; voyez quel rêve « elle lui fait faire; connaissez les chimères dont elle lui « demande de la bercer. J'aurais exhorté le savant à n'être « ni passionné ni ami du merveilleux; je recommanderai

_____
[1] Dunoyer, t. II, p. 288.

« à l'artiste d'être l'un et l'autre. La passion, qui aurait
« égaré le savant est seule capable de bien diriger l'ar-
« tiste : les illusions sont pour lui la première des réalités,
« puisque ce sont des illusions qu'il doit peindre..... »[1]. —
Je crois, moi, qu'on peut peindre des illusions, sans en être
possédé, qu'on peut comprendre et traiter la passion sans
abdiquer son bon sens, et que l'on peut, sans raisonner,
éviter de déraisonner! Je dirai même que c'est à cette
seule condition que les beaux-arts peuvent remplir d'une
façon utile leur fonction éducatrice.

Quelle est cette fonction? Je la résume d'un mot : les
beaux-arts ont pour objet principal de développer et de
perfectionner notre sensibilité. Pour la développer, il faut
qu'ils lui parlent, il faut qu'ils l'excitent, tantôt par la vigueur ou l'élégance des formes, tantôt par la saisissante
harmonie des sons, tantôt par la représentation fidèle des
situations de nature à produire tels ou tels sentiments.
Mais l'art doit tendre en même temps à perfectionner notre
sensibilité : la peinture et la sculpture doivent épurer
notre goût en nous faisant aimer les formes les plus
pleines de grâce ou de vigueur; la musique doit rendre
notre oreille de plus en plus sensible à la véritable harmonie; la poésie, le roman doivent nous inspirer de nobles sentiments et exciter notre admiration et notre amour
pour les belles actions. Voilà comment je comprends l'office social des beaux-arts.

Sans doute, ils doivent nous plaire et nous charmer, et
Dunoyer a raison de dire que « on ne considérerait que
« les plaisirs que ces arts nous procurent sans avoir égard
« au besoin que tous les autres ont de leurs secours et à
« la part très directe qu'il prennent à l'éducation de l'es-
« pèce humaine, qu'on les trouverait fort dignes encore de
« figurer dans l'économie sociale et d'y occuper un rang
« éminent; car, de toutes nos facultés, celles qu'ils cul-
« tivent sont peut-être celles qui nous donnent le senti-
« ment le plus vif et le plus profond de l'existence ». — Mais
il faut encore qu'en nous charmant, ils excitent en nous
l'amour du beau dans ses manifestations diverses et nous

<hr>

[1] Dunoyer, t. II, p. 298.

perfectionnent ; sans quoi, ils ne remplissent qu'incomplètement leur fonction ; car le but de l'activité de l'homme sous toutes ses formes, c'est le progrès. Que si, par malheur, au lieu de nous améliorer, ils nous détériorent ; si, par exemple, la peinture, grâce à l'engouement de la mode, altère notre goût en l'habituant aux contrastes les plus heurtés, si la musique arrive à nous faire préférer le burlesque à la vraie harmonie, si le poète ou le romancier excitent nos mauvaises passions, bafouent l'héroïsme et la vertu et travaillent à rendre le vice séduisant, non-seulement les arts manquent à leur mission sociale, mais ils deviennent pernicieux, et j'oserai dire qu'ils perdent tout droit à la qualification de beaux-arts, puisqu'ils s'écartent et nous écartent de la beauté, qui n'est qu'une des faces de la vérité absolue, et qui est, comme elle, éternelle et immuable : « L'homme serait un être incomplet, dit très bien « notre auteur, s'il ne développait pas ses forces physi-« ques et ses facultés mentales. Le beau, idéal de l'homme, « se compose d'élégance, de goût, de passion, d'exaltation, « autant que de beauté physique et d'intelligence. Il de-« mande que les perfections du corps et les distinctions « de l'esprit soient relevées par la culture de l'imagination « et par le développement des facultés de l'âme »[1]. Et Dunoyer ajoute cette remarque profonde : « Il est vrai « que nous sommes quelquefois d'autant plus à plaindre « que nous sentons plus vivement ; que plus nous éten-« dons la sphère de notre sensibilité et plus nous multi-« plions les points par où nous sommes vulnérables ; mais, « si une sensibilité plus développée expose à plus de pei-« nes, elle devient aussi la source de plaisirs plus vifs et « plus nombreux, et l'on ne peut nier qu'à tout prendre « il n'y ait un immense avantage à perfectionner en nous « cette faculté »[2]. — Il y a surtout avantage en ce qu'elle nous rend meilleurs.

Pour atteindre à ce noble but, les beaux-arts doivent obéir à certaines règles, que Dunoyer a essayé de dégager ; ses conseils me paraissent, en grande partie, devoir être approuvés.

[1] Dunoyer, t. II, p. 314.
[2] *Ibid.*, t. II, p. 315.

Ainsi, j'admets, avec lui, que le meilleur moyen qu'un poète ait de faire penser est « de représenter les passions « telles qu'elles sont, avec les conséquences qu'il est dans « leur nature de produire et sans prétendre tirer d'ailleurs « de cette peinture aucune morale autre que celle qui res- « sort naturellement des faits »[1]. J'ajouterai seulement que l'auteur doit se garder d'arrêter l'action avant que se soient produites toutes les conséquences, et par exemple, de nous faire assister au triomphe de telle passion coupable, en taisant les revers auxquels elle ne manquera guère d'exposer celui qui s'y abandonne; que si, ce qui peut arriver, la peine ne se manifestait pas au grand jour, l'auteur qui se respecte devrait choisir un autre sujet.

Dunoyer remarque encore, avec grande raison, « qu'il « est plus dans la nature des beaux-arts de peindre la pas- « sion individualisée que la passion abstraite, et cela par « cette raison toute simple que la passion individualisée, « la passion telle qu'elle s'est manifestée à des époques et « dans des hommes avec lesquels le temps présent peut « avoir conservé des rapports multipliés, tenant à notre « manière de sentir par beaucoup plus de points que la « passion abstraite, est infiniment plus propre à nous « émouvoir »[2]. Et cela est vrai de tous les arts : un tableau qui nous représente sous des traits admirables un grand homme ou une noble action connue nous frappe bien da- vantage que ne le ferait, le pinceau fût-il le même, une conception de fantaisie. Mais, bien entendu, il ne faut pas « viser à donner aux arts un caractère national »[3]; la na- tionalité n'est pas plus l'objet des arts que celui des sciences; ce serait les rapetisser; car la beauté, comme la science, ont un caractère absolu.

L'art doit-il nécessairement se borner à représenter les réalités qui sont de nature à affecter nos sens? Je ne le crois pas plus que Dunoyer; je dirai même que la vie réelle est assez laide et assez maussade pour qu'il soit bon de nous transporter momentanément dans les sphères plus élevées de l'idéal et les plus délicats sauront grand gré à

---

[1] Dunoyer, t. II, p. 301.
[2] *Ibid.*, t. II, p. 303.
[3] *Ibid.*, t. II, p. 305.

ceux qui y auront réussi. J'accorde toutefois qu'on aura
généralement, en le faisant, moins d'action sur la masse et
que l'on risque davantage de s'égarer.

Mais combien surtout Dunoyer a raison de dire que l'art
ne doit jamais s'attacher à la peinture des réalités hideuses :
« Quand la plus horrible représentation des choses en serait
« la représentation la plus fidèle, ce qui, heureusement est
« loin d'être vrai, elle ne serait certainement pas la plus
« conforme à l'objet de l'art. On n'attendrit pas quand on
« révolte: faire lever le cœur n'est pas le toucher. Enfin,
« il ne s'agit pas seulement pour l'art de nous émouvoir
« d'une façon quelconque. Si la vraie tâche du savant est de
« former l'intelligence, celle de l'artiste est de perfectionner
« d'abord le sentiment et l'imagination »[1]. Et c'est pour
cela que je ne saurais compter au nombre des véritables
artistes ces hommes qui, quel que soit leur talent, semblent
se complaire dans leurs écrits à remuer toutes les fanges
de l'humanité : peut-il sortir de là autre chose qu'une
odeur fétide et des exhalaisons corruptrices?

Dunoyer applaudit, et il a raison, à la réaction qui s'est
opérée de son temps contre la manie des types convenus
et du style académique. « Mais, dit-il, ne pouvait-on se
« détacher de l'affectation des formes dites classiques sans
« tomber dans l'affectation des formes communes, et fallait-
« il ne se détacher du genre noble que pour donner systé-
« matiquement dans le trivial »[2].

Cette déviation de l'art peut-elle invoquer comme excuse
le goût du public? Jérémie Bentham a dit que « le premier
« moyen de succès que la réflexion peut suggérer à l'au-
« teur dramatique et celui auquel il doit naturellement
« recourir, sans même s'en rendre compte, consiste à con-
« former ses ouvrages aux passions et aux caprices du pu-
« blic ». — Ce n'est pas se faire une bien haute idée du rôle
social des beaux-arts, et si ceux qui s'y adonnent ne sont
que trop naturellement portés, par l'appât du succès, à
suivre ce courant, ce n'est pas la peine de les y pousser; il
est plus opportun de leur rappeler qu'ils ont pour mission

1 Dunoyer, t. II, p. 307.
2 *Ibid.*, t. II, p. 307.

de « travailler sans relâche à épurer et à perfectionner le « goût de leurs contemporains »[1], bien loin de se plier servilement à leurs caprices.

Dunoyer se plaignait déjà des innovations de ses contemporains et des licences de toute nature qu'ils se permettaient. Que dirait-il, grand Dieu! s'il vivait de nos jours et s'il avait été témoin de toutes les excentricités que la manie de faire du neuf a engendrées dans les arts comme dans les lettres? Comment n'être pas excédé de ces étranges et burlesques assemblages de couleurs que certaines écoles modernes ont étalés sous nos yeux, comme de ces inénarrables productions littéraires de décadents ou de symbolistes, gens pour lesquels la parole semble avoir été donnée à l'homme pour cacher sa pensée? Tout cela ne semble-t-il pas un défi au bon goût et au bon sens, deux qualités éminemment françaises, qui, espérons-le, ne se laisseront pas longtemps bafouer ainsi!

Un mot encore sur une question de législation abordée par Dunoyer et résolue par lui d'après sa règle inflexible qui proscrit, dans tous les cas, le système préventif : celle de la censure des théâtres. Notre auteur critique fort ce régime; et, dit-il, lorsque des centaines « de journaux, « exposés seulement aux poursuites régulières de la justice « pour les délits qu'ils pourraient commettre, peuvent, « sans péril pour l'ordre, l'expérience l'a suffisamment « prouvé, lancer tous les matins dans le public cent ou « deux cent mille feuilles volantes qui l'entretiennent de « choses les plus faites pour allumer son imagination, « comprend-on comment il se pourrait faire que la li- « berté des théâtres, exactement surveillée par la police « et sévèrement contenue par les tribunaux, devînt une « cause de sérieux dangers »[2]. — La comparaison ne me semble pas bonne, et je crois que l'on peut justifier le principe de la censure préalable des pièces de théâtre. Le journal, Dunoyer lui-même en fait la remarque, s'adresse à des individus isolés; le spectacle est une exhibition publique, « qui agit sur des hommes réunis et par cela même plus im-

---

[1] Dunoyer, t. II, p. 324.
[2] *Ibid.*, t. II, p. 342.

« pressionnables ». La liberté de la presse, qui cause des maux incalculables, est cependant la principale sauvegarde de toutes les autres libertés et elle ne pourrait être assujettie, sans en mourir, à la censure préalable ; la liberté des théâtres ne saurait être considérée comme le palladium nécessaire des libertés publiques ; je conviens toutefois qu'il est très important que la censure soit exercée en dehors de tout esprit de parti : mais précisément la liberté de la presse est une suffisante garantie qu'il en sera ainsi. Indépendamment de la question morale, dont l'État ne saurait se désintéresser dans tous les lieux publics dont il a la police, une raison spéciale suffirait à justifier la censure des théâtres : c'est que telle pièce de comédie pourrait être de nature à amener de graves complications internationales et à causer par ce moyen un mal irréparable. Dunoyer, je me hâte de le dire, n'est pas un partisan de la licence au théâtre ; il est le premier à proclamer qu'il faut que les délits de ce genre soient punis. « Loin « de trouver qu'ils le sont avec excès, dit-il, je serais fort « enclin à penser qu'ils ne l'ont pas toujours été d'une ma- « nière suffisante. On ne peut trop s'étonner, par exemple, « ajoute-t-il, de l'incurie dont l'autorité a fait preuve à « cet égard durant les quatre ou cinq premières années « qui ont suivi la révolution de 1830, et de l'incroyable « condescendance avec laquelle a été tolérée la représen- « tation de tant de drames immoraux, surtout sur les « théâtres de second ordre, c'est-à-dire sur les théâtres « qui étaient fréquentés par les classes les moins instruites, « celles précisément dont les mœurs avaient le plus besoin « d'être défendues contre les pernicieuses influences »[1]. — Je puis bien dire du théâtre ce que je disais de la nouvelle discipline des arts : que dirait Dunoyer s'il revenait aujourd'hui? Aujourd'hui que le théâtre a dépassé les bornes les plus reculées de la décence et qu'il semble tendre à nous ramener aux cyniques exhibitions de la comédie grecque! Cela même prouve que la censure est d'assez bonne composition. Mais, quel que soit le jugement que l'on porte à cet égard, il n'y a guère d'illusion à se faire

---

[1] Dunoyer, t. II, p. 343.

sur la vanité du remède proposé par Dunoyer. « Rien,
« dit-il, n'eût été plus nécessaire et plus permis que de
« diriger contre ces désordres de la scène la sévérité des
« lois pénales et la juste rigueur des tribunaux »[1]. — Plus
d'une fois déjà, nous avons vu Dunoyer tomber dans une
pareille illusion, qui semble dénoter chez lui une connaissance imparfaite des mœurs de la justice et des principes
qui inspirent ses décisions. Jamais, fort heureusement,
à moins de supposer des juges serviles, les procès de
tendance ne réussiront devant elle. Cette pièce peut être
très positivement immorale et dangereuse; traduisez son
auteur devant la justice, et des juges, qui peut-être n'auront
qu'un profond mépris pour lui, ne voudront pas le con-
dammer, et ils auront raison, parce que, en l'absence d'un
fait précis et caractérisé, on se trouve en présence de
questions d'intention et de tendance, extrèmement déli-
cates; et vous n'aurez réussi qu'à faire une réclame à
l'auteur et à sa pièce! La chose est bien plus manifeste
encore lorsqu'il s'agit du danger de complications internationales. Trouvez donc un tribunal pour appliquer à
l'auteur qui aura causé à son pays de semblables difficultés
l'article 84 du Code pénal, punissant « celui qui aura par
« des actions hostiles non approuvées par le gouvernement
« exposé l'État à une déclaration de guerre? » Il y a des
nécessités pratiques qu'il faut savoir reconnaître!

---

[1] Dunoyer, t. II, p. 343.

CHAPITRE XIX

De l'enseignement.

Après avoir parlé des arts qui s'adressent à notre sensibilité, Dunoyer aborde l'examen de ceux « qui travail-« lent à l'éducation de nos facultés intellectuelles ». Deux questions principales sont longuement traitées par lui : celle de la nature de l'enseignement qu'il convient de donner aux jeunes générations et celle de la liberté de l'enseignement[1].

On ne saurait exagérer l'importance des arts qui ont pour objet la culture de l'intelligence de l'homme. « L'es-« prit humain, dit très bien notre auteur, est le premier « moteur des arts que l'homme pratique. Il est la force « qui donne l'impulsion à toutes les autres »[2].

L'esprit, c'est l'âme qui vivifie tout le travail humain; c'est la source vive de toute production et de toute richesse. D'ailleurs, comme le dit encore très bien Dunoyer, la culture de l'intelligence n'eût-elle pas la vertu de nous rendre plus propres à l'exercice de tous les arts, « qu'elle « serait encore, pour elle-même et pour les avantages im-« médiats qu'elle procure, digne de nous inspirer la plus « haute considération »[3]. Elle a toujours été regardée comme « une des plus nobles et des plus douces occupa-

---

[1] Cette importante question avait déjà été traitée par Dunoyer dans le *Censeur européen*, en 1818, à propos d'un livre publié en 1816, par M. Guizot sous ce titre : *Essai sur l'histoire et sur l'état actuel de l'instruction publique en France* (Voir *Œuvres de Dunoyer*, t. III, p. 46 et suiv.).

[2] Dunoyer, t. II, p. 357.

[3] *Ibid.*, t. II, p. 372.

« tions de l'homme ». Les plaisirs de l'esprit sont « plus
« purs et plus relevés que ceux des sens; ils sont plus du-
« rables et moins dispendieux »; ils sont surtout sans mélange et ils ont l'inappréciable avantage d'élever l'homme
au-dessus de la matière, tandis que les plaisirs des sens l'y
plongent tout entier, en le rabaissant au niveau des animaux. Voilà pourquoi savoir, connaître est pour l'homme
l'objet d'un désir constant et la cause de ses meilleures
joies : on ne saurait mettre au-dessus que la satisfaction
ineffable que procure à l'homme le devoir accompli, quand
surtout il a lutté pour l'accomplir.

Des différents arts qui agissent sur l'intelligence de
l'homme, il en est un qui appelle surtout l'attention, parce
qu'il se propose spécialement et exclusivement pour objet
de développer cette intelligence : c'est l'art de l'enseignement, l'art pédagogique. J'ai indiqué les deux questions
capitales sur lesquelles je me propose d'examiner les théories de notre auteur : Quelle doit être la nature, quelle
doit être la substance de l'enseignement? Comment doit-il
être organisé et distribué?

La première question n'est pas nouvelle! Et j'aurais hésité à y revenir, si elle n'avait été en quelque sorte rajeunie
ces jours-ci à la tribune des deux Chambres et si elle n'é-
tait tout à fait à l'ordre du jour sous forme d'une grande
querelle entre l'enseignement *classique* et l'enseignement
moderne.

Dunoyer a écrit un réquisitoire en forme contre l'enseignement classique. En deux mots, il lui reproche d'être fort
mal approprié à nos civilisations modernes, le fond de cet
enseignement étant l'étude de langues appartenant à des
civilisations absolument différentes, et d'être sans aucune
utilité pratique, puisque ces langues sont mortes à jamais
et que leur connaissance n'est d'aucun secours réel pour
l'exercice des arts auxquels s'adonnent nos sociétés industrielles.

Je remarque une sorte de contradiction; car notre auteur avait dit auparavant, des arts qui nous occupent :
« Ils agissent sur l'entendement de la même manière que
« les beaux-arts sur la passion, ou la gymnatisque sur les
« membres, c'est-à-dire en l'exerçant, en le faisant agir.

« *Ils ne sont autre chose qu'une véritable gymnastique in-*
« *tellectuelle ou cérébrale* »[1]. — S'ils n'étaient que cela, il
ne serait pas, ce semble, bien difficile de démontrer qu'on
imaginerait difficilement une gymnastique meilleure, du
moins au point de vue de la beauté de la forme, de la culture de l'esprit et du goût, que l'étude approfondie de
l'antiquité classique. J'accorde volontiers que cela n'est pas
tout; qu'il faut en même temps développer le jugement,
perfectionner le raisonnement, et, pour cela, une solide
étude scientifique, sans laquelle l'enseignement serait tout
à fait incomplet, et qui tient aujourd'hui une large place,
qui pourrait peut-être encore être avantageusement agran-
die, paraît être un des moyens les mieux appropriés au but
de donner aux jeunes gens un esprit exact et un bon jugement. J'ajoute, et en cela je vais plus loin que Dunoyer,
que l'enseignement ne doit pas être une simple gymnastique de l'esprit, mais encore un moyen d'acquérir et de
conserver un fonds aussi étendu que possible de connaissances utiles; à cela répond d'abord l'enseignement scientifique, dont je parlais tout à l'heure, l'enseignement de
l'histoire, de la géographie, etc. Mais rien de tout cela ne
s'exclut nécessairement. Je parle d'ailleurs de connaissances générales; que si l'on a en vue les connaissances pratiques nécessaires à l'exercice de tel art déterminé, je réponds qu'il s'agit là de l'instruction professionnelle, très
nettement distincte de l'instruction générale dont nous
nous occupons. Voudrait-on donc sacrifier celle-ci? Et ce que
Dunoyer considérait tout à l'heure comme le but exclusif
de l'enseignement, cette gymnastique si salutaire de l'esprit, cette formation des jeunes intelligences inclinées vers
le beau idéal, tout cela devrait-il être mis de côté comme
suranné, sous prétexte que nous sommes dans le siècle de
la vapeur?

Hier, cette question était traitée à la tribune du Sénat[2]
avec une grande hauteur de vues, et l'un des membres les
plus éminents de la haute assemblée, M. Bardoux, prenant la défense de l'enseignement classique, montrait élo-

[1] Dunoyer, t. II, p. 355.
[2] Discussion sur le budget du ministère de l'Instruction publique, mars
1897.

quemment le rôle social de cet enseignement dans une démocratie comme la nôtre. « Voici, disait-il, une démo-
« cratie prospère, qui a conquis sa forme de gouvernement,
« qui, jusqu'à ce jour, a possédé une élite intellectuelle,
« et nous voulons supprimer cette élite, nous voulons ou-
« blier que, depuis trois siècles, cet enseignement clas-
« sique a formé toute la jeunesse française, qu'il a créé
« tous nos grands écrivains, qu'il a élevé le xviie, le xviiie
« siècle, qu'il a préparé la Révolution française, qu'il a
« peuplé d'orateurs les grandes assemblées parlementaires
« qui sont l'honneur de ce siècle, sans esprit de parti, les
« grandes assemblées parlementaires de la Restauration,
« de la Monarchie de juillet et des premières années de la
« République de 1848... C'est à l'enseignement classique
« que nous devons toutes ces générations glorieuses ».
Oui, et si l'esprit français a jeté de par le monde un éclat incomparable, s'il a joué un rôle d'initiation et de direction qu'on ne songe pas à nier, ne le devons-nous pas autant à la culture désintéressée du beau et du vrai qu'à des qualités natives?

Voyons cependant les principaux griefs que Dunoyer adresse à l'enseignement classique. Il n'est pas tendre pour lui! « Au fond, dit-il, rien ne semble plus stupide et plus
« fou, au moins de la part du très grand nombre, que de
« consacrer de longues années, prises sur la portion la
« plus précieuse de la vie humaine, uniquement à ap-
« prendre deux langues, et précisément deux langues que
« le très grand nombre n'a pas le moindre intérêt à savoir,
« que les érudits de profession ont presque seuls intérêt
« à connaître; deux langues qu'on ne parle plus, dans les-
« quelles il y a beaucoup moins à lire que dans plusieurs
« de celles qu'on parle aujourd'hui, et dont tous les bons
« ouvrages ont été traduits dans les langues que nous par-
« lons; deux langues que la plupart de ceux qui les étu-
« dient apprennent d'ailleurs fort mal; que presque tout le
« monde se hâte d'oublier aussitôt après les avoir apprises,
« et dont l'étude, que son défaut d'utilité, sa longue durée
« et probablement aussi le vice des méthodes employées
« tendent à rendre rebutante, n'a souvent d'autre résultat
« que de faire prendre en aversion toute espèce de travail

« intellectuel »[1]. — La critique est acerbe! Essayons d'abord
de mettre la chose au point. Il est clair que si on consacre
de longues années *uniquement* à l'étude de ces deux langues, on donne une instruction tronquée et fausse, pour
laquelle la qualification de *stupide* ne semblerait pas trop
forte. Imaginer, d'autre part, qu'on peut se passer de l'étude
des littératures de l'antiquité parce qu'on a des traductions
de leurs meilleurs ouvrages, c'est singulièrement comprendre leur rôle éducatif, et je n'insisterai pas sur ce point.
Je me garderai bien aussi de souscrire à ce jugement qu'on
se hâte de les oublier quand on les a bien apprises et je
sais beaucoup d'esprits distingués qui n'ont pas de meilleures jouissances que d'y revenir et d'oublier momentanément, dans le commerce désintéressé des anciens, les vul-
garités de l'existence et de la vie pratique. Ajouterai-je
enfin que, si les méthodes pour étudier les anciennes littératures ne paraissent pas bonnes, il n'y a qu'à en chercher de meilleures; et c'est ce qu'on fait tous les jours; et
je crains même fortement qu'on ait apporté dans cette
recherche, en ces derniers temps, un esprit un peu inquiet
et trop changeant. Allons au fond des choses. Dunoyer ne
peut pas admettre que la littérature de deux nations
païennes soit la plus propre à former l'esprit et le cœur
de peuples chrétiens; que la littérature de nations essentiellement militaires soit la plus convenable au goût et aux
mœurs de peuples essentiellement pacifiques et industrieux.
Mais l'étude de la littérature a pour objet de former l'esprit
et le goût, ce qui n'est point affaire de religion ni d'industrie; si elle nous initie en même temps aux sentiments du
cœur, le cœur humain est chose humaine et non article de
foi; si elle nous rend familières les mœurs de civilisations
éteintes, très différentes de la nôtre, cela ne peut qu'exercer
notre jugement par la comparaison qui se fait d'elle-même
et élargir notre horizon; et, enfin, de ce que la nation romaine a été surtout militaire et conquérante, je ne vois pas
bien en quoi les œuvres de Cicéron, de Virgile, d'Horace
ou de Tacite en auraient moins d'intérêt pour nous! — Mais
à quoi tout cela sert-il? « Que l'étude des lettres grecques

---

[1] Dunoyer, t. II, p. 362, 363.

« et latines soit un complément de culture très désirable
« pour certaines éducations spéciales, pour celle des éru-
« dits de profession notamment, pour celle encore des
« hommes qui ont une vocation véritablement littéraire,
« on ne peut songer à le nier. Mais il est assurément très
« contestable qu'elle doive former en général le fond
« même de l'éducation et servir de base pour tout le
« monde à ce qu'on appelle les humanités ». — La question est de savoir, répondrai-je, si l'esprit et le goût doit
faire l'objet d'une culture spéciale réservée à quelques
privilégiés ou si l'on veut qu'ils soient les qualités distinc-
tives de l'éducation nationale. Sans compter qu'il n'est
guère pratique de reléguer l'étude des littératures anciennes, si on ne se résigne pas à la voir disparaître, dans
cette sphère sereine, où elle serait à elle-même son but
exclusif! A coup sûr, il serait paradoxal de soutenir qu'il
faut faire des élèves dans le but unique d'entretenir des
maîtres; mais il faut du moins se bien persuader que les
maîtres ne survivraient pas longtemps aux élèves!

Mais pourquoi ne pas donner tout ce temps à l'étude
des langues vivantes, des langues des peuples avec lesquels nous sommes en commerce incessant, et dans les
ouvrages desquels « nous pouvons puiser des connaissan-
« ces, en général, bien plus sûres, plus variées, plus éten-
« dues et surtout bien mieux appropriées à nos arts, à nos
« goûts, à nos mœurs, que dans les livres grecs et la-
« tins »[1]? — Reconnaissons tout d'abord que l'étude des
langues vivantes est une étude essentielle, de laquelle on
s'est trop longtemps désintéressé chez nous, ce qui nous
a constitué dans un état d'infériorité marquée à cet égard
vis-à-vis de certains autres peuples, et ajoutons que si,
depuis quelque temps, on a essayé de combler cette lacune, on l'a mal fait et d'après une méthode évidemment
défectueuse, de manière que les langues étrangères sont
encore trop imparfaitement étudiées chez nous pour servir
utilement d'instrument à l'étude ou au commerce. Mais,
de bonne foi, croit-on, par exemple, que l'étude de la littérature allemande pourrait avantageusement remplacer,

[1] Dunoyer, t. I, p. 362.

au point de vue de l'élégance, de la simplicité et de la formation du goût, l'étude de la littérature latine? On en peut juger par les effets qu'a produits sous nos yeux depuis quelque temps l'invasion de ce que j'appellerai la science allemande : j'entends bien que la science n'a pas de patrie, mais chaque pays a une manière particulière de l'habiller et de la présenter, et je tiens que la manie d'imiter les Allemands, d'affecter leur manière de penser et d'écrire, a fait, dans ces derniers temps, un tort incalculable à la clarté et à la simplicité qui ont toujours été les traits caractéristiques du génie français; rien de plus insupportable, à mon sens, et de plus contraire aux intérêts de la science, que cette forme nuageuse et pédantesque qui nous est venue d'au-delà du Rhin. Et vraiment l'esprit français me paraîtrait en grand danger s'il devait désormais faire son principal aliment de la littérature allemande!

Je sais bien qu'il y a des pédants partout, et Dunoyer décoche, à ce propos, aux lettrés un trait qui porte pour certains d'entre eux : « Puisque l'antiquité est si simple, « dit-il, pourquoi donc les esprits qui la fréquentent puis- « sent-ils, en général, dans leur commerce avec elle, « quelque chose de si guindé et que signifient les quali- « fications que le monde leur adresse? Pourquoi les « hommes élevés à l'école du beau simple éprouvent-ils « tant de peine à dire les choses simplement? »[1] — Le tort de Dunoyer est de généraliser un reproche qui peut être justement adressé à quelques-uns seulement et qui prouve simplement qu'ils ont mal profité de la discipline qu'on trouve dans les lettres anciennes. A coup sûr, leur pédanterie ne vient pas de leur commerce avec les anciens, qui, en littérature comme en sculpture, ont si merveilleusement adapté la forme à la pensée ou à la réalité vivante qu'elle avait pour but de représenter; elle leur vient d'ailleurs et malgré ce commerce; mais qui pourrait nier que ceux de nos auteurs qui sont au premier rang, ceux qui ont fait sur leur temps et sur la postérité l'impression la plus profonde et la plus durable ne se soient fait par-

-----

[1] Dunoyer, t. II, p. 360.

ticulièrement remarquer par le naturel et la simplicité?

Non; je ne saurais admettre que, « l'étude des langues « grecque et latine, considérée comme moyen direct d'ins- « truction, soit sans contredit d'un intérêt très inférieur à « celui que présente l'étude des langues qui se parlent « aujourd'hui en Europe »[1]. Je crois, au contraire, l'étude des littératures anciennes très supérieure comme gymnastique intellectuelle et au point de vue de la formation de l'esprit et du goût; d'autant plus, ceci n'a peut-être pas été assez remarqué par les partisans de la thèse de Dunoyer, qu'on n'étudie pas de la même manière les langues mortes, qu'on n'apprend, pour ainsi dire, qu'au point de vue de l'art, et les langues vivantes, qu'on apprend dans un but pratique et pour s'en servir[2].

Ah! si l'on se place exclusivement au point de vue de l'utilité pratique, de l'utilité prochaine et apparente, il faudra bien nous incliner. Il est vrai que « nous ne pouvons pas « faire l'amour en grec et que nous ne saurions parler d'af- « faires en latin »[3]. Mais qu'on me permette, à ce propos, de redire les admirables paroles qui retentissaient hier à la tribune du Sénat : « Croyez-moi, Messieurs, il est bon pour « nos enfants, pendant quelques années, de vivre dans le dé- « sintéressement et dans l'ignorance des intérêts matériels. « Il est bon pour des écoliers de quinze à seize ans de ne « pas s'occuper d'autre chose que des éternelles vérités « morales et de n'avoir d'autre sentiment que l'admiration « et l'enthousiasme pour les grandeurs intellectuelles de « l'humanité. Eh bien! ne leur mettons pas de bonne heure « dans l'esprit d'autres rêves que ceux-là... Permettez-moi « encore de dire qu'on juge un pays par ses classes éclai- « rées, bien que dans notre démocratie elles ne soient pas « tout. Oui, ce sont les classes éclairées qui caractérisent « la République. Eh bien! ne les abaissez pas! Ne les ren-

---

[1] Dunoyer, t. II, p. 361.

[2] M. Bardoux disait, à ce propos, devant le Sénat : « Le jour où vous « placerez l'enseignement moderne sur le même pied que l'enseignement « classique, soyez convaincus que les parents demanderont avant tout aux « professeurs de l'enseignement moderne, non pas de faire admirer aux « écoliers Shakespeare ou Gœthe, non pas une culture intensive, mais la « possibilité de se faire comprendre des hôteliers et des négociants anglais « et allemands ».

[3] Dunoyer, t. II, p. 362.

« dez pas médiocres! Laissez-leur le goût, la distinction, le
« sentiment de l'art et de toutes les beautés que donnait la
« haute culture! Laissez subsister, par l'éducation de l'an-
« tiquité, cette unité des hommes d'élite qui se réunissent
« dans l'admiration de ce génie latin qui a fait notre lan-
« gue, la langue immortelle de Pascal, de Bossuet, de
« Voltaire, de Rousseau, de Chateaubriand. Ah! nous ne
« sommes plus divisés en présence des chefs-d'œuvre!
« Nous ne sommes plus divisés quand il nous est donné de
« relire leurs belles pages dans la solitude, aux heures de
« repos et d'oubli, loin des haines politiques »[1]. Et l'éminent orateur terminait ainsi : « Je vous demande instam-
« ment de rester dans la compagnie de la Grèce et de Rome,
« les aïeules de l'esprit humain ».

J'accorde cependant que cette compagnie n'est pas nécessaire à tous. Dunoyer nous dit : « Nous avons dans nos
« champs, dans notre atelier, dans nos usines, dans nos
« comptoirs, dans nos laboratoires, des miliers d'indivi-
« dus qui se sont préparés à la pratique de l'agriculture,
« de la fabrication, du commerce, d'une multitude de pro-
« fessions, en employant leur jeunesse à faire des versions
« grecques et des thèmes latins, ou à enfiler dans un cer-
« tain ordre des dactyles ou des spondées »[2]. — Tout cela
n'est pas exact, du moins aujourd'hui. Le malheureux vers
latin a été proscrit; mais surtout, à côté de l'enseignement classique, on a créé un autre enseignement spécial,
qui a pris, avec une nouvelle extension, le nom très allé-
chant d'enseignement moderne (ce qui tendrait à faire
croire que l'autre est un peu suranné) et qui conduit précisément à toutes les carrières industrielles dont parlait
Dunoyer. Rien de mieux, à la condition toutefois que le
nouvel enseignement ne demandera pas à son tour à tout
envahir et à faire déserter l'autre! Or, n'est-ce pas là aujourd'hui sa prétention?

L'enseignement moderne ne se contente pas d'avoir
obtenu l'équivalent avec l'enseignement classique pour
entrer dans nos grandes écoles de l'État, l'école de Saint-

---

[1] M. Bardoux, *Séance du Sénat*, 15 mars 1897.
[2] Dunoyer, t. II, p. 363.

Cyr, l'école polytechnique, l'école forestière, l'école centrale ; il ne se contente pas d'avoir obtenu l'accès de toutes les hautes administrations publiques : les contributions directes, les douanes, l'enregistrement ; il voudrait aujourd'hui forcer la dernière porte et obtenir accès dans les facultés de droit et de médecine. C'est la question qui était portée l'autre jour devant le Sénat. Peut-être faudrat-il la résoudre par une distinction. La médecine requiert indubitablement plus de connaissances scientifiques et d'habileté pratique que de culture littéraire : on peut penser qu'il n'y a pas de raisons suffisantes d'en réserver exclusivement l'entrée aux bacheliers de l'enseignement classique. Mais les carrières juridiques demandent avant tout une bonne formation de l'esprit ; plusieurs ont besoin d'une forte culture littéraire ; et enfin, tant qu'on n'aura pas fait disparaître du programme des études de droit le droit romain, cette construction si savante et si majestueuse, ce modèle achevé d'analyse et de logique, il y aura une raison péremptoire pour que ces carrières ne soient ouvertes qu'à ceux qui ont fait leurs études classiques et qui possèdent la langue latine.

Arrivons à la seconde question capitale de cette matière. De quelle manière l'enseignement doit-il être constitué et organisé ? On ne saurait y apporter trop d'attention ; car il n'est pas de question qui touche de plus près aux intérêts vitaux de la société ; après la mère, nul n'exerce autant d'influence que le professeur sur la formation des jeunes générations, et par elles, sur l'avenir de la société. L'enseignement est un véritable sacerdoce. « On sait, dit Du- « noyer, quel rôle jouent dans l'économie sociale les tra- « vailleurs de cette classe. Ils sont comme l'intelligence de « la société ; ils la corrigent de ses erreurs ; ils la polissent, « l'éclairent, la dirigent »[1]. — Hélas ! Dunoyer n'a pas tout dit ; quelquefois aussi, trop souvent, ils lui infusent les plus pernicieuses erreurs, et, au lieu de l'éclairer, ils la jettent dans la nuit désespérante du scepticisme ! Aussi serais-je tenté d'adresser un reproche à notre auteur, c'est, dans l'énumération des conditions morales de l'exercice de

---

[1] Dunoyer. t. II. p. 383.

l'enseignement[1], d'en avoir omis une, que je tiens pour tout
à fait essentielle : c'est une certaine moralité professionnelle, qui fait comprendre au professeur qu'entre lui et
son élève la partie n'est pas égale, qu'il le tient en ses
mains comme une pâte molle, qu'il ne lui est pas donné
pour le pétrir à sa fantaisie, mais uniquement pour lui enseigner le vrai et le bien, ce qui est incontestablement vrai
et incontestablement bien, et qu'il doit rigoureusement
s'interdire à son égard les nouveautés dangereuses, lors
même qu'il serait personnellement très disposé à y acquiescer.

La liberté de la pensée est un droit sacré, qui a même
ce rare privilège d'être littéralement intangible; car nulle
puissance au monde n'a de prise sur lui. Mais c'est se trom-
per étrangement que d'en conclure qu'on a le droit de tout
enseigner dans l'école, à la seule condition de n'enseigner
que des choses que l'on croit vraies! On a le droit d'exposer ses théories, si personnelles et même si dangereuses
soient-elles, dans les livres, que ceux-là seuls lisent qui le
veulent bien, ou devant des adultes qui reçoivent volontairement ces leçons et qui sont censés capables de les apprécier. Mais on n'a nullement ce droit à l'école, devant l'enfant, qui n'a pas été confié pour cela au professeur et qui
est le plus ordinairement incapable de se défendre lui-
même contre des théories qui peuvent être très pernicieuses; et je tiendrais pour un malfaiteur public le professeur
qui enseignerait, par exemple, à des enfants ou à des ado-
lescents, l'athéisme et le matérialisme, fût-il d'ailleurs de
très bonne foi; et je n'hésite pas à dire que ce professeur-
là manquerait à la première condition de la moralité professionnelle. La liberté de l'enseignement ne consiste pas
du tout à pouvoir tout enseigner à l'école; mais bien à
n'être pas obligé de suivre les leçons de tels ou tels maîtres, à pouvoir choisir ses maîtres et surtout les maîtres de
ses enfants.

Cette liberté-là est-elle de droit naturel? On l'a nié
souvent en ce siècle et au nom de bien des partis politiques. C'était la théorie de Danton, qui disait à la Con-

---

[1] Dunoyer, p. 382 et suiv.

vention : « Citoyens, dans ce moment où la superstition
« succombe pour faire place à la raison, vous devez donner
« une *centralité à l'instruction publique*, comme vous en
« avez donné une au gouvernement ». C'était celle de
Cambon, qui voulait « *l'unité dans l'instruction, dans les*
« *lumières* ». Mais ce n'est pas seulement la théorie du
parti jacobin et on la retrouve sous de tout autres ban-
nières. C'est, par exemple, Royer-Collard, disant que
« l'Université n'est pas autre chose que le gouvernement
« appliqué à la direction universelle de l'instruction pu-
« blique»[1], et que « l'instruction et l'éducation publiques
« appartiennent à l'État et sont sous la direction supé-
« rieure du roi ». C'est M. Thiers, affirmant que « l'État a
« le droit de faire élever l'enfant d'une manière conforme
« à la constitution du pays »[2]. C'est M. Bertauld, professant
que « la liberté de l'enseignement ne constitue pas un droit
« naturel, mais un droit contingent, subordonné aux cir-
« constances de temps et de lieu, c'est-à-dire un droit
« subordonné au législateur »[3]. — Subordonné au législateur : tous les droits en sont là, pour recevoir de lui les
limitations que peut commander l'ordre social ; mais il
n'en résulte pas certes que ce ne soit pas un droit naturel,
et le plus naturel de tous les droits ! Je crois, avec Dunoyer,
dont je suis loin de partager toutes les idées sur ce point,
que c'est une erreur fondamentale de considérer la faculté
d'enseigner comme une prérogative de la puissance publique. « Si l'enseignement était un de ses attributs
« essentiels, il serait impossible qu'elle le laissât tomber
« dans le domaine de l'activité particulière. Elle ne pour-
« rait, en effet, abandonner aux individus, sans se détruire,
« les droits qui constituent la souveraineté, les droits de
« décréter, de juger, de contraindre »[4]. Il y a mieux à
dire : si l'enseignement était un droit régalien et la prérogative exclusive du pouvoir, la liberté individuelle serait
un vain mot. « Faites-moi maître de l'enseignement, a dit
« Leibnitz, et je me charge de changer la face du monde ! »

[1] A propos de la loi de finances de 1817.
[2] Rapport de 1844.
[3] Discours au Sénat ; v. le *Journal off.* du 28 février 1880.
[4] Dunoyer, t. II, p. 393.

Le prétexte de toutes ces prétentions de l'État sur l'enseignement a toujours été le même : le désir de mettre l'unité dans les idées, particulièrement dans les idées politiques. C'est dans cette vue que M. Thiers traçait ce charmant tableau d'un pays où, disait-il sérieusement, règne la liberté d'enseignement : « Un tel pays est celui « où la loi a procuré des régimes d'éducation divers, entre « lesquels la sollicitude paternelle peut choisir suivant ses « goûts et ses sentiments, *mais tous animés de l'esprit com-* « *mun de la constitution du pays, tous conformes au génie* « *de la nation,* tous destinés à lui conserver son rang dan.; « l'estime du monde civilisé ». C'est dans le même sens qu'un ancien ministre de l'Instruction publique[1] disait hier, à la tribune du Sénat : « Il n'y a qu'une éducation « commune fondée sur les mêmes principes, orientée « d'après les mêmes maximes, qui puisse rapprocher les « intelligences et les unir dans une communauté de senti- « ment et de pensée. Dans l'état présent de nos mœurs, « et dans la lutte actuelle des partis, l'État seul est bien « placé pour donner cette éducation ».

L'unité dans les esprits, on l'a cherchée de tous temps ; elle est, en effet, fort désirable ; et c'est pourquoi trop souvent on n'a pas craint de faire appel à la force pour la réaliser, c'est-à-dire d'employer la plus intolérable des tyrannies, celle qui s'exerce sur l'esprit. « Mais, s'écrie « Dunoyer, qu'est-ce qu'une unité que l'on décrète? En « fait d'unité, il n'y en a réellement qu'une qui soit à dé- « créter et qu'on doive rendre obligatoire. l'unité de « gouvernement »[2]. Encore est-il que l'unité de gouvernement de doit pas être entendue dans le sens d'une centralisation exagérée! « C'est d'ailleurs, ajoute Dunoyer, « une triste manière de faire de l'unité que de prétendre « l'imposer. On établit mal l'accord des esprits par la « contrainte. L'unité des idées obtenue par l'exercice du « pouvoir suprême déféré à l'Université rappelle beaucoup « trop l'ancienne unité de la foi imposée par la vertu du « Saint-Office. Une telle unité ne saurait avoir de l'unité

[1] M. Combes, *Séance du Sénat*, 13 mars 1897.
[2] Dunoyer, t. II, p. 399.

« que les apparences ; c'est tout simplement celle que pro-
« curerait la tyrannie, c'est-à-dire l'unité à la surface avec
« toute sorte de dissentiments au-dessous »[1].

Il n'est pas inutile de redire ces vérités. J'aperçois un courant qui se reforme contre la liberté de l'enseignement ; les sources n'en sont pas très pures ; l'enseignement public se sent menacé par l'enseignement libre, non pas dans l'ordre supérieur, mais dans l'ordre secondaire ; et beaucoup ne seraient pas éloignés de chercher à se débarrasser d'une concurrence gênante. Cet état d'esprit est profondément attristant, mais il existe, il tend à se répandre.

Cela même est la réponse à une objection posée par Dunoyer contre le principe de l'enseignement public. « On ne « saurait trop s'il peut exister un enseignement privé réel-
« lement libre, à côté d'un enseignement public à qui « toutes sortes d'avantages ont été attribués, qui jouit gra-
« tuitement de magnifiques locaux et de tout le matériel « nécessaire, qui a des traitements assurés pour ses fonc-
« tionnaires et ses professeurs, qui peut seul être l'objet « des libéralités de l'État et de celles des communes, qui « n'est exposé à aucun danger de faillir, et qui n'a point, « commercialement parlant, de mauvaises chances à crain-
« dre »[2]. — L'expérience a prononcé ; non-seulement la concurrence est possible, mais elle peut être exercée avec succès, puisque celui qui était naguère le ministre de l'Instruction publique pouvait dire hier à la tribune du Sénat : « Non-seulement, quand on y regarde de près, on « remarque que la population de nos lycées et de nos col-
« lèges a cessé de s'accroître, au moins d'une façon mar-
« quée, pendant que les établissements privés continuaient « d'affirmer leurs progrès par l'augmentation croissante du « nombre de leurs élèves, mais encore on est obligé de re-
« connaître que nos lycées et nos collèges attirent de moins « en moins une certaine clientèle, justement celle qui se « flatte, à tort ou à raison, de donner la vogue aux établis-
« sements d'instruction secondaire »[3]. — Mieux vaudrait peut-être, en faisant un scrupuleux examen de conscience,

<hr>

[1] Dunoyer, p. 400.
[2] *Ibid.*, t. II, p. 391.
[3] Discours de M. Combes, au Sénat, Séance du 13 mars 1897.

travailler à faire disparaître les causes de ce mouvement
que d'apporter à la tribune de semblables aveux, surtout
quand c'est pour en tirer cette misérable conclusion que
les fonctionnaires ne devraient pas avoir la liberté d'en-
voyer leurs enfants là où ils veulent! Le succès même de
l'enseignement secondaire libre prouve son utilité, accuse
certains vices de l'enseignement public, l'oblige à se surveiller et à se perfectionner : c'est le propre de la concurrence, qui ne peut manquer d'avoir, si elle est franchement
pratiquée, en cette matière comme en toute autre, les plus
heureux effets.

Mais si l'État doit bien se garder de transformer l'enseignement en monopole, il ne saurait, d'autre part, se désintéresser d'un service de cette nature et je me sépare ici
très résolument des conclusions de Dunoyer[1]. L'État, à
mon sens, a un double rôle à jouer en pareille matière :
il lui appartient : 1° d'imposer et de sanctionner l'obligation
de l'instruction ; 2° d'en assurer le service à tous les degrés.
Dunoyer ne parle pas du premier et il nie le second.

L'instruction, une certaine instruction correspondant à
certaine situation sociale, mais dans tous les cas avec un
minimum assez facile à déterminer d'une manière générale, est une chose que les parents doivent à leurs enfants
au même titre qu'ils leur doivent la nourriture matérielle.
Je ne saurais concevoir pourquoi cette obligation ne serait
pas imposée au même titre que l'obligation pour les parents de nourrir et d'entretenir leurs enfants! Je le conçois
d'autant moins que le droit et l'intérêt de l'enfant concordent absolument avec l'intérêt social, particulièrement
dans un pays de suffrage universel. L'obligation et la sanction supposent l'intervention de l'État.

On dira peut-être que l'État impose bien aux parents
l'obligation de nourrir leurs enfants, sans prétendre leur
fournir lui-même la nourriture! Il est vrai ; mais la question est de savoir si la nourriture spéciale dont nous nous
occupons, si l'instruction peut être mise, si elle sera mise
partout à la portée de ceux qui en ont besoin ; or il faut
qu'il en soit ainsi! Dunoyer prévoit bien l'objection : « Sans

---

[1] Dunoyer, t. II, p. 401 et suiv.

« l'initiative attribuée à l'État, dit-il, l'enseignement se
« répandrait d'une manière à la fois très insuffisante et
« très inégale. Il est bien des lieux où manqueraient les
« hommes et les ressources nécessaires pour fonder des
« établissements d'instruction ; c'en serait fait à peu près
« partout de l'enseignement des classes les plus pauvres ;
« c'en serait fait aussi de toute véritable culture intellec-
« tuelle pour les familles d'ordre moyen. C'est à l'État
« d'effacer ces inégalités et de pourvoir à l'insuffisance
« des ressources privées »[1].

Que répond Dunoyer ? « Est-il certain que l'État doive
« l'instruction primaire aux classes inférieures ? Et quand
« on n'oserait dire qu'il est obligé de les nourrir, de les
« loger, de les vêtir, peut-on affirmer avec plus de con-
« fiance qu'il est obligé de les instruire ? »[2]. — Je ne crois
pas, en effet, qu'il soit obligé de les instruire..... gratuitement ; le principe de l'instruction gratuite me paraît
appartenir à la plus mauvaise démocratie. Je dis que l'État
a le devoir de mettre l'instruction primaire à la portée de
tous, sur toute l'étendue du territoire, et de la donner
gratuitement à ceux qui sont hors d'état de la payer ; et je
ne fais pas de distinction à cet égard entre la nourriture
matérielle et la nourriture intellectuelle ; l'une et l'autre
doivent être fournies normalement par les parents ; c'est
une obligation et une fonction de la famille ; mais si la
famille est radicalement impuissante à y pourvoir, il
faut bien que l'État s'en charge !

« Est-il certain, dit encore notre auteur, que l'État doive
« aux classes intermédiaires une culture intellectuelle su-
« périeure à celle à laquelle elles pourraient naturellement
« prétendre en raison des ressources dont elles disposent ;
« qu'il soit dans sa mission de les rapprocher par des
« mesures directes des classes élevées, et que sa tâche
« consiste à combler d'une manière artificielle l'intervalle
« qui existe naturellement entre les rangs »[3]. — L'État ne
doit à aucune classe une culture intellectuelle supérieure à
un certain niveau ; mais il est juste et il est bon que les

<hr>

[1] Dunoyer, t. II, p. 405.
[2] *Ibid.*, p. 401.
[3] *Ibid.*, p. 401.

intelligences d'élite puissent arriver jusqu'aux sommets les plus élevés de l'instruction et occuper dans la hiérarchie sociale la place qui leur appartient naturellement; l'intérêt social demande que les classes dirigeantes se recrutent par le mérite, non par la naissance ou la faveur. Pour cela, il faut que tous les degrés de l'enseignement soient ouverts, non pas à la foule, mais à une élite soigneusement triée par le concours. Il y a un double écueil à éviter : fermer la porte, c'est priver la société des lumières d'une élite intellectuelle et tarir dans la source le recrutement rationnel des classes dirigeantes; l'ouvrir trop grande, c'est donner naissance à une armée de déclassés dont on aura fait le malheur tout en créant un véritable péril social. L'exagération de l'esprit démocratique peut conduire à cet égard aux plus fâcheuses conséquences. Nul n'a droit à l'instruction intégrale; mais il est de l'intérêt social que ceux-là puissent la recevoir qui, par des aptitudes toutes particulières, en peuvent tirer un sérieux profit pour eux-mêmes et pour la communauté.

Je ne saurais, pour ma part, souscrire à ce jugement de Dunoyer : « Qu'il y ait profit pour les familles pauvres « qui ont su se mettre au-dessus des premiers besoins, à « se procurer, dès qu'elles le peuvent, une certaine ins- « truction usuelle qui soit un moyen de plus d'acquérir le « bien-être et un commencement de dignité, je n'en fais « assurément aucun doute. Mais y a-t-il profit pour elles à « ce que l'État devance le moment et leur donne à toutes « l'instruction primaire avant qu'elles en aient senti le « besoin et soient en mesure de faire le moindre sacrifice « pour l'acquérir? Est-ce véritablement les servir que « d'éveiller ainsi prématurément leur sensibilité et leur « intelligence? Ne vaudrait-il pas autant patienter? Ne « serait-il pas aussi sage et aussi véritablement bienveil- « lant de laisser le progrès de leur éducation se subor- « donner à celui de leur aisance? »[1] — Dunoyer n'a pas pris

[1] Dunoyer, t. II, p. 402. Sur cette question, Dunoyer n'a pas toujours été aussi radical, et je préfère de beaucoup l'opinion qu'il professait, en 1818, dans le *Censeur européen :* « Il importe donc essentiellement que les classes « inférieures du peuple ne soient pas laissées dans leur état naturel d'igno- « rance et d'abrutissement; et comme, en livrant les choses à elles-mêmes,

garde qu'il tournait dans un cercle vicieux; que les personnes qui sont les plus étrangères à l'instruction sont, de toutes, celles qui en sentent le moins le besoin et que pourtant la culture de l'esprit est précisément le premier pas à faire pour améliorer leur condition matérielle! Attendre pour la leur donner qu'ils soient parvenus à une condition supérieure, c'est ce qu'on appelle vulgairement « mettre « la charrue avant les bœufs » !

Je ne nie pas qu'il y ait des dangers : « Entreprendre « spontanément de leur enseigner la lecture, dit Dunoyer, « c'est les mettre, de son autorité privée, en communica- « tion avec le pêle-mêle de bonnes et de mauvaises pen- « sées, de bons et de mauvais sentiments que ne cesse « d'enfanter la presse. S'est-on demandé, en les faisant « entrer dans ce commerce avant qu'elles en manifestent le « besoin, si elles y apporteraient une raison assez exercée « et quelques notions assez sûres pour ne pas se laisser « misérablement duper? » — Je suis loin de méconnaître les maux que peut causer et que cause trop souvent la presse; mais j'ai peine à en conclure qu'il vaille mieux ne pas apprendre aux gens à lire! J'aimerais mieux en tirer la conséquence qu'il faut leur donner, en même temps que l'instruction, une éducation morale aussi forte que possible; et, comme il n'y a pas de morale sans Dieu et que la prétendue « morale indépendante » est une pure mystification, je ne craindrai pas de dire que « l'école sans

---

« ces classes ne sortiraient pas ou ne sortiraient que très lentement de cet « état, *il est évident* que l'intervention du gouvernement est ici, non-seu- « lement utile, mais nécessaire. Il ne suffirait pas qu'il ne mît aucun obstacle « à l'établissement des écoles que des particuliers ou des communes pour- « raient fonder à leurs frais pour l'éducation des classes inférieures; il faut « encore qu'il provoque et seconde l'établissement d'écoles semblables par- « tout où elles manqueraient et où il ne s'en élèverait pas sans l'assistance « de l'État ». Dunoyer admettait encore la nécessité de l'intervention de l'État pour « le soutien et l'avancement des connaissances qui sont d'un « ordre très relevé », par la raison que « les classes aisées et instruites de la « société sont, relativement aux hautes sciences, dans l'état d'indifférence « où se trouve le bas peuple relativement à l'instruction élémentaire ». Il l'admettait enfin pour certaines connaissances spéciales, « qui pour se sou- « tenir ont besoin de l'assistance de l'État : telles sont celles destinées à « répandre les écoles militaires, l'école polytechnique, celle des mines, celles « des langues orientales, l'institution des sourds-muets, etc. » (Dunoyer, t. III, *Notice d'économie sociale*, p. 74, 75.

Dieu » est la plus grande faute des temps modernes. C'est une de ces fautes dont les effets sont à longue échéance, ce qui permet aux sectaires de les négliger; je crois cependant qu'ils commencent déjà à se manifester à tous les esprits perspicaces et je crains fort qu'il ne soit bientôt plus possible de les nier; malheureusement, le mal sera reconnu quand il n'y aura plus de remède!

Voyons maintenant ce que doivent être les relations de l'État avec l'enseignement libre. Ici encore, je ne saurais accepter les conclusions radicales de Dunoyer, qui n'admet, là comme ailleurs, que l'application du système répressif. « La prérogative réclamée par l'État, dit notre « auteur, est naturellement incompatible avec la liberté « de l'enseignement, et il ne saurait y avoir, scientifique- « ment parlant, de vraie liberté pour cet art tant que les « relations de l'État avec les personnes qui l'exercent con- « serveront le même caractère; tant que l'État, non con- « tent d'organiser et de gouverner comme il l'entend ses « propres établissements, prétendra retenir indirectement « sous son autorité les établissements de toute espèce, les « faire entrer tous dans un même cadre général, s'arroger « le droit de les diviser et subdiviser tous en un certain nom- « bre de classes, rester juge du rang qu'il sera permis à « l'initiative privée de prendre dans cette classification, la « condamner à n'y occuper jamais que la dernière place, « régler d'une manière plus ou moins explicite ce qu'elle « y devra enseigner, s'arranger pour qu'elle n'y puisse « donner que l'enseignement d'un ordre inférieur, sou- « mettre enfin les particuliers qui veulent enseigner à une « série de conditions mal définies et de l'accomplissement « desquelles il restera juge. Quel plus insigne abus pour- « rait-on faire du langage que de donner le nom de liberté « de l'enseignement à un arrangement pareil, à un asser- « vissement si étroit, à un si violent étranglement de la li- « berté d'enseigner? »[1]

Je n'entrerai pas dans les développements auxquels ce passage semble convier; je me bornerai à tracer d'une manière très générale les relations de l'État avec l'ensei-

---

[1] Dunoyer, t. II, p. 408, 409.

gnement libre, telles que je les comprends. Je les résume en deux mots : l'État ne doit nullement prétendre à la direction de l'enseignement libre ; il a seulement le droit et le devoir de le contrôler.

Sur le premier point, je suis d'accord avec Dunoyer : l'enseignement privé n'est pas libre, s'il n'est maître de choisir à son gré ses professeurs et ses méthodes, si l'État exige que celles-ci soient approuvées par lui et que ceux-là soient diplômés toujours par lui. Non-seulement l'enseignement n'est pas libre, mais, s'il y a juxtaposition, il n'y a plus véritablement concurrence, et c'est en vain qu'on attendrait d'un pareil état de choses les heureux résultats que produit d'ordinaire la concurrence. Liberté entière dans le choix des maîtres, liberté entière dans l'application des méthodes : voilà évidemment les conditions nécessaires de la liberté d'enseignement. — Mais l'examen dira-t-on. Suis-je libre d'enseigner ou d'apprendre, si, au bout de la carrière, maître de l'examen, vous m'attendez, pour m'examiner impitoyablement sur les matières qu'il vous plaît, à vous, d'enseigner à vos élèves? — L'objection a été faite plus d'une fois ; je la crois plus spécieuse que vraie et j'estime que, si l'on veut franchement respecter la liberté, l'examen n'est pas un obstacle insurmontable[1]. Cela est évident pour tous les enseignements qui se résument dans des faits ou dans des lois : il peut y avoir des manières différentes d'enseigner la physique, la chimie, la zoologie ou la géographie : il n'y a qu'une manière de les savoir! La difficulté n'apparaîtrait que lorsqu'il s'agit de quelque chose comme la littérature ; on la résoudrait facilement avec quelque largeur d'esprit et en demandant au candidat, non pas la possession de tel ou tel auteur rigoureusement prescrit, mais la preuve de suffisantes connaissances littéraires.

Mais, à côté de cette liberté didactique, que je voudrais aussi large que possible, je place le droit de contrôle et de surveillance que je revendique pour l'État au point de vue de la moralité. Je crois qu'il appartient à l'État de

---

[1] Dunoyer admettait sans difficulté cette thèse en 1818 dans le *Censeur européen* (Œuvres complètes, t. III, p. 78).

veiller à ce que l'enseignement qui est donné aux jeunes générations ne soit contraire ni aux lois, ni aux mœurs, et qu'il faut, pour cela, lui reconnaître un droit de contrôle permanent sur l'enseignement libre. Je le crois, parce que le système répressif, recommandé par Dunoyer, « la « surveillance de la police et de la justice ordinaire » me paraît être ici une garantie tout à fait illusoire. La justice peut intervenir utilement lorsqu'il y a un délit caractérisé, et encore à la condition qu'elle en aura connaissance; mais il faut bien comprendre que beaucoup d'enseignements qui ne constituent aucun délit punissable, qui ne tombent sous le coup d'aucun texte de loi, ne doivent cependant pas être tolérés. Il y a là un point de la plus haute importance, qui semble avoir échappé à Dunoyer. Il a, cette fois encore, obéi à l'esprit de système!

CHAPITRE XX

De l'éducation.

« Trois conditions sont nécessaires pour que l'homme se
« détermine et pour qu'il ne prenne que de bonnes déter-
« minations.

« Il lui faut quelque chose qui le pousse : des besoins,
« des instincts, des sentiments, une imagination.

« Il lui faut quelque chose qui l'éclaire et le dirige : de
« l'intelligence, de la raison.

« Enfin, il a besoin d'une force intérieure qui le rende
« capable de soumettre l'instinct à l'intelligence, les fa-
« cultés impulsives aux facultés directrices, les détermi-
« nations irréfléchies aux conseils de la réflexion.

« Sans imagination et sans passions, l'homme n'agirait
« pas. Sans intelligence et sans raison, il serait exposé à
« mal agir. Sans le pouvoir de soumettre la passion à la
« raison, à quoi la raison lui servirait-elle? Mieux lui vau-
« drait, comme les brutes, avoir été réduit aux simples
« impulsions de l'instinct que d'avoir reçu la raison sans
« le pouvoir de marcher à sa lumière. La raison, sans le
« pouvoir de la suivre, ne serait bonne qu'à empoisonner
« sa vie et à la remplir de remords inutiles »[1].

On ne saurait donner une plus belle préface à un chapitre sur l'éducation, dont Dunoyer a eu le mérite de faire
ressortir toute l'importance dans l'économie sociale. Il a,
en même temps, mis le doigt sur une des plus graves

[1] Dunoyer, t. II, p. 420, 421.

lacunes de notre société moderne, l'insuffisance de l'éducation, ou, en d'autres termes, de l'apprentissage des bonnes habitudes morales. Car, comme le remarque fort bien Dunoyer, la pratique de la vertu s'apprend, comme toute autre chose : « Notre conduite ne devient pas morale « par cela seul que le sentiment en nous est éclairé par « l'intelligence...; les lumières de l'esprit n'entraînent pas « nécessairement les déterminations du cœur et la con- « naissance du bien ne donne pas toujours ce qu'il faut « de vertu pour le faire »[1]. N'est-ce pas, « en effet, comme « il le dit encore, la disposition naturelle des hommes : « *video meliora proboque, deteriora sequor!* »

Cette tâche, si importante, de l'éducation morale des jeunes générations, à qui incombe-t-elle? « On peut, dit « notre auteur, distinguer dans la société plusieurs classes « d'arts, de ministères, de services qui travaillent ou sont « censés travailler à la formation des mœurs. Tel est ou « tel devrait être l'un des principaux objets de l'éducation « domestique et de celle des écoles. Telle est aussi la « principale fin que doivent se proposer les hommes qui, « dans toutes les religions, se livrent à l'exercice du sa- « cerdoce, qui nous enseignent les choses de l'autre vie. « Enfin, le gouvernement n'a pas à remplir de devoir plus « essentiel, de tâche plus fondamentale; et si l'objet im- « médiat de son intervention est de vider les procès, « d'apaiser les querelles, d'arrêter ou de réparer maté- « riellement les désordres, son but final et véritable est « de prévenir tous ces maux en s'efforçant de corriger les « habitudes vicieuses et anti-sociales qui les engendrent ».

Je ne crois pas que l'éducation soit l'affaire du gouvernement et je crois même qu'il y est tout à fait impropre. Sans doute, des lois bien faites et une justice éclairée et ferme peuvent beaucoup contribuer à la formation des bonnes habitudes morales; mais c'est là un effet et non une œuvre propre d'éducation. Il est d'autant plus étonnant que Dunoyer soit tombé dans cette confusion, qu'il a constamment proscrit le système préventif, auquel il serait plutôt permis d'attribuer un certain rôle éducatif.

[1] Dunoyer, t. II, p. 420, 421.

L'éducation, il faut le dire bien haut, c'est la fonction essentielle de la famille; elle seule est capable d'entreprendre et de mener à bien cette tâche d'amour et de dévouement, qui dure depuis que l'enfant balbutie ses premières paroles jusqu'à ce qu'il soit devenu homme. Le prêtre n'est que l'auxiliaire de la famille, et l'instituteur n'est qu'un suppléant, bien imparfait et bien impropre, pour le cas où la famille est incapable de remplir sa mission.

J'aurais voulu que Dunoyer mît davantage en lumière le rôle capital de la famille dans l'éducation, comme l'a si bien fait Frédéric Le Play. J'aurais voulu aussi qu'il donnât à l'éducation morale un plus solide fondement.

Dunoyer signale très bien la lacune grave qu'offrent à cet égard, en général, les établissements d'enseignement. « Ce qu'il y a à reprocher à ces établissements, dit-il, c'est « de ne pas se faire un objet spécial et formel de la for- « mation des habitudes, de ne pas soumettre la volonté « comme l'intelligence à des exercices réguliers, de ne « pas réduire en art l'apprentissage de la vertu comme « celui de la science »[1]. Et il dénonce, avec grande raison, la confusion qui s'est établie entre l'instruction et l'éducation : « On croit aujourd'hui suffire à tout par l'instruction, « dont on avait cru pendant longtemps devoir tout craindre. « Instruire, c'est moraliser; instruire, c'est élever; donner « de l'éducation à son fils, c'est pour un ouvrier, lui ap- « prendre à lire et à écrire; pour un industriel aisé, lui « faire commencer son latin; pour tout le monde, le « rendre plus ou moins savant et habile : personne depuis « cinquante ans ne paraît guère avoir songé qu'il pût y « avoir à demander à l'éducation autre chose que des lu- « mières..... Que n'a-t-on pas dit et espéré du maître d'é- « cole? »[2] — Il semble que tout cela est écrit d'hier : l'illusion a persisté ! Jamais la raison humaine n'avait encore affiché tant de prétentions à la domination exclusive que de nos jours, et jamais, par cela même, son impuissance radicale à tout expliquer et à suffire à l'homme n'avait éclaté aux yeux de tous plus manifestement.

[1] Dunoyer, t. II, p. 434.
[2] *Ibid.*, p. 434.

Dunoyer a bien vu le mal; mais le remède? C'est, nous dit-il, d'apprendre la vertu; la vertu s'apprend comme la science. Sans doute; mais pourquoi apprendre la vertu? Dunoyer nous offre des méthodes; il ne nous donne pas de raison première; il néglige le fondement même de l'éducation; mieux que cela, il en a sapé lui-même les fondements : il y a là un reproche grave à lui adresser.

L'homme ne fait rien sans cause; l'enfant apprend, parce que l'homme a généralement le désir inné de savoir, ou parce qu'il faut passer le baccalauréat (dont, par parenthèse, on n'a pas toujours assez apprécié l'utilité pratique à cet égard); mais pourquoi serait-il vertueux? pourquoi se priverait-il de ce qui lui est agréable et qui l'attire? pourquoi ferait-il ce qui est pour lui une contrainte et exige un effort? pourquoi plierait-il sa volonté à contrarier presque constamment son désir? La question vaut la peine qu'on s'y arrête; car toutes les disciplines du monde n'y feront rien, et vous aurez beau habituer pendant dix ans un enfant à faire le contraire de ce qu'il désire, vous pouvez être assuré que, dès qu'il aura secoué le joug, s'il ne comprend pas la raison d'être de cette contrainte et si elle n'en a pas, il n'aura rien de plus pressé que de suivre ses désirs et de donner libre cours à ses instincts. Pour être moral et bon, il faut une foi!

Dunoyer constate « qu'à toutes les époques soit de l'an-
« tiquité païenne, soit du christianisme, et jusqu'aux der-
« niers temps qui ont précédé la Révolution, la formation
« des mœurs, du caractère, des habitudes, des manières
« avait été l'objet d'un travail spécial, imparfait sans doute,
« mais réel et tout à fait distinct de celui que l'éducation
« exécutait d'ailleurs sur l'intelligence de l'homme »[1].
Pourquoi a-t-il cessé d'en être ainsi? « Comme, sous sa
« dernière forme, l'art pédagogique se liait surtout aux
« pratiques religieuses dont il a été fait mention, il a été
« délaissé forcément à l'époque où ces pratiques ont été
« violemment interrompues, et il n'a pas même été ques-
« tion de le continuer ou de le reprendre sous des formes

---

[1] Dunoyer, t. II, p. 430.

« nouvelles »[1]. — Ce n'est pas une question de *forme,*
c'est une question de *cause* et de *fondement!* « La vertu,
« dirai-je encore avec Dunoyer, n'est pas une spéculation
« de l'esprit, elle est un exercice de l'âme : elle consiste
« dans cette sorte d'énergie tout intérieure qui nous rend
« capables de résister aux entraînements de la passion et
« non pas seulement dans la faculté que nous avons ac-
« quise d'apprécier sainement les actes immoraux auxquels
« la passion nous entraîne »[2]. Mais qui nous donnera « cette
« sorte d'énergie tout intérieure qui nous rend capables de
« résister aux entraînements de la passion? ». En un mot,
quel sera le fondement de la morale que nous voulons apprendre à nos enfants et qui est le premier besoin des sociétés? Voilà la question capitale à laquelle Dunoyer n'a
pas donné de réponse satisfaisante! Dans le chapitre où
nous sommes, il paraît bien admettre, et dans le suivant il
essaiera de prouver que la morale peut exister indépendamment de la religion[3] : disons plus exactement, pour
éviter toute équivoque, « indépendamment de la croyance
« spiritualiste »; car la morale n'est pas nécessairement
liée à telle ou telle religion; la preuve en est que toutes
les religions ont proposé aux hommes des morales, plus
ou moins parfaites sans doute, mais ayant de nombreux
points de contact; mais je crois tout à fait que la morale
n'a aucune base en dehors de la croyance en Dieu et en la
vie future, et que la prétendue « morale indépendante »
n'est, comme je l'ai dit déjà, qu'une pure mystification.

Et, puisque Dunoyer nous y convie, faisons, à ce propos, un mot de théodicée. Notre auteur regrette que la
philosophie ait pénétré dans ce domaine, qu'il tient pour
inaccessible : « Il fut un temps, dit-il, où la philosophie
« s'occupait à peu près exclusivement de l'analyse des fa-
« cultés et des fonctions de l'entendement humain, de l'ori-

----

[1] Dunoyer, t. II, p. 431.

[2] *Ibid.*, t. II, p. 437.

[3] On peut rapprocher des passages indiqués au texte un *projet* de rapport
à l'Académie des sciences morales et politiques, rédigé par Dunoyer à l'occasion d'un concours devant l'Académie, mais sur lequel la section ne put se
mettre d'accord et qui resta, par suite, à l'état de projet (*Journal des économistes*, juillet, août 1860, 2ᵉ série, t. XXVII; — *Œuvres complètes de Dunoyer*, t. III, p. 614 et suiv. et notamment p. 639 et suiv.).

« gine et de la filiation des idées, des règles générales du
« langage, des lois naturelles qui ont présidé à sa forma-
« tion. Ce domaine légitime de l'observation philosophi-
« que est de nos jours presque abandonné... Aujourd'hui,
« la philosophie place plus haut le champ de ses recher-
« ches, et pour juger de la valeur philosophique d'un es-
« prit quelconque, on vous demandera quelles sont ses
» opinions sur *Dieu*, sur l'*âme*, sur le *commencement* et *la
« fin des choses* »[1]. Et Dunoyer regrette que cette direction
soit donnée aux études philosophiques. Il s'agit pourtant de choses qui intéressent l'homme de près, plus encore que « les règles générales du langage et les lois qui
« ont présidé à sa formation » ! Mais Dunoyer voit dans la
croyance à l'existence de Dieu et de l'âme un pur article
de foi. « Telle est la nature de ces vérités, dit-il, qu'elles
« ne sont pas susceptibles de démonstration, et que, par-
« tant, elles ne sauraient être matière à argumentation, à
« controverse : elles sont de l'ordre des vérités qui se ra-
« content (*cœli enarrant gloriam Dei!*) ou qui se sentent,
« et non de celles qui se prouvent »[2]. Et Dunoyer précise
davantage encore sa pensée : « La philosophie, malgré
« tous ses efforts, n'est pas plus avancée aujourd'hui sur
« ce point qu'elle ne l'était il y a vingt siècles, et ce n'est
« que par un insigne abus de langage qu'on a pu hasar-
« der de dire, de nos jours : « Je ne crois pas que Dieu
« existe, je le sais ». « Vous n'en savez rien, ne vous dé-
« plaise. Vous le croyez sans doute; mais vous ne sauriez
« dire : *je le sais*, du moins à prendre ces mots dans leur
« acception naturelle, et il y a une témérité extrême à af-
« firmer ainsi que vous savez ce que le genre humain es-
« père et croit sans doute, mais ce que l'homme vivant n'a
« jamais su et ne saura jamais »[3]. — Il y a là une confusion! Jamais, sans doute, homme vivant ne saura ce qu'est
Dieu, ne connaîtra sa nature et ses attributs; mais il n'est
pas besoin de cela pour savoir que Dieu existe, pour le
savoir, non pas par la foi, mais par la raison, par une certitude logique qui vaut les démonstrations les plus inatta-

---

[1] Dunoyer, t. II, p. 471.
[2] *Ibid.*, t. II, p. 472.
[3] *Ibid.*, t. II, p. 473.

quables. Ce n'est pas la foi, c'est la raison qui me dit, comme une chose absolument sûre, qu'il n'y a pas d'effet sans cause ; nulle vérité n'est plus scientifiquement démontrée que celle-là ; il faut donc, de toute nécessité, que le monde que je vois autour de moi ait une cause, que moi-même j'aie une cause ; et comme cette cause n'est certainement pas dans le monde, ni en moi-même, puisque l'homme, qui est la plus haute expression de la création, ne possède pas la moindre faculté créatrice, force est bien de reconnaître *rationnellement* que cette cause est en dehors ; et cette cause, c'est Dieu ! Voilà ce que m'apprend ma raison ; elle s'arrête là, devant le domaine de la foi !

L'existence de Dieu est démontrée, par notre propre existence, avec la certitude la plus absolue que puisse fournir la science, la certitude logique. Il n'y a que des aveugles ou des insensés qui puissent le nier ! La croyance à la spiritualité de l'âme et à la vie future en découlent, je ne dis pas avec le même degré de certitude absolue, mais comme des conséquences logiques tellement vraisemblables, tellement nécessaires, que la raison nous conduit, pour ainsi dire, irrésistiblement à accepter sur ce point les dogmes de la foi. J'en appelle à Dunoyer, quand il a écrit ce beau passage : « Est-il possible à un homme de voir mourir sa « mère, son enfant, sa jeune femme, sans se demander si, « de ces êtres qui lui étaient chers, il ne demeure plus « rien que l'enveloppe, si tout le reste est détruit ; si, tan- « dis qu'aucune molécule de ces corps inanimés ne doit « se perdre, ce qui en formait, il y a quelques instants, la « partie la plus sensible, l'agent inconnu qui animait leurs « regards, qui faisait vibrer leur voix, qui faisait mouvoir « leurs membres, qui leur donnait sur lui un pouvoir si « fort et si doux, est la seule chose qui se soit évanouie ?

Oui la croyance en Dieu, en l'âme, en la vie future, que Dunoyer a eu le tort de confondre avec la religion, voilà le vrai, le seul fondement de la morale. Supprimez ces croyances, et la morale est à la fois sans cause et sans sanction. Vous pourrez peut-être, avec beaucoup de peine, faire admettre à une élite intellectuelle une certaine morale utilitaire, de bien peu de portée ; vous arriverez peut-être par exemple, en menant activement la campagne à laquelle

on convie, non sans raison, le corps enseignant, en accumulant les preuves des ravages immédiats que cause l'alcoolisme, à empêcher quelques individus de s'y livrer;
mais n'espérez jamais avoir prise sur la masse, n'espérez
pas même avoir prise sur l'élite toutes les fois que vous
serez incapables de paralyser le penchant par la terreur
des conséquences! La morale de l'utilité, formule creuse et
vide! N'est-il pas évident que l'utilité, pour l'immense majorité des hommes, l'utilité prochaine et visible, consiste à
suivre son désir et à rechercher la jouissance? Et, en vérité, les hommes ont bien raison, si l'on fait abstraction de
Dieu, de la loi morale et de la vie future!

« Je conviens, dit Dunoyer, que la morale peut trouver
« dans les croyances religieuses un appui très solide et
« très élevé; je ne saurais convenir que les sentiments re-
« ligieux sont la source de la morale. Nos actions ne sont
« pas bonnes ou mauvaises parce que Dieu les a ordonnées
« et défendues! mais Dieu les a ordonnées ou défendues
« parce qu'elles sont bonnes ou mauvaises, parce qu'elles
« sont utiles ou funestes à l'humanité »[1]. — J'avoue hum-
blement ne pas saisir la portée de l'argument. Dieu, sans
doute, ne fait rien sans cause, et il ne prescrit que de bonnes actions, de même qu'il ne défend que les mauvaises;
mais la question n'est pas de savoir pourquoi Dieu prescrit ou défend telles ou telles actions; mais bien pourquoi
nous nous abstiendrions de telle ou telle action vers laquelle
notre désir nous pousse, si nous ne croyons pas en Dieu!
Je ne vois plus d'autre raison que la crainte du gendarme;
mais cette crainte n'agit que pour les actes qui sont défen-
dus par la loi sous la sanction d'une peine, et, même pour
ceux-là, j'admire la confiance de ceux qui y voient une garantie suffisante!

Dunoyer aurait dû voir que les mots *bonnes* ou *mauvaises* actions, actions *morales* ou *immorales* n'ont de sens
que s'il y a une loi morale, que si Dieu existe : autrement,
il ne faut parler que d'actions *utiles* ou *nuisibles*, et la
question revient à savoir si l'on peut fonder une morale
sociale sur l'utilité. Ceux qui le croient ne s'aperçoivent pas

---

[1] Dunoyer, t. II, p. 475.

qu'ils sont dupes d'une illusion : ils voient autour d'eux, et ils sont eux-mêmes des hommes formés par les croyances spiritualistes qu'ils ont sucées avec le lait, par l'atmosphère dans laquelle ils vivent, à comprendre le bien moral et à incliner vers lui leur volonté; et comme ils s'imaginent ne plus croire en Dieu et en la loi morale, et que peut-être, en réalité, ils ne croient plus, ils attribuent à la raison humaine une puissance qui, de fait, ne vient que de la tradition et n'est que l'écho lointain de la voix morale qui a parlé à leur cœur. Mais, que l'on essaie d'imaginer, ce que l'histoire ne nous fournit pas, une société dans laquelle la croyance spiritualiste n'ait jamais pénétré, une société dont les membres seraient livrés à tous leurs instincts, à toutes leurs passions, sans autre règle et sans autre frein que la notion de l'utilité... de chacun, c'est-à-dire l'intérêt personnel : ne faut-il pas avoir perdu le sens pour prétendre qu'une pareille société puisse subsister?

On me pardonnera de m'être un peu étendu sur ce sujet; j'ai dû relever une erreur qui me semble la plus grave, par les conséquences, de tout l'ouvrage de Dunoyer. On se tromperait fort d'ailleurs si l'on voyait en lui un ennemi de l'idée religieuse; bien loin de là, il consacre de fort belles pages[1] à démontrer que cette idée ne saurait être éliminée de la vie sociale; il est le premier à déclarer que la raison ne saurait suffire à tout; que « l'homme, ani-« mal essentiellement raisonneur, sinon raisonnable, de-« meure toujours, et quoi qu'il puisse faire, un être plus « ou moins religieux »; que « il est une multitude de « choses, inadmissibles si l'on veut se restreindre aux vé-« rités d'observation, qui sont, dans l'ordre des idées qui « ne relèvent que du sentiment et de la foi, d'autant plus « admissibles qu'elles satisfont plus heureusement le be-« soin que nous avons de croire et qu'il serait impossible « d'en démontrer la fausseté »; il proclame enfin « qu'au « delà des faits observables sur lesquels peuvent s'étendre « nos recherches, il est un espace incommensurable, néces-« sairement fermé aux investigations scientifiques, et qui

<hr>

[1] Dunoyer, t. II, p. 482 et suiv.

« demeure toujours ouvert néanmoins aux aspirations et
« aux espérances de la foi ; et qu'au delà des choses expli-
« quées il y a tout un univers de choses inexplicables et
« dont, par sa nature, l'esprit humain sera éternellement
« préoccupé »[1]. Mais Dunoyer a eu le tort de confondre
inexplicable avec *indémontrable*, comme de croire qu'une
vérité ne peut être démontrée que par l'observation : je
ne saurais expliquer Dieu ; mais c'est ma raison et non ma
foi qui me dit irrésistiblement que Dieu existe ; je ne saurais prouver par l'observation que deux et deux font
quatre, et cependant je ne fais pas difficulté de le croire
comme certitude ! Je veux bien admettre, avec Dunoyer,
que « Dieu qui, pour la dignité de la créature, voulait lui
« laisser son libre arbitre, ne nous a donné que des pres-
« sentiments, et, dans sa sagesse, n'a permis que nous con-
« naissions les vérités religieuses que par cette espèce de
« seconde vue que nous nommons la foi »[2] ; mais cela ne
s'applique pas à la croyance en Dieu lui-même, à la
croyance spiritualiste, qui est une vérité révélée, non par
la foi, mais par la raison.

Cette croyance spiritualiste est le vrai, le seul fondement de l'éducation morale. Vous pourrez décréter « que
« de certaines vertus deviendront dans l'école l'objet
« d'exercices communs à tous les enfants »[3] ; « qu'on inté-
« ressera leur émulation à les pratiquer » ; « qu'on notera
« les atteintes qu'y porterait ostensiblement chaque élève » ;
« qu'on les accoutumera à faire eux-mêmes chaque soir
« l'examen de conscience et à se rappeler les manquements
« du jour » : toutes ces pratiques, qui, remarquons-le,
impliquent elles-mêmes la croyance à la loi morale, seront
vaines si cette croyance n'est pas partagée par ceux auxquels vous voudrez les imposer, et, s'ils s'y soumettent par
contrainte tant qu'ils seront sous la férule, ils n'y donneront qu'une obéissance extérieure et se hâteront de s'y
soustraire dès que la contrainte aura cessé ! L'homme est
trop fortement poussé par sa nature à la jouissance et au
bien-être pour s'imposer, sans une cause suffisamment

<hr>

[1] Dunoyer, t. II, p. 484.
[2] *Ibid.*, p. 474.
[3] *Ibid.*, p. 443

énergique, la privation et la contrainte! Et le bons sens public ne s'y trompe pas! Veut-on savoir la cause de la faveur croissante dont jouissent les établissements d'enseignement privé, au détriment de l'enseignement public? Elle est bien simple : on a affiché de plus en plus, dans l'enseignement public, en matière religieuse, voire même à l'égard de Dieu, une neutralité que quelques-uns ont pu prendre pour de la malveillance; par suite, la masse des parents, comprenant instinctivement qu'il n'y a pas d'éducation morale sérieuse en dehors des croyances religieuses (en prenant ce mot dans le sens le plus large) a été et est de plus en plus portée à placer ses enfants dans les établissements privés d'enseignement, qui sont presque tous des établissements ecclésiastiques. La cause est là, uniquement là! Elle n'est pas dans la considération de l'instruction elle-même; je ne crois pas que l'on puisse contester que l'instruction donnée dans les établissements de l'État soit aussi solide que celle des établissements libres et je suis porté à croire qu'elle est généralement supérieure. Elle n'est pas davantage dans les idées politiques : on ne comprendrait pas comment l'enseignement libre gagne beaucoup de terrain précisément au moment où les anciennes convictions politiques en perdent tous les jours et où les adversaires du régime démocratique se font de plus en plus rares! La seule explication plausible, c'est que les parents attendent des établissements d'enseignement libre une éducation morale plus forte; et si l'on veut réagir contre la tendance dont on s'alarme, il n'y a pas d'autre moyen que de rendre à Dieu la place qui lui appartient dans l'enseignement. C'est Dunoyer lui-même qui l'a dit, et c'est par là que je termine : « Le grand défaut « de la raison, considérée en elle-même et séparée de « tout sentiment, est de n'être qu'une lumière, de ne pas « être une force, d'être faible et impuissante comme prin- « cipe d'action, de n'offrir contre les passions, au moment « du besoin, qu'un secours inefficace, que des arguments « insuffisants; de ne faire, comme l'a dit une femme d'es- « prit, que déchirer le cœur qui l'appelle à son aide »[1]. —

[1] Dunoyer, t. II, p. 448.

Eh oui, il faut à l'homme un levier, et d'une certaine
puissance, pour incliner sa volonté dans une direction
toute contraire à celle où l'appellent l'instinct et le désir;
et ce levier, seule l'éducation morale fondée sur la ferme
croyance en Dieu, en la loi morale et en la vie future est
capable de le donner!

CHAPITRE XXI

Du sacerdoce.

J'ai fait déjà quelques incursions dans le chapitre que Dunoyer a consacré au sacerdoce. S'il a eu tort de croire qu'une morale sociale vraiment digne de ce nom peut être fondée en dehors de toute croyance religieuse (en prenant ce mot dans le sens le plus large), il faut lui rendre cette justice qu'il a admirablement mis en lumière l'importance sociale de la religion. Elle répond à un impérieux besoin de l'homme : « Les sciences ont beau avoir raison de dire « qu'elles ne s'occupent pas de l'origine et de la fin de « l'homme et du monde, il ne s'ensuit pas que ces questions « sont dénuées pour nous d'importance et d'attrait, et que « nous y pouvons demeurer inseusibles. Les sciences ont « raison de dire que nous ne pouvons rien savoir de la vie, « du sentiment, de l'intelligence séparée de l'homme vi- « vant, sentant et pensant ; elles ont raison de dire que nous « ne pouvons rien connaître de la sagesse, de la bonté, de « la puissance infinie que la terre et les cieux nous révè- « lent, hors des phénomènes sensibles où nous les voyons « éclater. Mais de ce que nous ne pouvons observer l'âme « de l'homme que dans l'homme animé, ni l'intelligence « qui dirige le monde que dans le monde qui la manifeste « à nos yeux, s'ensuit-il qu'il nous est indifférent de savoir « si l'âme de l'homme et l'âme du monde ne sont rien en « dehors des objets matériels où elles se montrent »[1] ?

----

[1] Dunoyer, t. II, p. 484, 485.

Dunoyer a encore très bien montré qu'il ne saurait y
avoir contradiction entre la religion et la science, à la condition que chacune d'elles reste dans son domaine. « Na-
« turellement, et à bien prendre les choses, les idées reli-
« gieuses ne sauraient nuire aux sciences puisqu'elles ne
« sont pas le produit des mêmes facultés et ne se dévelop-
« pent pas dans la même sphère ; puisqu'elles sont l'ou-
« vrage de la foi, tandis que les sciences sont l'ouvrage
« de l'observation et du raisonnement ; puisqu'elles rou-
« lent sur des questions qui sortent de l'ordre des faits
« observables, tandis que les sciences font profession de se
« renfermer scrupuleusement dans l'étude des choses qui
« sont du domaine de l'observation »[1]. C'est ce que nous
répétait tout récemment, devant l'Académie française, l'é-
cho d'une grande voix, celui d'un génie dans la science, la
voix de Pasteur[2].

Loin que la religion soit contraire à la science, Dunoyer
remarque ingénieusement qu'elle est de nature à donner
un vigoureux essor à l'esprit par les élans qu'elle lui im-
prime vers l'infini. « Qui sait s'il n'a pas fallu que Newton
« fût capable de commenter l'Apocalypse pour qu'il le fût
« de découvrir la loi de la gravitation universelle et d'ex-
« pliquer le système du monde ? »[3]

La religion est encore une force morale incomparable ;
« elle s'efforce de nous conquérir de plus en plus au bon
« principe, à l'esprit vivifiant et conservateur, à l'esprit
« de lumière, d'ordre, de justice, de bonté, de pureté »[4].
« Elle nous pousse au bien par des motifs supérieurs aux
« considérations ordinaires et qui nous honorent davantage
« à nos propres yeux. Elle donne du désintéressement, de
« la dignité, de l'élévation aux caractères »[5]. Elle est particulièrement favorable à la morale de relation : « Je ne
« saurais finir, dit Dunoyer, sans faire remarquer à quel
« point est propre à conserver, à affermir la paix sociale

---

[1] Dunoyer, t. II, p. 487.
[2] Frédéric Le Play a écrit aussi un excellent chapitre sur ce sujet dans la
Réforme sociale, t. I, ch. IX, § 5, p. 118 et suiv.
[3] Dunoyer, t. II, p. 490.
[4] *Ibid.*, t. II, p. 491.
[5] *Ibid.*, t. II, p. 491.

« et à assurer les progrès de toute civilisation l'idée d'un
« Dieu, père commun de tous les hommes, au sein duquel
« tous les cœurs peuvent se rencontrer, que tous les hom-
« mes invoquent ensemble, à qui ils demandent de leur
« pardonner comme mutuellement ils se pardonnent... [1] »
Voilà un sermon en règle, et des meilleurs !

Je ne suivrai pas Dunoyer dans ses développements sur
l'exercice du sacerdoce ; j'aurais à répéter plus d'une critique que je lui ai déjà faite. Un mot seulement sur une
question fondamentale qu'il aborde, celle de la liberté des
cultes [2].

Dunoyer ne peut pas admettre que « la liberté de pra-
« tiquer, dans les lieux où ils ont été régulièrement établis
« l'un des quatre cultes constitués et payés par l'État, le
« catholique, deux protestants, l'israélite, et, en dehors de
« ces divers cultes, de faire ce que l'administration veut
« bien permettre » [3], soit la parfaite traduction de la liberté
de conscience. Rien, en effet, n'y ressemble moins, et,
comme l'a très bien dit Laboulaye [4], nos lois sont à cet
égard, « un démenti perpétuel donné à nos constitu-
« tions ».

Dunoyer examine deux points : la situation des cultes
reconnus par l'État et celle des autres. Sur ce dernier
point, il réclame, et il a raison, la liberté de tous les cultes,
sauf l'application des lois de police nécessaires au maintien de l'ordre public. Comme le disait très bien Laboulaye :
« Ma foi ne regarde que moi. Mon église ne concerne que
« ceux qui partagent ma croyance. C'est mon droit d'a-
« dorer Dieu à ma guise et de faire mon salut comme je
« l'entends. L'État ne connaît pas le fidèle ; il ne connaît
« que le citoyen ». Il ne serait pas bien difficile de démontrer que la théorie des cultes reconnus n'est qu'un pallia-
tif à la théorie de la religion d'État et pourrait facilement
y ramener. Si l'État se reconnaît compétence pour faire
un choix en matière de culte, ne serait-on pas logique en
lui demandant d'aller jusqu'au bout et de n'accorder ses

---

[1] Dunoyer, t. II, p. 492.
[2] *Ibid.*, t. II, p. 505 et suiv.
[3] *Ibid.*, t. II, p. 507.
[4] *Le parti libéral, son programme et son avenir*, p. 43 et suiv.

faveurs qu'à la seule religion qui est en possession de la vérité! Je reconnais toutefois que cette question, en l'état de nos mœurs, n'a pas une grande importance pratique.

Il n'en est pas de même de celle qui concerne le régime des cultes reconnus. Dunoyer accepte, à cet égard, l'état de choses existant; mais il ne l'accepte que comme un fait accompli et il en sent très bien les vices : « Il arrive que ce « régime, en apparence si satisfaisant, ne donne, en réa- « lité, satisfaction à personne et qu'il provoque les récla- « mations les plus opposées. On ne cesse d'accuser le « clergé, de lui reprocher son esprit de domination; et le « clergé se plaint plus vivement encore qu'on ne l'accuse, « disant qu'on attente à ses droits les plus naturels et « qu'on le gêne dans ses actions les plus innocentes. L'É- « tat demande comment il ne pourrait pas déterminer et « limiter les attributions d'un corps qu'il a créé, qu'il en- « tretient à grands frais, à qui il procure tant d'avantages; « et le clergé, comment des avantages qui n'équivalent pas « à ce que ferait spontanément pour lui la piété des fidè- « les, peuvent donner à l'État le droit de le gêner dans l'ac- « complissement de sa mission..... Et, au vrai, chacun a « raison, au moins au point de vue où il se place[1]..... »

On ne saurait considérer comme idéal un système qui place l'État dans la nécessité de faire un choix entre diffé- rentes religions et d'en proposer trois ou quatre à l'agré- ment des citoyens avec son estampille, et qui, d'autre part, place les religions agréées dans une étroite dépendance vis-à-vis du pouvoir. D'un côté, on provoque l'indifférence religieuse en mettant sur le même pied, non d'égalité, mais de faveur, plusieurs religions, et, comme Le Play en fait la juste remarque[2], « en enseignant aux esprits, par cette pratique, qu'il est bon d'encourager à la fois la vé- rité et l'erreur ». D'un autre côté, par l'assujettissement que l'État veut imposer aux clergés reconnus et soutenus, on pousse, soit à la servilité, soit à la révolte; et, de fait, on a pu constater tour à tour chez nous ces sentiments, suivant les gouvernements.

<hr>

[1] Dunoyer, t. II, p. 514.
[2] *La Réforme sociale*, t. I, p. 186.

« L'*Église libre dans l'État libre* », comme disait Laboulaye, ce serait évidemment là la vraie solution du problème! C'est celle que Frédéric Le Play n'hésitait pas à recommander, dans la Réforme sociale, en proposant comme modèle l'Église du Bas-Canada : « L'Église catholique du
« Bas-Canada, composée de huit évêques, et comprenant
« une population agglomérée de 800.000 âmes, offre main-
« tenant un des meilleurs modèles de l'organisation qui
« devrait être donnée désormais aux Églises catholiques
« du monde entier. Sans immixtion de l'autorité publique,
« le corps des évêques se recrute lui-même par l'élection,
« en conciliant, comme le faisaient les Églises primitives,
« la liberté et l'orthodoxie. Le clergé trouve ses moyens
« de subsistance dans les contributions volontaires, les
« legs et les dons des fidèles. L'influence dont il jouit est
« énorme, bien qu'elle ait été jusqu'ici combattue plutôt
« qu'encouragée par le gouvernement anglais. Elle se ma-
« nifeste par une propagande morale et intellectuelle qui
« maintient fermement dans les familles le caractère
« propre de la race française au milieu de l'immigration
« incessante des Anglo-Saxons. Enfin, le clergé canadien
« s'identifie par ses idées et ses intérêts avec les popula-
« tions qu'il dirige. Cet admirable accord des clercs et des
« laïques assure de hautes destinées à ce vigoureux essaim
« de notre race »[1]. Le tableau n'est-il pas séduisant? Le
dernier trait surtout mérite d'être noté; il confirme une
juste remarque de Dunoyer, dont notre clergé catholique
actuel pourrait encore faire son profit; c'est « qu'il ne sait
« pas assez les choses dont la société s'occupe; qu'il ne la
« connaît pas suffisamment; qu'il se tient trop loin d'elle,
« de ses travaux, de ses arts, de sa civilisation, des choses
« qui lui inspirent l'intérêt le plus vif et le plus légitime ».
C'est dans le même sens que, tout récemment, un des
prélats les plus illustres de la nouvelle Église catholique
des États-Unis, Mgr Ireland, archevêque de Saint-Paul
(Minnesota), dans un discours qui a eu un immense retentissement et qui avait pour sujet « l'Église et le Siècle »,
disait ces admirables paroles qu'on me pardonnera de

---

[1] *La Réforme sociale*, t. I, p. 179.

rappeler, et parce qu'elles sont admirables, et parce
qu'elles concordent tout à fait avec les pénétrantes observations de Dunoyer : « Il y a un désaccord entre le siècle
« et l'Église..... La faute incombe au siècle et à l'Église. »

« Enflé par ses succès matériels et intellectuels, le
« siècle est orgueilleux et exagère sa puissance. Il croit
« que le domaine naturel, dont il a tiré un si merveilleux
« parti, suffit à tous ses besoins; il tend à l'exclusion du
« surnaturel, il revêt le vêtement du sécularisme. Dans
« son adoration de la nouveauté, amenée par la marche
« du progrès, tout ce qui est vieux lui est suspect. Il de-
« mande pourquoi son Église ne serait pas nouvelle comme
« sa chimie et sa mécanique. Une église qui porte sur son
« front l'empreinte de dix-neuf siècles lui paraît surannée
« et hors de sa place. L'orgueil et la légèreté sont les
« maux caractéristiques du siècle.

« L'Église, telle qu'elle nous apparaît dans les discours
« et les actions de ses représentants, mérite sa part de
« reproche. Je parle en catholique, avec un amour sincère
« de l'Église catholique..... Les hommes conservent dans
« l'Église leurs attributs humains, et de leur sagesse et
« de leur énergie dépend la prospérité extérieure de
« l'Église. L'Église a eu ses époques différentes les unes
« des autres en gloire et en lumière, suivant que les pas-
« teurs catholiques et les peuples catholiques ont mesuré
« le monde d'un œil plus clairvoyant et ont manié l'épée
« spirituelle avec plus d'habileté..... Je ne crains pas de
« dire que, pendant ce siècle, les hommes, dans l'Église,
« ont été trop lents à comprendre le temps nouveau et
« trop lents à tendre vers lui la main auxiliaire de l'amitié...
« Ils ne surent pas comprendre ce siècle, christianiser ses
« aspirations et les guider dans la marche en avant;
« aussi il poursuivit sa route sans eux..... Je montre l'oc-
« casion pour l'homme d'Église éminemment supérieur.
« Son œuvre est de construire un pont sur la vallée pro-
« fonde qui sépare le siècle de l'Église, d'écarter les nuages
« qui empêchent l'un de voir les réalités de l'autre, de
« rapprocher l'Église du siècle et le siècle de l'Église ».
Et, après un magnifique tableau de la manière dont « l'É-
« glise, créée par le Christ pour tous les âges, vit de chaque

« âge et pour chaque âge », le grand prélat s'écriait : « Le
« siècle demande la liberté avec un bon gouvernement;
« soyons des modèles de patriotisme, de vertu civique, de
« loyauté aux institutions du pays, et on ne soupçonnera
« jamais les catholiques d'être les alliés des régimes en-
« terrés, les ennemis de la liberté civique et politique.
« Dans toutes les organisations et les combinaisons so-
« ciales, soyons les plus actifs, les plus utiles : les hommes
« reconnaîtront alors cette grande vérité que la religion,
« qui a les promesses de la vie future, a aussi celles de la
« vie actuelle, et, voyant en elle l'amie et la protectrice de
« leurs intérêts terrestres, ils écouteront sa parole lors-
« qu'elle les entretiendra de ses promesses surnaturelles » [1].
Voilà certes un beau et bon langage; c'est le langage d'un
clergé fort dans sa liberté et de sa liberté, n'ayant à l'égard
du pouvoir ni soumission aveugle, ni sourde révolte. Je
n'aurais pas résumé plus exactement les idées de Dunoyer.

Dunoyer cependant, je l'ai dit déjà, s'incline devant le
fait accompli; il admet l'organisation du culte, telle du
moins qu'elle a été comprise en France depuis la Révolution de 1830. Il n'en déduit pas les raisons, quoique personnellement, on n'en saurait douter, il soit porté vers la
liberté complète des cultes. Ces raisons sont faciles à apercevoir : les principales sont, d'une part, un grand fait historique, la confiscation des biens du clergé par la Révolution française, qui donne au budget des cultes, suivant les
termes mêmes du Concordat, le caractère d'une indemnité
qui ne pourrait être supprimée sans une véritable spolia-
tion; et, d'autre part, l'état actuel, si profondément regret-
table, de défiance et presque d'hostilité qui existe entre le
gouvernement et le clergé catholique et qui fait que le
gouvernement ne veut pas renoncer à un état de choses
qu'il considère comme un précieux moyen de maintenir le
clergé dans l'obéissance. Si l'on voulait y regarder de bien
près et sans parti pris, j'imagine qu'on découvrirait que
cet état de choses est tout ce qu'il y a de plus propre à
perpétuer et à envenimer la lutte, par les raisons que Dunoyer nous a si remarquablement exposées.

---

[1] *La Science sociale*, février 1894.

CHAPITRE XXII

De la liberté des échanges.

———

J'ai déjà eu l'occasion de signaler une singulière lacune de Dunoyer, qui n'a pas su distinguer, de l'échange ou du commerce, le trafic ou l'industrie commerciale, et qui nous dit positivement : « Il n'y a point dans le monde une chose « telle que l'industrie *commerciale*, et l'énumération la « plus étendue des travaux de la société n'en présente « aucun qu'il soit possible de désigner par cette appella- « tion ». Il est bien vrai que *commercer, échanger* est un acte commun à toutes les classes de travailleurs »; mais il ne l'est pas de dire que « ce n'est l'industrie particulière « d'aucune classe de travailleurs ». Il est, au contraire, manifeste que le fait d'acheter pour revendre constitue la fonction spéciale de toute une classe d'hommes, que l'on appelle souvent du nom d'*intermédiaires*, parce qu'ils servent, en effet, de trait d'union entre les producteurs et les consommateurs; et cette fonction ne saurait être négligée dans l'économie sociale, puisqu'elle occupe aujourd'hui 10 p. 100, en chiffres ronds, de la population totale de la France. J'ai peine à comprendre comment l'esprit si pénétrant de Dunoyer a pu tomber dans cette méprise et confondre, lui qui avait si bien vu les erreurs de ses devanciers, l'industrie commerciale avec l'industrie voiturière, qui lui sert sans doute d'instrument indispensable, mais qui s'en distingue cependant essentiellement.

La distinction entre l'échange et l'industrie commerciale

méritait cependant d'être faite : il y a là des points de vue bien différents.

L'échange lui-même est, dans l'état social, le complément de tout acte de production; c'est, comme le dit très bien Dunoyer, « un des liens les plus fondamentaux « et les plus forts de la société humaine »[1]. C'est l'échange qui a permis la division des professions et des travaux ; c'est lui qui place les choses dans les mains les plus capables d'en tirer parti ; c'est le stimulant le plus énergique de l'activité de l'homme. Tous ces points de vue, que développe notre auteur, et que Bastiat a exposés plus complètement encore dans ses Harmonies économiques, sont très propres à nous faire admettre que l'échange est comme le thermomètre de l'activité sociale, « qu'il importe au « plus haut point que les échanges puissent s'opérer avec « facilité et avec aisance »[2], et que tout ce qui tend à leur donner de l'extension contribue au bien-être des hommes.

On ne saurait porter de tous points le même jugement sur l'industrie commerciale. On a beaucoup discuté sur le point de savoir si c'est une industrie productive : querelle d'école et question de mots, en très grande partie; car il ne saurait guère y avoir de dissentiment radical sur le fond des choses ; et s'il est incontestable que le travail des commerçants est utile tout à la fois au producteur et au consommateur, il est non moins certain qu'il n'ajoute aux choses aucune qualité nouvelle qui les rende plus propres à satisfaire nos besoins. Je pourrais invoquer en ce sens le passage suivant de Dunoyer, bien qu'il ne vise pas l'industrie commerciale, mais l'acte même de l'échange : « L'échange sans doute n'ajoute pas à la valeur des choses « en les faisant changer de mains : il va sans dire que la « valeur qu'elles tirent de leur utilité ne peut être accrue « que par l'art quelconque qui agit sur elles, qui les modifie ou les déplace utilement; et si l'industrie voiturière, « par exemple, en approvisionnant le marché et en mettant « en présence les unes des autres des marchandises des- « tinées à être échangées, ajoute plus ou moins par là à

<hr>

[1] Dunoyer, t. II, p. 600.
[2] *Ibid.*, t. II, p. 603,

« leur valeur échangeable, il est bien entendu que le fait
« même de l'échange, dont l'unique effet est de leur
« donner de nouveaux maîtres, n'ajoute rien à leur prix
« vénal »[1]. — Il y aurait là-dessus beaucoup à dire et ce
passage n'est pas exempt de quelque confusion. Il est difficile de comprendre cette proposition, si Dunoyer n'a pas
confondu *valeur* et *utilité* : « L'échange n'ajoute pas à la
« valeur des choses en les faisant changer de mains »[2],
puisque c'est seulement par l'échange que la valeur des
choses se détermine ; mais ce qui augmente très certainement la *valeur* des choses, c'est le trafic, ou, en d'autres
termes, le commerce (en prenant ce mot comme syno-
nyme d'industrie commerciale, non d'échange) ; il est indéniable que le pain de sucre qui sort de chez l'épicier, après
avoir passé par trois ou quatre mains de marchands en
gros et demi-gros, *vaut* plus qu'au moment où il est sorti
de la raffinerie, sans que pourtant il ait acquis quelque
propriété nouvelle pour satisfaire les besoins de l'homme.
Cet accroissement de valeur correspond-il à un accroissement d'utilité? Oui, dans une certaine mesure. Ainsi, il est
très clair, comme c'est chez moi et non à la raffinerie que
je consomme le sucre, que le voiturage a augmenté pour
moi l'utilité subjective du sucre ; mais il faut bien comprendre que si les frais de voiturage figurent dans la note
du commerçant, ce n'est qu'à titre de remboursement
d'une avance faite par lui ; et que l'industrie voiturière
est nettement distincte de l'industrie commerciale qui consiste essentiellement à acheter pour revendre. On parle de
l'accroissement de valeur résultant du commerce lui-
même, des bénéfices prélevés par les intermédiaires, et
de cela seulement. Cet accroissement de valeur lui-même
se comprend et se justifie dans la mesure où il correspond
à des services réels rendus et au producteur et au consommateur, en économisant leur temps et leurs peines,
mais dans cette mesure seulement ; au delà, il y a abus et
les commerçants deviennent des parasites ; et, comme le
commerce augmente, et souvent dans des proportions

[1] Dunoyer, t. II, p. 630.
[2] *Ibid.*, t. II, p. 603.

considérables, la valeur des choses, sans en augmenter l'utilité *objective*, on peut poser en principe qu'il est désirable d'en simplifier les rouages autant que faire se peut et de mettre de plus en plus en communication directe le producteur et le consommateur. Voilà la conclusion très simple et, à ce qu'il semble, peu contestable d'un débat qui n'a pas l'importance qu'on s'est plu souvent à lui donner.

Dunoyer traite surtout, dans ce chapitre, de généralités concernant l'échange : des débouchés, de l'évaluation des choses échangées (poids et mesures, monnaies), de l'influence des mœurs et de la législation sur l'échange. Il est permis de regretter qu'il n'ait pas approfondi davantage quelques-uns des plus importants problèmes qui se posaient en ces matières.

« *Italiam! Italiam!* » s'est écrié Dunoyer[1], en arrivant au point où nous en sommes..... « J'approche du terme de « ce long travail ». Peut-être la joie d'arriver au port a-t-elle un peu précipité ses derniers pas. On eût aimé, par exemple, à propos de « l'évaluation des choses échangeables », à le voir aborder l'examen des lois qui gouvernent la valeur ; à propos des poids et mesures et surtout des monnaies, à le voir sortir des « notions tout à fait élémentaires »[2], comme il l'avoue lui-même, dans lesquelles il s'est tenu.

Certes, Dunoyer nous dit de fort bonnes choses ; par exemple, il donne de l'échange la véritable notion, souvent perdue de vue : « Lorsque l'homme commence à traiter « de gré à gré et à substituer les échanges à la violence, « il s'écoule encore bien du temps avant qu'il envisage cet « acte sous son vrai point de vue et qu'il y apporte cette « droiture éclairée et cette probité judicieuse qui seraient « si propres à en rendre la pratique aisée. Il voit la source « de la richesse moins dans le travail productif qui a pré- « cédé la transaction que dans la transaction même. Il ne « considère pas l'échange comme un acte où les contrac- « tants se donnent réciproquement valeur égale pour va-

---

[1] Dunoyer, t. II, livr. XII, ch. I.
[2] *Ibid.*, p. 614.

« leur égale, mais comme une industrie où le plus habile
« et le plus exercé fait les meilleures affaires et où, par-
« tant, il faut tâcher d'obtenir le plus et de donner le moins
« qu'il se peut »[1]. Tâcher d'obtenir le plus et de donner le
moins qu'il se peut, c'est le droit de chacun, c'est de bonne
guerre, à la condition que des moyens malhonnêtes ne
soient pas employés, tels que « l'emploi de mesures et de
« poids inexacts »; et l'on peut dire même que c'est par ce
libre débat que se détermine l'exacte valeur des choses;
mais Dunoyer a eu bien raison de combattre cette idée,
jadis très répandue, que, dans l'échange, « le profit de l'un
« est le dommage de l'autre » (Montaigne), ou encore que
« l'un ne peut gagner sans que l'autre perde » (Voltaire).
Seulement, on voudrait que notre auteur ne s'en fût pas
tenu à ces généralités.

Il est cependant, à l'occasion, entré dans des questions
de détail, et voici une très juste critique d'une pratique qui
a persisté et dont nous souffrons aujourd'hui tout comme
du temps de Dunoyer : « C'est un usage presque universel
« du commerce de détail, dans certaines grandes villes,
« de chercher à se procurer des pratiques en gagnant les
« domestiques chargés des achats, en leur faisant, aux
« dépens des maîtres, des remises sur les prix. Il y a un
« prix pour le maître et un prix pour le domestique. On
« dit à un domestique que l'on veut engager à revenir :
« ce serait tant pour votre maître; mais ce n'est que tant
« pour vous... C'est un larcin véritable. Si le marchand
« peut faire une réduction sur ses prix, cette réduction
« appartient au maître et non point au domestique, dont le
« service est déjà payé et qui n'a à faire aucune avance de
« fonds. Le marchand qui fait une remise au domestique
« sur ce qu'il fait payer au maître prend au maître l'argent
« dont il se sert pour corrompre le domestique. C'est une
« action doublement immorale[2]... ». — Tout cela est fort
juste et l'on en peut dire autant d'une pratique assez voi-
sine, consistant à remettre un tant pour cent assez élevé aux
domestiques dans le règlement des notes qu'ils paient pour

[1] Dunoyer, p. 618.
[2] *Ibid.*, t. II, p. 620-621.

le maître. Mais pourquoi, aussi, sommes-nous assez faibles pour tolérer toutes ces pratiques?

Dunoyer étudiant « l'influence de la législation sur la « liberté des échanges », a très bien déterminé le rôle du pouvoir, souvent si mal compris, dans ce qu'on appelle, assez improprement peut-être, le problème de la répartition des richesses. Pour que les richesses se répartissent équitablement, il faut et il suffit que toutes les parties prenantes soient placées sur un pied d'égalité aussi complète que possible. « La solution du problème, dit « très bien Dunoyer, est tout entière dans la manière dont « la société préside aux transactions, dans les précautions « qu'elle prend pour assurer si bien la liberté des échan- « ges que toutes les classes de travailleurs puissent éga- « lement tirer de leurs produits et de leurs services ce qu'ils « valent réellement et qu'aucune n'en puisse tirer que ce « qu'ils valent »[1].

Un grave problème se posait naturellement ici : celui de la liberté des échanges internationaux. Ce n'est point là pourtant que Dunoyer l'a traité; c'est à propos de l'industrie voiturière[2]. Un mot sur cette question, qui a été réservée.

Dunoyer, il est à peine besoin de le dire, est un chaud partisan de la liberté commerciale. Il se rend pourtant très bien compte qu'il était naturel qu'on débutât par la restriction : « Je reconnais, dit-il, qu'en fait, et dès l'é- « poque où les relations commerciales entre les grands « États de l'Europe ont commencé à prendre de l'activité, « on a partout débuté par là : c'était le complément du « régime des privilèges, et l'on comprend aisément que « lorsque, dans l'intérieur du pays, on croyait pouvoir pro- « téger toute industrie contre la concurrence même inté-

---

[1] Dunoyer, t. II, p. 624.

[2] *Ibid.*, p. 47 et suiv. — Dunoyer a aussi traité cette question, d'une manière approfondie et avec une grande hauteur de vues, dans deux articles insérés dans le *Journal des économistes*, décembre 1847 et février 1848 (V. *Œuvres complètes de Dunoyer*, t. III, p. 409 et suiv.). Avec grande raison, il dégage le principe d'équité, dont on fait assez généralement peu de cas, qui domine la matière : la liberté des échanges est de droit naturel; et il répond à tous les arguments que l'on met en avant pour justifier les restrictions douanières; il serait difficile de trouver un plaidoyer plus complet en faveur de la liberté.

« rieure, à plus forte raison devait-on se croire autorisé
« à la défendre contre la concurrence du dehors; rien ne
« devait sembler si naturel et si permis que de repousser
« la concurrence étrangère »[1].

Dunoyer reconnaît encore, et son jugement en cela me
semble plus mesuré que celui de certains partisans intran-
sigeants du libre-échange, que « il est permis de supposer
« qu'à l'exemple des autres privilèges, qui, sous certains
« rapports et à certaines époques, ont agi comme stimu-
« lants, les prohibitions ont pu être un encouragement aussi;
« que, dans les pays peu avancés, elles ont pu aider à
« vaincre l'hésitation des capitalistes et contribuer à les
« engager dans des entreprises utiles, mais chanceuses,
« où ils ne se fussent peut-être pas aventurés sans cet ap-
« pât. On peut admettre que la certitude donnée à l'indus-
« trie indigène de ne pas rencontrer la concurrence étran-
« gère sur le marché national a pu, en lui inspirant de la
« confiance, lui imprimer d'abord une certaine activité et
« concourir ainsi au développement de ses forces[2]... ». — Il
faut, ce semble, ajouter que la protection douanière peut
être un expédient nécessaire, quoique fâcheux, pour un
peuple qui naît à la vie industrielle et qui est obligé de
lutter avec une industrie étrangère vieille et très floris-
sante. La liberté commerciale est incontestablement l'i-
déal, vers lequel on doit tendre constamment; mais la
question est plus complexe qu'elle ne le paraît à quelques esprits plus théoriques que pratiques.

Quoi qu'il en soit, Dunoyer montre très bien les inconvénients des restrictions douanières. Le gouvernement, en
entrant dans cette voie, perd toute liberté d'action et la
moindre velléité de retour en arrière soulève contre lui des
tempêtes. Ce régime met aux prises les unes avec les autres toutes les industries indûment favorisées; et « toutes
« réclament, en ce qui concerne bien entendu les produits
« de leur fabrication, la liberté des relations avec le de-
« hors »[3]. C'est précisément la remarque que faisait M.

---

[1] Dunoyer, t. II, p. 48.
[2] *Ibid.*, t. II, p. 48.
[3] *Ibid.*, t. II, p. 51.

Amé, directeur général des douanes, dans sa très intéressante étude sur les tarifs de douane, à propos des prohibitions de la Restauration : « Chacun demandait la protec-
« tion pour ce qu'il fabriquait et la liberté d'importation
« pour ce qu'il ne fabriquait pas. Toutes les branches du
« travail étaient en état de récrimination les unes contre
« les autres ». Le système des prohibitions, dit encore Dunoyer, est, entre les nations, un principe de rivalité et de guerre. Il oppose de graves obstacles au progrès des industries protégées; « il a le tort d'intervertir partout l'or-
« dre naturel de leur développement et d'imprimer à leur
« expansion une direction très irrégulière »[1]; « il ralentit
« sensiblement leur marche, en isolant les nations et en
« exigeant que les mêmes découvertes soient refaites au-
« tant de fois qu'il y a de peuples séparés; il diminue
« sensiblement aussi leur activité en limitant la concur-
« rence »[2].

Dunoyer fait, à propos des plaintes que la concurrence a toujours suscitées de la part des intéressés, une remarque historique qui mérite d'être rappelée : « L'expérience
« a prouvé maintes fois et de la manière la plus éclatante
« qu'entre des pays placés dans des situations d'ailleurs
« fort diverses, on pouvait supprimer tout tarif, faire dis-
« paraître toute ligne de douane, non-seulement sans dom-
« mage pour l'industrie de chacun, mais avec profit pour
« celle de tous. Cela a été prouvé par la suppression de
« nos douanes intérieures et par la substitution d'un seul
« grand marché national aux innombrables marchés iso-
« lés dont notre territoire était formé. Cela a été prouvé
« par l'adjonction à notre pays du territoire de la Belgique
« et des anciens départements de la rive gauche du Rhin.
« Cela a été prouvé par la réunion successive à ce marché,
« déjà si étendu, de tous les pays qui avaient fini par con-
« stituer la France impériale et par le reculement graduel
« des lignes de douane jusqu'aux dernières limites de cet
« immense marché. Cela vient de nos jours d'être confirmé
« de nouveau par la réunion à peu près simultanée des

[1] Dunoyer, t. II, p. 53.
[2] *Ibid.*, t. II, p. 54.

« nombreux États qui forment l'union commerciale alle-
« mande..... [1] ».

Toutes ces observations sont fort judicieuses et Dunoyer
a eu quelque mérite à les faire à l'époque où il écrivait
et dans l'atmosphère de protection à outrance dont il était
entouré ! Je ne crois pas cependant qu'elles suffisent à justifier cette conclusion « qu'on pourrait arriver à la sup-
« pression de toute barrière entre des pays très divers et
« *très inégalement avancés*, non-seulement sans détriment,
« mais avec profit pour l'industrie des uns et des autres »[2].
Ce qui me paraît du moins certain, c'est qu'on n'a jamais
osé en faire l'essai. Mais Dunoyer n'en a pas moins raison
de vanter la liberté : « Elle oblige partout les entrepre-
« neurs à se tenir au courant des découvertes, à introduire
« dans leurs ateliers les perfectionnements adoptés par
« leurs rivaux. Elle produirait, en s'étendant, des effets
« encore plus considérables ; elle imprimerait à tous les
« arts une plus vive excitation ; elle les contraindrait à
« mettre leurs procédés au niveau de ceux observés dans
« les pays qui auraient le plus d'avance ; elle rendrait ces
« imitations d'autant plus aisées que les relations elles-
« mêmes seraient devenues plus faciles et plus actives »[3].

— La prédiction s'est réalisée : les traités de commerce
de 1860 ont donné à plusieurs de nos industries une
énorme impulsion et en ont fait surgir de nouvelles, que
le régime antérieur avait empêchées de naître : on ne
saurait contester le fait, puisqu'il est attesté par les témoignages les plus compétents, même des industriels intéressés à la protection, dans l'enquête sur les tarifs de
douane de 1878[4].

Dunoyer écrivait au moment même où la célèbre ligue
de Manchester venait de terrasser le protectionnisme en
Angleterre ; l'agitation se communiquait à la France ; Bastiat y faisait connaître « Cobden et la Ligue »[5]. Notre au-

<hr>

[1] Dunoyer, t. II, p. 59.
[2] *Ibid.*, t. II, p. 61.
[3] *Ibid.*, t. II, p. 64.
[4] V. notamment, *Journal officiel* des 20 et 28 juin 1878.
[5] Cette publication fut même l'objet d'un rapport de Dunoyer à l'Académie
des sciences morales et politiques à laquelle il avait été chargé de l'offrir par
l'auteur (*Journal des économistes*, août 1845 ; — Dunoyer, t. III, p. 380 et suiv.

teur pouvait entrevoir l'aurore de la liberté et dire : « Cet
« heureux progrès, depuis longtemps commencé, auquel
« tant de forces concourent, et qui est dans l'ordre des
« développements de la civilisation les plus clairement
« indiqués, s'accomplira, il n'en faut faire aucun doute »[1].
Mais nous sommes, hélas! obligés de constater qu'il est allé
trop loin, quand il ajoute : « Et, sans aucun doute aussi, à
« mesure qu'il avancera, à mesure que les nations, appré-
« ciant mieux ce qu'elles doivent à l'industrie des trans-
« ports et l'importance des relations qu'elle établit entre
« elles, opposeront moins d'obstacles à ses mouvements
« extérieurs et la soumettront, dans leurs rapports mu-
« tuels, à une police plus éclairée et plus libérale, elle ac-
« querra une puissance d'action considérable, que ne com-
« porte pas le régime qu'elle subit actuellement »[2]. — Ce
qui devrait être n'a pas été, et nous assistons depuis
quinze ans, à un retour offensif et violent du protectionnisme. Il y a de ces réactions dans la vie sociale et économique; mais Dunoyer a montré le vrai chemin; il faudra
bien, un jour ou l'autre, y revenir quand on sera parvenu
à rendre « sensibles pour tout le monde les inconvénients
« de l'isolement commercial des nations »[3].

[1] Dunoyer, t. II, p. 302.
[2] *Ibid.*, t. II, p. 73.
[3] *Ibid.*, t. II, p. 73.

CHAPITRE XXIII

De la liberté des transmissions héréditaires.

Nous voici au dernier chapitre de l'œuvre de Dunoyer.
La transmission héréditaire lui a paru être le dernier acte
de la vie économique : « Il ne reste plus rien à faire à la gé-
« nération qui va s'éteindre et qui a distribué à celle qui
« qui la suit le fruit de ses longues et laborieuses accumu-
« lations. Ce chapitre se trouve donc tout naturellement
« le dernier de ce livre et de mon ouvrage »[1].

Ce chapitre est le développement de deux thèses : la
défense du partage égal et celle de la liberté de tester.
Cela même prouve que, par « partage égal », Dunoyer n'entend pas du tout « partage forcé »[2]; car il voudrait la
liberté testamentaire pleine et entière et combat même,
en théorie, toute restriction qui y serait apportée; ses conclusions à cet égard sont d'accord avec celles de Frédéric
Le Play, quoiqu'elles soient dictées par d'autres considérations. Les idées de ces deux penseurs, en effet, sont, en
ce point comme en beaucoup d'autres, fort différentes, et
si j'ai cru plusieurs fois devoir les mettre en parallèle, c'est
que l'un comme l'autre ont prétendu fonder la science sociale sur la seule méthode d'observation. Dunoyer veut la
liberté testamentaire, parce qu'il est l'ennemi juré de l'in-
trusion de l'État dans les rapports privés, et qu'il compte
bien d'ailleurs que le père de famille en usera pour faire

---

[1] Dunoyer, t. II, p. 663.
[2] *Ibid.*, t. II, p. 637.

régner entre ses enfants l'égalité, qui est « le meilleur
« moyen de conserver dans un pays des habitudes d'acti-
« vité, d'ordre, de régularité ». Le Play réclame la liberté
testamentaire afin de permettre au père de famille d'ins-
tituer un héritier associé, qui assumera sur lui les droits et
les charges, et par là de perpétuer l'établissement du père,
le foyer domestique et la famille. L'un considère davantage
la liberté de tester comme un droit; l'autre, comme une
fonction sociale. Je ne prends pas parti entre les deux
thèses; je veux seulement marquer l'orientation bien différente des idées.

L'égalité du partage paraît à Dunoyer « un des moyens
« les plus propres à fomenter l'industrie, à conserver les
« mœurs, à multiplier les fortunes, à accroître le nombre
« des hommes utiles..... »[1]. Le Play y voit la cause de la
dissolution périodique des entreprises, de la dispersion des
familles et de l'isolement des parents dans leurs vieux
jours[2]. A la vérité, il parle du partage forcé; mais les effets
signalés par lui viennent, non pas tant de ce que le partage est forcé, que de ce qu'il est nécessairement égal,
comme le voulait Dunoyer. L'un et l'autre s'accordent à
penser que le partage égal a une sérieuse influence sur le
développement de la population et qu'il contribue beaucoup à le restreindre; mais, tandis que Dunoyer s'en féli-
cite, Le Play en gémit. « Il y a, dans le régime des partages
« égaux, dit Dunoyer, des raisons de se tenir en garde contre
« un trop rapide accroissement de la population... Le père
« qui laisse à l'aîné de ses enfants la plus grande partie de
« sa fortune n'a guère à craindre de voir se trop accroître le
« nombre de ses enfants puînés. Ils peuvent se multiplier
« sans devenir beaucoup plus à plaindre. Ils le peuvent aussi
« sans que l'orgueil du père ait trop à souffrir; le sort fait
« à l'aîné lui répond de la durée de son nom et de sa race.
« Mais là où le père veut traiter tous ses enfants d'une ma-
« nière égale, et où il attend la durée de sa famille de la
« commune prospérité de ses rejetons, on sent quel intérêt il
« a à n'en pas trop augmenter le nombre »[3]. Et Le Play

<hr>

[1] Dunoyer, t. II, p. 635.
[2] Le Play, *La Réforme sociale*, t. I, p. 284 et suiv.
[3] Dunoyer, t. II, p. 642.

nous dit de son côté que « le partage forcé rend les ma-
« riages stériles, précisément dans les familles qui pour-
« raient fournir les meilleurs rejetons ». — L'influence de
l'égalité des partages sur le mouvement de la population
est bien difficile à reconnaître ; on a représenté avec raison
que des pays soumis à cet égard à la même loi avaient des
taux de progression très différents. Ce qui me paraît certain, c'est que, à supposer le fait prouvé, l'appréciation de
Le Play est plus exacte que celle de Dunoyer.

« Les partages égaux, d'après notre auteur, ont ce dou-
« ble avantage qu'en plaçant à la fois tous les enfants dans
« une condition plus ou moins inférieure à celle de leurs
« parents, ils stimulent dans tous l'industrie qui doit les
« replacer dans la situation de fortune d'où ils sont mo-
« montanément descendus, et qu'en même temps ils four-
« nissent à l'industrie tous les moyens de s'exercer d'une
« manière profitable ; tandis que des partages inégaux,
« donnant beaucoup à l'un et presque rien aux autres, peu-
« vent ôter au premier tout intérêt à travailler, aux seconds
« tout moyen de le faire, et par des causes différentes les
« retenir également tous dans l'inaction »[1]. — Le Play s'est
placé à un autre point de vue, dont l'importance est considérable, et qui semble avoir échappé à notre auteur,
la continuation de l'œuvre entreprise par le père, qui sera
souvent impossible sous le régime du partage égal :
« L'œuvre qu'il a fondée par son génie et par sa pré-
« voyance est fatalement destinée à périr ; et cette perspec-
« tive le dissuade d'y consacrer ses derniers efforts. L'é-
« tablissement ne pourrait, en effet, être dirigé simultané-
« ment par tous ses enfants ; car l'unité de direction est
« pour une entreprise la première condition de prospérité.
« Il ne pourrait non plus être géré par l'un d'eux pour la
« communauté, sans subir tous les inconvénients qui s'at-
« tachent à la propriété collective et à l'hypothèque lé-
« gale. En fait, il est presque toujours vendu à un étran-
« ger ou partagé en nature ; et, dans les deux cas, il perd
« les conditions de succès liées aux traditions et au nom
« du fondateur »[2]. Ce qui fait que « beaucoup d'entrepri-

[1] Dunoyer t. II, p. 636.
[2] Le Play, *La Réforme sociale*, t. I, p. 284.

« ses se fondent et que fort peu durent ». — Je ne suis
pas partisan du régime de la « Conservation forcée »,
comme dit Le Play ; il faut toutefois reconnaître que
l'exemple de l'Angleterre ne saurait être invoqué pour
prouver qu'il soit moins propre à favoriser l'esprit d'entreprise et l'activité industrielle que le régime du partage
égal. Il ne faut pas oublier que la transmission d'une
partie notable du patrimoine à l'un des enfants, pour sa
conservation, coexiste avec l'obligation de pourvoir à l'établissement des autres enfants. La question est extrêmement
délicate : j'en veux seulement montrer les différents aspects.

Dunoyer nie que la loi du partage égal ait contribué au
morcellement des propriétés foncières. J'admets bien que
cette division ait été dans le génie national ; on a prouvé
qu'elle était déjà assez avancée avant la Révolution ; mais
il semble, d'autre part, difficile de contester que nos lois
de succession ne l'aient accélérée. En tout cas, Dunoyer le
conteste par une comparaison qui ne me semble pas con-
cluante : « Si le morcellement des biens ruraux et de la
« culture était la conséquence de l'égalité des partages, ce
« morcellement se ferait remarquer dans toutes les autres
« natures de biens et dans tous les autres genres d'exploi-
« tation ; le régime des partages égaux substituerait en tout
« la petite propriété à la grande et l'industrie à bras à l'in-
« dustrie en fabrique..... A-t-on jamais reproché à l'éga-
« lité des partages d'avoir amené le morcellement des ma-
« nufactures, d'avoir provoqué la mutilation des usines »[1]?
— Non ; mais par une bonne raison, c'est que cela ne pouvait pas être ; c'est que, tandis que la petite propriété peut
très bien coexister à côté de la moyenne ou de la grande,
l'industrie à bras ne saurait subsister à côté de l'industrie
en fabrique ; et qu'enfin une manufacture ne se partage pas
comme une pièce de terre : ce qu'on reproche en pareil
cas au partage égal, c'est d'amener la licitation forcée
comme pour une propriété foncière qui serait reconnue
impartageable. Il ne me paraît pas possible d'admettre
que « l'égalité des partages n'entre pour rien dans la ré-

[1] Dunoyer, t. II, p. 644.

« partition de la terre, qu'elle est déterminée par d'autres
« causes et que là où les besoins de la culture exigent qu'il
« soit formé de grandes agglomérations de terrains, les
« droits égaux des héritiers n'y mettent pas plus obstacle
« que ceux d'un héritier unique ne s'opposent à ce que la
« terre se divise, pour la culture, en parcelles multipliées,
« là où le morcellement est commandé par les circonstan-
« ces »[1]. — Ce jugement est évidemment trop absolu ; j'a-
jouterai que, pour ma part, la division du sol ne m'effraie
nullement, tant qu'elle ne prend pas des proportions excessives, et qu'il serait facile de faire qu'elle n'en prît pas,
même sous le régime du partage égal. Il suffirait, pour
cela, de supprimer la disposition de l'article 832 du Code
civil, au moins dans les partages d'ascendants.

Ces réserves faites, moins encore sur les conclusions de
Dunoyer que sur les considérations qui leur servent de
base, je me plais à lui rendre cette justice qu'il a défendu
la liberté de tester par de très solides raisons. C'est le
corollaire du droit de propriété qui appartient au père ;
c'est « un encouragement à l'activité de son industrie ;
« c'est un appui nécessaire à sa juste autorité »[2]. Et Dunoyer se plaint, à ce propos, que l'autorité paternelle
ait été très affaiblie. Hélas ! que dirait-il aujourd'hui ? Le
mal s'est visiblement aggravé et étendu ; ce n'est plus seulement l'autorité paternelle, c'est le principe même d'autorité, dans ses applications les plus légitimes, qui est de
plus en plus sapé par la base ; le jour où l'on voudra
sérieusement le rétablir (et l'on ne tardera pas à reconn-
naître qu'il est le fondement même de toute société), c'est
par l'autorité paternelle qu'il faudra commencer ; et le
meilleur moyen, selon Dunoyer et selon Le Play, qui s'accordent sur ce point, sera « de restituer au père la pléni-
« tude de son droit de tester »[3].

La plénitude ! Dunoyer va jusque-là ! Lui, le chaud partisan de l'égalité des partages, il combat même le principe de la réserve héréditaire. Je me hâte d'ajouter que ce
n'est pas pour exonérer le père de famille de ses obliga-

____

[1] Dunoyer, t. II, p. 646 et 647.
[2] *Ibid.*, t. II, p. 649.
[3] *Ibid.*, t. II, p. 650.

tions. « Il est bien entendu, dit-il, que la liberté de tester
« ne saurait jamais aller jusqu'à autoriser un père, qui
« contracte, par le seul fait du mariage, l'obligation de
« nourrir, d'élever et d'entretenir ses enfants, de les priver
« de la provision alimentaire qui leur est due dans
« tous les cas; mais si, sa vie durant, son obligation, en
« droit rigoureux, ne consiste qu'à leur fournir cette pro-
« vision, elle ne saurait aller plus loin après sa mort, elle
« ne peut empêcher que d'ailleurs sa liberté de tester ne
« reste entière »[1]. C'est ce qu'avait dit déjà Montesquieu :
« La loi naturelle ordonne aux pères de nourrir leurs en-
« fants; mais elle ne les oblige pas de les faire héritiers ».
Tel est aussi l'avis de Le Play, qui invoque en ce sens
l'opinion des Anglais et des Américains : « A leurs yeux,
« dit-il, ce principe (des légitimes) a l'inconvénient de
« tout compromis entre deux systèmes opposés. Il annule
« en partie les avantages de la liberté testamentaire, en
« laissant subsister la plupart des vices propres au par-
« tage forcé. Il viole le droit et la liberté du propriétaire,
« en même temps qu'il affaiblit l'autorité du père de fa-
« mille...[2] ». Et il ajoute « qu'il favorise, tout comme le
« partage forcé, l'immixtion des fonctionnaires publics dans
« les intérêts privés des familles ».

Ces raisons et ces autorités sont considérables. Si cependant nous demandons des enseignements à l'histoire du droit, nous hésiterons à adopter cette conclusion radicale. Les juristes nous diront que le droit romain est parti de la liberté absolue de tester, sous les XII Tables, pour aboutir, en passant par la nécessité d'une exhérédation expresse et la « *querela inofficiosi testamenti* », à l'institution des légitimes, qui est passée de là dans tout notre ancien droit. Voilà l'aboutissement auquel semblent avoir conduit par degrés les nécessités pratiques.

Est-il vrai, comme l'ont dit, après Montesquieu, Dunoyer et Le Play, que l'obligation du père ne dépasse pas la dette alimentaire? Je serais enclin à croire qu'elle a une portée plus large et je la définirais en disant que l'obliga-

---

[1] Dunoyer, t. II, p. 660.
[2] La *Réforme sociale*, t. I, p. 314.

tion naturelle dérivant de la paternité consiste, non-seulement à nourrir et à entretenir les enfants, mais encore à les mettre en état de subvenir à leurs besoins et de se maintenir dans la condition sociale dans laquelle ils ont été appelés à la vie. Cela ne crée point au profit des enfants un droit formel à une partie de l'héritage paternel, je l'accorde; mais cela implique une obligation indéterminée et plus large que la simple dette alimentaire. N'y a-t-il point avantage pour tous à ce que cette obligation soit, pour ainsi dire, déterminée à forfait par la loi sous forme de légitime? Cette détermination n'est-elle pas de nature à prévenir bien des réclamations et bien des procès?

L'Académie des sciences morales et politiques ouvrit, il y a trente ans, un concours sur cette question de législation. Deux mémoires remarquables lui furent soumis et furent couronnés par elle; l'un de M. Boissonade, professeur honoraire à la Faculté de droit de Paris; l'autre de M. Brocher, professeur à l'Académie et conseiller à la Cour de cassation de Genève. Ces deux savants s'accordaient pour condamner et la liberté absolue de tester et les réserves exagérées; ils concluaient en faveur d'une réserve qui ne dépasserait jamais la moitié. Je serais fort tenté de me rallier à cette conclusion, en ajoutant que le chiffre de la réserve ne devrait pas varier d'après le nombre des enfants.

Je voudrais signaler encore deux thèses développées par Dunoyer dans ce chapitre, auxquelles je suis heureux de pouvoir donner une complète adhésion. Il met très bien en relief l'importance sociale du testament et il condamne les substitutions, qui en sont l'abus.

Dunoyer établit très bien la prééminence de la succession testamentaire sur la succession *ab intestat*, que le droit romain avait si fermement consacrée. Cette prééminence est commandée tout à la fois par le droit et par l'utilité sociale. « Le titre des successions *ab intestat*, dit notre « auteur, n'aurait dû venir dans le Code civil qu'après celui « des successions testamentaires, et cela par la raison toute « simple que la société n'a autre chose à faire ici qu'à « exécuter, tant qu'elle n'offre rien de contraire à l'ordre « et aux mœurs, la volonté des mourants, et qu'elle n'a

« à s'occuper de leur volonté présumée, telle qu'elle est
« écrite dans le testament général dont la loi a fixé les
« dispositions, que lorsqu'ils ne l'ont pas exprimée d'une
« manière plus explicite dans un testament particulier »[1].
Et en effet, « tester, comme contracter, disposer à titre
« gratuit, comme disposer à titre onéreux, est un droit qui
« découle naturellement du droit de propriété » ; et la société « doit chercher avant tout ce que le propriétaire
« défunt a ordonné et ne parler que lorsqu'il a gardé le
« silence ; c'est-à-dire qu'elle ne doit tester pour lui que
« lorsque lui-même n'a pas testé, et en faisant les choses
« comme elle doit supposer qu'il les aurait faites, avec
« bon sens et équité »[2].

J'ajoute qu'il est conforme à l'utilité sociale d'encourager le testament. C'est d'abord « l'intelligente équité »[3],
substituée à la règle générale et uniforme. Et puis le testament est l'acte dans lequel l'homme apprécie le plus
exactement, le plus justement les hommes et les choses,
parce qu'il est fait sous la salutaire pensée de la mort et
parce qu'il est dégagé de ce qui est la cause de tant d'erreurs chez l'homme, la préoccupation de l'intérêt personnel. Enfin, et par cela même, c'est l'acte dans lequel il sera
le plus porté aux pensées généreuses et aux dispositions
philanthropiques et tout ce qui peut engager l'homme dans
cette voie est bon et salutaire. Frédéric Le Play a consacré
quelques-unes de ses meilleures pages[4] à faire ressortir
l'importance sociale du testament.

J'arrive aux substitutions, et je crois tout à fait, avec
Dunoyer, que c'est une extension exagérée de la liberté
de tester, que c'en est même, à un certain point de vue,
l'étouffement. « La faculté de tester n'implique pas celle
« de substituer. Elle l'exclut, au contraire ; car un homme
« ne peut pas substituer ses biens sans enlever à ses suc-
« cesseurs le pouvoir d'en disposer ; la liberté des succes-
« seurs est diminuée de tout le pouvoir que s'est indûment
« arrogé l'auteur de la substitution »[5]. La propriété, en

[1] Dunoyer, t. II, p. 656.
[2] *Ibid.*, t. II, p. 656.
[3] *Ibid.*, t. II, p. 650.
[4] *La Réforme sociale*, t. I, p. 293 et suiv.
[5] Dunoyer, t. II, p. 665.

effet, est un rapport de puissance, qui cesse avec la vie.
Le testateur peut bien investir de sa propriété, au moment
même où il rend le dernier soupir, celui qu'il a choisi;
mais il ne peut pas retenir les attributs essentiels de la
propriété qu'il transmet, pour en disposer encore pour un
temps où il aura cessé d'être. Il est, d'autre part, à peine
besoin de signaler les grands inconvénients économiques
des substitutions, qui rendent les biens indisponibles et les
mettent hors du commerce. Frédéric Le Play, qui condamne
les substitutions perpétuelles, plaide la cause des *substitutions à deux degrés*, qui sont en vigueur en Angleterre et
dans plusieurs États de l'Amérique du Nord[1]. Je ne saurais le suivre sur ce terrain, et si, comme le dit Dunoyer,
« on conçoit la disposition par laquelle un père, voulant
« préserver son héritage, au profit de ses petits-enfants,
« des atteintes d'un fils dissipateur, ne le donne à ce fils,
« ainsi que le Code l'a permis, qu'à la charge de le con-
« server et de le rendre à ses enfants »[2], il faut du moins
considérer cela comme une exception et très résolument
s'arrêter là. Dunoyer critique vivement et avec raison la
loi du 17 mars 1826, « qui avait étendu jusqu'au troisième
« degré les dispositions autorisées en faveur des petits-
« enfants et permis au père de substituer sa fortune jusqu'à
ses arrières-petits-fils »[3], et il est permis de penser que ses
attaques n'ont pas été étrangères à la réforme qu'a apportée, peu de temps après, la loi du 7 mai 1849, en abrogeant
celle de 1826.

Et maintenant nous voici arrivés aux dernières lignes du
livre de Dunoyer. Il ne nous reste plus qu'à fermer l'ouvrage, à jeter nos regards en arrière et à essayer de carac-
tériser et d'apprécier la doctrine générale qui l'anime. Ce
sera l'objet de notre conclusion.

---

[1] *La Réforme sociale*, t. I, p. 321.
[2] Dunoyer, t. II, p. 667.
[3] *Ibid.*, t. II, p. 666.

CONCLUSION

L'œuvre économique de Charles Dunoyer.

Pour connaître à fond Dunoyer, il nous a paru nécessaire de le suivre pas à pas dans le développement de sa
pensée; nous avons ainsi parcouru avec lui les différentes
phases de la civilisation et les manifestations diverses de
l'activité humaine. Il est temps d'essayer d'en dégager,
d'en synthétiser la doctrine et de nous poser cette question, dont la solution a été préparée par tout ce qui précède : quel jugement devons-nous porter sur l'œuvre économique de Charles Dunoyer?

De la forme, je ne dirai qu'un mot. Dunoyer a exposé la
vie économique dans un style sobre, clair et précis, point
éclatant, mais jamais vulgaire. Je n'oserais affirmer que son
livre ne produira point parfois sur le lecteur une certaine
impression de monotonie et de lassitude; la faute en est
surtout à une méthode dont j'ai eu plus d'une fois l'occasion de signaler le vice : notre auteur a voulu enfermer
dans un cadre uniforme l'exposé de modes très divers de
l'activité humaine et il s'est par là même condamné,
soit à de fatigantes redites, soit à des développements inop-
portuns et de peu d'intérêt, en même temps qu'il impri-
mait à son œuvre une uniformité peu propre à lui donner
du relief. Il semble l'avoir senti lui-même parfois et avoir
tenté de donner à son exposition une allure plus vive et
un tour plus piquant par l'emploi répété d'une forme in-
terrogative, qui devient elle-même, à la longue, quelque
peu fatigante. La cause de tout cela est bien plutôt dans

le moule inflexible dans lequel il a coulé sa pensée que
dans la forme sous laquelle il l'a exprimée ; et si nous en
avons fait l'observation, c'est que nous avons cru trouver
déjà là un trait frappant de caractère. Son biographe, M.
Mignet a dit : « Absolu dans ses idées plus que varié dans
« ses formes, M. Dunoyer n'était pas fait pour être jamais
« en désaccord avec lui-même. Ce qu'il avait pensé une
« fois, il le pensait toujours, mais en y ajoutant sans cesse.
« Les variations étaient aussi étrangères à son esprit que
« les inconstances à son caractère et il a montré dans ses
« vues la même persévérance que dans sa conduite ». Voilà
bien l'homme, *tout d'une pièce*, qui assujettira sa pensée,
dans son expression comme dans son essence, en la forme
comme au fond, à une discipline rigoureuse, dont il ne se
départira jamais ; et tandis que cette pensée sera, au fond,
constamment dominée par un principe absolu et inflexible,
elle sera, dans sa forme, comme emprisonnée par un cadre tracé d'avance une fois pour toutes et immuable ; et
ainsi l'auteur se proposera, à propos des beaux-arts, de la
pédagogie et du sacerdoce, à peu près les mêmes questions
que sur l'industrie manufacturière ou l'industrie agricole.
Disons-le franchement : l'esprit de système se révèle par
plus d'un côté dans son œuvre.

Mais hâtons-nous d'ajouter que son œuvre révèle aussi,
à côté d'une unité excessive, une remarquable largeur
d'esprit. Si Dunoyer a vu toutes choses sous le même angle, il a du moins vu toutes choses de haut et il a singulièrement élargi les horizons de l'économie politique. Il a
compris que l'activité humaine, dans ses manifestations
multiples, obéissait toujours aux mêmes lois générales et
que, malgré la différence des objets auxquels elle s'appli-
quait, elle était une toujours dans son but et dans ses résultats, et il a ainsi reconnu le véritable domaine de la
science économique, qui a bien réellement pour objet l'activité humaine, c'est-à-dire l'homme travaillant à la satisfaction de ses besoins. Ce n'est pas un mince mérite pour
Dunoyer d'être arrivé le premier, il y a un demi-siècle,
en se préservant des exagérations des uns, qui confondaient
la science économique avec la science de la civilisation, et
de l'étroitesse des autres, qui n'y voyaient que le côté ma-

tériel de la richesse, à la conception plus exacte et plus philosophique qui semble bien prévaloir aujourd'hui. Et en cela, remarquons-le, Dunoyer a été servi par la tournure d'esprit un peu systématique que nous lui reprochions tout à l'heure et qui lui a permis de synthétiser toutes les formes, infiniment variées, de l'activité humaine.

M. Mignet n'était pas éloigné de le lui reprocher : « D'une « science particulière, controversée encore sur quelques « points de doctrine et dans plusieurs de ses applications, « il faisait ainsi une sorte de science universelle, dont il « était le théoricien convaincu et le fervent propagateur ». — Le jugement est un peu dédaigneux pour l'économie politique; mais il manque de vérité. Il n'est pas exact de dire qu'on fait de l'économie politique une *science universelle* parce qu'on étudie dans ses diverses manifestations l'activité de l'homme travaillant à la satisfaction de ses besoins. Le travail est un, quelle que soit la diversité des objets auxquels il s'applique : la loi de la pesanteur agit partout dans le monde et avec des manifestations infiniment variées ; ce n'en est pas moins une loi unique, relevant d'une science bien déterminée. Nous concéderons volontiers que Dunoyer est tombé plus d'une fois dans la technologie, excédant sans nul doute les limites de la science économique; mais ce vice n'est nullement imputable à la conception large, mais juste, qu'il avait de cette science.

Et maintenant, faut-il reprocher à Dunoyer l'incontestable subtilité de ses discussions sur les produits immatériels et la productivité des différents travaux? Cela ne serait peut-être pas bien généreux! Aujourd'hui nous dirions simplement : le travail de l'homme s'analyse en *produits* ou en *services;* les produits eux-mêmes ne sont l'effet de ce travail que quant à la forme utile qu'il leur a donnée, l'homme ne créant jamais autre chose que de l'utilité; d'où suit que les produits ne diffèrent pas essentiellement des services et que quiconque fait un travail utile est un producteur. Mais n'oublions pas que Dunoyer avait à combattre des raisonnements subtils et à renverser des constructions scolastiques; il était peut-être fatal qu'il se plaçât sur le même terrain et nécessaire qu'il se servît des mêmes armes !

Dunoyer n'a pas seulement le mérite d'avoir élargi les horizons de l'économie politique et agrandi son domaine; il a aussi celui d'avoir complété et rectifié ses circonscriptions intérieures; et, s'il n'a pas été lui-même exempt d'erreur à cet égard, s'il a fait entre l'industrie voiturière et l'industrie commerciale une confusion inexplicable, il n'en a pas moins rendu service à la science en refaisant la classification des industries, en distinguant les industries extractives, qui avaient été jusqu'à lui confondues avec d'autres, et en faisant une analyse minutieuse et savante de chaque genre d'industrie en particulier.

Voilà la portée générale de l'œuvre économique de Dunoyer, et, s'il est vrai qu'une bonne définition et circonscription d'une science est la première condition de ses progrès, Dunoyer a rendu par là à la science économique un service signalé.

Essayons maintenant d'apprécier sa méthode et sa doctrine.

En ce qui touche la méthode, je n'hésite pas à dire que Dunoyer a été victime d'une illusion. Il a cru faire un livre uniquement fondé sur l'observation; il s'était tracé ce programme : « Rechercher *expérimentalement* dans « quelles conditions, suivant quelles lois, sous l'influence « de quelles causes les hommes parviennent à se servir « avec le plus de liberté, je veux dire avec le plus de puis- « sance, de ces forces, de ces facultés naturelles qui leur « ont été données pour satisfaire leurs besoins de toute « sorte, et dont la mise en action constitue le travail hu- « main »[1]. Et notre auteur, dans son introduction[2], affiche plus catégoriquement encore sa prétention de ne recourir qu'à la méthode d'observation : « C'est, dit-il, celle qu'on « suit dans toutes les sciences positives; c'est par elle que, « depuis environ un demi-siècle, ces sciences ont fait de si « remarquables progrès. On ne parle point en physique, « en mathématiques, de ce qui *doit* être; on cherche simple- « ment ce qui est et comment il arrive qu'une chose soit ». Cependant l'ouvrage de Dunoyer est, en grande partie,

[1] *Préface*, p. 1.
[2] *Introd.*, p. 28 et suiv.

une œuvre de pur raisonnement et il a certainement plus demandé à la méthode déductive qu'à la méthode inductive : « Il ne cesse, disait M. Mignet, de s'appuyer sur ce « qu'il a d'abord établi et il émet une suite de théorèmes « qui, sortant les uns des autres, s'enchaînent dans ses « livres comme ils se sont développés dans son esprit ».

En tant qu'observateur, Dunoyer est loin d'avoir l'autorité de Le Play ; ses observations sont presque toujours de seconde main, et il conclut souvent contre les faits, sans autre guide que sa déduction logique ; il poursuit un idéal qui, le plus souvent, est en dehors de l'expérience pratique : c'est ainsi qu'il rêve la suppression de toutes les mesures préventives, par exemple, en ce qui concerne les établissements dangereux et insalubres, et que, tout en constatant que l'intervention préventive de l'État s'accentue partout, même en Angleterre[1], il n'en conclut pas moins qu'elle doit disparaître ! Il y a beaucoup de lacunes à combler et quelques erreurs à rectifier dans ses appréciations historiques, notamment sur la vie des sauvages et des nomades ; et ses catégories historiques, nous le verrons tout à l'heure en appréciant sa doctrine, sont plutôt le produit d'un classement systématique *à priori* que d'une observation scrupuleuse des faits. Il a certainement plus de tendance à plier les faits à ses conceptions qu'à conformer ses conclusions aux faits, et il ne se fait pas faute, à l'occasion, de s'insurger contre eux. Il faut toutefois lui rendre cette justice qu'il a le souci constant de ménager les transitions. Il le dit lui-même dans sa préface : « J'ai mis les plus grands soins à distinguer partout « en toutes choses de la vérité théorique la vérité suscep- « tible d'application, et, en montrant le but qu'il fallait « atteindre, à bien marquer avec quelles préparations il « en fallait approcher et quel compte sérieux il y avait à « tenir, en tout temps, de la force et de l'étendue des ré- « sistances ». Et il ajoute : « Je ne crois pas qu'il soit « possible de sentir plus vivement que je ne fais le

---

[1] On peut consulter sur ce point le rapport de Ch. Dunoyer à l'Académie des sciences morales et politiques sur « *La police du travail en Angleterre* (Séance du 30 mars et 14 avril 1855 », t. X des mémoires ; — *Notices d'économie sociale*, p. 550 et suiv., et 588 et not. p. suiv.).

« besoin impérieux que la liberté a de se régler, de me-
« surer ses réformes et d'attendre, avec une patience qui
« n'est pas d'ailleurs obligée de demeurer oisive, que le
« moment de les opérer soit véritablement venu ». Mais il
n'en demeure pas moins vrai qu'il demande bien plus volontiers ses solutions à la raison qu'à l'expérience et que,
loin qu'il ait exclusivement usé de la méthode d'observation, il est permis de se demander s'il lui a fait une place
assez large.

Plus d'une fois, j'ai mis en parallèle Dunoyer et Le Play,
et l'on a pu constater, entre ces deux penseurs, de nombreuses et d'essentielles divergences. Ces divergences
m'ont semblé prouver deux choses, qui procèdent l'une de
l'autre : d'abord, que l'observation ne saurait être le fondement exclusif de la science sociale; ensuite, que l'observation n'a pas, en matière de science sociale, le même
caractère de certitude que dans les sciences physiques.
J'en ai déjà donné la raison : dans la science sociale, les
phénomènes très complexes demandent à être *appréciés,*
tandis que, dans les sciences physiques, il s'agit de phénomènes simples, qui se *constatent.* Le Play et Dunoyer n'ont
évidemment pas vu les choses sous le même angle.

Mais laissons de côté la *méthode* pour apprécier la *doctrine;* essayons d'analyser les idées de Dunoyer comme
philosophe et comme économiste.

Constatons d'abord que notre auteur a eu le soin constant et qu'il a eu l'honneur de mettre en relief les rapports
étroits de la morale et de l'économie politique. Ses devanciers, du moins à partir d'Adam Smith, s'étaient trop
exclusivement occupés de l'utilité; il a montré que l'utilité ne pouvait pas être séparée du bien. Il faut lui savoir
grand gré d'avoir mis dans tout son jour l'influence considérable des bonnes habitudes *personnelles* et *civiles* sur
le développement de la puissance productive. Peut-être
s'est-il condamné à des redites, en reprenant la démonstration relativement à chaque industrie en particulier;
mais nous serons indulgents, en songeant à l'importance
d'une vérité qui avait été négligée avant lui et qui, aujourd'hui encore, n'est que bien imparfaitement comprise.
Le côté moral des questions économiques le préoccupe

sans cesse : il y revient pour l'étudier sous tous les aspects. « Je m'attacherai donc, disait-il dans son introduc-
« tion, à faire sentir combien il nous importe de ne pas
« nous laisser absorber par le soin de notre bien-être
« physique, combien nous avons besoin de cultiver nos
« forces morales, et à quel point le progrès de ces der-
« nières, si nécessaire à celui des autres, est particulière-
« ment indispensable à la liberté. » Et, certes, il a rempli
son programme : nul n'a mieux compris, nul ne s'est
autant appliqué à faire sentir l'influence des qualités morales sur l'économie sociale.

J'ai reproché a sa morale de manquer de fondement
parce qu'il a cru pouvoir l'isoler de toute croyance religieuse. Je crois qu'il a commis là une grave erreur sociale ; peut-être bien est-ce à sa parfaite honnêteté qu'il
faut l'imputer ; son esprit si ferme et son cœur si droit
n'ont pas assez compris la faiblesse humaine! Écoutons
cette profession de foi d'une âme profondément religieuse
et qui dénote une conception de la morale assez élevée
pour qu'on n'ait rien à y reprendre : « La destination de
« l'homme n'est pas, ce nous semble, dans les sciences mo-
« rales et sociales, un point qu'il soit bien malaisé d'éclair-
« cir. S'il est une chose qui se manifeste avec éclat dans les
« conditions de son organisation et dans toute son histoire,
« c'est la mission laborieuse qu'il a reçue en naissant de
« son auteur. Dieu, en nous plaçant en ce monde, a, dans
« sa bonté, fait infiniment pour nous sans doute ; mais il
« lui a plu aussi de nous laisser à faire beaucoup, et
« il faut nous garder de nous en plaindre ; car, outre
« qu'en nous imposant l'obligation du travail, il nous a
« donné l'exemple et qu'il s'est montré, dès l'origine et
« dans toute la suite des temps, le plus grand, le plus pa-
« tient, le plus persévérant, le plus infatigable ouvrier de
« l'Univers, que pouvait-il de mieux pour nous, en nous
« passionnant, comme il l'a fait, pour notre bonheur, et en
« mettant à notre disposition les moyens de le réaliser, que
« de nous en laisser le soin? Eussions-nous préféré un
« bonheur tout fait, une satisfaction plate et tranquille?
« N'est-il pas évident enfin qu'il nous a traités avec infi-
« niment plus de faveur en nous faisant participer à son

« œuvre, en daignant nous associer sur cette terre au tra-
« vail de la création, en voulant tout à la fois que nous
« apprissions à tirer parti des forces qu'il avait répandues
« dans la nature et que nous travaillassions à développer,
« à régler, à discipliner nos propres facultés, en subor-
« donnant étroitement d'ailleurs à l'observation de cette
« double loi la mesure de la félicité à laquelle il nous était
« permis d'atteindre en ce monde, et nos droits, dans une
« vie meilleure, à la récompense qui aurait manqué à nos
« efforts dans celle-ci »[1]? — C'est plus qu'une atténuation
de la doctrine que j'ai cru devoir critiquer.

Dunoyer était d'ailleurs pleinement convaincu, comme
nous le dit M. Mignet, « que la plus grande utilité pour
« l'homme était conforme à la plus parfaite honnêteté »;
et c'est pourquoi il se fait l'apôtre de la morale de l'intérêt dans le rapport auquel est emprunté le beau passage
qu'on vient de lire. Toutefois, cette vérité philosophique,
que Proudhon a si heureusement traduite quand il a dit :
« L'utile est l'aspect pratique du juste; le juste est l'aspect
« moral de l'utile », cette vérité n'éclate pas assez manifestement aux yeux de la foule, pour qu'il convienne de
lui donner son intérêt pour seul guide et qu'il ne soit pas
très imprudent d'isoler la morale de toute croyance spiritualiste. Quoi qu'il en soit, un des traits caractéristiques de
l'œuvre de Dunoyer, c'est sans nul doute la pensée morale qui anime, qui domine tout son livre. M. Mignet a
tracé de l'homme ce portrait : « Une opiniâtre honnêteté
« était répandue sur ses traits réguliers et tous en accord,
« dont l'expression animée, lorsqu'elle n'était pas austère,
« respirait toujours la sincérité et toujours appelait la
« confiance ». Le portrait doit être ressemblant ; on reconnaît l'homme dans son œuvre : tout en lui devait être régulier, absolu, uniforme.

Sa doctrine porte le même cachet d'inflexible unité.
Cette doctrine, on peut la trouver tout entière dans l'ouvrage sur *La liberté du travail*, où nous en avons suivi pas
à pas le développement. Divers écrits de Dunoyer, épars

---

[1] *Notices d'économie sociale*, p. 646 (Rapport sur un concours ouvert devant l'Académie des sciences morales et ayant pour objet « *Les principes de
la morale* »).

dans le *Censeur européen*, la *Revue encyclopédique*, la *Revue française*, le *Journal des Débats*, le *Journal des Économistes* et aussi dans les *Séances et travaux de l'Académie des sciences morales*, ont été réunis en volume, sous le titre de « *Notices d'économie sociale* ». De ces écrits, les uns appartiennent à la politique (tels que le « *Système de l'équilibre des puissances européennes* », les « *Considérations sur l'état de l'Europe* », « *l'Église et l'État* », la « *Constitution de la force armée* »); d'autres, à la philosophie (comme « *De la vie, de la mort et de l'influence que le renouvellement matériel des générations exerce sur leur perfectionnement moral* », ou les « *Principes de la morale* ») : nous n'avons pas à nous en occuper ici. D'autres études, dont quelques-unes ont été déjà notées en passant, ne sont que le développement de théories que nous a fait connaître la *Liberté du travail* : ainsi « *L'Instruction publique en France* », la *Liberté du commerce international* », « *le Gouvernement, objet de la fonction économique qu'il remplit* », « *Des limites de l'Économie politique* », « *De la production : analyse et nomenclature rectifiées des travaux qu'elle embrasse et moyens auxquels leur puissance est subordonnée* ». D'autres enfin portent sur des sujets qui ne rentrent pas dans le cadre de *La liberté du travail*, notamment sur les emprunts publics, la propriété littéraire, la conversion des rentes, etc. Il est à peine besoin de dire que ces différents écrits sont animés du même esprit et portent le même cachet d'unité qui fut le trait caractéristique de sa vie comme de sa doctrine; et, par exemple, de même qu'il a tendu constamment, dans *La liberté du travail*, à réduire au minimum les attributions de l'État, il s'élevait, dans le *Censeur européen*, contre les emprunts publics, qui sont la conséquence fatale de leur exagération : « Si nous en-
« tendions nos affaires, au lieu de faciliter les emprunts,
« nous les rendrions presque impossibles. Si les emprunts
« étaient très difficiles, le pouvoir, quand il lui survien-
« drait quelque besoin pressant, songerait peut-être à
« supprimer quelque dépense inutile ; mais comment veut-
« on qu'il ait cette pensée lorsqu'à mesure que les besoins
« surviennent il trouve dans l'emprunt un moyen presque
« assuré d'y pourvoir?... » — On croirait entendre Colbert,

gourmandant Lamoignon au seuil du cabinet de Louis XIV,
où celui-ci, de concert avec Louvois, s'était prononcé pour
le système des emprunts[1]. Notons, en passant, une vigoureuse diatribe contre la conversion des rentes, que Dunoyer dénonçait comme un honteux manquement à la
parole donnée et qu'il réussit à faire repousser une fois
de plus par la Chambre haute en 1845 : cette thèse ne
trouverait guère aujourd'hui de partisans.

J'ai dit qu'on rencontrait dans tous les écrits de Dunoyer
la même unité doctrinale qui est un des traits caractéristiques de *la Liberté du Travail*. Voici pourtant un passage
qui m'a profondément étonné sous la plume de notre auteur, non pas qu'il ne contienne, malheureusement, une
grande part de vérité, mais parce qu'il me paraît peu en
harmonie avec sa foi aveugle dans la liberté et ses conclusions radicales contre toute intervention de l'État : il est
extrait des « Observations sur les nouveaux principes d'é-
conomie politique de M. de Sismondi ». Cet auteur, après
avoir fait un sombre tableau des souffrances causées par
ce qu'il appelle « l'excès de production », attribuait l'abus
qu'on faisait, d'après lui, des pouvoirs de l'industrie à ces
pouvoirs mêmes ; il s'en prenait à tout ce qui favorise la
production : à la concurrence, aux machines, aux nouvelles
inventions, etc. C'est là-dessus que le reprend Dunoyer :
pour lui la vraie cause du mal est « dans la manière dont
« les marchandises de toute espèce sont distribuées. La fa-
« cilité de vendre ne tient pas seulement à la quantité des
« choses produites, ni à la bonne proportion existante en-
« tre ces choses, elle tient surtout à la manière dont elles
« se répartissent dans la société à mesure qu'elles se font ».
Dunoyer remarque que, « pour que les débouchés soient
« très étendus, pour que les échanges soient nombreux et
« faciles, il ne suffit pas qu'il se fasse une grande quantité
« de produits......; il faut, en outre, qu'ils soient convena-
« blement distribués dans les mains de la population » : et

---

[1] « Vous triomphez; vous pensez avoir fait l'action d'un homme de bien.
Eh! ne savais-je pas, comme vous, que le roi trouverait de l'argent à emprunter? Mais je me gardais bien de le dire! Voilà donc la voie des emprunts
ouverte! Quel moyen restera-t-il désormais d'arrêter le roi dans ses dépenses? »

il ajoute : « Or, à cet égard que se passe-t-il et que voyons-
« nous ? Ce que nous voyons, c'est que, dans le temps où
« quelques hommes regorgent de biens, des millions d'hom-
« mes ont à peine de quoi vivre ; c'est que ce monde-ci est
« une galère, où la masse des passagers, en ramant à
« tour de bras pendant quatorze heures sur vingt-quatre,
« gagne à peine assez de pain pour se nourrir, tandis
« qu'un petit nombre d'individus recueillent sans effort
« dix fois plus de bien que le faste le plus extravagant n'en
« peut détruire ; c'est que, non-seulement dans les pays
« d'esclavage et de servage, mais dans les sociétés du
« globe les plus avancées, le montant de la production an-
« nuelle, le fruit des travaux présents et passés du genre
« humain va s'accumuler, sinon en totalité, du moins pour
« une bonne partie entre les mains d'un nombre d'hom-
« mes, qui peut être considérable en lui-même, mais qui
« est excessivement minime relativement à la grande
« masse des populations »[1]. Et quelle est la cause de ces
inégalités de répartition, dont le tableau aurait pu être
signé de la main de Lassalle ou de Karl Marx ? « Les cau-
« ses de ce mal, nous dit encore notre auteur, sont dans
« la manière dont les choses ont commencé, dans le partage
« inégal qui s'est fait d'abord de la richesse, dans l'expro-
« priation originaire des classes les plus nombreuses de la
« société, dans l'état de servitude où elles ont été retenues
« pendant des siècles et où elles se trouvent encore en
« beaucoup de pays, dans les impôts dont ailleurs on les
« écrase, dans les obstacles de toute espèce mis au pro-
« grès de leur aisance et de leur instruction, dans les lois
« qui les empêchent de tirer de leur travail le meilleur
« parti possible, dans celles qui favorisent à leur détri-
« ment des maîtres à qui leur position donne déjà tant
« d'avantages sur elles, dans des préceptes religieux qui
« bannissent toute prudence du mariage, dans des mesures
« politiques qui les provoquent à accroître la population,
« dans des institutions de charité qui les dispensent de
« toute prévoyance, dans des maisons de jeu, des loteries
« et autres établissements corrupteurs qui les détournent

---

[1] *Notices d'économie sociale*, p. 240.

« de l'épargne et les excitent directement à la débauche
« et à la dissipation, dans des systèmes de pénalité et des
« régimes correctionnels qui ne sont propres qu'à achever
« de les corrompre, dans tout un ensemble de circonstan-
« ces ou d'institutions qu'on dirait combiné pour les tenir
« dans un état permanent d'ignorance, de misère et de dé-
« gradation; en outre de tout cela, dans les vices qui leur
« sont propres..... »[1]. — Ce passage, où se reflète l'opinion
de Dunoyer sur beaucoup d'institutions sociales, méritait
d'être cité; je crains qu'il ne soit pas en tous points conci-
liable avec les conclusions libérales et optimistes de notre
auteur. Mais cette note un peu discordante, à ce qu'il me
semble, ne saurait altérer l'unité de sa doctrine.

Cette doctrine se recommande par sa simplicité : liberté
complète, absolue, laissée à l'homme, sauf répression en
cas d'abus, voilà toute la politique sociale de Dunoyer.
C'est la théorie du « *laisser faire* » dans toute sa pureté.
Dunoyer nous apparaît comme l'incarnation même de l'é-
cole libérale intransigeante; il a une foi absolue dans la liberté. Il a eu le tort, selon nous, de donner à ce mot une
acception toute particulière : liberté signifie « *faculté d'action* ». Mais Dunoyer a pris ce mot dans un sens absolu,
tandis que le langage vulgaire lui donne un sens relatif.
C'est une question de mots; mais c'est toujours un tort de
détourner les mots de leur sens ordinaire sans utilité.
Quoi qu'il en soit, sa pensée est bien que, pour que l'homme
atteigne son complet développement, il faut la suppression de toute entrave externe, comme de toute incapacité
interne.

Il est nécessaire, pour juger équitablement la doctrine
de Dunoyer, de se reporter à l'époque où il l'exposait, après
l'avoir méditée pendant vingt ans, nous dit-il. Il y avait en
France une véritable explosion d'esprit socialiste, de chimères, d'utopies. Bastiat en fait la remarque dans l'ébauche
inédite qu'il a écrite sur Dunoyer : « Un système funeste
« semble prendre sur les esprits un dangereux ascendant.
« Émané de l'imagination, accueilli par la paresse, pro-
« pagé par la mode, flattant chez les uns des instincts

[1] *Notices d'économie sociale*, p. 243 et suiv.

« louables, mais irréfléchis de philanthropie, séduisant les
« autres par l'appât trompeur de jouissances prochaines
« et faciles, ce système est devenu épidémique ; on le res-
« pire avec l'air, on le gagne au contact du monde ; la
« science elle-même n'a plus le courage de lui résister ; elle
« se range devant lui, elle le salue, elle lui sourit, elle le
« flatte, et pourtant elle sait bien qu'il ne peut soutenir un
« moment le sévère et impartial examen de la raison. On
« le nomme *Socialisme*..... Il ne reste plus au milliard
« d'hommes qui peuplent notre globe qu'à faire choix,
« parmi les mille plans qui ont vu le jour, de celui auquel
« ils préfèrent se soumettre, à moins cependant qu'il n'y
« en ait un meilleur parmi ceux que chaque matin voit
« éclore..... » [1].

L'esprit de Dunoyer a été sans nul doute fortement
impressionné par le danger que ces nouveautés faisaient
courir à la liberté. Il nous le dit lui-même : « L'ouvrage
« est très ouvertement dirigé contre les tendances préten-
« dues organisatrices de notre temps. Il n'admet pas que
« les pouvoirs publics aient mission d'assigner à la société
« une fin quelconque, ni de l'organiser en vue de la fin
« qu'ils prétendraient lui assigner. Il ne leur reconnaît le
« droit d'intervenir dans les travaux et les transactions qui
« constituent sa vie que pour réprimer ce qu'il peut s'y
« mêler d'actions punissables... ». Naturellement, Bastiat
s'enthousiasme : « Au milieu de ces innombrables enfan-
« tements de plans sociaux, nés de l'imagination échauffée
« de nos modernes *instituteurs de nations*, la raison éprouve
« un charme indicible à se sentir ramenée, par le livre de
« M. Dunoyer, à l'étude d'un *plan social* aussi, mais d'un
« plan créé par la Providence elle-même ; à voir se déve-
« lopper ces belles harmonies qu'elle a gravées dans le
« cœur de l'homme, dans son organisation, dans les lois
« de sa nature intellectuelle et morale..... » [2]. — On comprend l'enthousiasme de Bastiat : *La liberté du travail*
n'est qu'un commentaire des *Harmonies économiques*. Reste
à savoir si Bastiat, comme Dunoyer, n'ont pas été trop

1 Bastiat, *Œuvres complètes*, t. I, p. 428.
2 Bastiat, *ibid.*, p. 429.

optimistes, et si, entre les organisations artificielles de tous les architectes sociaux et la liberté sans aucune limite, au moins préventive, il n'y a pas place pour bien des tempéraments, si les choses humaines n'ont pas besoin d'un peu plus de gouvernement que ne le croyait Dunoyer.

Son ouvrage peut se diviser en deux grandes parties : il recherche ce qu'ont été les sociétés passées et ce que doivent être les sociétés futures ; et, comme le dit Bastiat, « il « étudie l'humanité dans ses divers âges et ensuite dans « ses diverses fonctions ». Dans sa notice historique, M. Mignet porte sur l'œuvre ce jugement général : « Faut-il « chercher dans cet ouvrage l'histoire passée et la règle « future des sociétés humaines? Il serait bien glorieux « pour M. Dunoyer d'avoir su retracer l'une avec une « complète exactitude et d'avoir pu indiquer l'autre avec « une sûre prévoyance. Mais, économiste dans son savoir « ainsi que dans ses vues, il est peut-être parfois un juge « un peu systématique des faits de l'histoire et certaine-« ment un organisateur assez exclusif des sociétés fu-« tures ». — Il y a beaucoup de vrai dans ce jugement : on nous permettra seulement de remarquer que ce n'est pas *parce que* Dunoyer était économiste « dans son savoir au-« tant que dans ses vues », qu'il a parfois sacrifié à l'esprit de système : il n'y a nulle relation entre la cause et l'effet!

Dunoyer passe en revue, dans sa partie historique, les différents états sociaux que l'humanité a traversés, pour nous montrer l'espèce humaine s'élevant progressivement vers le bien-être et une moralité plus haute à mesure qu'elle devient plus libre. Il distingue la vie des sauvages, celle des pasteurs nomades, celle des peuples à esclaves, celle des peuples où l'esclavage a été remplacé par le servage, celle des peuples où le servage a été remplacé par le régime des privilèges, celle où les privilèges ont été remplacés par la centralisation administrative, et il nous fait entrevoir dans l'avenir un état meilleur encore, dans lequel l'autorité centrale, « dépouillée de tout caractère de « domination injuste, laisserait en général les travaux à « leur impulsion spontanée et se bornerait à l'exacte ré-« pression des actes nuisibles ». C'est ce qu'il appelle le

« régime industriel » ; et, en attendant, Dunoyer nous
montre l'humanité gagnant, à chaque période, en intelligence et en moralité, voyant réduire ses assujettissements
avec ses erreurs, accroître sa liberté avec son bien-être.

Il y a, sans nul doute, dans ces catégories historiques
et dans cette évolution prétendue du progrès humain,
beaucoup d'esprit de système. Les catégories établies sont,
en elles-mêmes, fort contestables, par la raison que les
institutions par lesquelles Dunoyer caractérise telle période
se retrouvent également dans d'autres états sociaux ; beaucoup de peuplades sauvages se font « entretenir par des
« esclaves », tout comme les Romains et les Grecs le faisaient ; d'autres ont le servage ; le régime du servage s'est
combiné avec celui des privilèges, bien plus que l'un n'a
succédé à l'autre, et nous avons déjà remarqué que c'est
au moment où le régime des privilèges, des ordres et des
corporations était dans tout son épanouissement que les
pouvoirs de l'autorité centrale eurent leur extension la
plus exagérée, sous Louis XIV, par exemple.

Le progrès humain, d'autre part, n'a pas suivi, ne suit
pas cette marche progressivement ascendante que semble
lui assigner notre auteur. Que l'on prenne le mot « *liberté* »
dans son sens vulgaire ou même dans le sens particulier que
lui donne Dunoyer, cette gradation qu'il a cru voir dans le
développement de la liberté n'est pas absolument conforme
à la réalité historique. Il est, par exemple, difficile d'admettre que la société romaine, avec le régime de l'esclavage, n'ait point eu une plus grande « puissance d'action »
que la société du moyen âge avec le servage, et peut-être
n'a-t-elle pas eu moins de « liberté » dans le sens propre
du mot : je veux bien que le sort du serf fût moins dur que
celui de l'esclave, comme Dunoyer s'attache à le démontrer[1], quoiqu'il ne fût pas très enviable ; mais, du moins,
à côté des esclaves, il y avait à Rome toute une société
d'hommes libres, qui, pendant une longue période, ne fut
pas sans grandeur, tandis que, au moyen âge, on compte
quelques seigneurs dominant toute la population servile.
Je viens de parler de la liberté proprement dite ; n'est-il

---

[1] Tome I, p. 228.

pas vrai qu'il y en a beaucoup plus chez certaines peuplades primitives, surtout chez quelques pasteurs nomades, qu'il n'y en avait sous les empereurs romains ou sous Louis XIV? Le progrès humain ne suit pas la grande ligne droite que Dunoyer lui a tracée!

Les hommes ont-ils toujours été en s'améliorant et en parvenant à une plus grande somme de bonheur? Voilà la question capitale. La réponse de Dunoyer est résolument affirmative et nous avons constaté là une contradiction formelle avec Le Play. Si le bonheur consistait exclusivement dans la jouissance des biens matériels, la thèse de Dunoyer serait irréprochable; mais je crois qu'il a eu le tort, d'une manière générale, de lier trop étroitement le bonheur social au progrès matériel. Je vois bien que l'homme de nos jours a une puissance d'action bien plus grande que celle qu'il avait il y a 50 ou 100 ans; je n'oserais dire qu'il soit meilleur et j'affirmerais bien, en considérant notre fin de siècle, où le dégoût de la vie est si général, où la lutte est partout, qu'il n'est pas plus heureux. Tout ce que dit Dunoyer devrait être, mais n'est pas toujours, et, pour emprunter une formule à la mode, son économie sociale est plutôt *statique* que *dynamique*.

Et maintenant, tournons-nous vers l'avenir. Quelle est la loi des sociétés futures? La liberté! dit Dunoyer, la liberté aussi entière que possible! Hâtons-nous de dire que Dunoyer est l'ennemi résolu de la licence : esprit droit et absolu, il était possédé de l'amour de l'ordre; il veut que tout écart soit sévèrement réprimé ; mais le système répressif lui paraît suffire à tout. D'un bout à l'autre de son livre, il met en parallèle le système préventif et le système répressif. Il fait très bien ressortir la supériorité du second, sa valeur éducative; mais il a tort de repousser toujours et systématiquement le premier, qui est nécessaire dans certains cas. Il veut que la police judiciaire remplace absolument la police administrative; sa théorie est, à la lettre, celle qu'on a qualifiée de « *nihilisme administratif*. Il faut lui rendre cette justice qu'il n'a pas vu dans l'État, comme certains partisans de la même école, « un ulcère inévitable »; il a compris, il a proclamé la grandeur de

son rôle; il fait de lui, « non-seulement le gardien de la
« paix, le protecteur de l'ordre, le créateur et le conser-
« vateur des bonnes relations »; mais encore, « le forma-
« teur des habitudes de justice, d'équité, de sociabilité
« qui les font naître ». Et toutefois, d'après lui, « le gou-
« vernement n'a d'action directe à exercer que contre les
« prétentions injustes et les actions malfaisantes, et de même
« les seules mauvaises actions qu'il soit chargé de redresser
« sont celles qui atteignent autrui ». Il pousse si loin le
principe de non-intervention qu'il ne voudrait pas même
que l'État se chargeât de la construction et de l'entretien
des routes et chemins! On ne peut s'empêcher de reconnaître que l'esprit de système a fait perdre de vue ici les
nécessités pratiques; et c'est une constatation qui m'a plus
d'une fois étonné chez un écrivain qui ne fut pas seulement
un théoricien, mais qui fut longtemps un administrateur
distingué. Et cependant cette constatation s'impose quand
on voit notre auteur repousser systématiquement et dans
tous les cas toute mesure préventive! Pas d'examens, ni
de grades, même à l'entrée des professions qui intéressent
au plus haut degré la santé et la sécurité publiques; nulle
réglementation préventive, même à l'égard des établissements les plus dangereux et les plus insalubres; nulle
protection spéciale même pour l'enfant ou la femme ma-
riée entrant à l'usine! Dans tous ces cas et autres analogues, c'est à la justice de décider s'il n'a pas été fait abus
des forces de l'enfant, si toutes les précautions voulues
ont été prises pour éviter un accident, si le médecin ou le
chirurgien n'a pas entrepris témérairement la pratique de
son art! Comment ne pas voir que la justice sera, dans les
neuf dixièmes des cas, incapable de faire ces constatations
avec la certitude requise pour l'application d'une peine?
Comment, d'autre part, confondre la *répression* avec la *ré-*
paration, et ne pas reconnaître que le système répressif
est insuffisant quand la réparation du dommage, peut-être
immense, est absolument impossible? Si Dunoyer s'était
borné à faire ressortir les inconvénients et les dangers de
l'intervention préventive, qui ne sont pas niables, à prêcher la réserve et la prudence, sa doctrine serait irréprochable; mais il a parfois manqué le but en le dépassant!

La pensée dominante de notre auteur est que l'homme, à mesure qu'il se civilise, a moins besoin de gouvernement. C'est là une thèse souvent controversée et il me semble que cette controverse n'a pas toujours été exempte de confusion. J'ai donné les raisons qui me portent à croire que la vraie civilisation doit conduire à un gouvernement moins étendu en surface, mais plus intense et plus compliqué. L'homme, à mesure qu'il se civilise, devenant de plus en plus capable d'agir par lui-même, est porté à réclamer une liberté plus grande dans la sphère de son action naturelle; il repousse les lisières que l'enfant acceptait docilement, et il est opportun que l'État abandonne progressivement le terrain qui appartient naturellement à l'individu. Mais, en même temps, son action se dilate et se perfectionne dans sa sphère propre. C'est que les matières à gouverner augmentent singulièrement! On admettra sans peine, avec Dunoyer, que les gouvernements vraiment habiles sont ceux « qui savent mettre en jeu « toutes les forces vives et fécondes d'une nation plutôt « que ceux qui visent à faire beaucoup par eux-mêmes ». Mais, si l'État a moins à *faire,* au moins d'une manière relative, à mesure que la civilisation se développe, je crois bien qu'il a plus à surveiller, à contrôler. J'ai rappelé cette heureuse formule d'Eugène Pelletan : la civilisation c'est « un accroissement de vie »; or, comme on l'a dit, à plus de vie, il faut plus d'organes, et a plus d'organes, plus de règles. Dunoyer n'est pas ennemi de la règle, tant s'en faut! Nul ne la veut plus exacte et plus énergiquement maintenue; mais il ne l'admet que sous forme de sanction répressive et il estime que la civilisation doit conduire à l'élimination progressive des mesures préventives. Je crains fort qu'il ne se trompe et que la civilisation ne tende à un résultat diamétralement opposé! C'est que la vie sociale, en se développant, produit des moyens d'action de plus en plus puissants et, par suite, de plus en plus dangereux, qui peuvent faire apparaître la nécessité de certaines précautions préventives dont on n'avait pas même l'idée.

Considérons l'évolution de l'échange : c'est d'abord le troc pur du produit à échanger contre le produit convoité;

puis une marchandise d'un usage commun, telle que les bestiaux, les peaux de bêtes, est prise comme étalon; puis on emploie le métal, en le pesant; enfin on arrive à la notion de la monnaie frappée à l'effigie du souverain et sous le contrôle de l'État; puis voici le billet de banque... N'est-il pas vrai que, à chaque étape, l'intervention de l'État, nullement nécessaire au début, s'impose de plus en plus?... Peut-être bien les paiements par compensation, en supprimant la monnaie, nous ramèneront-ils à la simplicité primitive! Mais nous n'y sommes pas encore.

Envisageons encore l'évolution du travail, la substitution progressive du travail mécanique au travail musculaire. Au début, c'est la force de l'homme qui est en action, c'est sa main qui travaille, armée d'un outil, sans doute, mais d'un outil tenu par elle et dont elle est l'unique moteur. L'outil se complique à mesure que l'homme apprend à faire travailler pour lui certains animaux ou certaines forces naturelles. En voici une qui opère une véritable révolution : à l'outil, la vapeur substitue la machine, qui marche toute seule et qui entraîne dans sa course effrénée tout ce qu'on lui donne, tout ce qu'elle prend sur son passage : elle ne laisse à l'homme que le soin de surveiller ses mouvements. Mais combien les choses sont changées! Au début, l'homme seul était en cause : l'État n'avait qu'à réprimer les écarts de sa liberté; la bêche et le ciseau n'étaient dans sa main que des instruments dociles et il n'y avait pas à présumer qu'il en mésuserait pour causer dommage à autrui. Maintenant, nous voici en contact perpétuel avec des forces naturelles d'une puissance inouïe, que l'homme sans doute a appris à diriger, mais qui parfois aussi se déchaînent et le maîtrisent; ce n'est plus sa volonté libre qui est le seul facteur : une minute d'inattention, même un vice de construction, un incident fortuit peuvent causer des maux immenses, irréparables! Comment l'État n'aurait-il pas le droit et le devoir d'intervenir, de surveiller, de prescrire certaines précautions pour prévenir de semblables catastrophes, pour garantir une foule d'existences, non pas, entendons-le bien à l'encontre de la liberté de l'homme — ce n'est plus l'homme, ni la liberté qui sont en jeu! — mais à l'encontre de forces aveugles!

On pourrait multiplier les exemples : je ne crois pas qu'il soit contestable que cette attribution essentielle de l'État consistant à « assurer le droit » se complique à mesure que la civilisation se développe : les points de contact entre les hommes se multiplient, les dangers augmentent avec la puissance des moyens et, en même temps, les existences à protéger sont plus nombreuses, plus susceptibles et plus exigeantes.

Par un autre côté encore, je vois le rôle de l'État grandir avec la civilisation : c'est qu'il a une autre mission, secondaire si l'on veut, mais pourtant essentielle, que Dunoyer et l'école à laquelle il appartient ont eu le tort de méconnaître, une mission de contribution au progrès social. Dunoyer sans doute, on en a déjà fait la remarque, fait une part à l'État dans l'œuvre du progrès; il range le gouvernement parmi les arts « qui travaillent à la formation des habitudes morales »; mais c'est seulement à ce titre, au moyen d'une bonne justice, que l'État contribue, d'après lui, au progrès social. Il ne lui permet pas de se mêler d'autre chose. Bien des choses cependant, qui sont indubitablement des œuvres de progrès, resteraient en souffrance si l'État ne s'en mêlait! Voici, par exemple, la statistique, une chose dont nos pères se préoccupaient assez peu, mais dont le progrès des sciences sociales a fait sentir toute l'utilité : n'est-il pas vrai que l'État seul en possède tous les éléments? Peut-on affirmer que la haute culture intellectuelle n'a nul besoin de lui? N'a-t-il aucun rôle à jouer dans l'œuvre de la colonisation? Et enfin — c'est peut-être la question la plus grave — dirons-nous, avec Dunoyer, que l'État doit « éviter de rien faire qui « trouble le mouvement d'ascension et de décadence au- « quel sont naturellement livrés les individus? » Encore une fois, je n'y saurais souscrire et, si l'État doit soigneusement s'abstenir de faire obstacle à l'ascension des natures d'élite, il me paraît trop dur de prononcer qu'il ne peut absolument rien faire pour empêcher la décadence des individualités inférieures ou pour en atténuer les effets ! Et, vraiment, il me semble que l'on pourrait opposer Dunoyer à lui-même et que le passage que j'ai cité, où il parle si sévèrement des inégalités sociales et de leurs causes, suffirait à condamner sa thèse trop absolue !

Il faut le reconnaître : Dunoyer appartient à une école qui s'est fait de l'État et de son rôle économique une conception trop étroite : ils n'ont voulu voir en lui qu'un agent de sécurité, et l'État peut et doit être aussi un agent de progrès. Ah! sans doute, leur doctrine radicale est plus simple et ils ont beau jeu quand ils font ressortir les dangers, trop réels, d'une intervention excessive de l'État. Mais, précisément, la matière sociale est assez complexe pour que les solutions les plus simples ne soient pas toujours les meilleures ; et ce n'est pas en exagérant une thèse qu'on en assure le succès : on risque plutôt de la compromettre.

Mais, cette part faite à la critique, il faut rendre honneur à Dunoyer de s'être consacré à la défense d'une grande et noble cause, la cause de la liberté. Quiconque lira son livre, reconnaîtra dans l'auteur un esprit pénétrant, une dialectique serrée, un jugement généralement sûr, un cœur haut et sincèrement ami de l'humanité, enfin et surtout un écrivain foncièrement honnête. Tel fut l'homme que M. Mignet dépeint sous ces traits, en terminant sa notice biographique : « M. Dunoyer était sans sou-
« plesse, mais aussi sans détour. Son esprit allait tout
« droit, comme son caractère. Il ne connaissait ni les con-
« descendances, ni les accommodements. D'une honnê-
« teté inflexible et d'une doctrine invariable, il n'agissait
« jamais que d'après ce qu'il pensait et il pensait tou-
« jours d'après ce qui lui semblait vrai et juste. Les
« opinions avaient pour lui la force et la durée des sen-
« timents ; il n'en était pas seulement persuadé, il en était
« possédé. Théoricien opiniâtre de la liberté et chevale-
« resque soutien du bon droit, sans tache dans sa con-
« duite et sans défaillance dans son courage, il a vécu
« en homme d'un noble cœur, d'une âme ferme, d'un
« esprit élevé, d'un talent généreux, et il mérite le bel
« éloge d'avoir, dans le long cours de ses laborieuses

« années, pratiqué naturellement le bien, qu'il a recher-
« ché savamment ».

L'œuvre de Charles Dunoyer vivra; elle mérite de vivre :
parce qu'elle a ouvert à la science économique de plus
larges horizons, parce qu'elle est l'expression la plus au-
torisée d'une école qui ne fut pas sans grandeur, parce
que surtout c'est une œuvre d'une haute portée morale.

TABLE DES MATIÈRES

Original en couleur

NF Z 43-120-B